Zambie

DES CHUTES VICTORIA AUX SAFARIS

Difficile de placer la Zambie sur une carte, à moins d'avoir été initié à ce pays de brousse méconnu des Français. Il partage, avec son voisin le Zimbabwe, les fameuses chutes Victoria, les plus spectaculaires et les plus puissantes du monde. À elles seules, elles méritent un voyage au cœur du continent africain. Outre leur magnificence, elles proposent d'autres frissons : rafting ou saut à l'élastique depuis le pont de fer historique. En Zambie, la savane est abreuvée par les méandres du large fleuve Zambèze. Il est au cœur du Lower Zambezi NP, réputé pour ses safaris en canoë pour observer les grands troupeaux d'éléphants. La présence de multiples lacs, immenses marais, plaines inondables, rivières et fleuves, a permis à la vie sauvage de foisonner et à la Zambie de développer un tourisme de safari de haute qualité. Le parc national de South Luangwa situé autour de la rivière Luangwa est le plus réputé pour ses éléphants, lions et sa [illegible] léopards », unique au monde. [illegible] de voir de très rares chiens [illegible] on [illegible] safar[illegible] brousse. [illegible] la Zambi[illegible] chutes et ses safaris. C'est au[illegible] de 70 groupes ethniques composa[illegible] culturelle. Plus de 60 cérémonies tradit[illegible]uelles, auxquelles on peut assister, existe[illegible]ans ce pays, où le mot aventure prend tout son sens.

PEFC
10-31-1510
Certifié PEFC
Ce produit est issu de forêts gérées durablement et de sources contrôlées.
pefc-france.org

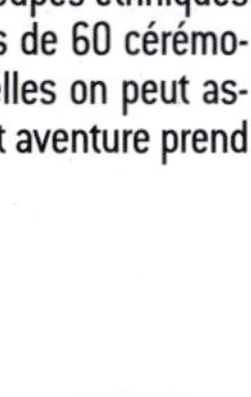

OFFERT CE GUIDE au format numérique

Retrouvez cette offre en page 87

SOMMAIRE

© VADIM PETRAKOV - SHUTTERSTOCK.COM

6 INSPIRER

Quand y aller ? Pour quels attraits touristiques ? Combien de temps ? Toutes les informations pour que la destination vous inspire.

29 DÉCOUVRIR

Pour tout savoir sur l'histoire de la Zambie, sa géographie, sa biodiversité, ses spécificités ethniques, culturelles, gastronomiques...

© RADEK BOROVKA - SHUTTERSTOCK.COM

89 LUSAKA

La capitale de la Zambie est une ville paisible, loin des masses touristiques car elle n'est qu'un passage vers les safaris et les chutes Victoria.

115 CHUTES VICTORIA

Les magnifiques chutes Victoria sont un but de voyage en Zambie à elles seules. Elles sont aussi l'occasion de pratiquer plein d'activités sportives.

Sur la rivière Kafue. © DRCMARX - STOCK.ADOBE.COM

© FRANTISEK STAUD - SHUTTERSTOCK.COM

Kamina
Kayembe-Mukulu
RÉPUBLIQUE DÉMOCRATIQUE DU CONGO
Sandoa
Kasaji
Dilolo
Kolwezi
Likasi
Kalene Hill
NCHILA RESERVE
MWINILUNGA
ANGOLA
Lumwana
SOLWEZI
Ntambu
Lumbala
Mufumbwe
ZAMBEZI
Manyinga
Kasempa
Chitokoloki
Lukulu
LIUWA PLAIN NATIONAL PARK
Sitoya
Kaoma
Kaindu
KAFUE NATIONAL PARK
Kalabo
Mumbw
MONGU
BLUE LA
NATIONAL
Muoyo
Ngoma
Itezhi-Tezhi
LOCHINVAR NATIONAL PAR
SENANGA
Shangombo
NGONYE
Mulobezi
CHOMA
SIOMA NGWEZI NATIONAL PARK
MOSI-OA-TUNYA NATIONAL PARK
VICTORIA FALLS NATIONAL PARK
ANGOLA
Jamba
SESHEKE
LIVINGSTONE
VICTORIA FALLS
NAMIBIE
ZAMBEZI NATIONAL PARK
SONGWE

LAC TANGANYIKA
SOUDAN DU SUD
MWERU WANTIPA NATIONAL PARK
MPULUNGU
NSUMBU NATIONAL PARK
MBALA
LAC MWERU
KALAMBO
Kilwa
Nchelenge
Mporokoso
Kalulu
Mwiluzi
KAWAMBWA
Lunte
KASAMA
Kabila
Isoka
Chinsali
LAC BANGWEULU
MANSA
Kasoma
MARAIS DE BANGWEULU
MPIKA
NORTH LUANGWA NATIONAL PARK
Mzimba
Lwapula
LAVUSHI MANDA NATIONAL PARK
RÉSERVE DE MUTINONDO
Lundazi
NAKAPALAYO
CHINGOLA
LAC WAKA WAKA
KITWE
KASANKA NATIONAL PARK
LUAMBE NATIONAL PARK
NDOLA
MFUWE
SERENJE
MALAWI
SOUTH LUANGWA NATIONAL PARK
MKUSHI
CHIPATA
Chibale
KATETE
PETAUKE
KABWE
KAWAZA VILLAGE
Mboshya
Kacholola
Luangwa
LUSAKA
LOWER ZAMBEZI NATIONAL PARK
MOZAMBIQUE
Manje
Luangwa
Kafue
MANA POOLS NATIONAL PARK
SIAVONGA
LAC KARIBA
Karoi
ZIMBABWE
100 KM

QUAND Y ALLER

JANVIER

17° / 26°

CÉRÉMONIE LWIINDI DES PEUPLES LEYA ET TOKA LEYA
Les peuples Leya et Toka Leya célèbrent tous les ans le Lwiindi, priant pour l'arrivée des pluies et la fin de la sécheresse.

$

FÉVRIER

17° / 26°

CÉRÉMONIE NC'WALA DU PEUPLE NGONI
Cette cérémonie qui se déroule près de Chipata célèbre la fin de la saison des pluies et l'arrivée de la nouvelle récolte.

$

MARS

16° / 26°

CÉRÉMONIE KUOMBOKA DU PEUPLE LOZI

Cette cérémonie marque le déménagement du Litunga (roi) des plaines inondables de Lealui pour le palais d'hiver de Limulunga.

$

JUILLET

9° / 23°

CÉRÉMONIE MUTOMBOKO DU PEUPLE LUNDA
Célèbre la migration des Lunda de l'actuelle RDC à Luampula en Zambie au XXe siècle et les victoires de leur chef, Mwata Kazembe.

CÉRÉMONIE JUBA JA NSOMO DU PEUPLE KAONDE
Une cérémonie qui fête généralement début juillet les premières récoltes et qui honore les ancêtres pour cette abondance.

$ $ $

AOÛT

11° / 26°

CÉRÉMONIES D'INITIATION DU PEUPLE LUVALE
Les Luvale à Zambezi organisent des rites de passage à l'âge adulte, le *Wali* des filles et le *Likumbi Lya Mize* des garçons.

CÉRÉMONIE LUNDA LUBANZA DU PEUPLE LUNDA
Cette cérémonie célèbre la rencontre en 1854 du chef des Lunda du district de Zambezi dans l'ouest du pays avec le Dr Livingstone.

$ $ $

SEPTEMBRE

15° / 29°

CÉRÉMONIE ITSHIBWELA MUSHI DE DIFFÉRENTS PEUPLES
La cérémonie Itshibwela Mushi, qui se tient à Mkushi réunit les peuples Bisa, Saka et Lala autour de danses traditionnelles.

CÉRÉMONIE SHIMUNENGA DU PEUPLE ILA
Le peuple Ila (proche de l'ethnie Tonga), installé autour de Maala, célèbre tous les ans son ancêtre et protecteur Shimunenga.

$ $ $

La meilleure saison pour les safaris est l'hiver austral, de juin à août, une saison sèche et fraîche. Il fait assez froid la nuit mais chaud en journée, les eaux puissantes des chutes Victoria offrent un spectacle majestueux. La saison chaude et sèche qui suit d'août à novembre est aussi idéale, bien que les températures frôlent les 40 °C juste avant les pluies. La saison des pluies de novembre à mai est à éviter en revanche, les *bushcamps* dans les parcs nationaux étant fermés.

AVRIL

15° / 27°

$

MAI

12° / 25°

$ $

JUIN

10° / 23°

$ $ $

OCTOBRE

18° / 31°

CÉRÉMONIE DE CHABUKA DU PEUPLE USHI
(MANSA)
Chants, danses et percussions rythment la cérémonie du peuple Ushi qui se remémore ses ancêtres chaque année et a lieu à Mansa.

$ $ $

NOVEMBRE

18° / 29°

$ $

DÉCEMBRE

17° / 27°

$

LES BONNES RAISONS D'Y ALLER

© KLARA BAKALAROVA - STOCK.ADOBE.COM

LES CHUTES VICTORIA

Tout simplement les chutes les plus puissantes et les plus spectaculaires du monde.

SOUTH LUANGWA NP

Les safaris dans ce parc sont très réputés pour ses groupes de lions et ses léopards.

© THOMAS RETTERATH - SHUTTERSTOCK.COM

© GUDKOV ANDREY - SHUTTERSTOCK.COM

LOWER ZAMBEZI NP

En canoë, les safaris sur le fleuve Zambèze proches des éléphants sont exceptionnels.

© PAULA - STOCK.ADOBE.COM

LE LAC KARIBA

Poétique et lieu de loisirs pour les habitants, le lac Kariba offre de beaux panoramas.

© LUIS JIMENEZ BENITO - SHUTTERSTOCK.COM

KAFUE NP

Cet immense parc longeant la rivière Kafue compte les sauvages plaines de Bushanga.

© SCSHUTTER - ISTOCKPHOTO.COM

UNE POPULATION CHALEUREUSE

Quelques rudiments d'anglais suffisent pour discuter avec les Zambiens, très accueillants.

© LIKOIVU - SHUTTERSTOCK.COM

UN PAYS DE BROUSSE

Peu touristique, la Zambie plaira aux passionnés d'Afrique pour ses contrées sauvages.

LES BONNES RAISONS D'Y ALLER

LIUWA PLAINS NP

La seconde plus grande migration de gnous en Afrique après celle du Serengeti a lieu ici.

DE MULTIPLES ACTIVITÉS

Autour des chutes Victoria on peut faire du rafting comme du saut à l'élastique.

UN PAYS DE SELF DRIVE

Ici on peut louer son 4x4 tout équipé pour le camping et dormir dans des camps de brousse.

LES 12 MOTS-CLÉS

#BIG FIVE

Cette expression, employée à l'origine par les chasseurs pour définir les animaux les plus dangereux, est devenue synonyme d'un safari réussi. Les 5 nominés sont : l'éléphant, le buffle, le rhinocéros, le lion et le léopard. Victimes du braconnage, les rhinocéros sont rares, mais en Zambie observables en *walking safari* au Mosi-oa-Thunya NP.

© JOHANN MADER - SHUTTERSTOCK.COM

#BOAT CRUISE

C'est la version nautique du game drive pour observer la faune sauvage en bateau. Sur le Zambèze au Lower Zambezi NP et du côté des Chutes Victoria, sur la Kafue River au parc éponyme ou sur le lac Kariba. Une façon de s'approcher au plus près et sans crainte (ou presque) des crocodiles et des hippopotames, d'observer les oiseaux et les éléphants.

© MAREK POPLAWSKI - SHUTTERSTOCK.COM

#BUSH CAMP

Le bush (la brousse) désigne pour les Zambiens un paysage d'arbustes épineux et d'acacias épars. Le bush camp est au cœur d'un parc national : tentes safari ou chalets de roseau et paille, où tout autour les safaris sont incroyables. Le jour on contemple la plaine où s'abreuvent les herbivores, la nuit on discute autour du feu dans le *boma*.

#CHEFS

En Zambie, les chefs de village conservent sur tout le territoire une influence majeure et sont l'objet d'un grand respect. Ils régulent la vie quotidienne des villages et exercent les décisions de justice. Porte-parole et conseil de la collectivité auprès du gouvernement, ils ont droit de décision sur les projets envisagés sur leurs terres.

#CUIVRE

La Zambie est un des plus grands producteurs de cuivre au monde, localisé essentiellement dans la région de la Copperbelt (« la ceinture de cuivre »). C'est la première richesse industrielle du pays, son premier revenu d'exportation. Les cours mondiaux du cuivre déterminent en partie l'économie du pays et la valeur de la monnaie nationale.

#CHUTES

Bien sûr il y a les chutes Victoria, cette cataracte de 1,7 km de large et de 100 mètres de hauteur où se précipitent à grand fracas les puissantes eaux du Zambèze. Mais il y a aussi d'autres chutes moins connues, comme les magnifiques Lumangwe et Ntumbachushi Falls, proches de peintures rupestres (au nord) ou les Ngonye Falls (à l'ouest).

#GAME DRIVE

Un game drive est un safari classique à bord d'un énorme 4x4 totalement ouvert de trois banquettes surélevées au-dessus du chauffeur-guide, qui piste les animaux et dispense des explications sur la faune. On en fait deux par jour : 5h à 9h et de 16h à 20h, lorsque les animaux sont les plus actifs, avec une pause-café le matin et apéritif le soir.

© GERHARDUS KOTZE - SHUTTERSTOCK.COM

LES 12 MOTS-CLÉS

#KUOMBOKA

La plus fameuse cérémonie de Zambie se déroule lorsque les plaines du Barotseland sont inondées par le Zambèze en mars-avril. Le roi Lozi quitte son palais d'hiver pour rejoindre sa résidence d'été. Pendant les 6h de voyage, le roi et la reine sont escortés par les habitants sur des barques, avec des musiciens jouant tambours et xylophones.

#SAUSAGE TREE

Le *sausage tree* (Kigelia africana) est l'arbre le plus curieux de la savane africaine. Il se reconnaît à ses fruits oblongs très durs, semblables à des saucisses géantes qui peuvent mesurer plus de 50 cm de long, 115 cm de diamètre et peser jusqu'à 5 kg. Mieux vaut ne pas s'attarder dessous ! La faune sauvage en raffole, surtout les hippopotames.

#WALKING SAFARI

Ce safari à pied au milieu d'un parc national encadré de rangers armés consiste à sillonner la brousse pour observer les animaux et leurs traces. Eléphants, buffles et autres herbivores, mais pas les gros chats qui fuient à notre approche. Il faut porter des couleurs neutres, marcher en file indienne et rester silencieux. Le grand frisson !

#WILD DOG

Appelé tantôt lycaon (Lycaon pictus), le chien sauvage d'Afrique fait également partie des animaux en voie d'extinction. Il n'en reste que 6 000 à l'échelle du continent. La Zambie peut se targuer d'avoir réussi un programme de réintroduction et vous aurez peut-être la chance de voir un groupe de chiens sauvages lors de votre safari à South Luangwa.

#ZAMBÈZE

Le quatrième plus grand fleuve d'Afrique a donné son nom au pays dans lequel il prend sa source à l'ouest. Le Zambèze traverse le sud du pays d'ouest en est, délimitant la frontière avec la Namibie et le Zimbabwe. Il offre des paysages grandioses et des safaris exceptionnels, des chutes Victoria au Lower Zambezi NP, en passant par le lac Kariba.

VOUS ÊTES D'ICI, SI...

▸ **Vous n'avez pas peur de manger des chenilles.** Appelées caterpillar, ce ver de mopane se trouve parfois au menu des restaurants locaux, et même proposés en dégustation pour les touristes. Grillées au feu de bois, c'est une grande source de protéines.

▸ **Vous buvez du chibuku.** Une bière artisanale locale dont les Zambiens raffolent, mais assez étrange pour les papilles européennes. Epaisse, elle est macérée à partir de graines de maïs ou de sorgho.

▸ **Vous consultez un sangoma quand vous êtes malade.** Un guérisseur de médecine traditionnelle qui implique l'utilisation de plantes, de parties d'animaux ou de minéraux pour des thérapies axées sur la spiritualité et l'art divinatoire. Ils exercent en général dans les villages.

▸ **Vous n'êtes jamais pressé.** La notion de temps en Zambie est différente de la nôtre : un trajet de 5h peut durer 8h sans que quiconque s'en alarme. Les Zambiens se plairont à vous dire avec humour que Dieu a donné la montre aux Européens et le temps aux Africains.

INTERVIEW

MA ZAMBIE

AVEC CAMILLE GRIFFFOULIÈRES, AUTRICE

Qu'est-ce qui vous a menée en Zambie ?

La première fois, c'était en sac à dos en 2005 ! Je venais de traverser toute l'Afrique australe en arrivant par le Zimbabwe en bus et en « combi » (ndlr : les vans de transport en commun), et je découvrais les Chutes Victoria. Un émerveillement tellement puissant que je me suis promis d'explorer la Zambie. Une terre mystérieuse que personne n'avait jamais visitée dans mon entourage. Depuis, je suis revenue plusieurs fois pour le Petit Futé explorer les parcs nationaux du pays et essayer de tirer de mes expériences les meilleurs conseils de voyage, autant en 4x4 en toute indépendance que guidée par des experts en safari.

© DR

Quel souvenir impérissable gardez-vous de cette destination ?

Il y en a beaucoup ! Le souvenir d'un léopard de mauvaise humeur rugissant et me regardant droit dans les yeux à seulement 2 mètres de mon 4x4 ouvert à South Luangwa. Ou alors ces chiens sauvages, jouant dans la lumière du soleil couchant, toujours à South Luangwa. Ou bien cet éléphant obstiné à finir son déjeuner juste devant ma tente m'empêchant de sortir pendant 3h à Kafue NP ! Ou alors ce papa lion faisant du baby sitting pendant que les mamans étaient parties chasser… Les scènes de vie dignes des reportages de la BBC se vivent à l'infini en safari en Zambie.

Quel est votre endroit préféré ?

Évidemment les chutes Victoria ! Pendant la pleine lune le parc est ouvert 3 jours de nuit, l'excursion est magique, on peut même apercevoir un arc-en-ciel lunaire, incroyable !

S'il ne fallait retenir qu'un bon conseil pour découvrir le pays, ce serait lequel ?

Bien sûr, il faut séjourner dans un lodge en safari tout confort, mais il faut absolument dormir dans un bush camp pour avoir la chance de surprendre le plus d'animaux sauvages. Il faut aussi tenter le walking safari avec un ranger au moins une fois dans le séjour, c'est la spécialité zambienne !

DISTANCES

TEMPS DE TRAJET

	LUSAKA	CHOMA	CHIRUNDU	LIVINGSTONE	CHIPATA
LUSAKA		292 KM 5h	118 KM 2h15	485 KM 7h30	468 KM 7h45
CHOMA	292 KM 5h		308 KM 5h	194 KM 2h30	859 KM 13h
CHIRUNDU	118 KM 2h15	308 KM 5h		501 KM 7h30	655 KM 9h30
LIVINGSTONE	485 KM 7h30	194 KM 2h30	501 KM 7h30		1052 KM 15h15
CHIPATA	468 KM 7h45	859 KM 13h	655 KM 9h30	1052 KM 15h15	
NDOLA	317 KM 6h15	601 KM 10h30	431 KM 8h30	794 KM 13h	745 KM 14h30
SOLWEZI	585 KM 10h30	869 KM 14h45	699 KM 12h45	916 KM 16h15	1014 KM 18h30
KASAMA	855 KM 13h30	1138 KM 18h15	968 KM 15h45	1332 KM 20h30	530 KM 10h30
MONGU	595 KM 9h30	656 KM 11h	703 KM 11h15	508 KM 9h30	1162 KM 17h15
KABWE	143 KM 3h	426 KM 7h30	256 KM 5h	620 KM 10h	710 KM 10h45
MPIKA	646 KM 10h45	930 KM 15h30	760 KM 13h	1123 KM 15h30	322 KM 7h45
MBALA	1024 KM 16h	1308 KM 20h45	1138 KM 18h30	1501 KM 23h	700 KM 13h15

La Zambie est un pays très grand, en forme d'aile de papillon constituée de deux lobes. Les routes sont assez chaotiques et un 4x4 est plus que recommandé en dehors de l'axe Lusaka - Livingstone. Il faudra plusieurs jours de route pour atteindre Chipata et la frontière du Malawi à l'est, Mongu et la frontière de l'Angola à l'ouest, les grandes villes de la Copperbelt au nord ouest (Solwezi, Ndola) et encore plus de temps pour rejoindre l'extrême nord à la frontière tanzanienne (Mbala).

NDOLA	SOLWEZI	KASAMA	MONGU	KABWE	MPIKA	MBALA
317 KM 6h15	585 KM 10h30	855 KM 13h30	595 KM 9h30	143 KM 3h	646 KM 10h45	1024 KM 16h
601 KM 10h30	869 KM 14h45	1138 KM 18h15	656 KM 11h	426 KM 7h30	930 KM 15h30	1308 KM 20h45
431 KM 8h30	699 KM 12h45	968 KM 15h45	703 KM 11h15	256 KM 5h	760 KM 13h	1138 KM 18h30
794 KM 13h	916 KM 16h15	1332 KM 20h30	508 KM 9h30	620 KM 10h	1123 KM 15h30	1501 KM 23h
745 KM 14h30	1014 KM 18h30	530 KM 10h30	1162 KM 17h15	710 KM 10h45	322 KM 7h45	700 KM 13h15
	290 KM 4h30	758 KM 11h30	797 KM 13h30	177 KM 3h30	549 KM 8h30	927 KM 14h
290 KM 4h30		761 KM 11h45	596 KM 10h	446 KM 7h30	819 KM 12h45	925 KM 14h
758 KM 11h30	761 KM 11h45		1350 KM 20h30	715 KM 10h30	214 KM 2h45	169 KM 2h30
797 KM 13h30	596 KM 10h	1350 KM 20h30		638 KM 10h30	1141 KM 18h	1519 KM 23h30
177 KM 3h30	446 KM 7h30	715 KM 10h30	638 KM 10h30		506 KM 8h	884 KM 13h30
549 KM 8h30	819 KM 12h45	214 KM 2h45	1141 KM 18h	506 KM 8h		383 KM 5h30
927 KM 14h	925 KM 14h	169 KM 2h30	1519 KM 23h30	884 KM 13h30	383 KM 5h30	

IDÉES DE SÉJOUR

On vient en Zambie classiquement pour deux raisons : avoir le privilège d'admirer les Chutes Victoria et faire un safari de haute qualité dans un pays riche en faune sauvage. De multiples activités sont possibles : rafting, saut à l'élastique, autant de raisons de s'arrêter plusieurs jours dans la région de Livingstone et des chutes. Les différents parcs nationaux du pays offrent des safaris variés en paysages et en lodges et camps, plusieurs choix d'itinéraires sont possibles entre South Luangwa, Lower Zambezi et Kafue, les trois parcs nationaux principaux.

On peut aussi choisir de venir en Zambie pour tenter une aventure hors des sentiers battus : aller au parc national de Liuwa Plain pour voir la seconde plus grande migration de gnous en Afrique, explorer en 4x4 le nord du pays, par exemple jusqu'au Kasanka NP on vient voir les milliers de chauves-souris *flying fox* immenses se rassembler. Autant d'itinéraires possibles.

COMBINÉ ZAMBIE/BOTSWANA

Le Botswana comme la Zambie ★★★ sont des destinations aussi belles que surprenantes. Diversité incroyable, espaces naturels protégés, paysages à couper le souffle, couchers de soleil mémorables, parcs luxuriants… impossible de revenir déçu d'un tel séjour. Ce parcours permet d'adjoindre différentes extensions : les chutes Victoria ★★★ (p.132), ★★★ (p.132) les plages du Mozambique ou les dunes du désert du Namib.

› Jour 1 - Arrivée sans décalage horaire par Johannesburg

Vol en fin de journée à destination de Johannesburg en Afrique du Sud. Dîner et nuit à bord.

› Jour 2 - Survol du delta de l'Okavango en avion taxi

Arrivée et transfert de Johannesburg à Maun ★ en avion taxi pour le delta de l'Okavango (environ 40 minutes de vol). Premier moment magique, le delta vu du ciel… Transfert et installation en camp de luxe. Déjeuner. L'après-midi sera l'occasion d'effectuer le premier safari du séjour dans les méandres du delta, en mokoro de 2 personnes ou en bateau (selon le niveau de l'eau) de 6 personnes avec ranger-guide parlant anglais. Retour au camp de Xigera et nuit étoilée.

› Jour 3 - Safaris dans le Delta, en mokoros

Journée safari dans le Delta, en mokoro, en 4x4 avec ranger-guide expérimenté. Repas et nuit en tente au camp de Seba,

› Jour 4 - Les îles aux oiseaux

Le delta de l'Okavango est surnommé « la seule rivière qui ne trouve jamais la mer », cela ne l'empêche pas d'être affublé de dizaines d'îles particulièrement propices à l'observation des oiseaux. Pas moins de 400 espèces fréquentent les lieux. L'aigle pêcheur, la grue royale ou l'ibis sacré, autant de variétés rares et protégées se plaisent dans un écosystèmes particulièrement varié : savane, marécages, forêts, prairies…

Mais que serait un safari sans pouvoir observer éléphants, buffles, gnous, hippopotames, lions, guépards, léopards, hyènes, rhinocéros blancs et noirs? A cet endroit du delta, beaucoup répondent présents, ne serait-ce que pour se désaltérer.

› Jour 5 - Matin Botswana, après-midi Zambie

Après la matinée de safari dans le delta pour terminer les Big Five, départ en avion taxi pour Kasane ★★★(environ 1h30 de vol). Dès l'arrivée, embarquement pour une croisière safari sur la rivière Chobe afin d'assister au spectacle rare de la faune venue s'abreuver. Déjeuner servi à bord.

© WOLFGANG_STEINER

Les chutes Victoria.

Après-midi, deux heures de route pour rejoindre **Livingstone** ★★★★ (p.119), en Zambie ★★★. Dîner et nuit sous la tente.

› Jour 6 - Les chutes Victoria côté Zambie

Le matin, visite des **chutes Victoria** ★★★ (p.132)avec un guide parlant anglais. Les chutes forment le plus grand rideau aquatique du monde, tombant de plus de 100 m de hauteur dans les gorges du Zambèze, c'est deux fois plus haut que les chutes du Niagara. Lors d'un voyage, c'est le docteur **Livingstone** ★★★★ (p.119) qui a baptisé les chutes Victoria, considérées comme faisant partie des plus belles chutes au monde, en l'honneur de la reine du même nom. Au coucher du soleil, promenade en bateau sur le Zambèze. Repas et nuit.

› Jour 7 - Safari au parc Kafue

Le matin, transfert à l'aéroport et départ en avion taxi pour le **parc de Kafue** ★★ (p.205). Accueil et transfert au camp de Busanga, déjeuner. L'après-midi, c'est safari dans la réserve en 4x4 avec ranger guide expérimenté. Repas et nuit dans l'un des deux petits camps intimistes situés au cœur des plaines.

› Jour 8 - Dans les plaines de Busanga

Départ à l'aube pour un nouveau safari en 4x4, en bateau ou à pied, selon l'envie. Après une bonne pause au Lodge et avant la tombée de la nuit, deuxième safari de la journée à la lueur des projecteurs et des phares de 4x4. C'est souvent au coucher du soleil que les animaux sortent le plus. De safari en safari, il est impossible de voir les mêmes animaux tant le parc est immense. Proclamé parc national en 1950, il s'étend sur 22 500 km². Son exploitation à des fins touristiques est très récente, les bêtes y sont d'autant plus sauvages qu'elles n'ont pas l'habitude d'être observées.

› Jour 9 - Survol du parc Kafue en ballon

Selon la saison vous pouvez survoler les plaines de Busanga en ballon. La **parc Kafue** ★★ (p.205)est l'un des plus grands parcs d'Afrique, les plaines de Busanga couvrent 750 km² et offrent des paysages de forêts denses et sauvages parsemées de dambos (zones ouvertes parfois inondées). A quelques mètres au-dessus du sol, vous pourrez admirer des animaux dont les noms ne sont pas forcement évocateurs: Le poukou, les hippotragues (sortent d'antilopes) ou encore les tropis et les importantes troupes de lions, toujours prêts à passer à table...

› Jour 10 - Dernier tour dans le parc

En fin de matinée, transfert et départ en avion taxi vers **Lusaka** ★★ (p.89). Vol à destination de Johannesburg et correspondance pour Paris. Dîner et nuit à bord.

› Jour 11 - Vol retour sans jet-lag

Arrivée à Paris en milieu de matinée.

SE REPÉRER / SE DÉPLACER

DE L'AÉROPORT AU CENTRE-VILLE

Depuis/vers l'aéroport de Lusaka. L'aéroport Kenneth Kaunda est la principale porte d'entrée des touristes internationaux en Zambie. Il n'y a pas de service de transport collectif pour rejoindre le centre-ville, mais on peut prendre une navette privée ou un taxi (comptez 20 US$) ou un VTC (Ulendo ou moins cher : Yango) en utilisant le réseau wifi du terminal 2 ou avec une carte sim locale. Il peut venir vous chercher sur le parking devant l'aéroport mais précisez bien votre terminal. Comptez 120 à 150 kwachas la course. Si vous préférez improviser, il existe des taxis informels à la station-service située devant le parking du Terminal 1, avec lesquels on peut négocier la course pour le centre-ville dans ces mêmes prix.

ARRIVÉE EN TRAIN

Depuis/vers la Tanzanie. Le fameux train TAZARA (www.tazarasite.com) relie les deux pays à travers des paysages époustouflants. Une vraie aventure ! Le train part de Kapiri Moshi à 200 km au nord de Lusaka et roule jusqu'à Dar es Salaam en Tanzanie. Le transfert se fait aisément en bus depuis la gare routière de Lusaka. Ce train passe par Mbeya. Il part le mardi depuis New Kapiri Moshi et le vendredi depuis Dar es Salaam en train express (dure plus ou moins 48h, départ à 16h), et inversement le vendredi de New Kapiri Moshi et le mardi de Dar es Salaam en train ordinaire (comptez 3 jours, départ vers 14h). Les 1re et 2e classes sont des couchettes (4-6 personnes), la 3e classe uniquement des places assises.

ARRIVÉE EN BATEAU

Depuis/vers la Tanzanie. Le MV Liemba traverse une fois par semaine le lac dans les deux sens, du mercredi au vendredi de Kigoma à Mpulungu et du vendredi au dimanche de Mpulungu à Kigoma. Il arrive donc à Mpulungu le vendredi matin et repart en fin d'après-midi. Il relie, en une quarantaine d'heures, Mpulungu à Kigoma, au nord de la Tanzanie, via le poste-frontière de Kasanga (atteint en seulement 2 heures). En dehors des deux terminus et de Kasanga, le bateau n'accoste pas, mais opère des rendez-vous au large. Il est ainsi littéralement pris à l'abordage par une flopée de barques dans lesquelles des passeurs rémunérés au client tentent de transborder un maximum de voyageurs habitant les villages de la côte. Pour effectuer le trajet jusqu'à Kasama, vous pouvez réserver une couchette : 2 personnes par cabine en 1re classe (65 US$ par personne), 4 personnes par cabine en 2e classe (55 US$ par personne). Les draps sont fournis. Il n'y a que 8 cabines de 1re classe.

TRANSPORTS EN COMMUN

Les *combis*, minibus typiquement africains, circulent dans toutes les villes et entre toutes les villes, mais il n'est pas évident pour un Européen de les prendre et les conditions de sécurité de certains vieux vans ne sont pas toujours optimales.

AVEC UN CHAUFFEUR

A Lusaka il est possible de commander des taxis et VTC par des applications mobiles locales : Ulendo (taxi) et Yango (VTC un peu moins chère avec des options mini-voitures pas chères jusqu'à la berline). C'est toujours plus simple d'avoir le tarif préétabli sur l'application et moins cher que les taxis.

EN VOITURE

Il est aisé de conduire en Zambie sur les routes goudronnées et dans les villes. Les conducteurs sont plutôt calmes et lents. La route n'est pas spécialement dangereuse, sauf la nuit bien sûr, car personne ne conduit et les rencontres avec un buffle ou un éléphant ne sont pas rares.

Il est compliqué de conduire dans les parcs nationaux sans être un adepte du *self drive* en safari depuis longtemps. Mais on peut déjà joindre les villages, camps et lodges en 4x4, c'est l'aventure ! Les agences de location de véhicule proposent aussi la location avec chauffeur, spécialement de 4x4 familiaux pour aller visiter les parcs nationaux. C'est reposant et plus économique que l'avion pour 4 personnes.

LES PHRASES CLÉS

Bonjour, comment puis-je me rendre à…
Hello, how can I get to…

Est-ce loin à pied ? Y a-t-il le métro ou un bus… pour y aller ?
Is it far on foot? Is there a tube or a bus I can take to get there?

Pouvez-vous me montrer cet endroit sur la carte s'il vous plait ?
Can you show me this place on the map please?

Où puis-je acheter les tickets de transport ? Est-ce que je peux payer en carte de crédit ?
Where can I buy transport tickets? Can I pay by credit card?

Où est la sortie ? A gauche, à droite ou tout droit ?
Where is the exit? Left, right or straight on?

Je suis perdu et je suis en retard, s'il vous plait, aidez-moi ! Merci beaucoup !
I'm lost and I'm running late, please help me! Thank you very much!

PRATIQUE

A VOIR / A FAIRE

HORAIRES

Les musées ou sites de visites peuvent être ouverts assez tôt mais jamais trop tard, entre 8h et 17h ou 18h.

A RÉSERVER

Il faut réserver ses excursions au chutes Victoria en haute saison, spécialement si l'on veut nager dans la Devil's Pool au-dessus des chutes et faire un lunch sur l'île de Livingstone, une expédition très prisée aux places très limitées par jour.

BUDGET / BONS PLANS

Les musées sont en général modestes mais aussi très abordables, ce qui en fait une bonne raison d'y faire un tour.
Les safaris sont toujours plus intéressants en formule « all inclusive » qu'avec les safaris en option si vous voulez suivre le rythme de 2 activités par jour (game drive, boat cruise, walking safari, etc.).

LES ÉVÉNEMENTS

On peut assister à la plus importante cérémonie de Zambie, la Kuomboka se tient chaque année à la fin du mois de mars ou début avril, dans la région historique du Barotseland. Lorsque les plaines sont inondées par le Zambèze, le roi lozi quitte son palais d'hiver submergé par les flots pour rejoindre sa résidence d'été, à 15 km de là, près de Mongu.

C'EST TRÈS LOCAL

- **Pour partir en safari**, évitez le rouge flashy ou les couleurs fluo pour ne pas effrayer les animaux, particulièrement si vous comptez faire des walking safari, à pied dans la brousse avec des rangers. Les tenues complètement blanches sont également à proscrire, car les animaux les repèrent de loin, mais aussi en raison des bains de poussière constants lors des *game drives*. Evitez le noir et le bleu foncé, qui absorbent la chaleur et attirent les insectes, spécialement les mouches tsé-tsé très nombreuses dans les parcs nationaux. Préférez des couleurs discrètes qui se confondent avec la nature (kaki, marron, beige).

LES PHRASES CLÉS

Bonjour, puis-je avoir deux entrées adultes et un enfant s'il vous plait ?
Hello, can I have two adults and two children tickets please?

Le tarif enfant est jusqu'à quel âge ? Et pour les seniors, est-ce qu'il y a une réduction ?
What age counts as a child? Is there an OAP discount?

Est-ce qu'il y a des visites guidées en français ou un audioguide ?
Is a guided tour in French or an audioguide available?

Combien de temps faut-il pour faire la visite ?
How long does the visit take?

J'ai du mal à monter les escaliers, avez-vous un ascenseur ?
I struggle with stairs, do you have a lift please?

Excusez-moi, pouvez-vous me dire où sont les toilettes ? Merci beaucoup.
Excuse me, can you tell me where the toilets are please? Thank you very much.

PRATIQUE

SE RÉGALER

HORAIRES

Attention, en Zambie on mange à l'heure anglaise, donc tôt. Ne vous faites pas le coup du jeûne dînatoire pour n'avoir pas assez anticipé la fermeture des restaurants. Dans la plupart des adresses pour manger, après 21h30 les cuisines sont fermées. La journée, on trouve des adresses ouvertes non-stop spécialement dans les malls. Le matin, les cafés sont ouverts tôt le matin (dès 7h).

BUDGET / BONS PLANS

Dans les malls qui existent partout en Zambie, on trouvera toujours un supermarché Shoprite, Pick'N'Pay ou Spar qui prépare des plats zambiens dans un stand traiteur à emporter. C'est vraiment peu cher, on peut manger un menu équilibré et partir en pique-nique facilement.

EN SUPPLÉMENT

▸ **Pourboires.** Officiellement, le pourboire est interdit en Zambie mais, dans la pratique, il est souvent attendu. Veillez toutefois à ne pas donner de sommes trop importantes, qui peuvent dévaloriser le travail. Vous pourrez par exemple donner 2 Kw à la personne qui vous aide à porter vos bagages ou à un gardien. Dans les restaurants touristiques, si le pourboire n'est pas inclus et que le service vous satisfait, vous pouvez laisser jusqu'à 10 % de la note. Dans les lodges et les safaris, si vous voulez remercier votre guide ou le personnel, attendez la fin de votre séjour. Vous pourrez également laisser une somme à répartir entre le personnel dans une cagnotte prévue à cet effet à la réception. La somme de 5 US$ par personne et par jour reste la norme.

C'EST TRÈS LOCAL

Les lodges de safari proposent des formules « tout inclus » avec trois repas par jour, goûter, boissons, etc.

En ville, dans les restaurants locaux on mange du nshima, une purée de maïs dont raffolent les Zambiens, qu'on accompagne de viande ou de poisson en sauce.

FUMEURS

Il est interdit de fumer dans les restaurants, mais s'ils disposent d'une terrasse, c'est souvent possible dehors.

LES PHRASES CLÉS

Bonjour, je voudrais réserver une table pour deux personnes pour ce midi ou ce soir.
Hello, I'd like to book a table for two for today at lunchtime or in the evening.

Avez-vous un menu en français ou en anglais ?
Do you have a menu in French or English?

Je suis végétarien, y a t-il des plats sans viande ?
I'm vegetarian, are there any dishes that don't contain meat?

Je n'ai vraiment plus faim mais avez-vous une carte des desserts ?
I'm full now but can I see the dessert menu just in case?

Puis-je avoir l'addition s'il vous plait ? Je peux payer par carte ou en espèces ?
Can I have the bill please? Can I pay by card, or do you need cash?

C'était très bon, nous reviendrons. Merci et à bientôt.
It was delicious, we will be back. Thank you, see you soon.

PRATIQUE

FAIRE UNE PAUSE

© STEVEN GROOTHUISMINK_EYEEM - STOCK.ADOBE.COM

HORAIRES

Les cafés sont ouverts très tôt le matin et ferment vers 17h. Les bars ferment en général vers minuit ou 2h.

A PARTIR DE QUEL ÂGE

En Zambie, il est autorisé de boire de l'alcool à partir de 18 ans.

C'EST TRÈS LOCAL

La Mosi est la bière locale la plus populaire de Zambie. Elle est blonde et légère.

FUMEURS

Les bars sont en général ouverts sous une terrasse et donc autorisés aux fumeurs.

LES PHRASES CLÉS

Bonjour, quelle est la spécialité de la maison ? Nous voulons découvrir.
Hello, what's the speciality here? We want to try it.

Avez-vous de la place en terrasse ?
Do you have any room on the terrace?

Quel est votre nom ? Je m'appelle… Ravi de vous rencontrer !
What's your name? I'm... So pleased to meet you!

A votre santé ! Zut, j'ai renversé mon verre… pouvez-vous m'aider ?
Cheers! Oh no, I've knocked over my drink...can you help me?

C'était très bon. Nous allons reprendre la même chose s'il vous plait.
It was delicious. We'll have the same again please.

PRATIQUE

(SE) FAIRE PLAISIR

HORAIRES

Les magasins sont en général ouverts de 9h à 19h du lundi au samedi. Les marchés artisanaux suivent les mêmes horaires mais sont en général ouverts aussi le dimanche.

BUDGET / BONS PLANS

Duty Free. Puisque votre destination finale est hors de l'Union européenne, vous pouvez bénéficier du Duty Free (achats exonérés de taxes). Attention, si vous faites escale au sein de l'Union européenne, vous en profiterez dans tous les aéroports à l'aller, mais pas au retour. Par exemple, pour un vol aller avec une escale, vous pourrez faire du shopping en Duty Free dans les trois aéroports, mais seulement dans celui de votre lieu de séjour au retour.

C'EST TRÈS LOCAL

Marchandage. La culture du marchandage n'est pas très présente en Zambie et les seuls endroits où l'on peut marchander sont les échoppes et étals de produits artisanaux. Difficile cependant de dire quelle ristourne vous pouvez espérer, certains vendeurs proposant leurs souvenirs au double de leur valeur, et d'autres étant plus honnêtes. Vous pouvez comparer avec les prix fixés dans les boutiques et négocier en faisant preuve de respect.

LES PHRASES CLÉS

Bonjour, c'est superbe, mais combien ça coûte ?
Hello, that's stunning, but how much is it?

Vous auriez ma taille ? Où se trouvent les cabines d'essayage ?
Do you have it in my size? Where are the changing rooms?

Est ce que je pourrai vous le rapporter et l'échanger si ça ne va pas ?
Can I exchange it if it doesn't fit?

J'ai trop dépensé aujourd'hui, pouvez-vous me faire une réduction sympa ?
I've spent too much today already, any chance of a discount?

Je prendrai celui-ci. Pouvez-vous me faire un paquet cadeau ?
I'll take this one. Can you gift-wrap it for me?

Vous prenez la carte de crédit ? Où puis-je trouver un distributeur de billets ?
Do you take credit cards? Where can I find a cash point?

BOUGER & BULLER

BUDGET / BONS PLANS

Autour de Lusaka ont fleuri des Game Ranchs et autres domaines où les familles viennent se détendre au vert le week-end. On vient en voiture soit pique-niquer et faire un barbecue, soit déjeuner dans un restaurant à la terrasse noyée dans la verdure. Ces complexes sont équipés de jolies piscines et proposent des game drives pour toute la famille à la découverte de pacifistes herbivores.

C'EST TRÈS LOCAL

Malgré des infrastructures insuffisantes, les Zambiens affichent un intérêt certain pour les sports et les loisirs. En dehors du vénéré football, d'autres disciplines remportent du succès. La boxe, par exemple, surtout après que Lottie Mwale, héros national, a dominé la boxe africaine pendant près de 30 ans.
Influence britannique oblige, le polo et le polocross sont pratiqués à très haut niveau et les équipes zambiennes, féminines comme masculines, remportent tous les ans de nombreux matchs internationaux. Ce loisir demeure toutefois exclusivement pratiqué par les Zambiens blancs, descendants des colons britanniques.
Dans un tout autre registre, les Zambiens se plaisent à jouer à l'isolo (awalé local), jeu de réflexion très apprécié.

A RÉSERVER

En haute saison, il est toujours sage de réserver les activités les plus prisées aux Chutes Victoria, à savoir le saut à l'élastique ou la descente du Zambèze en rafting, mais aussi le tour des chutes en hélicoptère.

LES PHRASES CLÉS

Bonjour, comment puis-je me rendre à... ? Est-ce loin ?
Hello, how can I get to...? -Is it far?

J'aimerais aller courir. Il y a un coin sympa pour cela dans la ville ?
I'd like to go for a run. Is there somewhere good to run around the town?

J'adore cuisiner. Savez-vous où je peux trouver des cours de cuisine ?
I love cooking. Do you know where I can take a cooking class?

Vous pourriez m'indiquer une salle de sport pas très loin ?
Can you tell me where the nearest public gym is?

Quel est le sport national ?
What is the national sport?

Pensez-vous que nous pourrions voir cela ou même participer ?
Do you think we could watch it somewhere, or maybe try it?

HORAIRES

Les bars-clubs sont ouverts en général assez tard, jusqu'à 4h ou 5h du matin. Les concerts ont lieu plutôt vers 19h ou 20h dans les cafés, bars ou salles de spectacles.

TRANSPORTS NOCTURNES

Il est plus que recommandé de prendre un taxi tracé sur une application, c'est-à-dire soit Ulendo soit Yango, à Lusaka. Car, la nuit, la ville peut s'avérer peu sûre et mieux vaut prendre un taxi identifié. De plus, les taxis sont très réactifs et arrivent en quelques minutes et le prix de la course est déjà prédéfini par le trajet, c'est bien plus sûr. A Livingstone, il n'y a pas d'application de taxi mais il est essentiel de ne pas marcher à pied la nuit. La ville étant la capitale touristique du pays, il y a plus de vols envers les touristes que dans le reste du pays. Soyez juste prudent et tout ira bien.

A PARTIR DE QUEL ÂGE

L'alcool est autorisé à partir de 18 ans, donc l'âge légal pour entrer en discothèque est aussi de 18 ans.

FUMEURS

On peut en général fumer en club sur les terrasses extérieures prévues à cet effet.

LES PHRASES CLÉS

Bonsoir, comment puis-je me rendre à…
Good evening, how can I get to…

Est ce que cet endroit est tranquille ? Il n'y a pas de problème de sécurité ?
Is it a calm place? Are there any safety issues?

J'aimerais voir un spectacle typique ! Qu'est-ce qu'il y a en ce moment ?
I'd love to see a traditional show! What's on at the moment?

Je ne comprends pas… pouvez-vous répéter s'il vous plait ? Merci.
I don't understand, can you repeat please? Thank you.

Est-ce que je peux vous offrir un verre ? Quel est le meilleur cocktail de la maison ?
Can I buy you a drink? What's the best house cocktail?

J'ai la gueule de bois, auriez-vous quelque chose pour que j'aille mieux ?
I'm hungover, do you have anything that might help?

PRATIQUE

SE LOGER

BUDGET / BONS PLANS

Les campings des lodges sont vraiment peu chers, entre 5 et 15 US$ par personne et par jour, tout dépend si le camp est situé dans un parc national ou non. Il faut néanmoins être indépendant en eau potable, nourriture et réchaud dans les camps de brousse les plus sommaires. Les auberges de jeunesse (*backpackers*) et des lodges qui proposent des logements à l'entrée des parcs pour tous les budgets ont toujours des dortoirs partagés à moins de 15 US$ par jour et par personne.

A RÉSERVER

Il est nécessaire de réserver ses nuitées en lodge de safari en très haute saison, c'est-à-dire pendant l'hiver austral et l'été occidental, lorsque tout l'hémisphère nord est en vacances et que les conditions de safaris sont idéales, de mi-juillet à fin août, à South Luangwa comme à Lower Zambezi.

C'EST TRÈS LOCAL

Il y a toujours un parking surveillé dans les hôtels, on ne laisse pas une voiture dehors en ville.

FUMEURS

Il est interdit de fumer dans les chambres mais bien souvent elles possèdent une terrasse privative où il est possible de fumer. Les espaces étant bien souvent extérieurs dans les lodges (des terrasses couvertes par des toits de paille), fumer y est toléré.

LES PHRASES CLÉS

Bonjour, avez-vous de la disponibilité pour une chambre double pour ce soir ou demain soir ?
Hello, do you have a double room available tonight or tomorrow?

Avez-vous un code wifi… les enfants ne tiendront pas sans !
Do you have a Wi-FI code... otherwise my kids will go nuts!

C'est bruyant, est ce que je peux changer de chambre ?
It's noisy, can I move to a different room?

Jusqu'à quelle heure est-ce que nous pouvons aller à la salle de sport et à la piscine ?
What time do the swimming pool and gym close?

Est-ce que je peux laisser mon bagage et revenir plus tard le récupérer ?
Can I leave my luggage and come back later to pick it up?

Est-ce que vous pouvez nous appeler un taxi ? Merci beaucoup.
Can you call us a taxi? Thank you very much.

ALLO ?

Pour téléphoner de France vers la Zambie : 00 260 + numéro en Zambie sans le zéro de la région ou de l'opérateur de mobile.

Pour téléphoner de Zambie vers l'extérieur : 00 + indicatif du pays (33 pour la France, 32 pour la Belgique, 41 pour la Suisse, 1 pour le Canada).

Pour téléphoner dans le pays : on doit composer un indicatif régional lorsqu'on appelle vers une région différente, mais l'ignorer si on appelle la même région. Les 095 / 096 / 097 signalent un numéro de portable à composer dans tous les cas.

Data Internet du téléphone. Le roaming avec votre abonnement étant hors de prix, attention de bien désactiver les données à l'étranger sur votre téléphone avant l'atterrissage, si vous ne voulez pas payer des centaines d'euros dès votre arrivée sur le sol zambien.

Carte SIM locale. La meilleure option est d'utiliser le wifi des hôtels et cafés, ou – et surtout si vous conduisez – d'acheter une carte SIM locale auprès des opérateurs nationaux (Airtel, MTN), présents à l'aéroport et dans tous les grands malls de Lusaka et Livingstone. Il faut pour cela penser à faire débloquer son téléphone avant de voyager. Une fois la puce achetée et activée avec votre passeport dans une boutique, vous pouvez acheter des recharges téléphone et data.

ACCESSIBILITÉ

L'accueil dans les aéroports et certains lodges de safari les plus accessibles ainsi que les transferts privés sont en général adaptés aux personnes à mobilité réduite et aux familles avec poussette.

URGENCES SUR PLACE

Urgences 999 / Police 991.

© GOLERO - ISTOCKPHOTO.COM

Sur le fleuve Zambèze.

LGBTQ

La Zambie est un pays fortement conservateur et l'homosexualité est toujours considérée comme un délit passible de prison. Autant dire que les voyageurs gays et lesbiens auront avantage à faire preuve de discrétion.

AMBASSADE ET CONSULATS

▸ **Ambassade de France** (31F Leopards Hill Close ; +260 971 054 128 ; www.ambafrance-zm.org ; lusaka@ambafrance-zm.org). Ouverte au public du lundi au jeudi de 8h30 à 17h30, le vendredi de 8h à 12h30. En cas d'urgence (et seulement) en dehors des heures d'ouverture, +27 82 467 2588.

▸ **Consulat honoraire de Belgique** (1st Floor, East Park Mall – Plot 5005 Corner Great East/ Thabo Mbeki Road ; +260 211 258 057 ; belgconzambia@gmail.com). Dans le centre commercial East Park.

▸ **Consulat honoraire de Suisse** (697 Kalamba Road ; +260 211 224 580 ; lusaka@honrep.ch).

▸ **Haut-Commissariat du Canada** (5210 Independance Avenue ; +260 211 250 833 ; lusaka@international.gc.ca). Ouvert de 7h45 à 13h et de 14h à 17h du lundi au jeudi, le vendredi de 7h45 à 12h15.

LES PHRASES CLÉS

Bonjour, mon téléphone ne fonctionne pas, pouvez-vous m'aider s'il vous plait ?
Hello, my phone isn't working, can you help me please?

Je ne me sens pas bien, pouvez-vous m'amener à l'hôpital le plus proche ?
I don't feel well, can you take me to the nearest hospital?

Est-ce que vous avez un médecin qui parle français ?
Do you have a doctor who speaks French?

Je viens de me faire voler mes papiers, où est le poste de Police le plus proche ?
My passport has just been stolen, where is the nearest police station?

Est-ce un quartier dangereux ou je peux y aller sans crainte ?
Is this area dangerous or can I walk around without worrying?

Avez-vous des timbres pour une carte postale à envoyer en France ? C'est combien ?
Do you have any stamps for a postcard to France? How much is that?

DÉCOUVRIR

La Zambie est un pays mystérieux pour les Français, peu familiers de son histoire coloniale anglaise et de son passé ethnique, au cœur de l'Afrique australe. Il y a pourtant mille et une raison de se pencher sur l'histoire de ce pays qui a connu l'invasion Bantu avant la colonisation qui a formé son patchwork ethnique si riche en cérémonies et traditions. Le mode de vie de ses habitants entre vie rurale et modernité cosmopolite africaine est particulier. On vient ici pour apprécier particulièrement la nature sauvage de ses parcs nationaux qui se déploie autour de ses gigantesques fleuves et rivières, plus spécialement ses animaux de savane très nombreux qui font la réputation des safaris ici, en particulier les éléphants, les lions et les léopards. Les chutes Victoria restent le point d'orgue d'une visite en Zambie, rompant le flux du grand fleuve Zambèze qui délimite la plupart de ses frontières.

LES « BIG FIVE »

Les safaris, une faune riche et variée, les grands mammifères africains, les fameux « Big Five » observables de près dans leur environnement naturel... Voilà ce qui fait la réputation des parcs nationaux de la Zambie. Les « Big Five », littéralement les « cinq grands » – éléphant, buffle, lion, léopard, rhinocéros – sont les stars des parcs nationaux qui portent haut la beauté sauvage de la savane africaine. Non pas qu'ils sont les plus grands, comme l'expression pourrait le laisser croire, mais bel et bien parce qu'ils sont les plus dangereux pour l'homme ! A l'origine, ce terme anglophone désignait, pour les chasseurs, les mammifères les plus craints et les plus respectés d'Afrique. Autrement dit, les plus impressionnants, ceux avec qui un tête-à-tête peut s'avérer fatal. Notez que s'il ne fait pas partie du peloton de tête, l'hippopotame reste néanmoins celui qui fait le plus de victimes humaines. Hormis… le moustique, plus meurtrier encore !

DÉCOUVRIR

Le rhinocéros, un animal en danger

Cet énorme animal à l'allure préhistorique a été déclaré espèce éteinte en Zambie à la fin des années 1990. Les mesures draconiennes mises en place et la lutte contre le braconnage ont permis de sauver l'espèce. On compte aujourd'hui une soixantaine d'individus dans le pays. Un espoir fragile qu'il faut défendre quotidiennement. Il existe deux espèces de rhinocéros : le noir (*Diceros bicornis*) et le blanc (*Ceratotherium simum*). Ne cherchez pas à les distinguer par leur couleur, ils sont tous les deux gris. Parmi les rhinocéros blancs, on distingue le rhinocéros blanc du Nord et le rhinocéros blanc du Sud. Le rhinocéros noir est plus petit que son cousin blanc, il possède une tête moins allongée et plus pointue. Son tempérament est en revanche beaucoup plus agressif.

Le rhinocéros noir est classé en danger critique d'extinction par l'Union internationale pour la conservation de la nature (UICN). Leur population a diminué de 97,6 % entre 1960 et les années 1990, principalement à cause du braconnage. En 1993, on estimait à seulement 2 300 rhinocéros noirs vivant à l'état sauvage, mais grâce aux efforts de conservation déployés en Afrique australe, la population est passée à plus de 5 000 aujourd'hui.

Le rhinocéros blanc du Sud figure lui sur la liste des espèces presque menacées de l'UICN. Cette sous-espèce était sur le point de disparaître à la fin du XIXe siècle. Grâce aux efforts de conservation, on en compte aujourd'hui environ 20 000 au total, vivant à l'état sauvage, en Afrique orientale et australe.

Le rhinocéros blanc du Nord est une sous-espèce de rhinocéros blancs. Elle est aujourd'hui considérée comme éteinte à l'état sauvage. Il ne reste plus que deux femelles (Najin et Fatu) qui vivent actuellement au Kenya dans la réserve d'Ol Pejeta. Le dernier mâle, Sudan, est décédé le 9 mars 2018.

Rhinocéros.

L'éléphant, le sage de la brousse

L'éléphant d'Afrique (*Loxondota africana*) est le plus gros animal terrestre. Sa trompe est une petite merveille d'adaptation. D'une longueur d'environ 2 m, elle se termine par deux appendices en forme de doigt, préhensile et tactile. Ce long organe mobile et sensible sert ainsi à se reconnaître, souffler de l'eau, caresser les petits, cueillir des plantes, ramasser des fruits, renifler l'air, émettre des sons et boire (la trompe aspire l'eau puis la recrache dans la bouche). Les mouvements permanents de ses grandes oreilles permettent au sang, mieux régulé, de se refroidir de quelques degrés. Ses fameuses défenses d'ivoire, qui ont failli entraîner sa perte, peuvent atteindre 3 m et peser près de 50 kg chacune.

Les éléphants vivent en troupeau de quinze à vingt individus conduits par une matriarche. Les

© FRANTISEK STAUD - SHUTTERSTOCK.COM

mâles âgés s'écartent du troupeau et mènent généralement une existence solitaire. L'organisation sociale du groupe est particulièrement efficace et la solidarité entre les membres est totale. Les éléphants sont en perpétuelle communication grâce à de nombreux sons et grognements inaudibles pour l'oreille humaine. Chassés depuis des siècles pour l'ivoire, les éléphants d'Afrique ont été menacés d'éradication totale. Aujourd'hui, leur nombre est en augmentation, mais les problèmes ne sont pas résolus pour autant. Cet énorme animal qui consomme une quantité considérable d'eau et de nourriture (175 kg de fourrage et 90 litres d'eau par jour) se trouve en compétition territoriale avec l'homme.

Le lion, roi de la savane

Le lion était présent, il y a peu de temps encore, dans toute l'Afrique, en Asie Mineure, en Iran et en Inde. Il n'en reste plus aujourd'hui que dans certains pays d'Afrique ainsi que 200 individus environ dans la forêt de Gir, au nord-ouest de l'Inde. Les lions sont des prédateurs puissants, bons sauteurs et excellents nageurs. Ils sont dotés, comme tout félin, de griffes rétractables, et contrairement aux autres, ils ont une vie sociale particulièrement intense. Les mâles défendent le territoire (entre 20 km² et 400 km²) du clan qui comprend généralement deux lions, une dizaine de femelles et leurs petits. Fidèle à sa réputation, le lion mâle est un animal fainéant, capable de se prélasser près de 20 heures par jour. A peine moins pour les femelles, qui chassent souvent seules, en utilisant des tactiques de diversion. Après l'approche, la charge se fait à 60 km/h sur une courte distance. Malgré la coopération des lionnes et parfois des mâles pour les grosses proies (buffles en particulier), quatre attaques sur cinq échouent. Si vous campez, vous aurez sans doute la chance d'entendre en pleine nuit le rugissement rauque du lion qui s'entend à presque 10 km à la ronde.

Le léopard, le plus discret des félins

C'est un félin musclé, de forte constitution, mais très souple. Son pelage fauve est parsemé de taches noires en forme de rosette. Dans les régions montagneuses et boisées, le léopard est beaucoup plus sombre, allant jusqu'au brun noir. Il vit en solitaire, sauf pendant les périodes de reproduction. Le léopard chasse à l'affût près des points d'eau et dans les zones rocheuses où il cherche parfois à débusquer damans et babouins. Depuis un arbre ou un promontoire, il saute sur sa proie, la terrasse avec ses pattes puissantes et lui casse le cou ou l'égorge. Il hisse alors sa proie (parfois plus grosse que lui) sur une branche à l'abri des charognards. Particulièrement discret, il s'adapte à n'importe quel environnement, s'emparant à l'occasion d'animaux domestiques (chèvres, volailles et même chien à proximité des villes).

Le buffle d'Afrique, un animal dangereux

Le buffle, l'unique espèce de bovins sauvages d'Afrique, est un animal massif, puissant et dangereux. Ses cornes se recourbent sur le dessus, tandis que les deux bases quasiment jointives forment un véritable casque. Le buffle vit en vaste troupeau dans la savane et en petit groupe dans les zones forestières. Les vieux mâles solitaires sont particulièrement imprévisibles et chargent sans raison. Les buffles sont l'une des rares espèces, avec l'éléphant, à faire preuve d'une grande solidarité. Lorsqu'un individu est attaqué par des lions, le reste du groupe n'hésite pas à se ruer sur les assaillants, les obligeant à fuir. Soyez très prudent si vous marchez dans des zones boisées. Le buffle est de loin parmi les « Big five » celui dont il faut le plus se méfier.

GÉOGRAPHIE

Qui sait situer la Zambie sur une carte ? Peu de Français, c'est une certitude. Cette nation intérieure à l'Afrique australe sans côte océanique reste profondément méconnue en Europe. Pays de forme étrange, qui peut évoquer un cœur aplati ou un papillon, lové entre le tropique du Capricorne et l'Equateur, la Zambie n'a pas de frontière qui corresponde à aucune zone linguistique ou ethnique, comme finalement beaucoup de pays d'Afrique dont les limites ont été tracées par les colons européens aux dépends des origines ethniques des tribus composant le pays. Grande comme la France, la Suisse et la Belgique réunies, la Zambie est enclavée entre huit pays : l'Angola, la Namibie et le Botswana à l'ouest ; le Zimbabwe – son pays miroir au sud avec qui elle partage le fleuve Zambèze, le lac Karibe et les chutes Victoria – au sud ; le Mozambique et le Malawi à l'est ; et enfin la Tanzanie et la République Démocratique du Congo au nord.

Un pays au carrefour des sous-continents africains

D'une surface de près de 750 000 km², soit le double de celle du Zimbabwe, la Zambie est située au nord de l'Afrique australe, mais aussi en bordure d'Afrique de l'Est et d'Afrique centrale. Cette localisation intérieure lui confère de tous temps un rôle de carrefour ethnique, culturel et commercial. Ainsi les langues zambiennes sont d'origines bantoue et ngoni (comme celles d'Afrique australe), tout comme la culture – par exemple les chants et les danses sont très similaires, tandis qu'au nord-est une grande part de la population parle swahili comme en Tanzanie et au Malawi voisin, et au nord-ouest beaucoup parlent lingala comme en République Démocratique du Congo.

La Zambie, terre de hauts plateaux

En sillonnant la Zambie, une impression de plat pays assez bas est donnée au visiteur, alors qu'en réalité, le pays est situé sur un plateau central d'Afrique australe dont l'altitude varie de 1 000 mètres à 1 600 mètres en moyenne. On y trouve même des montagnes assez hautes à son extrémité septentrionale, côté est, à la frontière avec la Tanzanie. Certains sommets tutoient les 2 300 mètres d'altitude dans les Mafinga Hills et Nyika Plateau, à la frontière du Malawi. Ces montagnes sont désignées comme des escarpements appartenant au sud de la Grande Vallée du Rift africain. On connaît surtout l'escarpement du Zambèze et celui de Muchinga qui coupe en deux la partie est du pays. Ces barrières isolées, les Copperbelt Highlands et le Nyika Plateau, à la frontière du Malawi (ce dernier constitue un parc national), figurent parmi les hautes terres du pays.

Les vallées, des terres agricoles fertiles

La Zambie compte, en dehors de ces montagnes, seulement quelques vallées. Des branches se-

DÉCOUVRIR

Parc national du sud de Luangwa.

condaires creusées par le Grand Rift africain qui crée du relief en quelques endroits. On peut citer les vallées de Kafue et de Luapula, à la frontière congolaise, la vallée de la Luangwa, où se trouve le très réputé par national de South Luangwa, son répondant le parc national de North Luangwa, et le parc national de Lukuzuvi. Et enfin la vallée du Zambèze qui apparaît à Lower Zambezi passe par les chutes Victoria et s'achève dans les plaines de Liuwa. Ces vallées sont situées à moins de 500 mètres au-dessus du niveau de la mer. C'est dans ces deux vallées que se concentrent les principales zones agricoles du pays. Les forêts couvrent près de 40% du territoire, mais sont menacées par la déforestation. Elles sont plantées de teck, mopane et miombo pour la plupart.

Des lacs et des chutes d'eau multiples

Le nord reste tout à fait méconnu des touristes qui se concentrent dans les parcs nationaux de South Luangwa, Lower Zambzei, Chutes Victoria et dans une moindre mesure Kafue. Il compte pourtant trois grands lacs. Le lac Mweru est situé sur la frontière avec la République Démocratique du Congo. Mesurant environ 96 km de long sur 45 km de large, le Mweru est alimenté principalement par la rivière Luapula, qui constitue plus au sud le prolongement de la frontière naturelle entre les deux pays. La Zambie est également bordée par le lac Tanganyika, deuxième lac le plus profond du monde, dont une partie de la rive sud sert de frontière avec la Tanzanie. Découvert en 1858 par les explorateurs anglais Burton et Speke, ce lac, large de 60 km en moyenne, est le plus long du monde (680 km, ce qui fait une surface d'à peu près 32 000 km²), et le deuxième plus profond (1 435 m) après le lac Baïkal (1 740 m). Son fond est situé à 655 m sous le niveau de la mer et sa surface à 770 m d'altitude. Il serait né il y a environ 20 millions d'années, par l'écartement des plaques continentale et orientale du continent africain, et continue à s'élargir chaque année de quelques centimètres. Enfin, la Zambie compte le lac Bangwelu. Bien que d'une grande beauté, le lac est davantage exploité pour ses poissons que pour ses intérêts touristiques. Toute cette région compte de multiples chutes d'eau spectaculaires à l'écart pourtant des circuits touristiques car peu accessibles. La source du Zambèze est elle aussi très peu visitée. Le lac Kariba, l'un des plus grands lacs artificiels du monde, est situé au sud, sur le Zambèze, à cheval sur la frontière avec le Zimbabwe. Le barrage Kariba constitue, devant le barrage d'Itezhi Tehzi sur le lac Kafue, la plus grande force hydroélectrique du pays.

Le Zambèze, fleuve puissant nourri d'affluents

Il est des noms qui font rêver. Le Zambèze, quatrième fleuve d'Afrique (après le Nil, le Congo et le Niger), en fait partie, sans doute grâce aux

© LUCIAN COMAN - SHUTTERSTOCK.COM

Les chutes Victoria.

mythiques chutes Victoria, découvertes par Livingstone il y a plus de 150 ans et dont la beauté « fracassante » fascine toujours autant le voyageur. Ces chutes, la Zambie les partage avec le Zimbabwe, mais c'est bien en Zambie, près de la frontière avec l'Angola et la République du Congo, que le fleuve prend sa source. Avant de pénétrer au Mozambique et de se jeter dans l'océan Indien, le fleuve fait frontière entre la Zambie et le Zimbabwe. En aval des chutes, il se fraye un chemin dans les gorges de Batoka, puis s'élargit au niveau du lac Kariba. En aval du barrage qui forme ce dernier, il s'écoule entre les merveilleux parcs du Lower Zambezi et de Mana Pools. Une descente en canoë sur cette partie du fleuve sera un souvenir inoubliable. La rivière Kafue, qui jaillit dans les montagnes entre la Zambie et la RDC, et la rivière Luangwa, tout à fait à l'est du pays à la frontière avec le Malawi, sont les principaux affluents du Zambèze dans le pays. L'ouest de la Zambie, recouvert par les sables étendus du désert du Kalahari, se caractérise par d'importantes plaines inondables (Barotse Flood Plains, Kafue Flats) tandis que de nombreux marécages parsèment le territoire à la saison des pluies.

Des terres riches en gisements minéraux

Au nord, la province industrielle et minière de la Copperbelt, versant zambien du Katanga congolais, renferme des gisements minéraux d'une grande richesse. Ses mines historiques et lucratives de cuivre, ajoutées à celles plus récentes et pleines de promesses de lithium, ont concentré les populations autour de celles-ci et comptent une forte densité de population. Après Lusaka, Ndola est la seconde ville du pays.

NATURE

La Zambie est un pays réputé pour sa faune sauvage qu'on vient observer avec fascination lors de safaris. On retrouve comme dans tous les pays d'Afrique australe et de l'Est : les fameux Big 5 (lion, éléphant, buffle, rhinocéros et léopard), détaillés dans notre dossier, mais aussi les très rares chiens sauvages, guépards, girafes, et tous les herbivores qui peuplent les plaines (impalas, zèbres, phacochères, etc.). Ce pays compte des espèces emblématiques (pukus, kudus, éléphants, bec-en-sabot) et des espèces endémiques, particulièrement dans la région du parc National de South Luangwa. Trois en particulier : la girafe de Thornicroft, le gnou de Cookson et le zèbre de Crawshay. La végétation est aussi tout à fait particulière et spécifique à la Zambie. Les hauts plateaux, qui constituent 70 % du pays, sont couverts de forêts claires appelées miombo. On trouve en Zambie arbres à saucisses, tamariniers, baobabs, ébéniers et tecks.

Le Lycaon, le chien sauvage réintroduit en Zambie

Appelé tantôt lycaon (Lycaon pictus), tantôt loup peint, tantôt cynhyène, ce chien sauvage d'Afrique fait également partie des animaux en voie de disparition. Il n'en reste que 6 000 à l'échelle de l'Afrique entière. La Zambie peut se targuer d'avoir réussi un programme de réintroduction et vous aurez peut-être la chance de voir un groupe de chiens sauvages lors de votre safari à South Luangwa. Les lycaons possèdent un pelage bariolé caractéristique (jaune, blanc et noir) et vivent en meute de 5 à 30, voire 40 individus. Leur structure sociale est très hiérarchisée et présente quelques similitudes avec celle du loup européen. Les chiens sauvages chassent en groupe et sont capables de maintenir une allure de près de 60 km/h sur des distances allant jusqu'à 5 km. S'ils se contentent généralement d'impalas, ils sont néanmoins capables de tuer de grandes antilopes. Leur technique de mise à mort est à l'origine de leur mauvaise réputation. En effet, lorsque les lycaons attrapent une proie, ils la dévorent vivante. La scène est très rapide et un impala peut ainsi être dévoré en moins d'un quart d'heure. La seule chance des chiens sauvages, moins robustes que les hyènes ou les lions, de ne pas se faire voler leur proie est de la dévorer avant que n'arrive sur les lieux un autre prédateur. Autre point en leur défaveur : leur curiosité maladive. Malheureusement pour eux, ils n'hésitent pas à s'aventurer près des habitations et parfois à s'attaquer au bétail. Ils deviennent dès lors des animaux nuisibles que les villageois exterminent sans scrupule.

Le guépard, un sprinter hors normes très fragile

Aussi appelé cheetah, il est célèbre pour sa vitesse de course. C'est en effet l'animal le plus rapide de la planète puisqu'il est capable d'atteindre, sur de courtes distances, des vitesses de plus de 110 km/h. C'est un animal extrêmement vulnérable, qui court vite, mais un prédateur timide et en voie d'extinction massive. Selon African Wildlife il n'en resterait que 6 600 à l'état sauvage, contre 100 000 il y a un siècle.... En Zambie, vous ne le trouverez que dans le parc Kafue, plus fréquemment dans les très isolées Busanga Plains au nord. Des plaines humides dégagées idéales pour les guépards qui poursuivent les impalas et pukus. Quelques spécimens se trouveraient dans les plaines de la frontière sud-ouest Zambie – Angola, près du fleuve Zambèze. C'est celui qui va s'éteindre en premier parmi les grands félins d'Afrique selon les scientifiques. Plus de 92 % des petits meurent avant d'atteindre la maturité, notamment à cause des lions qui tuent les jeunes guépards lorsque la mère est partie à la recherche de nourriture. Son régime est constitué d'antilopes de taille moyenne, de pintades, d'outardes, de lapins, et parfois d'animaux domestiques... Chassant à vue et approchant à découvert ses proies, il devient dès lors une cible facile pour les fermiers. N'étant pas capable de manger ses prises tout de suite, il se fait en outre assez souvent dérober son repas par d'autres prédateurs. Grand félin élancé d'aspect un peu frêle, au dos incurvé aux longues pattes et à la taille fine, le guépard se distingue du léopard par ses taches noires pleines, des anneaux de couleur noire sur le pelage du bout de sa queue, et une raie noire allant, un peu comme une larme, de chaque œil vers la bouche. Sa tête et ses oreilles arrondies sont facilement reconnaissables. Ses griffes ne sont pas rétractiles, ce qui est inhabituel pour un félin. Le guépard vit en solitaire ou en petits groupes de moins de 6 individus ; les mâles ne rejoignent en général les femelles que pour s'accoupler. Les portées de 2 à 6 petits et ces derniers restent gris argenté pendant environ 3 mois. Son cri est identifiable parmi tous puisqu'il ressemble à s'y méprendre à celui d'un oiseau, souvent entendu quand la mère appelle ses petits. Sa durée de vie est de 16 ans, et il peut peser jusqu'à 55 kg.

INTERVIEW

ZAZU VOYAGES

UNE AGENCE FRANCOPHONE BASÉE AUX CHUTES VICTORIA

Pourquoi avoir ouvert une agence francophone en Zambie et au Zimbabwe ?

J'ai créé Zazu Voyages sur ces deux destinations encore méconnues des Français car elles répondent à tout ce que les voyageurs adorent : elles sont encore peu touristiques, offrent des safaris de qualité car la faune sauvage y est prolifique, les habitants sont adorables et les relations ne sont pas biaisées par un tourisme de masse. En plus ces deux pays partagent les magnifiques Chutes Victoria, l'une des 7 Merveilles Naturelles du Monde !

Quels sont vos endroits préférés en Zambie ?

Le parc national de South Luangwa est un pur joyau avec des girafes et zèbres endémiques et surtout il compte la plus grande population de léopards d'Afrique. Les safaris à pieds y sont un must ! Le parc national du Lower Zambezi offre de superbes safaris en canoë pour s'approcher en silence des nombreux éléphants sur les rives du Zambèze, en plus des classiques safaris en 4x4 et à pied, une vraie originalité.

Quels sont vos coups de cœur ?

J'ai adoré mon séjour à Sausage Camp dans le parc national du Lower Zambezi, particulièrement le dîner surprise dans le bush avec une forêt de lanternes sous le ciel étoilé et le déjeuner les pieds dans le Zambèze, magique ! Quand je séjourne à Lusaka, j'adore l'ambiance du boutique hôtel Latitude 15.

Pourquoi Zazu Voyages est une agence différente des autres réceptifs ?

Zazu Voyage est une petite agence : nous privilégions la qualité des échanges avec les voyageurs plutôt que le volume de ventes. Chaque voyage est unique et le fait d'être basé sur place garantit une vraie qualité de prestations. Je mets un point d'honneur à tester les lodges pour vérifier que les services proposés sont bien honorés. Pour moi, le tourisme en Afrique australe doit être éco-responsable et avoir une véritable éthique sociale vis à vis du personnel, c'est primordial.

© AURÉLIA GARNIER

© AURÉLIA GARNIER

© AURÉLIA GARNIER

La girafe, une géante délicate et puissante

Symbole de l'Afrique par excellence, la girafe (Giraffa camelopardalis) est le plus grand animal terrestre du continent. La Zambie abrite des sous-espèces rares, comme la girafe Thornicroft, endémique au South Luangwa (avec des motifs différents et plus sombres que sa cousine commune), et la girafe d'Angola, dans le parc sauvage de Sioma Ngwezi. Mammifère de l'ordre des ongulés, la girafe a 7 vertèbres cervicales comme nous, mais les siennes, très allongées, peuvent lui faire atteindre une hauteur totale de plus de 5 m, pour 3 m au garrot. Une hypertrophie due à la lente adaptation de la girafe à son habitat et à sa quête de nourriture dans les hauteurs. Les girafes se nourrissent de jour comme de nuit et ne sont pas dépendantes d'un apport en eau régulier. Leur régime est composé de feuilles et parfois d'herbes. Leur palais est si épais qu'elles peuvent brouter les feuilles d'acacia sans craindre de se blesser avec les épines. Leur langue peut sortir de 50 cm pour aller brouter les feuilles revêches et perchées. Les cornes (appelées ossicônes), sont chauves chez les mâles, à force de se battre entre eux, et recouvertes de poils noirs chez les femelles. Leur bosse entre les yeux est bien plus développée chez le mâle. À la saison des amours, les mâles se battent en duel, s'enroulant et se tapant le cou à grand renfort de claques bruyantes. Les girafes possèdent un odorat, une vue et une ouïe très aiguisés. Malgré leur grande taille, elles sont parfois la proie de lions ou de groupes de hyènes, notamment lorsqu'elles se penchent pour boire et lorsqu'elles sont encore jeunes et frêles. Néanmoins un coup de puissant sabot peut tuer un lion. Elle peut peser jusqu'à 1 700 kg, dont presque 60 kilos pour la tête, et plus de 25 kilos pour le cœur, qui doit être capable de pulser le sang vers un cerveau situé à plus de 3 m de lui ! Les femelles vivent en groupe pouvant aller jusqu'à une quinzaine de girafes avec leurs petits et jeunes, tandis que les mâles vivent seuls. Ils ont l'habitude de récolter un peu d'urine de la femelle avec leur langue, ce qui détermine leur excitation sexuelle. Après une période de gestation de 14 mois à 15 mois, elle donne naissance à un seul petit à la fois. La girafe met bas debout et le nouveau-né fait une belle chute de plus de 2 m ! Un beau bébé de 70 kg tout de même. Son pelage brun est très efficace en mode camouflage, il est souvent difficile de les distinguer dans le paysage. Elle peut vivre jusqu'à 28 ans environ. Comme le dromadaire, la girafe marche l'amble : les deux pattes d'un même côté sont envoyées en avant en même temps. En fuite, la girafe atteint les 50 km/h, mais semble courir au ralenti, car le cou et la tête sont balancés d'avant en arrière.

La hyène tachetée, un agent de nettoyage

On distingue la hyène tachetée, assez agressive et assez commune, la hyène rayée et la hyène brune, légèrement plus petites. Vous ne serez pas près d'oublier les vocalises nocturnes caractéristiques de ces animaux qu'on entend fréquemment aux abords des camps, mais aussi des villes. Leur cri caractéristique est un hurlement lugubre qui commence sur un ton bas et rauque, et s'achève brusquement sur un ton aigu. Le rire s'entend plus rarement lorsqu'une hyène appelle ses congénères pour obtenir du renfort et chasser en groupe. C'est l'un des animaux les plus bruyants de la savane. Proche des canidés, la hyène a une croupe nettement plus basse que le garrot, haut de 80 cm. Elle pèse environ 60 kilos. Elle vit en meutes de 10 à 30 bêtes, dans la savane. Elle se déplace en légers zigzags, en couvrant environ 3 km à 4 km par heure, à la recherche de viande, mais peut atteindre les 60 km/h pour attaquer une proie. C'est d'abord un prédateur, caractérisé par sa mâchoire extrêmement puissante, et son organisation en meutes. La hyène peut être tuée par les lions et les lycaons lorsqu'il lui arrive de trop s'approcher d'une proie convoitée. C'est un charognard, qui suit en particulier les lions en chasse, et sait repérer le vol des vautours. Sa mâchoire lui permet d'arracher et de broyer des morceaux énormes d'os, et de trouver ainsi la moelle. Les hyènes habitent des terriers : une grande cavité qu'elles creusent à 80 cm sous le sol. Chaque meute a un territoire bien délimité. Son système de vie sociale est très structuré et d'ordre matriarcal. La femelle est plus grande que le mâle et de ce fait elle est souvent confondue avec le mâle. Généralement, la femelle dominante transmet son statut à sa fille, cette dernière n'hésitant pas à tuer ses sœurs dès la naissance afin d'éliminer toute concurrence.

Le puku, emblématique de la destination

On ne retrouve pas le puku (Kobus Vardonii) dans les autres pays traditionnels de safari, puisqu'il est présent uniquement en Zambie et République Démocratique du Congo. On le verra dans tous les parcs nationaux du pays à foison avec ses co-hôtes les impalas. Son pelage roux orangé très épais, ses bandes blanches autour des yeux et des lèvres en font une jolie antilope de type cobe, avec des pattes plus courtes que chez les autres espèces cousines. Les mâles sont dotés de cornes très pointues. Comme chez les impalas, un mâle dominant mène un groupe qui peut aller jusqu'à 30 pukus formé de femmes (un harem donc) et de jeunes. Ils défendent leur territoire et leurs femelles contre les troupeaux de mâles célibataires nomades. Quand il est alarmé, le puku siffle très fort, et peut surprendre dans la savane.

© SERGEY URYADNIKOV - SHUTTERSTOCK.COM

Hippopotame.

Le koudou, antilope répandue en Zambie

Ils sont majestueux. Les koudous (Tragelaphus strepsiceros) peuvent être facilement identifiés à leurs grandes oreilles, leur marque blanche séparant les deux yeux leur pelage assez long et, surtout, chez les mâles, leurs superbes cornes torsadées. Cette antilope se nourrit de feuilles (d'acacia), de fruits et de jeunes pousses. Elle n'est pas dépendante d'un apport régulier en eau et est capable de se contenter de la rosée et de l'eau contenue dans son alimentation. Les koudous sont des animaux grégaires, observables en troupeaux d'une douzaine d'individus. Remarquables sauteurs, ils sont capables de franchir des obstacles de plus de 2,50 m de hauteur. Les femelles sont dépourvues de cornes, lesquelles chez les mâles peuvent mesurer jusqu'à plus de 1,50 m (le record est de 1,81 m).

L'impala, l'antilope la plus commune d'Afrique

S'il y a un mammifère que vous êtes certain de voir en Zambie et d'ailleurs partout en Afrique australe et de l'Est, c'est bien l'impala. C'est une antilope gracieuse, à l'allure très fragile. Vous la reconnaîtrez facilement à ses deux bandes noires, verticales, situées de part et d'autre de la queue qui forme comme un « m » incurvé. On dit d'ailleurs que c'est le « Macdo » du bush en plaisantant, car elle constitue le garde-manger principal des prédateurs africains, tant elle est fréquemment rencontrée. Les troupeaux, de 15 à 30 individus (et parfois bien plus), sont constitués de femelles, de leur progéniture, de mâles impubères et d'un mâle dominant. Les autres mâles se regroupent pour former des troupeaux de célibataires. La saison des amours donne lieu à de violents combats entre les mâles (les seuls à être dotés de cornes). Responsable d'un troupeau d'une dizaine de femelles, le mâle dominant se doit de faire face à des rivaux potentiels. Ce qui donne lieu à des situations cocasses : trop occupé à pourchasser ses concurrents, le mâle dominant n'a plus le temps d'assumer ses fonctions de reproducteur et délaisse son harem, une faute que des petits malins s'empressent de réparer… Remarquables sauteurs, les impalas sont capables de franchir des obstacles de 12 m de long ou de 3 m de haut !

La migration des gnous à Liuwa

Les gnous bleu (à queue noire) (Connochaetes taurinus) sont près de 40 000 à tourner en quasi permanence dans l'écosystème du parc transfrontalier Liuwa Plain - Mussuma TFCA, et forment ce que l'on appelle la grande migration, en association avec les zèbres. C'est la seconde plus grande migration après celle du Serengeti à cheval sur la Tanzanie et le Kenya. Antilope de 1,30 m au garrot et de plus de 200 kilos, le gnou à queue noire semble avoir le front écrasé. Ils peuvent parcourir 50 km par jour. Fin octobre et début novembre, l'accumulation des nuages sur la savane juste avant la saison des pluies crée une ambiance dramatique très particulière, la végétation devient émeraude et des parterres de fleurs roses se forment près des points d'eau. C'est à cette époque qu'a lieu la migration des gnous bleus qui parcourent près de 200 km depuis le parc national frontalier de Mussuma en Angola. Côté Zambie, vous observerez aussi ces gnous du parc Kafue jusqu'à la frontière angolaise. Si le corps est de couleur plus ou moins grisâtre, balafré de rayures marron, la face, la crinière et la queue sont noires. Le parc du North Luangwa abrite également le gnou de Cookson, une espèce endémique, au pelage plus clair et d'une taille légèrement inférieure.

Le gnou émet un beuglement grave. Son odorat est assez développé. Il est territorial et grégaire. Lors de la saison de reproduction, les troupeaux de femelles passent sur les territoires des mâles dominants ; les autres mâles plus jeunes se rassemblent au sein d'un troupeau de célibataires. Après 8 mois de gestation, plusieurs centaines de milliers de petits naissent, en janvier et février. Les hyènes et les lions se servent abondamment dans cet immense réservoir de viande itinérant. La seule défense du gnou est la fuite : en faisant de soudains bonds de côté parfois accompagnés d'une ruade.

Le zèbre, un équidé farouche et fascinant

Seul animal rayé dans la famille des équidés, le zèbre est propre à l'Afrique. Il pèse jusqu'à 330 kilos et mesure jusqu'à 1,40 m au garrot. Comme chez la girafe, les poils de la crinière sont toujours relativement courts, et dressés. On distingue le zèbre de Grévy, plus gros, aux rayures plus nombreuses, plus fines et moins distinctes, le zèbre de Burchell, et dans le parc du South Luangwa, une espèce endémique de zèbre, le zèbre de Crawshay. C'est un animal extrêmement sauvage, qu'il est presque impossible d'apprivoiser. Leurs rayures noires et blanches sont au nombre de 25 à 30 et agissent comme mécanisme de camouflage et signe de reconnaissance entre les individus. On dit que plus les bandes noires sont larges, plus le zèbre est âgé. Les zèbres sont nomades et grégaires : leurs troupeaux sont des regroupements familiaux, de 5 à 30 têtes, vivant en savane herbeuse, souvent en compagnie des gnous. Leur régime alimentaire est complété par des tubercules et des racines. Dépendants d'un apport régulier en eau, ils ne s'éloignent guère d'un point d'eau. Pour échapper à leurs prédateurs, ils sont capables de courir à 60 km/h. Ils se déplacent en file indienne, et émettent une sorte de hennissement saccadé et répétitif en « i-a ». Les étalons se battent fréquemment à gros coups de dents et de ruades pour gagner le droit de s'accoupler avec une femelle. Les accouplements ont lieu toutes les une à deux heures, pendant un ou deux jours. La période de gestation est d'environ un an, et les petits naissent en général entre janvier et mars. Les jeunes zèbres sont une proie très vulnérable. De manière générale, tous, même les adultes, sont un mets très apprécié des lions en particulier, et des crocodiles.

L'hippopotame, habitant des rivières de Zambie

La Zambie est un des pays qui comptent le plus d'hippopotames, environ 12 200, en particulier dans le Luangwa et le Lower Zambezi. Le long de la rivière Luangwa, leur densité est de 48 hippopotames par km de rivière, avec un total de près de 5 000 têtes ! On peut observer des groupes allant jusqu'à 60 têtes. L'hippopotame (Hippopotamus amphibus) signifie littéralement « le cheval de rivière ». Ce mammifère semi-aquatique passe la majeure partie de la journée dans l'eau. De la famille des porcins, il est non ruminant malgré les 3 poches de son estomac. Rose à la naissance, l'hippopotame devient gris brun, notamment en raison des nombreuses sécrétions huileuses de sa peau. Sa peau, quasiment glabre, est très fragile et craint le soleil. Il nage avec aisance et est capable de plonger pendant plus de 6 minutes, bien qu'il n'excède généralement pas 2 minutes. Son squelette est constitué d'os lourds, ce qui lui permet de marcher tranquillement au fond de l'eau. Ce sont des animaux sédentaires et grégaires, vivant souvent en bandes de 15 à 30 individus. Ils sont très territoriaux, et peuvent se révéler extrêmement agressifs et dangereux pour une embarcation qui s'en approcherait de trop près. Si le buffle est l'animal le plus craint sur terre, l'hippopotame est celui dont il faut le plus se méfier sur l'eau. Brisant sans vergogne les embarcations jugées trop envahissantes, chargeant les humains passant trop près de lui la nuit quand il broute hors de l'eau, il est responsable d'un grand nombre d'accidents.

Le crocodile du Nil, prédateur de l'Homme

Bien qu'elle semble innombrable dans le Zambèze, l'espèce du plus gros reptile au monde Crocodylus niloticus est moins menacée d'extinction depuis qu'elle est protégée, après avoir fait l'objet d'une chasse intensive. Les crocodiles du Nil sont entre 250 000 et 500 000 encore vivants aujourd'hui dans plus de 26 pays d'Afrique. Leur réputation de dévoreur d'hommes n'est pas infondée. Ils sont la cause de nombreuses morts surtout dans la vallée de South Luangwa (les femmes viennent à la rivière laver le linge, les accidents rapportés sont nombreux) et de la Zambezi River. Sa croissance est continue tout au long de sa vie, environ 30 cm par an. Cet animal venu des temps préhistoriques mesure entre 2 et 4 m de long. Certains spécimens de l'espèce du Nil, la plus massive, peuvent mesurer jusqu'à 7 m. Son ouïe est très supérieure à sa vue. Couleur avocat à la naissance, il fonce avec le temps jusqu'à devenir pratiquement noir. En bon reptile, le crocodile se repose en se réchauffant au soleil tout en ouvrant longuement la bouche pour évacuer parfois un éventuel excès de chaleur par transpiration, et se cache sur les berges, ou se met dans l'eau en embuscade. Il s'attaque aux gros poissons, qu'il chasse sous la surface grâce à une troisième paupière brillante qui lui permet de voir sous l'eau, aux herbivores et de grands oiseaux autour des points d'eau. Aquatique, le crocodile peut se déplacer à une vitesse de

© CURIOSO.PHOTOGRAPHY - SHUTTERSTOCK.COM

Zèbres.

20 km/h sur la terre, où il est capable d'effectuer des bonds prodigieux. Il brise tous les membres de sa proie par de grands coups de mâchoires, afin de pouvoir l'avaler. Il a une longévité de 60 ans, en moyenne. Les larmes de crocodile ne sont que le résultat de la compression de glandes lorsqu'il ouvre la bouche. Les accouplements ont lieu sous l'eau. Après 4 mois, la femelle pond ses œufs et les recouvre de terre ou de sable pour une incubation de 3 mois environ. La température ambiante du nid va influencer le sexe. Entre 30 °C et 34 °C, la proportion de mâles sera supérieure.

Le phacochère, le sanglier africain

On les retrouve dans toute l'Afrique, cet animal est très présent dans les parcs nationaux zambiens. La petite famille de phacochères est constituée de femelles et de leurs progénitures, les mâles vivant seuls ou en groupes de célibataires. Leur pelage est grisâtre et dépourvu de rayures. Ils sont dotés d'une crinière allant des épaules jusqu'au milieu du dos. Leur queue est glabre et se termine par une petite touffe de soies. Lors de la fuite, il est cocasse de voir s'enfoncer dans le bush toute une petite troupe de phacochères, crinière hérissée et queue dressée. Les mâles ont de grandes défenses qui peuvent atteindre 60 cm. Le régime alimentaire du phacochère est varié (herbes, bulbes, racines, fruits) et s'accompagne d'un apport quotidien en eau. Il se nourrit en prenant appui sur les genoux, ce qui lui confère une allure caractéristique. C'est un animal grégaire, surtout actif le jour, et qui passe la nuit dans un terrier abandonné d'oryctérope (un fourmilier), dans lequel il entre à reculons. Sa mauvaise vue est en partie compensée par une très bonne ouïe. Comme son voisin européen le cochon, il aime à se vautrer dans la boue.

Les baboujns, sociables et omniprésents

Singe essentiellement terrestre, les babouins vivent en troupe de 40 à 80 individus, sur un domaine d'environ 25 km². Ils mangent le matin et en fin d'après-midi. Ils sont omnivores et se nourrissent d'herbes, de graines, de fruits (de figuiers et de baobabs), de tubercules, d'insectes, et plus rarement d'oiseaux ou de petits mammifères. Le mâle est beaucoup plus gros que la femelle (35 kg contre 20 kg). En période de rut (le cycle ovarien est de 32 jours), les fesses des femelles, dépourvues de poils, sont enflées et rose vif. La queue des babouins est dite cassée (elle est d'abord dressée, puis se replie vers le bas). Le jeune babouin s'agrippe sous le ventre de sa mère en se retenant à sa fourrure, puis, après 5 semaines environ, se tient à califourchon sur son dos. Le babouin peut vivre plus de 25 ans. L'épouillage mutuel est un élément fondamental du lien social. Le babouin est une proie très appréciée du léopard. Une troupe peut cependant se défendre férocement, notamment grâce à leurs mâchoires puissantes et à leurs canines redoutables et démesurées. En Zambie, vous croiserez en particulier le yellow baboon (*Papio cynocephalus*) au pelage jaune clair (la vallée du Luangwa est surnommée « Valley of the yellow baboons »). Il vit souvent en cohabitation avec des antilopes, en Zambie avec des impalas et des pukus. Le babouin doté d'une bonne vue voit approcher les prédateurs du haut de son arbre tandis que les antilopes détectent odeurs et mouvements plus vite.

Civette, genette et mangouste

Parmi les autres carnivores, vous rencontrerez certainement pendant vos *night drives* en safari, des petits mammifères de la famille des Viverridae, comme la civette et la genette, qui ressemblent à des petits félins et différentes espèces de mangoustes.

▶ **La civette** (*Civettictis civetta*) est un carnivore proche de la mangouste, mais qui ressemble à un félin au corps élancé, haute de 40 cm environ, la civette pèse une quinzaine de kilos, a un pelage blanc abondamment tacheté de noir, un museau pointu, et une queue présentant environ quatre rayures. Solitaire et essentiellement nocturne, elle attaque toutes sortes de petits gibiers. Grande chasseuse, elle est aussi agile sur la terre ferme que dans les arbres où elle peut utiliser ses griffes. Ce sont des animaux qui passent leurs journées cachés dans le creux d'un arbre ou dans un terrier abandonné. La civette est également connue pour la substance très odorante qu'elle produit pour marquer son territoire. Les sécrétions huileuses abondantes de ses glandes anales sont soigneusement collectées sur des animaux capturés (en Éthiopie et à Zanzibar) pour servir de base de parfum depuis l'Antiquité (civette signifie « parfum » en arabe). Les civettes peuvent être parfois observées tôt le matin.

▶ **La genette** (*Genetta genetta*) est un animal nocturne d'environ 3 kg, ressemblant à un chat. Sa queue est rayée de 9 à 10 branches (contre 4 chez la civette, plus trapue). Elle vit en solitaire ou en paire, en logeant dans des anfractuosités rocheuses, dans des arbres creux ou sur de hautes branches. Elle chasse à l'affût des rongeurs, oiseaux, reptiles et insectes, mais se nourrit aussi de fruits. Elle est connue pour être une gaspilleuse qui ne mange pas une bonne partie de ses prises.

▶ **La mangouste** (*Herpestidae*) existe sous différentes espèces : la mangouste rouge (*Galerella sanguinea*) et la mangouste rayée (*Mungos mungo*) sont présentes. La mangouste se nourrit d'oiseaux, d'insectes (notamment de termites), de rongeurs, d'œufs (de reptiles ou d'oiseaux), de lézards et de serpents. Sa vivacité lui permet de sortir la plupart du temps victorieuse d'un combat avec ces derniers. Elle mesure de 25 cm à 50 cm et pèse de 700 g à 4 kilos, selon les espèces. Egalement selon les espèces, les mangoustes vivent soit en couple ou groupe familial d'environ 4 têtes, soit en petites colonies d'une quinzaine d'animaux, dans de vieilles termitières abandonnées par leurs insectes et qui prennent alors des formes érodées arrondies.

Bec-en-sabot et autres oiseaux emblématiques

Si la plupart des voyageurs se montrent attirés surtout par les mammifères, ils n'en sont pas moins captivés par la beauté de certains oiseaux dont les plumages multicolores ou la taille démesurée forcent l'admiration. Avec sa végétation préservée et sa grande diversité d'habitats naturels, des plaines marécageuses aux forêts de mopane et de miombio, la Zambie est un véritable paradis pour les ornithologues ou les amoureux des oiseaux. Quelque 750 espèces de volatiles y ont été recensées, avec de nombreuses espèces migrantes présentes sur le territoire entre septembre et mai. On trouve en Zambie les espèces communes de l'avifaune d'Afrique australe, mais aussi, et c'est là une particularité, des oiseaux plus généralement observés en Afrique de l'Est ou en Afrique centrale.
Le bec-en-sabot (*shoebill stork*) est l'un des oiseaux les plus recherchés de Zambie. En effet, on ne le trouve que dans les plaines marécageuses de Bangweulu et dans quelques endroits en Afrique centrale, particulièrement en Ouganda. D'une hauteur de 1,20 m, il tient son nom de son bec énorme. Il se distingue également par sa couleur grise et son aspect préhistorique. C'est un oiseau menacé de disparition. Il fait partie de la famille des cigognes.
Le Marabout est un échassier très grand (1,50 m), qui a la plus grande envergure en vol qui soit : 3 m environ. Contrairement aux hérons, et comme chez tous les oiseaux de la famille des cigognes (jabiru, tantale africain), il ne rentre pas son cou en volant. Le marabout a le crâne déplumé (un peu de duvet de naissance uniquement), un collier de plumes blanches, et le dessus du corps et des ailes noires. Il dispose sur le devant du cou d'un grand jabot de peau rose qui pend en vol, et se remplit de viande après les repas : le marabout est en effet un charognard. Ne se déplaçant jamais en groupes aussi importants que ceux des vautours, il n'a généralement droit à la charogne qu'après eux, malgré sa plus grande taille et son grand bec. Comme le vautour, le marabout a le crâne et le cou dégarnis, ce qui lui permet de ne pas salir ses plumes en plongeant profondément le bec dans les charognes. Il laisse aussi tomber ses fientes sur ses pattes. Il niche sur les arbres et dans les rochers, parfois en colonies. Vers le mois de mai, il pond 2 à 3 œufs qui sont couvés pendant 1 mois. Plus de 3 mois plus tard seulement, les petits peuvent voler.

Miombo et mopane, des écosystèmes typiques en Zambie

Les hauts plateaux, qui constituent 70 % du pays, sont couverts de forêts claires appelées miombo. C'est un genre de savane tropicale boisée, dont le mot scientifique est *Brachystegia*, comprenant un grand nombre d'espèces. La caractéristique de ces arbres est de perdre leurs feuilles très brièvement pour réduire les pertes d'eau. On trouve beaucoup de mopanes (*Colophospermum mopane*) dans toutes les vallées sèches de Zambie (où l'on fait des safaris). Il est reconnaissable à ses feuilles très caractéristiques en forme de papillon. Il peut parfois atteindre 30 m de haut, la forme gracieuse de ses branches élancées lui valant alors le surnom de « mopane cathédrale ». La végétation dans ces zones est assez pauvre et éparse, mais les feuilles de mopane ont une grande valeur nutritive pour les animaux, de même que celles des nombreux acacias.

Arbres à saucisse et baobabs iconiques

Caractéristique de Zambie, l'arbre à saucisses (*Kigelia africana) se retrouve* dans tous les parcs du pays, car son curieux fruit est une source de nourriture précieuse pour les animaux, particulièrement dans la vallée de Luangwa. Le fruit qui a donc une forme de saucisse suspendue est extrêmement lourd – il peut peser jusqu'à 10 kg – et peut atteindre 60 cm. Il est mature justement pendant la période la plus chaude de l'année quand il est difficile de se procurer de la nourriture pour les herbivores et omnivores. Un garde-manger réconfortant pour les estomacs affamés de zèbres, babouins, hippos, mais aussi éléphants et girafes qui peuvent s'offrir les jeunes fruits en hauteur et les feuilles en accompagnement. Attention à la tête quand vous passez dessous ! Les camps les élaguent pour éviter les accidents. Seuls les babouins sont capables de casser son épaisse coque pour atteindre le fruit désiré riche en protéines. Les éléphants en saison viennent volontiers secouer les arbres pour faire tomber les fruits, malin !

Le baobab (*Adamonia digitata*), avec son tronc énorme (30 m de circonférence) et ses branches pareilles à des racines, peut vivre plusieurs milliers d'années. Aucun baobab n'est identique, et il pousse pendant des siècles à son rythme, pour atteindre des hauteurs et des circonférences colossales. On en trouve de près de 20 mètres de haut et vieux d'un millier d'années dans la forêt de Luangwa. Durant un mois, la floraison des baobabs de plus de 15 ans est brève, car chaque fleur ne vit qu'une journée avant de tomber. Son gros fruit sec et acidulé dans des coques allongées de près de 40 cm, appelé parfois pain de singe, est blanc, de goût très bon. Riche en eau, mais aussi en calcium, vitamine C, ces graines sont protéinées et il est recherché par les éléphants, les singes et même les humains. On peut boire du jus de pain de singe en saison. Son tronc est creux, et il abrite des colonies de chauve-souris, des chouettes et des porcs-épics.

Tamarinier, teck et ébénier utilisés dans la construction

Le tamarinier (*Tamarindus indica)* d'abord identifié et nommé en Inde est en réalité indigène à l'Afrique. Car en raison de sa densité et de sa durabilité, le bois de cœur de tamarin peut être utilisé dans la fabrication de meubles et de planchers en bois et était recherché dans la construction. C'est l'un des plus beaux arbres du parc de South Luangwa, absolument majestueux avec ses immenses branches touffues et denses après la saison des pluies. Il peut atteindre 30 mètres de hauteur. On le trouve spécialement dans les lits de rivières et les étangs asséchés.

Les antilopes et les girafes viennent dévorer ses feuilles. Son fruit contenu dans une coque de 12 à 15 cm est juteux et acidulé sous forme de graines, est utilisé en cuisine. Le fruit est une source de nourriture majeure pour de nombreux animaux. Les phacochères aiment manger ces fruits d'automne, ainsi que les antilopes, les babouins et les éléphants principalement.

Le teck (*Pterocarpus angolensis se trouve à l'état sauvage dans l*e nord du pays, plus proche de la ceinture équatoriale, avec des précipitations plus abondantes. Des forêts denses de teck existent le long du Zambèze (localement appelé « mukusi »), tandis que les marais plantés de teck qui parsèment le territoire sont parmi les plus étendus d'Afrique australe. C'est un arbre qui peut aller jusqu'à 20 m de haut, à l'écorce brun foncé caractéristique et à la haute canopée aux feuilles larges et brillantes. Il produit une abondance de fleurs jaune orangé parfumées au printemps.

En Afrique australe, c'est généralement juste à la fin de la saison sèche vers la mi-octobre. Il est d'abord ignifuge, il résiste au feu, aux sangliers et aux termites tant il est résistant. Il est d'ailleurs extrêmement dense et lourd, ce qui fait sa noblesse, tout comme son parfum légèrement épicé. Le bois se polit bien et est bien connu en Afrique tropicale, car il a une jolie couleur jaune brunâtre. Il est aussi résistant à l'eau, ne gonfle pas et donc idéal pour la construction de canoës et de constructions solides et résistantes à la pluie. Il est aussi sculpté en objets décoratifs.

L'ébénier africain (*Diospyros mespiliformis*), donne un fruit, proche du kaki comestible, une douceur dont raffolent les jackals, d'où son surnom de baie de jackal. Cet arbre à feuilles persistantes fait en général 6 mètres de hauteur et possède un feuillage dense apprécié par les éléphants et les buffles. Les arbres matures ont une écorce fissurée gris foncé, la couleur du bois varie du brun rougeâtre clair au brun très foncé. Il est extrêmement résistant, solide et lourd, insensible aux termites, surtout le cœur, utilisé pour fabriquer des planchers et meubles en bois et des canoës. Les fruits sont ovales, jaunes ou violets. Plante alimentaire traditionnelle en Afrique, ce fruit a le potentiel d'améliorer la nutrition.

CLIMAT

Bien que le pays soit situé en zone tropicale, le climat zambien est tempéré par l'altitude de ses hauts plateaux qui oscillent entre 1 000 et 1 600 mètres d'altitude. Seules les vallées situées à près de 500 mètres d'altitude connaissent des températures extrêmes. Celle de Luangwa où s'inscrivent les parcs nationaux éponymes (Nord et Sud Luangwa), la vallée du Zambèze, où se trouve le parc national Lower Zambezi et celle de Kafue avec le parc éponyme. Si vous voulez vous y rendre à la meilleure saison pour les safaris, c'est à dire en saison sèche lorsque les animaux sont mobiles à la recherche d'eau, deux options. Soit pendant l'hiver austral, de juin à août. Il peut faire très froid la nuit sous les tentes de safari : les températures peuvent tutoyer les 5°C, mais en journée il fait chaud. Soit en octobre et début novembre : il fait facilement 40°C voire 45 °C en journée, un vrai four à chaleur tournante qui se rafraîchit peu la nuit.

Un climat tropical et des saisons inversées

La Zambie, située entre le tropique du Capricorne et l'équateur, est donc un pays au climat subtropical à tropical. Elle vit au rythme de trois saisons, la saison des pluies, la saison sèche froide et la saison sèche chaude. Elles sont déterminées par l'évolution de courants aériens. Une masse d'air humide en provenance du Congo : la ceinture de pluie tropicale (appelée ZCIT par les météorologues) crée la saison chaude des pluies, dont les oscillations sont tempérées par *El Nino* austral. Les saisons y sont inversées par rapport à l'hémisphère nord, mais moins nettement marquées. On observe les températures les plus froides en juin et juillet et les plus chaudes en octobre novembre.

La saison des pluies, de novembre à avril

Les régions du nord, autour des lacs Tanganyika et Mweru, reçoivent les premières précipitations dès la fin octobre ou le début novembre. Celles-ci se décalent progressivement pour atteindre le sud du pays à la fin du mois de novembre. Comme souvent en zone tropicale, les pluies se manifestent sous forme d'averses, en particulier en fin de journée. Les pics de pluies suivent l'itinéraire du vent humide et chaud qui soufflent du Congo : les régions du nord connaissent leurs premières pluies en premier, en octobre et début novembre, tandis qu'elles atteignent le sud du pays fin novembre ou début décembre. A l'inverse, le courant d'air chaud repart vers le Congo au sud stoppant les pluies fin mars, tandis que le nord du pays connaît des pluies plus longues, jusqu'en fin avril, début mai. Le pic de précipitations suit aussi cette courbe, il est donc double au nord, en décembre et en mars, tandis qu'il est unique en janvier dans le sud. Elles varient de 700 mm en moyenne annuelle dans le sud à 1 400 mm dans le nord.

La saison humide peu adaptée aux safaris

Pendant la saison des pluies appelée *saison émeraude*, les températures avoisinent les 26 °C. C'est à cette période que les paysages sont les plus beaux. Au fil des mois, le bush se pare de couleurs chatoyantes, le tracé des routes de terre de latérite rouge se détache sur la végétation luxuriante. Les couchers de soleil sur des ciels striés de nuages sont magnifiques. Les oiseaux migrateurs affluent sur les rivières, les étangs et les lacs de barrage. En revanche, et ce sont là les gros points noirs pour les voyageurs, de nombreuses pistes deviennent impraticables rendant les parcs nationaux peu accessibles. Beaucoup de lodges sont même contraints de fermer leurs portes, en particulier les *bush-camps* du South Luangwa National Park (seuls les lodges situés dans la zone principale près de la porte du parc sont ouverts toute l'année). Mais aussi tous les camps de Lower Zambezi et des Bushanga Plains par exemple. En raison de la multiplication des points d'eau et de la verdure environnante pendant la saison des pluies, les herbivores sont dispersés dans la savane ne se déplacent qu'au minimum car il ont toute l'herbe et l'eau qu'il veulent à portée de sabot. Les prédateurs carnivores peuvent quant à eux bien se camoufler dans les herbes hautes. Dans l'ensemble, les animaux sont beaucoup plus difficiles à distinguer dans le *bush*.

La saison sèche, de mai à août

Celle-ci se déroule pendant l'hiver austral de l'hémisphère sud. Les températures restent extrêmement douces et agréables pendant la journée (autour de 23 °C en moyenne et plus dans les régions de basse altitude comme Lower Zambezi NP, Kafue NP et South Luangwa NP) mais elles peuvent chuter considérablement la nuit (jusqu'en dessous de 10 °C). Les lodges vous fourniront jusqu'à deux couvertures en laine pour supporter le froid sous les

© GUDKOV ANDREY - SHUTTERSTOCK.COM

Les Chutes Victoria à la saison sèche.

tentes de safari pendant les moins de juin et juillet, les plus frais de l'année. Les game drive tôt le matin dans la nuit et le soir, dans un véhicule à l'air libre, méritent de s'équiper avec des habits chauds, même si des couvertures sont fournies.

La saison des hautes eaux aux Chutes Victoria

Durant la saison sèche froide, le ciel reste d'un beau bleu azur. En début de saison, comme en automne chez nous, la végétation se pare de teintes mordorées. Puis, à partir de juin, les arbres perdent leurs feuilles, l'aridité prépare son terrain, les animaux commencent à se regrouper près des points d'eau. Les touristes sont plus nombreux, avec un maximum de fréquentation en juillet et août. La visibilité dans le bush est excellente à cette époque. Cela correspond à la saison des hautes eaux aux chutes Victoria, lorsque celles-ci sont les plus puissantes et nourries des eaux de pluie de la saison précédente. Néanmoins le débit est si puissant qu'on est « douché » dès l'arrivée sur le chemin menant aux chutes côté zimbabwéen, et il est souvent difficile de les apercevoir dans la bruine permanente créée par ce débit incroyable. Attention à votre passeport, car il est obligatoire pour passer la frontière et peut se retrouver mouillé avec des tampons et visas effacés si vous ne le rangez pas dans un étui imperméable. On marche baigné au milieu d'un arc-en-ciel, les appareils photo sont vite mouillés (les boîtiers tropicalisés sont essentiels). Néanmoins, les photos prises du côté Zambie, plus panoramiques et plus lointaines, avec le rideau des chutes en ligne de mire sont exceptionnelles avec une telle puissance.

La saison chaude et sèche, entre septembre et novembre

Elle correspond à la saison la plus chaude de l'année qu'aucune pluie ne vient rafraîchir. Si les températures restent supportables dans la majeure partie du pays avec une moyenne de 30°C environ, l'air devient étouffant dans les vallées, où le thermomètre peut dépasser en octobre les 40 °C dans les parcs nationaux de Lower Zambezi, South Luangwa, Kafue ou Liuwa. Totalement brûlée, la végétation offre un spectacle désolant. Préparez-vous à souffrir de la chaleur, particulièrement la nuit. En contrepartie, beaucoup de ponts d'eau sont asséchés et les bêtes se déplacent pour s'abreuver. L'observation de la faune et les safaris sont alors exceptionnels. En novembre et décembre, les chutes Victoria peuvent s'avérer décevantes si on visite le côté zambien, car sur cette partie exposée, les chutes ne coulent presque plus et laissent la roche sombre du canyon à nu. Côté Zimbabwe en revanche, le flot des chutes est encore impressionnant et bien visible sur un bon tronçon, offrant un joli spectacle grondant. Le ciel est bleu et on peut tranquillement prendre des photos au plus près des chutes sans se faire tremper.

ENVIRONNEMENT

La Zambie regorge de nombreuses richesses naturelles. L'une d'elles est son réseau fluvial : le pays borde les lacs Tanganyika, Mweru, en plus d'être traversé par le Luangwa, l'Azibo, le Kafue, le Lalembo et bien sûr, le Zambèze. Ces abondantes ressources d'eau irriguent une autre richesse du pays : sa végétation. La vallée du Zambèze est ponctuée de forêts de teck ou de mopane, qui viennent s'ajouter aux nombreuses savanes boisées du pays, appelées miombo. Un autre trésor se trouve cette fois sous la surface du sol, puisque le pays possède d'importants gisements de cuivre. Seulement, la Zambie voit dans ces richesses une aubaine pour sortir de la pauvreté, quitte à ce que leur exploitation mène à la perte de ces ressources vitales. Ainsi, la forêt est victime d'une déforestation extrêmement intense, les cours d'eau sont gangrenés de centrales hydrauliques, et les mines détruisent de nombreux écosystèmes. Les solutions, souvent apportées par des ONG internationales, offrent des actions bien réelles, mais le problème est grand.

Le cuivre : ce cadeau empoisonné

Sous les terres fertiles de la Zambie, se cachent plus de 20 millions de tonnes de cuivre, principalement situées dans la région du *Copperbelt* [ceinture de cuivre], ce qui fait du pays le septième plus grand producteur au monde. Le gouvernement mise d'ailleurs de plus en plus sur cette exploitation, qu'il a largement privatisée ces dernières années. Les extractions s'intensifient ainsi, en corrélation avec l'augmentation de la déforestation, puisque les mines sont en grande partie situées dans les bassins forestiers, qui s'en trouvent défigurés. Mais les habitants n'en démordent pas. Ainsi, en 2015, ils étaient plusieurs milliers à porter plainte contre l'exploitant indien Vedanta, accusé de déverser des déchets toxiques, notamment de l'acide sulfurique, dans l'eau. Le géant minier serait ainsi responsable de maladies sévères et de la destruction de l'environnement, et donc par extension, du gagne-pain de nombreux villageois. Tout en niant son implication, la multinationale indienne a indemnisé les villageois, d'un montant qui est resté confidentiel. Ce n'est pas le premier procès de la sorte en Zambie, qui souffre régulièrement de la pollution des mines de cuivre. En 2011, cinq ONG avaient entamé un bras de fer judiciaire avec Glencore, l'exploitant de Mopani, la plus grosse mine du pays, pour évasion fiscale et pour mise en danger de la santé publique. L'affaire a mené à la nationalisation de la mine.

La forêt menacée par les scies

Les forêts zambiennes font face à une déforestation féroce, particulièrement dans le nord du pays, qui représente à lui seul plus de la moitié des zones boisées. Selon *Global Forest Watch*, près de 9 % des forêts zambiennes auraient disparu au cours des 20 dernières années. Et cette hécatombe est de plus en plus intense : elle a même doublé au cours de la dernière décennie, par rapport à la précédente !

Les causes sont multiples : l'utilisation du charbon est encore très commune pour faire face aux nombreuses pannes électriques ; le teck, un bois précieux, très présent autour du Zambèze, est décimé pour être l'objet d'un commerce juteux ; la pratique du brûlis agricole, appelée localement *chitemene*, dégénère souvent dans d'importants feux de brousse ; les champs cultivés sont toujours plus nombreux ; et enfin, l'extraction de cuivre mène à la destruction de nombreux écosystèmes.

Toutefois, la situation est si alarmante qu'elle suscite de vives réactions parmi les acteurs internationaux, qui multiplient les programmes de sauvegarde. En 2017, la Banque mondiale a ainsi débloqué 33 millions de dollars pour permettre à la Zambie de mettre en place une stratégie face au réchauffement climatique, et notamment de lutter contre l'abattage d'arbres. Le programme REDD+, lancé en 2008 par l'ONU et dont la Zambie fait partie des premiers pays touchés, a quant à lui permis d'installer un système de surveillance des forêts, favorisant la collecte de données sur la déforestation.

La multiplication des centrales hydroélectriques

Ce sont les nombreux cours d'eau de la Zambie qui alimentent sa consommation en électricité. Le barrage de Kariba, qui alimente Lusaka en électricité, est le plus spectaculaire. A sa construction, dans les années 1950, il était le plus grand barrage au monde, et a provoqué par sa retenue d'eau, la création de ce qui reste le plus grand lac artificiel au monde, le lac Kariba. Cette inondation a englouti à jamais un écosystème riche, forçant les animaux et peuples indigènes à fuir. Elle a donné lieu à l'opération Noah, s'étendant sur six ans, et dont l'objectif était de relocaliser la faune qui a perdu son habitat suite à la construction du barrage. Ainsi, 6 000 animaux (des éléphants, antilopes, oiseaux, serpents et bien d'autres) ont déménagé, notamment dans le Parc national de Matusadona, créé pour l'occasion. Mais la région pourrait bien connaître une nouvelle inondation destructrice, puisque faute d'entretien adapté, le barrage pourrait bien rompre, faisant craindre une catastrophe écologique sans précédent. Toutefois, si ce barrage, et les nombreux autres présents sur le territoire ont drastiquement perturbé l'équilibre écologique de la région, tout n'est pas tout noir. Ainsi, la soudaine retenue d'eau douce créée a permis la prolifération de nombreux mammifères.

Vers la fin du braconnage ?

Les animaux constituent sûrement une autre des richesses zambiennes pillées sans vergogne.

Le pays abrite ainsi la troisième plus grosse population d'éléphants d'Afrique, qui compose avec d'autres grands mammifères : lions, léopards, guépards, girafes… La Zambie fait en effet partie des 30 pays les plus riches au monde en mammifères ! Une telle abondance attire malheureusement bien des convoitises, et le braconnage fait rage. Cornes de rhinocéros, et défenses d'éléphants rejoignent les pangolins, l'animal le plus braconné au monde, dans des cargos en direction de l'Asie, où ils sont perçus comme des remèdes par la médecine traditionnelle chinoise. À ces braconniers chinois s'ajoutent des chasseurs américains, grands amateurs de chasse au trophée. En invoquant une surpopulation d'espèces, dont certaines sont pourtant menacées d'extinction, les autorités livrent des quotas de trophées à abattre aux touristes qui y mettent le prix.

La WWF estime ainsi que la Zambie a perdu près de 40 % de sa faune lors des quarante dernières années, suite au braconnage et à la déforestation. Des programmes distincts multiplient toutefois les victoires, comme c'est le cas du North Luangwa Conservation Program. Fondé en 1986 par la Société zoologique de Frankfort, et le Département des parcs nationaux et de la faune sauvage, ce programme a notamment mis en place un système de garde dans le North Luangwa National Park qui abrite 63 % des éléphants du pays. En 2018, le programme savoure sa victoire : aucun éléphant n'a été tué dans le parc au cours de l'année, et le braconnage a baissé de 50 % dans les environs.

Les parcs nationaux : clefs de la conservation

Près d'un tiers du territoire zambien est protégé : un score largement au-dessus de la moyenne internationale. Seulement, si la volonté est là, l'efficacité l'est moins, puisque le niveau de protection des parcs n'atteint pas les normes internationales. Le braconnage, l'abattage d'arbres, et même l'exploitation minière y sont encore présents, bien que les aires protégées aient subi une extraordinaire refonte ces vingt dernières années.

Parmi les 20 parcs nationaux du pays, le South Luangwa National Park est de la plus haute importance. Avec plus de 40 espèces de mammifères et 400 espèces d'oiseaux, sa concentration en faune est parmi les plus hautes au monde ! Le parc abrite notamment une girafe qui lui est endémique : la rarissime Girafe de Rhodésie (Giraffa camelopardalis thornicrofti).

C'est toutefois le Kafue National Park qui, de ses 22 400 km², est le plus grand du pays. Aussi, il est constitué de nombreux écosystèmes typiques de la Zambie : miombo, cette savane boisée, dambos, qui sont formés de prairies inondables et forêts de mopane. Seule une petite partie de ce paradis biologique est accessible, laissant le reste d'autant plus préservé, et en partie inexploré.

Enfin, le Lower Zambezi National Park ne représente peut-être que 4 000 km², mais il fait face à son cousin zimbabwéen le parc national de Mana Pools. Et puisque la frontière entre les deux parcs est purement administrative et qu'il n'existe aucune clôture les séparant, l'aire protégée représente donc plus de 10 000 km² ! Anciennement réserve personnelle du président zambien, le parc a largement échappé au tourisme de safaris, et demeure donc l'un des plus sauvages du pays.

Le gouvernement montre sa volonté de poursuivre la lutte pour la protection de la nature, en ouvrant encore de nos jours des zones protégées, comme le Lusaka National Park, qui a ouvert ses portes en 2015.

Lusaka National Park.

HISTOIRE

Comme dans toute l'Afrique australe peuplée originellement de peuples San, la Zambie a connu l'invasion des peuples Bantus venus du bassin du Congo dès le IIIe siècle av. J.-C. Isolé des côtes, le pays a longtemps été préservé des envahisseurs Blancs, à part quelques explorateurs comme David Livingstone qui révélera à l'Europe l'existence des chutes Victoria au XIXe siècle. Expropriés de leurs terres et exploités dans les mines par les colons Britanniques, ce n'est qu'en 1964 que les Zambiens obtiennent leur indépendance. Kenneth Kaunda réalise des réformes sociales et nationalise les mines. Mais la chute du cours du cuivre précipitera le pays dans un marasme économique pendant plusieurs décades. Depuis, dans une alternance politique et un retour au libéralisme, le pays connaît des phases de croissance et de crise suivant le cours du cuivre, tout en essayant de diversifier son économie, notamment dans le tourisme.

-700 000 ANS AV. J.-C.

Les premiers peuplements humains

La grande Rift Valley, qui traverse l'Afrique de l'Egypte à la Zambie, est aujourd'hui reconnue comme le berceau de l'humanité. De nombreux sites de l'âge de pierre ont été excavés en Zambie, renfermant des outils vieux de 200 000 ans dans la région des chutes de Kalambo au nord, et des chutes Victoria au sud. En 1921, les ossements de celui que l'on appelle « the Broken Hill man » ont été exhumés près de Katwe. Cet *Homo rhodésiensis* est l'ancêtre commun de l'*homo sapiens* et l'homme de Néandertal qui a vécu de - 700 000 à - 300 000 ans.

- 20 000 ANS AV. J.-C.

Les Bushmen vivent dans l'est du pays

A la fin de l'âge de pierre, les premiers hommes vivant ici avaient les pommettes saillantes, la peau brune et très ridée, et ressemblaient probablement au peuple San qui vivent encore en Namibie et au Botswana : les Bushmen, dont il est admis qu'ils sont les ancêtres.

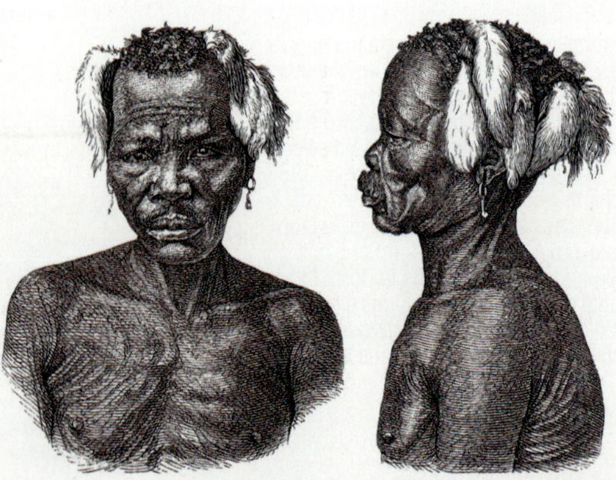

Bufhman.

IIIe SIÈCLE AV. J.-C

Migration des peuples de langue bantoue

Les premiers agriculteurs et pasteurs de langue bantoue peuplent lentement le pays. Ceux qui s'installent en Afrique australe seraient originaires du Cameroun environ 3000 ans avant notre ère. Fuyant vraisemblablement la mouche tsé-tsé des zones équatoriales africaines. Après plusieurs siècles de lente avancée, les peuples bantous atteignent la Zambie puis le Zimbabwe et l'Afrique du sud. Ils apportent avec eux une organisation politique, l'art de la poterie, des méthodes agricoles et la métallurgie avec eux.

XIVe SIÈCLE

L'avènement du commerce et des chefferies

Des marchands musulmans traversent le territoire en longeant le Zambèze. A partir du XIVe siècle, le commerce se développe dans le sud de l'Afrique. L'or, mais aussi le cuivre, le fer et l'ivoire deviennent des monnaies d'échange. Les marchants arabes, indiens et swahilis depuis les côtes de l'océan indien pénètrent à l'intérieur du continent. En parallèle, les structures sociales entre les groupes ethniques se développent, les langues et les cultures se diversifient. Le commerce conduit à l'enrichissement de certains groupes, qui choisissent de se regrouper en chefferie.

XVe - XVIIe SIÈCLES

Etablissement des différentes tribus modernes. Des royaumes émergent, comme celui de Chewa à l'est, puis ceux de Bemba et Lunda au nord.

XVIIIe SIÈCLE

Le roi Lozi, Litunga, s'installe à l'ouest près de Kalabo et fonde la puissante dynastie qui perdure encore aujourd'hui.

XVIIe - XVIIIe SIÈCLES

A partir du XVIIe siècle, les premiers Européens commencent à pénétrer au cœur de l'Afrique australe. Les Portugais d'Angola atteignent la source du Zambèze à l'ouest, tandis que les swahilis et arabes atteignent le Mozambique par l'est. Ces incursions se poursuivent jusqu'au XIXe siècle, la traite des esclaves devenant rapidement le commerce le plus lucratif et la principale motivation des colons. Avec la coopération des chefs de village, les captifs sont emmenés dans des conditions épouvantables, vers les côtes du Mozambique puis à Zanzibar, où ils étaient revendus sur le marché aux esclaves. De là, les plus résistants étaient envoyés vers les Indes ou l'Arabie.

© BORIS MAYER - SHUTTERSTOCK.COM

Statue de la Liberté à Lusaka.

1820

Conséquence de la « Difaquane » (le grand écrasement zoulou) en Afrique du Sud : nombre de tribus contraintes à l'exil envahissent à leur tour les terres de leurs voisins. C'est ainsi qu'en Zambie, d'invasions en invasions, les Tonga et les Lozi sont à leur tour menacés par ces peuples venus d'Afrique du Sud.

1841 Premier voyage du missionnaire anglais David Livingstone au pays du Zambèze. Ce docteur est mandaté par la couronne britannique pour évangéliser les peuples d'Afrique australe, combattre les horreurs de l'esclavagisme et tracer un chemin d'accès au cœur d'un continent qui risque de tomber entièrement sous domination portugaise.

1850 Livingstone commence à remonter le Zambèze.

1813-1873

Dr David Livingstone, missionnaire et explorateur

© GRAFISSIMO - ISTOCKPHOTO.COM

Étudiant en grec, en médecine et en théologie à l'université de Glasgow, avant de rejoindre la London Missionary Society, Livingstone s'installe au Bechuanaland (actuel Botswana) en 1840 et établit ses premières missions dans le désert du Kalahari. De 1852 à 1856, sa première expédition le conduit à l'intérieur du continent, avec le projet d'ouvrir des routes pour évangéliser les populations autochtones. En remontant le fleuve Zambèze, il découvre les chutes de Mosi-O-Tunya qu'il baptisera en l'honneur de sa souveraine les Chutes Victoria. Après un bref séjour en Angleterre où, accueilli en héros, il publie les récits de son voyage, il mène, de 1858 à 1864, une expédition de grande envergure le long du Zambèze, mais qui se solde par un échec. Deux ans plus tard, il entreprend un périple à travers la Tanzanie pour découvrir la source du Nil. Mais il tombe gravement malade et perd tout contact avec le monde extérieur pendant cinq ans. A la fin de l'année 1871, le journaliste anglais Stanley arrive dans le village de Ujiji, sur les rives du lac Tanganyka. Il y est accueilli par un homme barbu, au visage émacié. Pour le visiteur, l'identité de son hôte ne fait pas de doute : son « *Dr Livingstone, I presume ?* » restera dans les pages de l'Histoire. Les deux hommes font un bout de chemin ensemble, mais Livingstone refuse de retourner en Europe et il meurt de la malaria le 1er mai 1873, à l'âge de 60 ans, dans un village proche du lac Bangweulu en Zambie. Ses fidèles serviteurs Susi et Chuma enterrent son cœur et ses viscères puis envoient son corps embaumé et ses carnets de voyage en Angleterre. L'explorateur sera inhumé en grande pompe dans l'abbaye de Westminster.

1855

Livingstone rebaptise les chutes Victoria

Livingstone rebaptise ces immenses chutes appelées ici Mosi-oa-Tunya (la fumée qui gronde) en l'honneur de sa souveraine du nom de Victoria. De retour en Angleterre, il publie, en 1857, les *Missionary Travels and Researches in South Africa*, un ouvrage qui sera à l'origine du départ de nombreux missionnaires vers la Zambie et le Malawi. Grâce à Livingstone, la couronne britannique assoit ainsi son influence sur la région, alors que les puissances européennes se disputent de plus en plus leur domination sur le continent africain.

DÉCOUVRIR

La conférence de Berlin attribue les colonies africaines

1885 Tenue cette même année, la conférence de Berlin a pour but de désamorcer les conflits entre colonisateurs. Le continent africain est partagé comme un vulgaire gâteau entre la France, l'Allemagne, la Belgique, le Portugal et la Grande-Bretagne, qui hérite notamment du territoire de l'actuelle Zambie. Ainsi commence l'exploitation des ressources et des richesses naturelles de l'Afrique pour servir le développement européen, souvent au mépris des peuples autochtones. C'est aussi l'établissement des premières missions catholiques en Zambie et dans le sud du Malawi.

Cecil Rhodes fonde la British South Africa Company

1889 Cet homme d'affaires sud-africain afrikaner, détenteur du monopole du commerce des diamants d'Afrique du Sud et bientôt Premier ministre de la colonie du Cap, fonde la British South Africa Company (la BSAC). Il obtient du gouvernement britannique l'autorisation d'administrer les territoires situés au nord du fleuve Limpopo et ambitionne de porter les couleurs de l'Union Jack le long d'une ligne de chemin de fer qui relierait Le Caire au Cap. Il obtient du souverain des Lozi le droit d'exploitation des mines du pays, en échange de la protection accordée à son peuple. Les Anglais assoient leur pouvoir sur la région, écartant définitivement les velléités portugaises.

Kenneth Kauda.

1894 En l'honneur de cet impérialiste ambitieux, les nouvelles colonies prennent, en 1894, le nom de Rhodésie : Rhodésie du Sud pour le Zimbabwe, Rhodésie du Nord-Ouest et Rhodésie du Nord-Est pour la Zambie.

Création de la Rhodésie du Nord (l'actuelle Zambie)

1911 En 1911, les deux Rhodésie du Nord-Ouest et du Nord-Est fusionnent et choisissent Livingstone pour capitale (qui sera transférée à Lusaka en 1935). Les ressources minières de la Rhodésie du Nord sont à l'époque plus difficilement exploitables et moins rentables que celles de la Rhodésie du Sud. La population est asphyxiée par les taxes auxquelles elle est assujettie et les révoltes sont étouffées sous les balles. Bientôt, 20 000 Zambiens sont appelés à se battre sous les couleurs britanniques durant la Première Guerre mondiale.

La Rhodésie du Nord passe sous protectorat anglais

1924 Les coûts de la BSAC étant devenus trop élevés, le Bureau anglais des colonies décide de récupérer l'administration de la Rhodésie du Nord, qui obtient le statut de protectorat anglais. Le « Colonial Office » remplace la BSA Company mais la BSAC reste propriétaire des mines et la discrimination de la population noire se poursuit avec l'arrivée de nouveaux colons.

1928

Découverte du cuivre de la Copperbelt

Un énorme gisement de cuivre est localisé dans le bassin de la rivière Kafue, la Copperbelt [la ceinture de cuivre]. Durant la décade suivante, les découvertes de gisements se multiplient et les Européens établissent de vastes mines à ciel ouvert. Avec l'électricité généralisée et bientôt la demande croissante de métaux pour la fabrication des armes de la Seconde Guerre mondiale, le cuivre fait rapidement la fortune de la colonie britannique. Pour la population locale, en revanche, les bénéfices sont loin de se faire sentir. Les conditions de travail dans les mines sont catastrophiques.

1935

Transfert de la capitale de Livingstone à Lusaka, en raison de sa position centrale, au croisement des routes principales et sur le chemin de fer Tanzanie-Zambie.

1940 - 1950

Les premières tensions apparaissent entre les Britanniques et les populations indigènes. Expropriés de leurs terres par les Blancs, des hommes viennent de tout le territoire pour travailler dans les mines dans des conditions misérables. Epuisés, mal nourris et victimes du racisme de leurs supérieurs, nombre d'entre eux n'y survivent pas. Les mouvements de révolte sont réprimés dans le sang. Des associations se créent.

1948

Le premier syndicat de mineurs africains est reconnu par le gouvernement britannique.

1952

Après trois semaines de grève pacifique, les mineurs obtiennent une revalorisation de leur salaire.

1953

Création de la la Central African Federation

Cette fédération indépendante, la CFA réunit la Rhodésie du Nord, la Rhodésie du Sud [actuel Zimbabwe] et le Nyasaland [actuel Malawi]. Après la Seconde Guerre mondiale, les colons des deux Rhodésie ressentent le besoin de s'émanciper de l'administration coloniale britannique et opèrent ce rapprochement avec le Nyasaland. Dans le même temps, le mouvement nationaliste africain devient une force importante dans la région.

1958

Kenneth Kaunda, fonde le Parti uni de l'indépendance nationale [UNIP]. Leader de la cause indépendantiste.

1960

La Chachacha Rebellion

Kenneth Kaunda, cet instituteur disciple de Gandhi, engage une campagne de désobéissance civile connue sous le nom de « Chachacha Rebellion », tandis qu'en Europe le Premier ministre britannique Harold Macmillan reconnaît, au cours d'un célèbre discours, que le temps de l'administration coloniale en Afrique est compté.

1962	Des élections sont organisées offrant un large succès au parti de Kenneth Kaunda, devenu après une courte période d'emprisonnement un véritable héros national. Un an plus tard, la Central African Federation est dissoute.
JANVIER 1964	Premières élections au suffrage universel. Le Parti national d'indépendance obtient la majorité à l'Assemblée.
24 OCTOBRE 1964	**Kenneth Kaunda est élu Premier président de Zambie** La Rhodésie du Nord accède à l'indépendance et prend le nom de Zambie, dans ce pays pionnier de la démocratie en Afrique anglophone.
1965 - 1970	**Une doctrine marxiste et socialiste** Le président Kaunda (souvent nommé « KK ») hérite d'un pays dont les seules ressources notables résident dans ses mines de cuivre. Les infrastructures sont insuffisantes, la population peu éduquée. Durant les premières années de son mandat, Kaunda s'emploie donc à développer son pays, fondant sa politique sur une doctrine personnelle d'humanisme, un mélange de marxisme, de christianisme et de valeurs traditionnelles africaines. Des écoles, des hôpitaux et des usines sont construits, la population accède à la gratuité du système de soins et d'éducation, la fonction publique est développée et des entreprises privées, notamment les mines de cuivre, sont nationalisées. Sur le plan commercial, la Zambie tente de s'affranchir de ses liens avec ses voisins du sud et se rapproche de la Tanzanie. Avec l'aide des Chinois, une route et une ligne de chemin de fer sont construites jusqu'à Dar es-Salaam, offrant à la Zambie enclavée un accès à l'océan Indien. En 1969, il nationalise des mines.
1970 - 1980	**Chute des cours du cuivre mondiaux** L'inflation galopante conjuguée à la corruption, la montée du chômage et les pénuries de toutes sortes, ainsi que le blocus des routes commerciales par les puissances coloniales voisines, qui reprochent à Kaunda son soutien aux mouvements indépendantistes, entraînent une misère grandissante. La dette du pays s'alourdit et l'aide du Fonds monétaire international est insuffisante. Le mécontentement de la population s'accompagne d'une opposition politique de plus en plus menaçante pour Kaunda.
1972	**Kenneth Kaunda dissout le Congrès national africain** C'est le principal parti d'opposition. Il proclame la « deuxième République », ce qui lui permettra de se maintenir au pouvoir pendant encore 19 ans sur un régime de république unitaire.
ANNÉES 1980	Le pays figure parmi les plus pauvres de la planète et doit faire face à des pénuries de toutes sortes avec une aide internationale très limitée. Le mécontentement grandit au sein de la population. Entre 1975 et 1990, le PIB chute de près de 30 % et la Zambie devient l'un des pays les plus pauvres de la planète.
1990	Après une énième vague d'émeutes et de manifestations, KK consent à rétablir le multi-partisme et autorise la tenue d'élections générales.

DÉCOUVRIR

OCTOBRE 1991

L'opposant Frederick Chiluba, est élu Président

Le principal opposant de Kenneth Kaunda, Frederick Chiluba, ancien syndicaliste et leader du Mouvement pour la démocratie multipartite (MMD), accède à la présidence.

1991 - 1996

Chiluba obtient des prêts du FMI et de la Banque mondiale

Pour faire face à la dette abyssale de la Zambie qui figure alors parmi les pays les plus pauvres de la planète, Chiluba se lance sur la voie de la libéralisation et privatise la plupart des entreprises. Il veut gagner la confiance des investisseurs étrangers, surtout sud-africains en abandonnant le contrôle des changes. Mais le chômage augmente et pour financer ces réformes économiques, des mesures d'austérité plongent le peuple zambien dans une misère toujours croissante. Les prix des denrées alimentaires flambent et la privatisation laisse des milliers de personnes sans emploi, surtout chez les mineurs. La Zambie reste un pays pacifiste, mais la population est exaspérée et, dans les villes, les problèmes du sida et de la criminalité font leur apparition.

1996

Réélection contestée de Chiluba

Peu avant les élections, pour contrer un éventuel retour de Kaunda dont les parents sont originaires du Malawi, le mmD fait voter une loi interdisant aux citoyens d'origine étrangère de se présenter aux élections. La mesure fait scandale sur la scène internationale et c'est à l'issue d'un scrutin très contesté que Chiluba est réélu. La corruption et les atteintes aux droits de l'homme se multiplient.

OCTOBRE 1997

Tentative de coup d'Etat de « Capitaine Solo »

Le 28 octobre 1997, la Zambie se réveille avec une voix nouvelle. L'officier Steven Lungu, qui se fait appeler « Capitaine Solo », a pris possession des ondes de la radio nationale. Il annonce le début d'une opération « Born Again » visant à mettre en place un Conseil national de rédemption, afin de laver le pays de la corruption. Il affirme que ses troupes contrôlent la résidence présidentielle. En réalité, cette tentative de coup d'Etat orchestrée par quelques soldats alcoolisés ressemble davantage à une farce qu'à un soulèvement, mais le président Chiluba en profite pour opérer des arrestations massives, décrète l'état d'urgence durant cinq mois, de nombreux soldats sont arrêtés et condamnés à la peine capitale. Et il assigne son principal rival, l'ancien président Kenneth Kaunda, à résidence durant presque deux ans. Suite à cette affaire, de nombreuses accusations de torture entacheront encore un peu plus la réputation du régime Chiluba.

DÉCEMBRE 2001

Levy Mwanawasa est élu

Chiluba se retire de la course à la présidentielle. Son successeur désigné au sein du mmD, Levy Mwanawasa est déclaré vainqueur avec seulement 29 % des voix. Malgré cette élection très contestée, Mwanawasa, avocat de formation, se fait très vite remarquer pour son intégrité. Dès 2002, il éradique la corruption au sein du pouvoir, dénonçant jusqu'à l'ancien président Chiluba et ses partisans, qui seront traduits en justice en 2003. Une politique de diversification conjuguée à la hausse des cours mondiaux du cuivre : l'économie repasse au vert. En 2005, la Zambie bénéficie d'une annulation de 6 milliards de sa dette extérieure.

Septembre 2006

Sur ce bilan positif, Levy Mwanawasa est réélu avec 43 % des voix.

AOÛT 2008

Décès de Levy Mwanawasa à Paris. Il est victime d'un accident vasculaire cérébral et est remplacé au pouvoir par son vice-président Rupiah Banda.

OCTOBRE 2008

Election à la présidence de Rupiah Banda

C'est le vice-président de Levy Mwanawasa. avec seulement 41 % des voix, qui est élu. Mais les résultats sont dans un premier temps contestés par son opposant Michael Sata. Son investiture se fait toutefois dans le calme, les observateurs étrangers ayant jugé le scrutin régulier. Banda déclare faire de la lutte contre la pauvreté sa priorité et promet de poursuivre la lutte contre la corruption. Il suscite pourtant la critique en décidant de la relaxe de l'ancien président Frederic Chiluba.

SEPTEMBRE 2011

Michael Sata élu président de la République

Michael Sata, représentant le parti du Front Patriotique (Patriotic Front-PF), que l'on surnomme le « Roi Cobra » remporte les élections contre Rupiah Banda. Pour la première fois depuis l'instauration du multipartisme en Zambie, l'opposition au parti historique remporte les élections.

OCTOBRE 2014

Michael Sata meurt de maladie à Londres.

AOÛT 2016

Lors des nouvelles élections présidentielles, Edgar Lungu est réélu pour 5 ans à 50,4 % des voix, de nouveau contre l'opposant Hakainde Hichilema 47,6 %, à la tête du Parti unifié pour le développement national (UPND).

2016 - 2019

Depuis quelques années le pays subit une crise économique en raison notamment, du manque d'eau, qui a engendré des pénuries d'électricité très graves, paralysant l'industrie des mines, l'agriculture et les services. Crise énergétique, délestages électriques, sécheresse et inflation des prix record. En 2019 d'août à décembre, Lusaka subissait une coupure de 8h par jour.

AOÛT 2021

Election de Hakainde Hichilema

Le leader du UPND Hakainde Hichilema et sa colistière Mutale Nalumango l'emportent dès le premier tour avec 59,0 % des suffrages exprimés, plus de vingt points devant le président sortant, Edgar Lungu. Les premières mesures sont en faveur de l'éducation (gratuité de l'école et recrutement d'instituteurs) et de la santé (embauche d'infirmières).

LES ENJEUX ACTUELS

La Zambie affiche deux visages : d'un côté, une économie en croissance, tirée par les prix élevés du cuivre, la confiance du marché après les élections hissant Hakainde Hichilema à la Présidence en 2021 et la reprise continue de l'agriculture. Selon la Banque de Zambie, le PIB du pays a bondi de 4,6 % en 2021 après une contraction de 2,8 % en 2020 en raison du Covid-19. Le gouvernement zambien s'attend à une croissance de son économie de 4% par an à moyen terme. L'autre visage est celui de la misère : sur une population de 18,9 millions de personnes, 60% vit sous le seuil de pauvreté, 1,2 million de personnes souffrent de la faim et plus de 30% des enfants de malnutrition. En 2021, la Zambie est même devenue le premier pays africain à faire défaut sur sa dette souveraine en plein pandémie de Covid-19. Le FMI a finalement accordé en 2022 un nouveau prêt d'1,3 milliard de dollars servant à financer des aides pour la Zambie pour 3 ans.

DÉCOUVRIR

Résoudre la crise de la dette

Le gouvernement du nouveau président zambien Hakainde Hichilema élu en 2021 table sur une croissance de son économie de 4 % par an à moyen terme. Il dit vouloir se concentrer sur la résolution de la crise de la dette du pays. Une urgence absolue alors qu'en 2021 le pays a été le premier en pleine pandémie de Covid-19 à connaître un défaut de paiement de sa dette souveraine, abyssale. Ce n'est pas une première puisque dans les années 1990, le pays avait déjà connu une crise similaire avec une dette représentant 260 % de son PIB. Cette fois, elle s'élève à 130 % de son PIB… Des mesures d'austérité inévitables qui sont au programme vont de nouveau miner les populations. L'inflation qui oscille autour de 10 % sur les denrées alimentaires et le carburant est venue en outre s'ajouter aux difficultés du quotidien depuis le début de la guerre en Ukraine. L'opposition ne va pas manquer de mobiliser une population excédée par les mesures d'austérité et s'allier avec les syndicats particulièrement puissants. Car la croissance de l'économie du pays, assez élevée, n'est pas de nature à réduire la pauvreté par l'inégalité de reversement des bénéfices de l'industrie des mines à une population qui n'en voit pas la couleur. Le nouveau président de la République a néanmoins rendu l'école gratuite pour tous jusqu'à l'Université et a investi dans le recrutement de professeurs et de personnels dans les hôpitaux.

Les mines à la rescousse de l'économie zambienne

On espère que le pays parviendra à éviter une crise politique et humanitaire et se relever économiquement grâce à de bonnes perspectives. En effet, la Zambie devrait augmenter ses exportations de cuivre, en raison de l'augmentation de la production nationale et de la demande mondiale de voitures électriques (qui utilisent deux fois plus de cuivre). Elle a aussi inauguré récemment une mine de nickel indispensable aux batteries de tous nos appareils électroniques (ordinateurs et téléphones en tête). Cependant, le ralentissement économique de la Chine – un partenaire commercial clé et le premier producteur de véhicules électriques – reste un risque pour l'économie zambienne.

La Zambie est le 2e producteur de cuivre d'Afrique, le 7e au niveau mondial (800 696 tonnes de cuivre en 2021) et un important producteur de cobalt (247 tonnes en 2021). Même avec une diversification économique, le secteur minier représente toujours le premier produit d'exportation du pays. Ce minerai qui a fait la fortune de la Zambie a aussi fait sa perte lorsque son cours s'est effondré au cours de l'histoire. Aujourd'hui, son cours au beau fixe redonne des couleurs à l'économie zambienne. Le prix du cuivre est passé de 8 569 $ la tonne en 2012, à 4 471,79 $ en 2016, avant de rebondir à 9 972,10 $ la tonne en 2022 ! Parmi ses infrastructures, près de Solwezi, Kansanshi est la 8e mine de cuivre au monde et principale mine d'or en Zambie. En 2021, elle a produit 202 159 tonnes de cuivre et 128 199 onces d'or. La mine de Mufulir au centre du pays est la plus grande mine souterraine d'Afrique où 10 000 fourmis humaines s'activent dans ses profondeurs. Elle a produit 80 000 tonnes de cuivre en 2021. Non loin la mine de Nkana produit du cuivre mais aussi du cobalt. On peut citer aussi le complexe minier de Konkola près de Chingola, la mine de Lumwana près de Solwezi.

De plus, le sous-sol zambien (essentiellement la Copperbelt) recèle les plus grandes réserves mondiales de cuivre et de cobalt. Un nouveau projet vient d'être signé à Kalumbila concernant

© MABUS13 - ISTOCKPHOTO.COM

Mine d'extraction de cuivre.

l'exploitation par First Quantum Minerals de gisements de nickel (utilisé dans les technologies), cobalt et cuivre, des éléments essentiels pour produire des batteries de véhicules électriques. Un projet qui prévoit la création de 18 000 emplois dans cette région.

En plus du cuivre et du cobalt, la Zambie dispose d'importants gisements de pierres précieuses (améthyste, aigue-marine, tourmaline, grenat et même diamant). Mais l'exploitation la plus remarquable est celle de l'émeraude dont la qualité est, selon les spécialistes, parfois comparable à celle des gemmes de Colombie. Bien que les premières émeraudes aient été découvertes dans le Copperbelt dans les années 1930, cette activité très lucrative s'est développée depuis une quinzaine d'années. La Zambie fournit 15 % de la demande mondiale d'émeraudes, avec des exportations massives vers l'Inde et Israël. L'or, l'argent, l'uranium, le charbon et le marbre viennent compléter la richesse du sous-sol zambien.

L'agriculture fait vivre la population rurale du pays

Si le secteur agricole ne représente que 19 % du PIB, il emploie 75 % de la population active selon les chiffres gouvernementaux de 2021. La topographie variée des paysages zambiens encourage la diversité des cultures, mais en raison du manque d'infrastructures et des faibles densités de population dans les zones rurales, une grande partie des terres reste inexploitée. Les techniques agricoles demeurent archaïques et, si de grandes fermes commerciales souvent financées par des investisseurs étrangers ont fait leur apparition, la plupart des exploitations sont de type familial, destinées à l'autosubsistance. Grâce à la présence du Zambèze et de ses nombreux affluents, la Zambie a la chance d'être pourvue en eau, mais les techniques en matière d'irrigation ne sont pas encore maîtrisées. La situation du secteur s'est pourtant considérablement améliorée ces dernières années.

Des problèmes de coupures d'électricité

L'hydroélectricité générée par ses barrages contribue à plus de 75 % de la production d'électricité de la Zambie. La Zambie subit des problèmes de coupure d'électricité, des délestages à chaque saison sèche depuis des années. Problèmes bien réels à Lusaka comme dans le reste du pays. En 2022, le ministre de l'Energie a annoncé le rationnement de l'approvisionnement en électricité des consommateurs domestiques à partir du 15 décembre – jusqu'à six heures par jour de délestage – suite à une forte baisse des niveaux d'eau dans le lac Kariba, menaçant la production d'hydroélectricité. Les niveaux d'eau dans le lac ont chuté à 4,1% du stockage utilisable pour la centrale électrique de Kariba North Bank en Zambie (capacité de 1 080 mégawatts) et de Kariba South Bank du côté zimbabwéen du lac (capacité 1 050 mégawatts). Pour éviter un arrêt complet des deux centrales électriques, l'Autorité du fleuve Zambèze a demandé au Zimbabwe de réduire la production à un maximum de 300 mégawatts et à la Zambie à un maximum de 800 mégawatts.

© TIERO - STOCK.ADOBE.COM

Le tourisme zambien connaît depuis une dizaine d'années un boom exceptionnel.

Des revenus du tourisme inégalement partagés

Longtemps resté en retrait par rapport à ses voisins d'Afrique australe, le tourisme zambien connaît depuis une dizaine d'années un boom exceptionnel et s'affiche comme un facteur de croissance important pour le pays. Favorisé par le développement des aéroports et des routes d'accès aux parcs nationaux, le secteur a également bénéficié du désamour des voyageurs pour le Zimbabwe. Le climat de stabilité politique et les performances économiques de la Zambie a favorisé l'afflux de capitaux étrangers et de touristes.

Comme le tourisme en Afrique australe repose essentiellement sur les safaris de luxe, il convient de protéger les animaux au sein des parcs nationaux, mission menée avec succès par la Zambian Wildlife Authority (ZAWA). Au fur et à mesure, les populations animales se reconstituent dans les parcs. En parallèle, les investisseurs étrangers bénéficient de taxes considérablement allégées. De fait, les propriétaires et responsables des hôtels, lodges et agences sont pour la plupart des Zambiens blancs, des Européens ou des Sud-Africains. Le personnel de ces lodges, y compris les guides de safaris, est souvent recruté dans les villages des alentours. Le tourisme apparaît ainsi comme un facteur essentiel de développement rural et de mise en valeur des communautés. Mais les salaires des petites mains (femmes de ménage, jardiniers, masseuse) sont souvent malheureusement très bas en comparaison des profits tirés par les lodges de luxe et ces populations subsistent difficilement, sauf si elles accèdent à des postes clés comme guide de safari. Néanmoins, le Zambia National Community Resources Board Association (ZNCRBA) déplore que depuis la transformation de la ZAWA en département national des parcs et wildlife, la manne financière n'a pas été reversée aux villageois.

Les chasses aux lions scandalisent l'opinion publique

Les lions devraient s'éteindre en 2050 selon des estimations scientifiques. S'ils sont seulement 20 000 actuellement, il n'en restera que 10 000 en 2035 avant leur extinction finale accélérée par l'appauvrissement génétique sur la fin. Pourtant, la chasse est autorisée alors que l'espèce est décimée à plus de 40 % en 20 ans. En Zambie, comme dans d'autres pays de safari du continent (Afrique du Sud, Tanzanie, Zimbabwe, Botswana…) sa chasse est légale et autorisée. La chasse aux trophées a toujours été théoriquement strictement contrôlée et restreinte à des zones bien précises, les Game Management Area (GMA). Il est vrai que l'abattage de certaines espèces trop nombreuses dans les savanes ne pose pas de problème particulier aux défenseurs de la nature, au contraire, on sait que l'argent bénéficie à la gestion des parcs et aires protégées et qu'une surpopulation animale n'est pas toujours bonne pour un écosystème. Des quotas de chasse sont établis en fonction des espèces et des saisons. En revanche, le quota de chasse est très controversé quand l'espèce est menacée d'extinction, ou considérée comme vulnérable. Pour le citoyen lambda inquiet de voir des espèces comme les lions disparaître de la planète, il est inadmissible d'ôter la vie légalement à un animal menacé d'extinction. Ce crime apparaît particulièrement odieux lorsqu'il est perpétré par simple amusement. Si l'argument majeur en Zambie est de donner des autorisations de tuer des « vieux lions » qui ne seraient donc plus aptes à se reproduire, il n'est en rien justifié par la nécessité de les tuer. Au contraire, cela déséquilibre grandement la sociologie des groupes de la région, car les vieux mâles ont un rôle. Leur mise à mort contribue à raréfier les félins pourtant déjà peu nombreux en Zambie. On peut alors se demander quelle éthique ces pays peuvent avoir en matière de protection animale. La manne financière est bien sûr la justification première de ces autorisations. Ce marché rapporte en moyenne entre 13 500 et 49 000 US$ par lion abattu. De plus, les chercheurs et guides ont constaté que certains mâles disparaissaient en passant de l'autre côté de la frontière des parcs, tués par des chasseurs qui les attirent hors de leur sanctuaire, laissant des lionnes avec des portées sans mâle protecteur.

Au Zimbabwe, la photo d'un dentiste américain devant la dépouille du vieux lion Cecil, le plus connu du pays, attiré hors du Hwange National Park illégalement et tué après 40h de traque, dépecé de son collier émetteur, avait ému et indigné la planète entière en 2015. Idem à South Luangwa, la mise à mort programmée de Ginger, l'une des mascottes du parc avec son frère et compagnon Salt, a été évitée de peu aux abords du parc national où ils étaient installés. C'est la couleur de son pelage et de sa crinière anormalement sombres qui l'a sauvé des chasseurs. L'autorisation d'abattage a été suspendue de justesse suite à des oppositions locales, par peur de l'émoi que peut créer une telle mise à mort telle que celle de Cecil. Ils ont depuis été abattus légalement par un chasseur dans son bon droit à la frontière du parc… La baisse de la population des lions est actuellement étudiée par les chercheurs du Zambian Carnivore Program à South Luangwa grâce à des colliers émetteurs.

Les éléphants, des trophées tout aussi controversés

Parmi ces trophées autorisés d'importation aux USA et en Europe : les défenses en ivoire d'éléphants. Une espèce classée vulnérable, car il ne reste plus qu'environ 415 000 éléphants en Afrique contre 10 millions dans les années 1930. En Zambie, on estime que 90 % de la population d'éléphants aurait été décimée à l'heure actuelle. Particulièrement dans les années 1970 et 1980, où les parcs nationaux de Zambie, bien loin des yeux du monde, étaient un terrain de jeu privilégié pour les braconniers. Les éléphants, plus gros animaux terrestres, payèrent un lourd tribut. À cette époque, un kilo d'ivoire se vendait 300 US$. En 1990, la Cites (Convention sur le commerce international des espèces menacées d'extinction) interdit le commerce de l'ivoire. Des rangers sont mobilisés et, grâce aux efforts conjugués du gouvernement, de la ZAWA et des organismes de protection de la nature, les populations se sont peu à peu reconstituées. Il n'en resterait que 22 000 dans le pays, principalement à South Luangwa. Le Botswana est leur sanctuaire africain, qui compte plus de 70% de la population des éléphants d'Afrique rescapés du grand massacre avec 293 000 éléphants. Mais ce pays comme la Zambie autorise la chasse aux trophées d'éléphant pour sa lucrative économie. Pratique accentuée depuis que l'ancien président américain, Donald Trump, a autorisé de nouveau l'importation de trophées d'Afrique en 2017 aux USA. Argument avancé : cela réduirait les risques de conflit avec des populations locales, et reverse de l'argent aux communautés locales. En réalité, elle est totalement financière. En 2017, un chasseur posait assis sur le dos d'un éléphant fraîchement abattu en Zambie, un « iconic tusker », un éléphant avec d'immenses défenses, le plus gros jamais tué depuis une bonne dizaine d'années. Drôle de publicité. Mais cela traduit une réalité : la chasse aux trophées est autorisée dans la Luangwa Valley, sur Kafue Flats et sur le Bangweulu Swamp, dans des aires de conservation gouvernementale ou dans des ranchs privés. Et les éléphants les plus âgés, qui détiennent le savoir indispensable aux hardes pour survivre, sont abattus de préférence.

Le U.S. Fish and Wildlife Service a proposé en novembre 2022 de nouvelles restrictions sur les importations américaines de trophées d'éléphants d'Afrique. Il ne s'agit pas d'une interdiction pure et simple, mais de fournir une certification annuelle pour garantir que les populations d'éléphants sont stables ou en augmentation, la règle proposée interdirait les importations d'éléphants en provenance de pays dont les lois nationales sur la faune sauvage ne satisfont pas aux exigences de la Convention sur le commerce international des espèces menacées d'extinction. Or la Zambie, mais aussi le Botswana, le Mozambique et la Tanzanie ont actuellement une législation nationale qui peut ne pas répondre aux exigences de la CITES et ne seraient probablement pas autorisés à exporter des trophées d'éléphants aux États-Unis. Ce qui nuirait considérablement au business des trophées en Zambie.

ARCHITECTURE

Moins touristique que certains de ses célèbres voisins, la Zambie abrite pourtant de véritables trésors. Ses superbes paysages s'y font les écrins d'un patrimoine architectural étonnant. Le pays est ainsi riche de grottes et abris de pierre préhistoriques abritant un riche art rupestre. La Zambie conserve également de précieux témoins de l'histoire des grands royaumes africains aux fascinants complexes palatiaux. Missions et églises, forts, sites industriels et miniers, nouvel urbanisme et renouveau stylistique… l'époque coloniale a laissé une forte empreinte sur le pays. Mais dès l'indépendance, ce dernier a souhaité se démarquer en faisant le choix du modernisme. Aujourd'hui, le pays fait face à une urbanisation croissante qu'il peine à contrôler. Malgré tout, de très beaux projets contemporains voient le jour, en grande partie inspirés de la véritable richesse de la Zambie : son architecture vernaculaire. Alors, prêt pour le voyage ?

Aux origines

La Zambie abrite d'étonnants sites préhistoriques témoignant de la manière dont les populations d'alors utilisaient les grottes et abris de pierre pour se forger un habitat déjà très sophistiqué. Roches et pierres étaient ainsi travaillées pour permettre la création d'arches et d'écrans protecteurs en amont des abris, qui possédaient tous un foyer central en pierre. Les grottes de Mumbwa en sont un bel exemple. C'est au cœur de ces habitations de pierre que s'est développé un fascinant art rupestre, comme le montre la grotte de Nsalu et ses peintures aux motifs schématiques et géométriques. Avec la sédentarisation progressive sont ensuite apparus les premiers villages aux maisons faites de lattes de bois et de plâtre. Le site de **Sebanzi Hill** (p.212) dans le parc national de Lochinvar abrite les vestiges d'un village de l'âge du fer. Plus récent, le **site archéologique de Ingombe Ilede** (p.148) révèle les vestiges de plusieurs villages datés de 700 à 1400. On y trouve notamment des sites funéraires révélant un art décoratif extrêmement poussé employant des motifs en perles de verre et coquillages, témoignant du statut social du défunt. Une organisation hiérarchique qui annonce les chefferies et royaumes dont le pays abrite de nombreux complexes palatiaux. Les bâtiments y sont toujours placés de manière à créer une cour extérieure qui sert de lieu de rassemblement, elle-même toujours agrémentée d'arbres offrant des espaces ombragés. Le palais principal est réservé au chef, tandis que les résidences annexes sont réservées à la famille. Le palais de justice, quant à lui, est le lieu où s'organisent toutes les activités du quotidien. L'entrée dans le complexe est filtrée par une zone d'accueil. Au XIXe siècle, lorsqu'il visite le Royaume du Kazembe, Livingstone fait une fascinante description de la capitale, Kanyembo, avec sa vaste enceinte palatiale carrée entourée de haie de hauts roseaux, et abritant la grande hutte du chef et une multitude de plus petites huttes annexes. Un autre fascinant complexe palatial est à voir dans le non moins fascinant paysage culturel du Barotseland, habité par les Lozis. Il s'agit du Palais Royal Lealui avec ses nombreux pavillons et la maison de la reine, tous réalisés en matériaux provenant des quatre coins *insaka*du royaume. Le Barotseland est également célèbre pour son architecture et son ingénierie adaptées aux crues inondant la zone de façon cyclique. Les habitants y ont creusé de nombreux canaux pour faciliter le drainage des terres ; érigé de nombreux tertres afin d'y établir en sécurité leurs maisons (le plus souvent de plan rectangulaire, avec une structure en poteaux de bois remplie de boue et surmontée d'un toit de chaume), palais, temples et sites funéraires et sacrés ; et construit des barrages reliant les tertres. Obligés de quitter leurs tertres lors des transhumances, les Lozis ont également imaginé des abris temporaires baptisés *maongo* et faits de roseaux, herbes et branches. Une architecture pensée pour s'adapter à son environnement et désormais protégée par l'Unesco !

Héritage colonial

Les premières grandes implantations coloniales sont les missions. Bien que toutes différentes, ces dernières possèdent des caractéristiques communes : espace clos, disposition des constructions sur le pourtour d'une aire centrale, espaces agencés pour que tout converge vers l'église, déploiement des édifices secondaires par ordre d'importance (école, hôpital, dispensaire…) Les missionnaires sont les premiers à introduire la brique séchée ou brûlée faite à partir d'un mélange d'argile, de sable et d'eau. Un matériau qui permet de créer

© MATT ELLIOTT - SHUTTERSTOCK.COM

Victoria Falls Bridge.

d'intéressants jeux de couleurs et de motifs selon leur disposition. La Mission **Mbereshi Church** (p.193), près de Mwansabombwe, formait ainsi ses propres briquetiers et artisans du bâtiment. L'édifice phare de la mission est l'église. Parmi les plus fascinantes, notons : les ruines de l'église de Niamkolo, plus vieille église du pays, qui conserve ses murs de pierre épais et sa tour-clocher de plan carré donnant à l'ensemble une allure résolument médiévale alors que l'église est datée de 1895 ; ou bien encore l'église de la Mission Chilubula à Mporokoso aux proportions impressionnantes et aux arches, porche et clocher d'inspiration romane. La présence coloniale a, par la suite, pris des atours plus défensifs. L'Empire britannique a ainsi jalonné le territoire de postes administratifs ou policiers fortifiés baptisés bomas. A l'origine, ce mot bantou désigne les enceintes faites de pierre, poteaux de bois ou bosquets épineux protégeant les villages, mais les Britanniques ont repris ce mot pour désigner les bureaux gouvernementaux fortifiés érigés dans les zones reculées, et protégés par des palissades de bois ou de pierre. Le Nkala Old Boma ou le Fort Monze en sont de bons exemples. Pour asseoir leur domination, les Britanniques ont cherché à maîtriser le territoire et ses topographies variées en édifiant des ponts notamment. Le Victoria Falls Bridge est le plus célèbre du pays. Surplombant le Zambèze, ce chef-d'œuvre d'ingénierie achève en 1905, s'étend sur 198 m de long et s'élève à 128 m de haut. Un système de câble mécanique avait été imaginé pour permettre de faire circuler les matériaux venus d'Angleterre et pensés pour résister aux éléments. Ce pont entraîna le désenclavement de la zone et le développement de Livingstone. Imaginée selon un plan en grille, la ville est divisée en zones administrative, commerçante et résidentielle, cette dernière étant située en périphérie. Poste, église, tribunal, hôtels, la ville a connu un véritable boom de la construction qui illustre très bien l'évolution de l'architecture coloniale domestique. Au départ, les premières habitations n'étaient pas vraiment pensées pour le confort… il faut dire que leurs murs et toits en tôle transformaient l'ensemble en étuve. Mais progressivement, les toits se firent plus pentus et dotés de conduits afin de favoriser la ventilation, puis on abandonna tout à fait la tôle au profit du chaume et du torchis bien plus adaptés au climat, avant de faire un usage quasi systématique de la brique. Au départ sans transition entre intérieur et extérieur, les maisons se sont dotées de vérandas aux dimensions toujours plus importantes, faisant bientôt tout le tour des demeures, l'ensemble reposant sur des fondations de brique ou de pierre et étant protégé par un toit aux imposantes avancées en saillie. Certaines de ces demeures se sont inspirées du style Cape Dutch très présent en Afrique du Sud et que l'on reconnaît à ses pignons tout en courbes, à ses murs blanchis à la chaux et à ses toitures de chaume. La Old Freedom House et la Old Government House sont de parfaits exemples de cette architecture coloniale.

Le pays a connu une autre phase de fièvre constructrice avec l'exploitation de la Copperbelt et la création de mines. Infrastructures routières et ferroviaires, imposants barrages de béton et stations hydroélectriques, ateliers... l'exploitation minière a bouleversé le visage du pays, et renforcé une ségrégation déjà très présente, les ouvriers blancs étant logés dans des cités-jardins et habitats de qualité, tandis que les ouvriers noirs étaient relégués dans des habitations précaires.

Depuis l'Indépendance

Comme tous les pays africains ayant gagné leur indépendance dans les années 1960 et 1970, la Zambie a fait le choix d'un modernisme qu'elle voulait le symbole du post-colonialisme. Le béton est alors roi et l'on voit se multiplier bâtiments administratifs et éducatifs, stades, monuments commémoratifs et autres campus universitaires. Le Campus de l'Université de Zambie à Lusaka en est l'exemple parfait. Conçu par Julian Arnold Elliott, le complexe étonne par ses terrasses de béton en cascade. Le Parlement de Zambie dont la silhouette empreinte de brutalisme domine une petite colline, ou bien encore la Findeco House et sa façade tout en verre dont les 90 m de haut en font alors le plus haut gratte-ciel du pays, comptent parmi les autres témoins phares de ce vent moderniste. En parallèle, et surtout à Lusaka, se multiplient les quartiers résidentiels où les villas de béton sont reines. Depuis, le pays connaît une croissance urbaine difficile à juguler. Aujourd'hui, on estime que près de 70% de la population urbaine vit dans des zones d'habitats informels exemptes d'infrastructures. Pour répondre à cette situation, le pays participe notamment au projet UN Habitat qui vise à développer des constructions durables et à bas coûts dans les zones les plus touchées par la précarité. En parallèle, le pays a également signé des partenariats avec des entreprises spécialisées dans l'intelligence artificielle, afin de dresser une carte complète de la capitale, ville la plus touchée par cette urbanisation incontrôlée, et d'identifier les besoins en transports et infrastructures, de créer un véritable cadastre et de permettre de planifier une nouvelle Lusaka.

Autre problème de taille pour le pays : l'accès à l'éducation dans les zones reculées. Pour y remédier, des architectes internationaux se sont inspirés de l'architecture vernaculaire pour imaginer des centres éducatifs d'un nouveau genre. La Mwabwindo School par Selldorf Architects, dont le design général est inspiré des grands arbres de la savane offrant des lieux de rencontre ombragés, révèle une canopée de toits en tôle ondulée couvrant un

Habitations traditionnelles.

village de salles de classe en briques de terre compressée, organisé autour de cours et d'une rue intérieure, tandis que panneaux solaires, éoliennes et systèmes de récupération des eaux de pluie assurent une architecture verte et durable. A Chongwe, le studio Caukin a imaginé l'Evergreen School. Réalisée en matériaux locaux, l'école s'organise autour d'une grande cour centrale. Son toit surélevé permet la création d'un étage de salles de classe à ciel ouvert, tandis que volets et claires-voies permettent de moduler la lumière. Ces différents centres éducatifs sont également générateurs d'emplois et favorisent la mise en valeur des communautés locales. Un souci que l'on retrouve dans les nombreux éco-lodges qui jalonnent les grands parcs et réserves du pays. Matériaux locaux laissés à l'état brut ou tentes de toile rappelant les campements nomades, ces éco-lodges font tout pour limiter leur impact environnemental. Parmi les plus beaux, notons : le Thorntree River Lodge, et les différents campements de luxe de la chaîne Time + Tide.

Richesses vernaculaires

A la fin des années 1990, l'architecte américain et professeur à la Copperbelt University, John « Twingi » Sojkowski décide de sillonner un grand nombre de pays d'Afrique afin de rassembler un maximum d'informations sur leur architecture vernaculaire... Ces informations serviront à nourrir une base de données inédite rassemblant les trésors vernaculaires de 48 des 54 pays africains, dont la Zambie. Durable, l'architecture vernaculaire n'emploie que des matériaux naturels et locaux. Le bambou est réputé pour sa résistance et sa flexibilité et permet de jouer sur des effets de texture lorsqu'il est utilisé tressé pour former des panneaux muraux. Le chaume, composé le plus souvent de miscanthus ou « herbe à éléphant » et de mupani, est travaillé d'abord au peigne fin pour être lissé avant d'être disposé en couche de bas en haut sur les structures de toits le plus souvent à 4 pans aux fortes avancées en saillie et dont la crête est décorée. Les charpentes peuvent se composer de treillis, d'un système de poutres ou de tasseaux, et reposent elles-mêmes sur des poteaux et branches taillées en Y afin d'assurer une plus grande stabilité. Les bois utilisés pour les cadres et structures portantes sont toujours des bois durs plus résistants aux attaques des termites. Les murs peuvent être réalisés en briques séchées, en torchis, en roseau ou même en bambou recouvert ensuite de plâtre pour davantage de solidité. Dans les zones humides désignées sous le nom générique de Dambo, on utilise l'argile du sol comme mortier gris-noir, créant de jolis contrastes avec les teintes traditionnelles rouge orangé. Retenant l'eau et les moisissures, ce mortier est très utilisé pour les sols et les murs intérieurs, d'autant que lorsqu'il est humide, il apporte une fraîcheur continue. Ces matériaux bruts et naturels sont souvent sublimés par un élégant travail décoratif : peintures des sous-bassement, motifs ornementaux sur les façades, sculptures du bois, polychromie des briques disposées de façon à créer des motifs variés, sables colorés utilisés pour créer des motifs et protéger les murs des intempéries... les possibilités sont infinies ! De façon générale, les villages se divisent en zones résidentielles –dont les maisons s'organisent autour de trois éléments, la pièce centrale, la chambre et la véranda qui crée un lien permanent avec l'extérieur – et en zones fonctionnelles. L'élément central du village est l'*insaka*, terme bamba désignant un lieu pour se rassembler. Il s'agit d'une sorte de kiosque ou de pavillon qui est aussi très souvent utilisé comme espace de cuisine. Fondations en briques brûlées, murs faits de briques ou de structures de poteaux de bois et boue, et toits de chaume caractérisent ces *insakas* qui peuvent être ouverts, semi-ouverts ou totalement clos. Placés sur des plateformes surélevées par souci de protection et de ventilation, les greniers, eux, se caractérisent par un toit de chaume amovible dont les avancées en saillie protègent les murs en bambou tressé ou en torchis. Du fait de sa flexibilité, le bambou est surtout utilisé dans des constructions à plan circulaire que l'on retrouve notamment dans les provinces de l'Est. Au Nord, plus influencé par les missionnaires notamment, on retrouve davantage de structures de plan carré et en briques séchées. Les containers à arachides, structures ovoïdes de briques placées sur des plateformes de bois, les pigeonniers aux murs de bambou tressé, ou bien encore les structures de séchage du tabac en boue et toit de chaume comptent parmi les autres trésors vernaculaires des villages de Zambie. Certains possèdent même encore des « cases d'initiation », constructions traditionnelles sommaires faites de clayonnages enduits de torchis situées à l'écart des habitations. Le pays abrite d'autres structures uniques, à l'image des abris aux cadres en bois recourbés et couverts d'herbes des camps temporaires de pêcheurs ; les maisons sur pilotis des Tonga avec leurs plateformes en poteaux de bois, leur base en plâtre créant un sol rigide, leurs murs en bambou et plâtre et leurs toits de chaume ; ou bien encore les huttes d'herbe des San que l'on reconnaît à leur forme de dôme, à leur toiture d'herbes et de roseaux descendant quasiment jusqu'au sol et supportée par un cadre de fins branchages, et à leur clôture protectrice en roseaux. Une architecture vernaculaire unique, pensée en harmonie avec son environnement et reflétant les infinies richesses d'un pays qui n'a pas fini de vous étonner !

BEAUX-ARTS

Au cœur de l'Afrique australe, la culture zambienne tire sa diversité de la multitude de ses ethnies. Les traditions de la Zambie sont les héritières de sa spiritualité. L'art africain, longtemps synonyme de masques et de sculptures tribales, se diversifie avec brio. Des talents novateurs sont mis en avant dans les plus grandes manifestations internationales. Dans leur pays d'origine, les artistes zambiens disposent d'un nombre croissant de structures ; leur formation et la promotion de leur travail sont assurées par des initiatives privées et, depuis peu, publiques. C'est ainsi que les street-artistes participent au renouveau du paysage urbain, et la population se réjouit de vivre dans des quartiers embellis. Malgré les conflits et les disparités, les artistes tracent leur route. L'histoire nationale, transmise par leur intermédiaire, s'étoffe d'un nouveau regard. Un art qui s'adresse au peuple et qui touche le monde entier.

Peintures rupestres de Mwela

A cinq kilomètres de Kasama, le site de Mwela Rock Paintings occupe une zone naturelle. Un millier d'exemples d'art rupestre constituent l'une des collections d'art ancien la plus vaste et la plus significative du continent. Datées de l'Age de Pierre, les plus anciennes peintures sont l'œuvre de chasseurs-cueilleurs (entre 6 000 et 10 000 ans avant notre ère). Certaines réalisations se composent de motifs abstraits, tandis que d'autres montrent des figures humaines et zoomorphes. Un grand sens du mouvement caractérise la plupart des scènes naturalistes.

Art africain traditionnel

Dans l'art africain, le masque intervient pour répondre à des rôles multiples. Que sa fonction soit mystique, sociale ou politique, son style obéit à des codes propres à chaque ethnie. Fabriqué en matériaux naturels, il est d'inspiration naturaliste. La chevelure peut être faite de boules d'osier. Le masque, comme la statuaire zambienne, s'enrichit de variantes stylistiques issues des rencontres entre les populations. Les réalisations zambiennes sont pour l'essentiel d'une qualité exceptionnelle. Les détails et l'équilibre des traits sont façonnés avec minutie.

Le masque dicte un comportement. Sculpté dans le bois, il est porté à des moments importants : pour célébrer un événement, rendre la justice, accompagner la puberté, la naissance ou la mort, notamment.

En Zambie, les traditions bantoues concernent plusieurs ethnies. Chez les Chokwe, les Luvale, Lunda, Luchasi et Mbunda, les masques sont les « makishi ». Le sculpteur désigne le masque comme « la tête », portée par « le corps ». Le porteur, qui danse pour incarner l'esprit ancestral, n'est qu'un intermédiaire. C'est pourquoi il n'est en aucun cas responsable de ses agissements. Les Chokwé ont des masques féminins, le Mwana Pwo, et masculins, le Cihongo. Ils sont complétés par des costumes spécifiques. Le masque likisho représente la virilité, donc la force, l'abondance et la fertilité.

Les maques Luvale sont dotés d'un front haut, d'arcades sourcilières prononcées et d'un long nez fin. Les joues sont marquées par des scarifications. Dans les sociétés guerrières, le masque se fait menaçant comme dans la tribu Salampasu. Un modèle au visage émacié, paré de dents pointues, d'un nez bulbeux et de gros yeux caverneux est destiné aux rites initiatiques. Certains sont tellement craints qu'ils font fuir les femmes et les enfants.

La statuaire obéit aux mêmes codes naturalistes. Les proportions mettent l'accent sur l'essentiel comme le montrent les statues de maternité Chokwe. Une femme paisible, à la poitrine en saillie, allaite son bébé.

Débuts de la peinture

Jusqu'à une époque récente, les artistes en herbe ne disposaient pas d'écoles pour se former. Les rares lieux d'exposition sont des galeries tenues par les artistes eux-mêmes.

Dans ce contexte, Stephen Kappata, né en 1936 durant l'occupation britannique, se montre dès l'enfance curieux de tout et doué pour le dessin. Il faut attendre les années 1980 pour que l'opportunité d'exposer à l'étranger se présente à lui. Son style naïf et coloré séduit par ses touches humoristiques.

Son travail tourne autour de trois thèmes : la culture zambienne, l'occupation, et les scènes du quotidien. Les symboles de la colonisation, dépeints avec un regard satirique, parsèment ses tableaux. Il se fait le porte-parole d'un peuple qui aspire à reprendre le contrôle de son territoire. Son trait simple et accessible à tous, ainsi que sa palette colorée participent à la popularité de cet artiste majeur.

© BORIS MAYER - SHUTTERSTOCK.COM

Musée de Lusaka.

Peintre et sculpteur autodidacte, Enock Illunga s'inspire de la vie de tous les jours. Né en 1954, il ajoute une note abstraite à ses toiles. Ses sculptures sont quant à elles construites en métal. C'est en Suède et en Norvège que ses tableaux rencontrent le succès. Pour autant, Enock Illunga déplore que les artistes zambiens manquent de structures pour faire carrière. De fait, les musées nationaux comme le Lusaka Museum ou le Musée de Livingstone sont difficilement accessibles pour le visiteur, et ne réservent que peu de place à la création contemporaine.

De nos jours

La scène culturelle émergente est soutenue par quelques fondations. START propose des expositions et des résidences dans le quartier de Kabulonga. Ces dernières décennies, des ateliers ou écoles d'art se sont ouverts, la sculpture continuant d'occuper une place de choix. La statuaire en bois conserve les faveurs du public. Deux sculpteurs dominent l'école zambienne : Friday Tembo et Flinto Chandia. Très talentueux, ces deux artistes, internationalement reconnus, ont développé des styles très affirmés et très appréciés du grand public.

Né à Lusaka et mort prématurément, Friday Tembo était un sculpteur autodidacte. Il a cependant perfectionné sa technique en participant à des résidences, notamment à Londres, au Gasworks Studios. Il a reçu le prisé Ngoma Award, décerné tous les ans par le National Arts Council of Zambia à un artiste national. En 2019, le prix a été attribué à N'gandwe Mwaba, né en 1982 à Kitwe, ainsi sélectionné pour une exposition officielle en Israël. Ses figures longilignes se situent à mi-chemin de l'art tribal et de l'abstraction. En Zambie, il a ensuite exposé à la **37D Gallery** (p.97) ainsi qu'à la **Galerie Henry Tayali** (p.97) à Lusaka et au **Musée de Livingstone** (p.121).

L'artiste Mulenga Jestina Mulenga, née en 1987, est peintre, écrivaine, sculptrice et photographe. Les installations et les performances complètent sa démarche. Elle s'investit en parallèle dans la gestion culturelle. Membre actif de l'Insaka International Artists Trust, elle intervient à l'atelier de Lusaka AAWW – Art Academy Without Walls. Ses peintures se caractérisent par des coups de couteau qui tranchent la matière, et par ses couleurs primaires. Elle questionne la représentation du corps de la femme noire à travers l'histoire, dans une Zambie postcoloniale. Invitée à exposer dans toute l'Afrique, elle participe à des résidences en Europe.

Lieux de la création contemporaine

Le marché de l'art zambien est en pleine mutation. Les talents sont encouragés par des initiatives de plus en plus nombreuses. Les projets collaboratifs sont particulièrement appréciés par les artistes.

A venir, le Lusaka Contemporary Art Center (LuCAC) sera réservé à la création zambienne dès son ouverture prévue en 2023. Cette fondation privée inclura une galerie, une bibliothèque et une résidence d'artistes. Son objectif principal est d'encourager l'émergence de nouveaux talents, dans le respect de toutes les disciplines et origines.

La **37D Gallery** (p.97) poursuit ses actions en faveur des arts plastiques. Artistes reconnus et talents de demain assurent le dynamisme du programme de cette institution.

De nos jours, l'art public est répandu en Zambie comme dans la plupart des pays d'Afrique. A Lusaka cependant, il n'a que récemment trouvé sa place sur les murs.

Si vous passez par Lusaka dans les semaines qui précèdent les fêtes de fin d'année, prévoyez une escale au ZADS - Zambian Art & Design Show. Idéal pour des emplettes arty ! Durant quelques jours, l'événement s'installe habituellement à East Park Mall. L'entrée est gratuite. La petite centaine d'exposants regroupe des artistes et des artisans locaux : œuvres d'art, objets de décoration et bijoux uniques. Rien que de la qualité et de l'originalité !

Street-art

L'essor de l'art urbain à Lusaka découle de l'influence des modes occidentales. Le graffiti, autrefois associé au vandalisme et à la violence, a su se faire aimer. A cela s'ajoute le fait que le matériel artistique soit devenu plus abordable, et que les commandes privées se multiplient. De nos jours, les entreprises sont nombreuses à faire appel à des graffeurs pour embellir leurs murs et leurs locaux.

On peut le constater en traversant Oxfam le long de Zambezi road. Les fresquistes sont également conviés à participer à la revalorisation des quartiers. Dans ce but, The National Heritage Conservation Commission et le National Arts Council ont récemment passé commande aux artistes de rue.

L'une des premières fresques peintes dans la capitale orne une façade de Mutaba House, qui abrite la Barclays Bank à l'angle de Katondo street et de Cairo road.

Restons sur Cairo Road, côté nord, pour admirer le Toyota Mural qui signale les bureaux du siège de Toyota Zambie. Outre plusieurs modèles de voitures arborant le nom de son modèle, des robots, des fleurs, des hommes et des femmes dans des instants du quotidien, ainsi que des animaux sauvages sont peints dans une explosion de couleurs vives. L'immense fresque semble s'animer quand on passe devant en voiture. Réalisée en avril 2018, l'œuvre est née d'une collaboration entre London Kamwendo et Dwain Whitaker. Ce sont les noms à retenir, dès les premiers pas de l'art public dans la capitale zambienne.

Dwain Whitaker, né au Zimbabwe, a grandi en Zambie. Durant son enfance, il découvre le street-art en regardant un documentaire. Le déclic se produit. En 2009, il s'installe à Lusaka et fait la connaissance de son binôme London Kamwendo. Ce dernier arrive à l'art urbain par le dessin. Une rencontre avec un graffeur sud-africain le décide à développer ce mode d'expression. Pour le duo, l'art du graffiti est destiné à être vu par le plus grand nombre et à remplir les vides laissés dans l'espace public.

L'eau est célébrée tous les ans, le 22 mars, à l'occasion du World Water Day. Le directeur de Zambia Breweries a marqué le coup en proposant à des street-artistes de peindre les citernes de l'usine de Mungwi Road. Sur l'une d'elles, on peut lire le slogan « Water is Life » parmi des éléphants, un aigle… et un robinet. De l'aveu de tous, le résultat est impressionnant. Les artistes, de leur côté, se réjouissent de cette opportunité. Zambia Breweries a par ce biais réussi à alerter la population sur la nécessité de préserver l'eau. Le moyen de communication immédiat et attrayant que représente l'art rappelle au quotidien que nos ressources naturelles sont précieuses.

MUSIQUES ET SCÈNES

Moins connue que celle de sa voisine congolaise, et peut-être même un brin éclipsée par elle, la musique de Zambie demeure pour beaucoup un mystère. Et pourtant, elle recèle des trésors qui ne demandent qu'à être découverts. Comme sa tradition musicale, riche et vivante, véritable cœur battant de chaque ethnie peuplant le pays. Une tradition que chaque génération d'artiste a eu à cœur de moderniser. Sans surprise, c'est elle le noyau de la musique pop des années 1980 zambiennes, le « Kalindula », du rock des années 1970, le « Zam-rock », ou du hip-hop des années 2000, le « Zed hip-hop ». En somme, la tradition est ici infatigable et immortelle. Ce qui ne veut surtout pas dire que le pays a les yeux rivés sur son passé. La jeune scène est toujours plus dynamique et quelques stars en devenir, comme la rappeuse Sampa The Great, commencent à séduire les oreilles internationales.

Les musiques et danses traditionnelles

En Zambie, il y a au moins autant de traditions musicales et chorégraphiques qu'il y a de groupes ethniques. On en dénombre un peu plus de 70, généralement regroupés selon les principales familles linguistiques : Bemba, Tonga, Nyanja, Luvale-Mbunda, Lozi et Kaonde.

Si les musiques et danses sont en général utilisées afin de transmettre ou divertir, elles endossent souvent un rôle thérapeutique en Zambie. Par exemple, le peuple Tumbuka pratique le *vimbuza,* rituel organisé pour guérir des personnes possédées par des esprits. S'il est exécuté par les hommes comme les femmes, seules ces dernières – et les enfants du village – sont autorisées à encercler le « patient ». Les hommes de leur côté battent le rythme sur des tambours spécifiques tandis que le cercle entre progressivement en transe et chante des chansons pour appeler les esprits protecteurs. Bien vivant, le *vimbuza* est toujours pratiqué dans les zones rurales où vivent les Tumbuku et le rite est par ailleurs inscrit à l'UNESCO.

Autre danse liée à la possession des esprits, elle aussi inscrite à l'UNESCO, le *mooba* est la principale pratique chorégraphique du groupe ethnique Lenje (de la province centrale). Lorsque la danse atteint son apogée, certains danseurs sont alors possédés par des esprits ancestraux appelés *BaChooba*, la tradition racontant que ces esprits guident dès lors la danse, les tambours et les chants. Une danse de divertissement autant que de guérison, connue de presque tous les adultes du groupe.

Elle aussi inscrite sur la liste du patrimoine immatériel de l'UNESCO, la danse *kalela*, des peuples Bisa, Ngumbo et Ushi, est un divertissement exécuté par les hommes et les femmes et ponctué de chants d'appel et de réponse. Durant la danse en elle-même, les participants forment deux ou trois lignes, avançant et reculant et chantant au rythme du tambour. Les représentations publiques apparaissent lors de nombreux événements comme les célébrations internationales et nationales ou les mariages et les funérailles.

Aussi, certaines danses ont pour destination le contrôle social comme la très frétillante *ndendeule*, pratiquée par les jeunes filles Nsenga pour avertir leurs pairs à propos de la sexualité précoce. Dans le même ordre d'idée, la cérémonie d'initiation *chisungu* présente dans les provinces de Luapula et de Muchinga, vise à prévenir les relations sexuelles avant ou hors du mariage, au travers d'initiations auxquelles participent de jeunes filles atteignant leur puberté.

Parmi les pratiques initiatiques de passage, citons la *manchacha,* musique rapide de fête jouée sur un ensemble de quatre à cinq tambours lors des mariages et des cérémonies, marquant la transition à l'âge adulte des jeunes filles et surtout le *Gule Wamkulu*. Durant un culte lié à l'initiation des jeunes hommes à l'âge adulte, le *Gule Wamkulu* est exécuté à la fin de la procédure pour célébrer l'intégration des jeunes hommes dans la société adulte. Il est généralement pratiqué lors des mariages, funérailles ou à la mort d'un chef et voit des danseurs porter des costumes et des masques en bois et en paille, figurant des animaux sauvages ou des esprits. Une fois encore, cette pratique précieuse a été inscrite sur la liste de l'UNESCO.

C'est également le cas de la danse *budima*, pratique chorégraphique du peuple Wé (lié aux Tonga) intervenant lors des cérémonies traditionnelles, des funérailles ou des mariages. D'inspiration guerrière, la danse est exécutée avec des lances, des sifflets, des flûtes, des haches de cérémonie ou des boucliers, les hommes mimant l'action sur le champ de bataille.

© ATTILA JANDI - SHUTTERSTOCK.COM

Instruments traditionnels.

Enfin, dernier rite d'importance, la « mascarade des Makishi » est un long rituel d'initiation masqué, pratiqué par de jeunes garçons des peuples Tchokwés, Luvale, Luchazi, destiné à les intégrer comme adulte dans la société.

En Zambie, il n'y a pas de musique sans percussions. Parmi les plus courantes, mentionnons le *maoma*, tambour géant des Lozi, l'*imangu*, percussion des Bemba et le *kachacha*, instrument à clochettes des Luvale. Le *mbira*, piano à pouce présent dans de nombreux pays d'Afrique est très utilisé ici aussi sous différents noms, notamment « *kalimba* ».

Généralement, pour approcher de près les traditions musicales et chorégraphiques zambiennes le mieux est encore d'assister aux cérémonies des diverses ethnies. Par exemple, la cérémonie *Kuomboka* du peuple Losi, la plus célèbre du pays, s'achève dans une grande soirée de danses, de chants et de festivités. Les danses rythment également de grands événements tels que la cérémonie *Mutomboko* du Peuple Lunda de Luapula ou celle nommée *Lunda Lubanza*, pratiquée par le même groupe.

La musique populaire

La musique traditionnelle de Zambie a largement contribué à façonner le paysage musical populaire du pays. Son impact est particulièrement frappant chez des groupes comme les Mulemena Boys ou les Sakala Brothers.

L'héritage de la tradition musicale zambienne est également au cœur d'un des genres les plus typiques du pays : le *kalindula*. Véritable déferlante des années 1980, soutenue par une volonté gouvernementale d'encourager la musique zambienne (95 % de la musique diffusée à la radio devait obligatoirement être zambienne), cette esthétique est une « électrisation » un peu pop de la musique traditionnelle jouée à la basse et aux banjos (la version zambienne de l'instrument) auxquels s'ajoutent des percussions. Genre tradi-moderne par excellence, le

kalindula tourne en orbite autour du folklore. Par exemple, le Serenje Kalindula Band s'est largement inspiré des traditions du peuple Lala, tandis que PK Chishala – considéré comme l'un des plus grands artistes du genre – a largement puisé dans la mythologie et les sonorités Aushi. Dans l'ensemble, le genre est massivement perçu comme un vecteur d'une certaine unité nationale, les chansons adoptant différentes langues du pays et véhiculant des messages positifs de tolérance et d'acceptation et de respect des cultures.
Populaire des années 1970 jusqu'à la fin des années 1990, le genre a été porté par des artistes comme Larry Maluma, Green Mamba, Mashombe Blue Jeans – tous devenus des stars un moment ou l'autre – ou encore le groupe Amayenge, qui maintient la flamme du *kalindula* vivante. Chez les artistes plus récents, Dominic Kakolobango s'est distingué par son *kalindula* aux influences folk-blues-jazz et rumba congolaise.
Chaque année, le meilleur des groupes de *kalindula* se croise au Tonga Music Festival, installé dans le sud de la Zambie.

Les musiques actuelles

Aux racines des musiques actuelles de Zambie, il y eut le « Zam-Rock ». Abréviation de « Zambian Rock & Roll », le Zam-Rock émerge dans les années 1970 comme un style fiévreux et psychédélique, axé autour de la danse. Inspiré par des rockeurs comme Jimi Hendrix, les Rolling Stones, Deep Purple ou la légende de la soul James Brown, le genre a ajouté au style de ces derniers des influences locales, sous l'impulsion d'artistes tels que William Mapulanga, Stephen Tsotsi Kasumali et John Lushi. Le Zam-Rock a été un vrai phénomène contre-culturel. Les textes des principaux groupes du genre – The WITCH, The Peace, Amanaz et Paul Ngozi pour les pionniers ou The Oscillations et Five Revolution ou CrossBones peu après - aimaient à défier les aspects conservateurs de la société. *The Story of Zamrock*, un très beau coffret de plusieurs albums, édité sur le label américain Now Again Records en 2020, documente très bien l'effervescence de cette scène à part.
Autre genre typiquement zambien, le Zed Beats (aussi appelé « zed music ») apparaît au début des années 2000, le terme désignant l'ensemble des nouvelles musiques urbaines zambiennes influencées par le hip-hop, le dancehall, la musique électronique ou le reggae ou encore le *ndombolo* congolais. La plupart du temps, ces chansons affichent une fibre R&B et pop prédominante, trempée d'influences zambiennes – dont le *kalindula*. Parmi les artistes populaires du Zed Beats, citons Danny, Petersen Zagaze, Runnel, Baska Baska et Exileet K'Millian. Bien que très masculine, les femmes parviennent à se faire une place sur cette scène comme le prouvent les succès de Mampi ou de Kay Figo.
Sans surprise, la Zambie a aussi cultivé une scène hip-hop. Plus surprenant, le genre a développé une forme propre appelée « Zed Hip-Hop ». S'il est présent sur le territoire dès les années 1980, le hip-hop prend vraiment son essor durant la décennie suivante. La chute de l'apartheid en Afrique du Sud en 1994 fait circuler en Zambie le *kwaito*, un style de rap natif des *townships* sud-africains. Son succès va servir d'exemple aux jeunes rappeurs locaux et les pousser à se détourner des artistes américains comme MC Hammer ou Tupac Shakur pour bâtir une identité propre, comme leurs prédécesseurs l'avaient fait avec le Zam-Rock.
Avec le temps, la scène hip-hop locale connut un succès sans précédent, portée par des artistes très suivis et écoutés comme Macky 2 et Slap Dee. Le genre a aussi engendré divers sous-genres et styles comme par exemple, MC Wabwino qui rappe en introduisant des styles traditionnels *nsenga* agrémentés de rumba congolaise ou le *kopala Swag*, variante typique du *copperbelt* et dont le fameux Chef 187 est la figure de proue.
Zed Beats comme Zed Hip-hop sont tous deux caractérisés par des beats rapides, enlevés, et des paroles oscillant entre commentaires sociaux, messages politiques ou chansons d'amour.
Si le rap possède une image contre-culturelle, voire subversive, dans le pays, il est bon de rappeler que c'est une rappeuse, qui est l'artiste zambienne la plus connue à l'international : Sampa The Great. Née en Zambie en 1993, Sampa Tembo de son vrai nom, rappe depuis son plus jeune âge, influencée par son idole le rappeur américain Tupac Shakur. Dans les années 2010, elle étudie aux Etats-Unis puis s'installe à Melbourne, où sa carrière va prendre son envol. Depuis son premier projet *The Great Mixtape*, l'artiste plonge dans ses racines zambiennes pour composer sa musique. Un pari gagnant qui lui a permis de collaborer avec de grands labels comme Ninja Tune et assurer les premières parties de mastodontes tels que Kendrick Lamar ou Lauryn Hill.
Rares sont les endroits pour apprécier un bon concert à Lusaka mais mentionnons tout de même Fox & Hound (p.109), parfait pour passer une bonne soirée avec de bons concerts et DJ sets ou Chez Ntemba, l'une des adresses les plus agréables de la ville, avec une grosse partie de la programmation consacrée à la rumba et surtout au *ndombolo* congolais, mais aussi au rap.

LITTÉRATURE

Juger la Zambie au nombre de ses écrivains ayant rencontré un écho à l'international reviendrait à réduire la taille d'un iceberg à sa pointe émergée. Ce point de vue, simplificateur, ferait en effet oublier trois des caractéristiques de cette littérature. La première est la fascination qu'a exercé le pays sur les explorateurs, notamment Francisco José de Lacerda e Almeida qui y a mené une expédition scientifique et David Livingstone qui y cherchait la source du Nil. Tous deux ont perdu la vie en Zambie en laissant des journaux qui constituent des documents historiques inestimables. La seconde est l'importance de la tradition orale qui a su se réinventer avec prestige sur la scène théâtrale. Enfin, le fait que l'écriture et la littérature aient longuement été réservées à une élite explique que la fiction n'a pas encore eu le temps de se développer pleinement, ce qui ne veut pas dire que des ouvrages, en anglais ou dans les langues locales, ne circulent pas.

De la tradition orale au théâtre

Pays peuplé depuis la nuit des temps, la Zambie a accueilli au fil des siècles de nombreuses ethnies qui ont apporté avec elles leurs pratiques culturelles et leur corpus de mythes. Aujourd'hui, la pluralité des langues démontre toujours cette diversité, car, rien que pour celles d'origine bantoue, il s'en compte plusieurs dizaines (bemba, kaonde, lozi...) Si l'importance de cet héritage n'a été prise en considération qu'à partir du début des années 70, quand ont commencé à être collectés et retranscris des contes et légendes, désormais de multiples initiatives encouragent la sauvegarde de ce patrimoine immatériel, à l'image de ce qu'entreprend par exemple l'UNESCO pour préserver le *Kuyabila* – poésie du peuple Tonga déclamée lors de rassemblements sociaux ou de cérémonies traditionnelles, généralement accompagnée de musique ou de danse –, ou pour inventorier les chansons que se partagent les Lozi et les Nkoya dans le district de Kaoma, ce qui a eu pour effet d'apaiser les différends entre ces deux populations.

Par ailleurs, quand les colons introduisirent le théâtre à l'aube des années 50, les Zambiens mirent à profit leur pratique de l'oralité pour gagner la scène... bien que celle-ci était pourtant réservée aux Blancs. Faisant fi de l'interdiction, dès 1958 se monta une première compagnie au Waddington Theatre Club. Quelques années plus tard, Kenneth Kaunda (1924-2021) – appelé à devenir le premier président de la République de Zambie à l'heure de l'indépendance en 1964 – décida de se montrer moins conciliant sur la mixité des comédiens et sur l'influence européenne trop prégnante à son goût, ce qui s'explique par son parcours durant lequel il subit de plein fouet la ségrégation. Il s'était ainsi vu empêché d'accéder à la bibliothèque à cause de la couleur de sa peau. Il créa alors sa propre troupe, Chikwakwa (« mouvement de base » en nyanja), et connut dès 1969 un vrai succès populaire avec *Une Vie de boy*, l'adaptation du roman éponyme que le Camerounais Ferdinand Léopold Oyono avait consacré en 1956 au racisme et à la violence engendrés par la colonisation. Kaunda récidiva l'année suivante en présentant la pièce *Che Guevara* au troisième sommet du Mouvement des pays non-alignés, organisation internationale fondée en 1961 qui prône l'indépendance vis-à-vis des puissances mondiales et dont le siège est à Lusaka. D'autres dramaturges prendront le relais, notamment Kabwe Kasoma et Masautso Phiri dans les années 70. A partir de la décennie suivante, les compagnies ont véritablement pu accéder à un statut professionnel à l'instar du Kanyama Theatre, du Chipata Jungle Theatre affilié à la Zambia Popular Theatre Alliance (ZAPOTA) depuis 1990, du Kamoto Community Artists group de Ngombe (banlieue de Lusaka), ou encore du Cood Upraising Drama Group créé en 2000 à Mpongwe (district de Copperbelt). Notons enfin que l'association TPD (le Théâtre Pour le Développement) ne cesse de rappeler, de nos jours encore, que l'objectif de la scène zambienne est d'être un « théâtre par le peuple » et non uniquement un « théâtre pour le peuple », d'où son insistance sur la nécessité de se montrer autonome vis-à-vis des sponsors, afin d'appréhender à sa juste valeur la parole exprimée librement au sein de la communauté.

Venu du théâtre lui aussi, Andreya Masiye est un homme important, bien que sa biographie reste désespérément parcellaire. Il est dit en tout cas dit qu'il fût forestier, enseignant, soldat puis député, diplomate en Chine et avocat, que sa carrière littéraire se déploya quant à elle jusqu'à englober un large spectre puisqu'il usa aussi bien de l'anglais que des langues zambiennes, qu'il écrivit une pièce radiophonique et une autre pour la scène (*Lands of Kazembe*, inspirée des archives portant sur l'histoire des comptoirs commerciaux portugais en Afrique australe), qu'il servit surtout de passerelle entre l'oralité et l'écriture en donnant à la Zambie ce qui est considéré comme son premier roman. Édité par la National Educational Company of Zambia (NECZAM) en 1971, *Before Dawn* raconte l'histoire de Kavumba, dit « The Whirlwing » (Le Tourbillon), car né le soir d'un violent orage, qui démontrera tout au cours de son existence à quel point il méritait son surnom. Toutefois, cette publication ne sortait pas de nulle part, depuis quelques années déjà la vie intellectuelle se montrait propice au développement – certes tardif mais enthousiaste – d'une littérature zambienne.

Des revues aux romans

En effet, dès 1964, de jeunes Zambiens, réunis sous le nom de The New Writer Group, avaient initié la création d'une revue littéraire, *New Writing from Zambia*. Issus de milieux aussi divers que l'éducation ou le journalisme, ces passionnés voulaient favoriser l'émergence d'une culture zambienne de langue anglaise, ce qu'ils s'efforceront de faire jusqu'en 1975, année où paraîtra le dernier numéro d'une publication qui aura accueilli dans ses colonnes pas moins de 150 auteurs ! Bien qu'ils aient misé sur la force du collectif, nous pouvons tout de même citer quelques-uns de ces précurseurs : Timothy Holmes qui consacrera une biographie à Livingstone, Sundie Kazunga et Elias Chipono, tous deux directeurs de lycée, William (Bill) Sylvester Saidi, né en 1937 au Zimbabwe, destiné à publier avec succès de nombreux romans (*The Hanging*, *Return of the Innocent*, *The Old Bricks Lives*…) avant que la mort ne le fauche en 2017. Outre la revue – qui fit des émules puisqu'en 1968 fut lancé un autre titre, *The Jewel of Africa*, avec lequel *New Writing from Zambia* entretenait une rivalité amicale et motivante –, The New Writer Group organisa des ateliers et concours d'écriture, orchestra des rencontres littéraires à l'intérieur et à l'extérieur du pays… C'est sur ce terreau fertile que naquit une première génération d'écrivains, dont Fwanyanga Mulikita (1928-1998) qui rédigea un recueil de nouvelles (*A Point of No Return*, 1968) avant de se lancer en politique, et Dominic Mulaisho (1933-2013) qui se fit remarquer en 1973 avec *The Thongue of the Dumb* et confirma son talent six ans plus tard avec *The Smoke that Thunders*.

Parallèlement à cette littérature de fiction en anglais, la période pré- et postcoloniale vit apparaître une littérature en langue locale, à l'instar de celle en bemba que produisit Stephen Andrea Mpashi, né en 1920 à Kasama (de *Cekesoni aingila ubosoja* en 1950 à *Tusoobolole Icibemba* en 1978).

De même, il ne faudrait pas non plus oublier les écrivains d'origine britannique ayant vu le jour dans une Zambie qui était alors Rhodésie du Nord, tels que Peter Dickinson (1927-2015) fort reconnu pour ses ouvrages à destination du jeune public et pour ses romans policiers (mais peu traduit en français : à ce jour, seul *Le Bateau de grand-père* est encore proposé par Gallimard-Jeunesse), Gabriel Ellison (1930-2017) qui a réalisé le drapeau et les armoiries nationaux mais a aussi illustré des ouvrages pour les enfants, et Wilbur Smith (1933-2021) dont on peut toujours se procurer certains livres, d'inspiration historique, aux Presses de la Cité (*Pharaon*, *Le Dieu désert*, *Cercle vicieux*...)

La nouvelle génération

Si la génération pionnière a voulu s'imposer, les structures éditoriales n'ont pas toujours permis un rayonnement qui outrepasseraient même la frontière numérique, il faut donc garder à l'esprit que, une fois encore, ne nous est perceptible de l'extérieur qu'une infime partie de ce qui se joue à l'intérieur. Néanmoins, certains auteurs ont publié des ouvrages qui ont connu un vrai succès populaire à l'échelle d'un pays qui, rappelons-le, ne compte pas vingt millions d'habitants. C'est par exemple le cas de Bimwell Sinyangwe avec *Cowrie of Hope* (2000), ou de la dramaturge Mulenga Kapwepwe qui s'est plus globalement battue pour que la voix des femmes se fasse entendre en cofondant en 2016 un musée qui est dédié à leur histoire. Visiblement, au vu de certains parcours féminins, ce combat porte ses fruits. Ainsi, Ellen Banda-Aaku – née au Royaume-Uni en 1965, mais élevée en Zambie – a été largement récompensée dès ses débuts en littérature : Writer's Prize of Africa en 2004, lauréate de la Commonwhealth Short Story Competition en 2007 et du Prix Penguin pour l'écriture africaine en 2010, sélectionnée pour le Commonwealth Book Prize en 2012... Si certaines de ses nouvelles ont déjà fait le tour du monde, de l'Australie jusqu'aux États-Unis, elles n'ont malheureusement pas l'heur d'avoir été traduites à ce jour dans notre langue.

Il sera par contre possible de lire Dambisa Moyo en français, avec *L'Aide fatale* que les éditions Lattès ont publié en 2009. Son domaine de prédilection n'est certes pas littéraire, mais sa présence dans nombre de listes de personnalités éminentes (dont celle du Times) explique que cette spécialiste de la macroéconomie ait toute sa place dans ce panorama. Côté fiction, il est impossible de ne pas se réjouir que le livre de Namwali Serpell, qui a vu le jour en 1980 à Lusaka, ait été repris dans la très belle collection Cadre Vert du Seuil, d'autant plus que ce premier roman s'était vu décerner le très prestigieux Prix Arthur C. Clark et que Salman Rushdie, lui-même, l'avait qualifié d'« extraordinaire, ambitieux, évocateur, éblouissant », ce que n'a pas manqué de stipuler la maison d'édition française dans son argumentaire. *Mustiks : une odyssée en Zambie* (*The Old Drift*) est effectivement une œuvre d'envergure puisqu'elle s'attelle à décrire, sur quatre générations et par le point de vue de trois familles, un demi-siècle d'histoire, au gré des colonisations et migrations, saupoudrant la réalité d'une pincée de fantastique, tout en invitant à une réflexion sur les questions du féminisme et du racisme. Namwali Serpell, qui a suivi sa scolarité à Harvard et à Yale, mais revient chaque année dans son pays natal, avait été repérée dès 2015 puisque sa nouvelle *The Sack* avait reçu le Prix Caine. Autant dire que son second roman – *The Furrows*, publié en 2022 en anglais – était très attendu. Bien que toujours timorée, la littérature zambienne semble désormais avoir la possibilité de s'exporter comme le confirme Kayo Chingonyi, qui a quitté la Zambie pour l'Angleterre en 1993, à l'âge de six ans. Ses deux recueils publiés (*Kumukanda*, *A Blood Condition*) et ses nombreuses récompenses (Prix Dylan Thomas, Prix Somerset Maugham) lui valent en effet de figurer dans l'anthologie *More Fiya : A New Collection of Black British Poetry* éditée par Canongate Books en 2022, et ce n'est sans aucun doute qu'un début...

TOP 10

LECTURE

Indissociable du fleuve Zambèze dont elle abrite la source, la Zambie est fière de sa biodiversité et de son magnifique patrimoine naturel. Ancienne colonie anglaise – la Rhodésie du Nord a obtenu son indépendance en 1964 – elle a conservé la langue, mais le petit pays, qui ne compte pas 20 millions d'habitants, n'en est encore qu'aux prémices de son histoire littéraire.

KARIBA

Sans nouvelles de son père parti travailler sur le barrage de Kariba, Sibu décide de remonter le fleuve à sa recherche. Une bande dessinée pour les 8 ans et plus.
Daniel et James Clarke, *éditions Vents d'Ouest.*

MUSTIKS : UNE ODYSSÉE EN ZAMBIE

© ÉDITIONS SEUIL

Toute l'histoire du XXe siècle revisitée par le prisme du destin de trois familles qui ne cessent de se croiser durant quatre générations.
Namwali Serpell, *éditions Seuil.*

VIVANT : CHRONIQUES D'AFRIQUE

© ÉDITIONS NAUTILUS

Crise de la cinquantaine ou désir intense d'ailleurs, à 52 ans l'auteur quitte tout pour l'Afrique, qu'il visitera de part et d'autre.
Frédéric Pie, *éditions Nautilus.*

MIDWINTER

En Angleterre, un agriculteur et son fils luttent pour maintenir viable leur exploitation, mais ils doivent aussi affronter le souvenir de la mère, morte dix auparavant en Zambie. Premier roman.
Fiona Melrose, *éditions La Table Ronde.*

ELEPHANT

© ÉDITIONS NAUTILUS

Une édition bilingue enrichie d'un texte de Romain Gary, mais surtout vingt années à sillonner l'Afrique, appareil photo bien en main.
Laurent Baheux, *éditions Nautilus.*

CATARACTES

© ÉDITIONS L'HARMATTAN

A l'aube des années 60, au pied des chutes Victoria, se croisent trois grands écrivains : Karen Blixen, Doris Lessing et Ernest Hemingway.
Olivier Dami, *éditions L'Harmattan.*

A L'OMBRE DU BAOBAB

L'auteure raconte, non sans tendresse ni humour, la vie de son père, un Anglais qui s'était exilé en Rhodésie avant de s'établir en Zambie.
Alexandra Fuller, éditions Lattès.

ZAMBÈZE

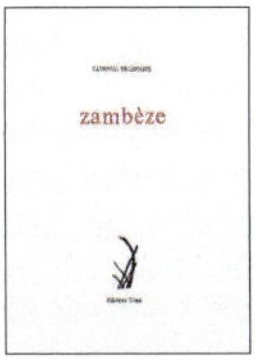

© ÉDITIONS UNES

Bien plus que le récit de voyage qui a inspiré l'auteur en 2013, une divagation libre à travers les mots et les images poétiques.
Ludovic Degroote, *éditions Unes.*

L'ŒIL DU LÉOPARD

© ÉDITIONS POINTS

Hans Olofson grandit dans les années 50 dans un contexte difficile. A la mort de l'une de ses seules amies, il décide de réaliser son rêve : partir en Zambie sur les traces d'un missionnaire.
Henning Mankell, *éditions Points.*

AU-DESSUS DES DÉSERTS

© ÉDITIONS DE L'OFFICINE

En mai 2019, Claire s'apprête à accomplir un projet fou, au grand dam de ses proches : aller de Namibie en Zambie, seule dans son ULM.
Roxane Dupuy, *éditions de l'Officine.*

A L'ÉCRAN

À la fois promu et contrôlé par les colons britanniques, le cinéma s'est développé assez lentement en Zambie. Malgré un soutien étatique, la construction d'une industrie du cinéma n'a pas eu lieu, et ce n'est que très récemment que des réalisatrices comme Rungano Nyoni, reconnues internationalement et localement, commencent à développer une renommée du cinéma zambien. Du côté des salles, les grandes villes comme Lusaka, Ndola ou Livingstone possèdent leur complexe, les Zambiens étant assez friands de cinéma. Un amour issu d'une longue histoire de projections en plein air, mises en place dès les années 1920. Côté tournage, c'est bien entendu les chutes Victoria qui ont fasciné tant documentaristes que cinéastes, avec des apparitions dans les séries de David Attenborough comme dans la série B *Allan Quatermain et la cité de l'or perdu*. De quoi attiser vos papilles avant de partir à la découverte de ce cinéma zambien en pleine renaissance.

Avant l'indépendance, déjà une culture cinématographique

Il faut remonter à l'époque du protectorat britannique pour retrouver les premières traces de cinéma en Zambie. Marcus Grill, homme d'affaires, est vraisemblablement à l'origine des premières projections en plein air qui eurent lieu dans la région en 1917. Un monopole qui va perdurer car en 1931, c'est la famille Grill qui ouvre la première salle de cinéma, afin d'y diffuser les premiers films parlants hollywoodiens. Le cinéma est alors exclusivement réservé aux colons, même si quelques projections sont organisées pour les ouvriers et mineurs noirs, notamment autour des mines de la Copperbelt. Les films qui y sont montrés sont par contre triés sur le volet, et rigoureusement contrôlés par l'administration coloniale qui voit d'un très mauvais œil l'effet du cinéma sur les masses populaires. A la même période, les premiers cinéastes, dont le missionnaire J. Merle Davis tourne en Rhodésie du Nord. Le pays verra même la fondation d'un comité d'expérimentation et de création cinématographique, qui produit à la fin des années 30 plusieurs dizaines de films dans le but de « civiliser » les populations locales. Malgré tout, la ségrégation reste en place, et les grands films sur grands écrans sont réservés à l'élite blanche. Pour les populations locales, il faudra attendre la fin des années 1950 pour voir l'ouverture des premiers complexes ouverts aux noirs, et l'indépendance pour qu'un cinéma national commence à se développer.

Un pays de cinéphiles, et de réalisatrices

Forte de cette tradition des cinémas populaires en plein air, la Zambie va rapidement développer un réseau de projections itinérantes. Des « Film-Rovers » sont ainsi déployés à travers tout le pays dès les années 1970. Complètement équipées, ces voitures vont pouvoir organiser des séances dans les villages et villes de l'ensemble du territoire, et projeter des actualités autant que des films de fiction en 16 mm, un format plus facile à gérer dans ces conditions difficiles. A cette période, la Zambie compte une vingtaine de salles, et le cinéma 35 mm reste encore un privilège des plus riches. Malgré une ségrégation abolie par la loi, la population noire se dirige majoritairement vers les cinémas plus abordables, souvent en 16 mm également. En parallèle, quelques cinéastes tentent de développer une industrie locale avec l'appui du Zambia Information Services, mais sans grand succès. Ces dernières années, un vent de création souffle sur la Zambie, au travers d'une jeune génération de réalisatrices dynamiques et talentueuses. La plus reconnue d'entre elles, la cinéaste Rungano Nyoni, tourne depuis 2009 devant et derrière la caméra. En 2017, son film *I Am Not a Witch* a remporté le BAFTA du meilleur nouveau scénariste, réalisateur britannique, après avoir été projeté à la Quinzaine des réalisateurs à Cannes. Révélées par la télévision, et par des collaborations toujours plus nombreuses avec les autres pays centres de production africains comme Nollywood, la Zambienne King Cassie Kabwita est une autre des figures de proue de cette jeune génération, qui fait rayonner les talents artistiques zambiens sur les écrans de l'Afrique et du monde entier.

Tournages internationaux d'hier et d'aujourd'hui

Amateurs de séries B et de films d'aventure passés de mode, vous allez être ravis. Car les paysages et décors de la Zambie, en particulier

© CTAV - ISTOCKPHOTO.COM

Les chutes Victoria, décor du film Allan Quatermain et la cité de l'or perdu.

dans la région des chutes Victoria, ont accueilli de nombreuses productions de ce type. À la fin des années 1950, c'est le réalisateur George Marshall, qui a fait ses armes à Hollywood avec Laurel et Hardy, qui y tourne *Duel dans la jungle* (1954). Un film mettant en scène Dana Andrews, célèbre acteur de séries B britanniques dans le rôle d'un détective privé. Alors qu'il tente de résoudre la mystérieuse disparition d'un vendeur de diamants, Andrews alias Scott Walters se retrouve embarqué dans une intrigue complexe, à laquelle l'intrigante Marian Taylor (Jeanne Crain) n'est pas étrangère. Un tournage dans des conditions difficiles, et qui vit la disparition tragique de l'assistant-réalisateur Tony Kelly, emporté par les eaux de l'impétueux Zambèze. En tant que film, *Duel dans la jungle* n'est pas des plus intéressants, mais il représente tout de même une frange conséquente du cinéma hollywoodien de cette période, et mérite dès lors qu'on s'y attarde le temps d'une découverte.

C'est également le cas de cette autre pépite de série B, peut-être plus connue car produite par Chuck Norris. *Allan Quatermain et la cité de l'or perdu*, sorti en 1987, met également en scène les chutes Victoria et la région frontalière de la Zambie et du Zimbabwe. Si le réalisateur – Gary Nelson – est assez peu connu, on retrouve en revanche au casting les grands noms de Richard Chamberlain (*La Tour Infernale*), Sharon Stone (*Basic Instinct*) et James Earl Jones (*À la poursuite d'Octobre Rouge*), réunis dans ce film qui n'aurait pas pu naître ailleurs que dans les années 1980. A mi-chemin entre *Indiana Jones* et *Crocodile Dundee*, la saga Allan Quatermain vous a peut-être déjà fait vibrer. Si ce n'est pas le cas, foncez découvrir ce condensé d'aventure à la limite du ridicule, aux scènes d'action tout de même assez impressionnantes. Dans le pire des cas, vous aurez de belles anecdotes à raconter lors de votre visite des chutes.

Voir du cinéma en Zambie

Aujourd'hui, les salles ont pâti de l'arrivée de la télévision et des différentes possibilités qu'offrent les contenus numériques. Il ne reste plus que trois salles en activité à Lusaka, et une poignée à peine dans le reste du pays. Parmi celles-ci, le Capitol Theatre à Livingstone est une des plus anciennes du pays. Son architecture Art déco ravira vos pupilles, d'autant plus si vous avez l'occasion d'y entrer pour assister à une de ses séances. A Lusaka, rendez-vous au Ster-Kinekor de Manda Hill, un complexe projetant à la fois les derniers blockbusters mais aussi des films indépendants. A Ndola, Livingstone et Lusaka, rendez-vous également dans les salles du réseau Fresh View Cinemas, plutôt orienté grand spectacle. Malgré tout, et grâce à ces chaînes qui tiennent envers et contre tous, petits et grands cinéphiles zambiens bénéficient d'une programmation riche, et le plus souvent en version originale.

POPULATION

Patchwork ethnique comme tous les pays d'Afrique, la Zambie est multiple et une. Le gouvernement recense 18,9 millions d'habitants, 73 tribus ou groupes ethniques et autant de langues bantoues associées regroupés dans 16 grands groupes culturels. L'anglais est la langue officielle, tandis que le bemba est la langue locale la plus parlée, par environ 4 millions de locuteurs. Les foyers de peuplements sont concentrés dans les provinces de Lusaka, de la Copperbelt, du nord et de l'Est. Environ la moitié de la population vit dans les zones urbaines qui fait de la Zambie le plus urbanisé d'Afrique australe après l'Afrique du Sud. Environ 20% des habitants vivent dans la capitale Lusaka, et 15% dans la Copperbelt. Les provinces de Luapula au Nord-Est et de l'ouest sont les moins peuplées. La densité de population est relativement basse : environ 20 habitants au mètre carré, soit deux fois moins que le Zimbabwe voisin.

Les Bemba, ethnie majoritaire vivant dans la Copperbelt

Cette ethnie représente environ 20% des habitants de Zambie. Ces derniers occupent les régions rurales du nord-est, désormais des zones urbaines de la Copperbelt. Historiquement ils sont venus de République Démocratique du Congo pour remplir les mines de main-d'œuvre corvéable depuis des décennies. Le bemba est aujourd'hui la langue la plus parlée – hormis l'anglais la langue officielle – adoptée par environ un quart de la population. Historiquement implantée le long de la rivière Luampula, à Mpika et Kasama près de la frontière de la République Démocratique du Congo, mais elle est aussi très parlée à Lusaka du fait de la migration des habitants de la Copperbelt vers la capitale ces dernières années. Cette langue est aussi parlée par près de 150 000 Congolais et 40 000 Tanzaniens frontaliers de la Zambie.

Les Tonga, un peuple issu de la vallée du Zambèze

Ils représentent 13% de la population et occupent toute la vallée du Zambèze soit environ 1 million de personnes. On les retrouve à Livingstone, une ville de 300 000 habitants. Les Tonga sont les habitants de la vallée du Zambèze, dans le sud de la Zambie et le nord du Zimbabwe, près du lac Karibe, du parc Lower Zambezi et des chutes Victoria. On ne connaît pas leur origine exacte, il semble que les Tonga soient liés à l'histoire du fleuve depuis la nuit des temps sans qu'on connaisse leur migration originelle. Mais à la fin des années 1960, l'achèvement du barrage de Kariba a eu des conséquences catastrophiques sur ce peuple, qui fut délocalisé des bords du Zambèze sur des terres plus intérieures pour immerger la zone. Des milliers de Tonga furent arrachés à leurs terres. Les Tonga durent quitter leurs maison d'enfance, leurs cimetière, les terres sacrées, leur base de pêche, un vrai déchirement. Essentiellement pêcheurs, les Tonga se retrouvèrent contraints de devenir agriculteurs, sur des terres beaucoup moins fertiles que les bords du fleuve et les plaines ancestrales inondées par le Zambèze. Cette délocalisation humaine suscita moins d'indignation dans les médias que la délocalisation des animaux en sauvetage.

Les Nyanja, ethnie majoritaire dans la vallée de la Luangwa

Les Nyanja, qui sont environ 1 million d'habitants en Zambie, représentent 13% de la population et sont majoritairement localisés dans l'est du pays. On en trouve surtout dans la vallée de la Luangwa, une zone très agricole car plus arrosée que les autres, et dans les pays voisins puisqu'ils sont nombreux au Zimbabwe (500 000 personnes) et au Mozambique (300 000 personnes). Le nyanja est la langue bantoue la plus fréquemment usitée derrière le bemba. Plus d'un million de Zambiens la parlent à travers tout le pays, y compris à Lusaka et Livingstone. Elle est largement utilisée par la police, dans les administrations et les écoles. Le nyanja est également une des langues principales du Malawi et plusieurs centaines de milliers de personnes l'utilisent au Mozambique et au Zimbabwe, ce qui porte à environ 4 millions le nombre de locuteurs utilisant le nyanja comme première langue en Afrique australe.

Les Lozi, l'ethnie qui voudrait son autonomie

Ce groupe ethnique se retrouve dans les provinces de l'Ouest et du Sud. Ils sont environ 650 000 individus. On les trouve aussi dans les provinces du Barotseland et dans une moindre mesure à Livingstone. Pays pacifiste, la Zambie a été relativement épargnée par la guerre et les tensions ethniques. Seules les années qui

Kuomboka.

ont suivi l'indépendance ont été marquées par des affrontements entre Lozi et Bemba. Ce territoire, ancien protectorat britannique, demeure contesté, les Lozi réclamant l'application de l'accord conclu à l'indépendance qui devait garantir l'autonomie de leur royaume en échange de son intégration à la Zambie. Ces revendications font des Lozi un peuple à l'identité forte et le Barotseland apparaît comme la région de Zambie la plus riche en traditions culturelles. Le mode de vie des Lozi est centré sur les cultures de plaines inondées pendant la saison des pluies, principalement de maïs, qui nécessite beaucoup d'eau et qui constitue le plat de base des habitants, le Nshima. Un festival tribal traditionnel se tient dans les plaines du Lower Zambezi où il se concentrent majoritairement chaque année, le Kuomboka.

Les autres ethnies principales qui composent le pays

Les Tumbuka sont environ 430 000 et se trouvent à l'est du pays. D'ailleurs, d'autres Tumbuka vivent au Malawi et en Tanzanie. Les Nsenga comptent quelque 330 000 personnes à la frontière du Mozambique et du Zimbabwe au sud-est, principalement dans la région de Petauke. Ils sont eux aussi présents dans les deux pays voisins. Les Mabwe-Lungu (environ 300 000 personnes) vivent dans la province du nord au sud du lac Tanganyka, à la frontière de la Tanzanie (où ils sont présents aussi). Les Lunda sont environ 230 000 et occupent le nord de la Copperbelt à la frontière de la RDC et de l'Angola. Les Luvale (environ 215 000 personnes), sont un groupe très représenté en Angola où près d'un million de personnes parlent cette langue. Les Kaonde (210 000 personnes) sont originaires de la région de Kafue (le parc national comme la rivière). Les Luyana ne sont qu'environ 130 000 personnes en Zambie, mais ils sont en revanche éparpillés aussi en Angola, en Namibie et au Botswana. Les Zambiens blancs sont arrivés pendant la colonisation et sont mélangés aux expatriés blancs venus d'Europe, pour la plupart d'Angleterre. Ils forment une petite minorité très riche avec les Zambiens asiatiques (d'origine indienne spécialement) et se trouvent un peu partout dans le pays.

Les huit langues les plus courantes en Zambie

L'anglais, langue officielle, est parlé dans tout le pays, à l'exception des régions rurales les plus reculées. Sept autres langues sont reconnues officiellement par le gouvernement : le bemba, le kaonde, le lozi, le lunda, le luvale, le tonga et, surtout, le nyanja. Certaines langues sont pratiquées par plusieurs ethnies et la plupart sont fragmentées en plusieurs dialectes. Beaucoup de Zambiens parlent quatre ou cinq langues (surtout le bemba, le tonga, le nyanja et le lozi, en plus de leur langue maternelle), en les mélangeant lorsqu'ils parlent entre eux. Au niveau de l'éducation, l'anglais demeure la langue principale, mais les élèves de primaire peuvent aussi recevoir des cours dans la langue locale reconnue par le gouvernement.

RELIGIONS

La très grande majorité des Zambiens sont chrétiens à 95,5%. La religion joue un rôle très important dans la vie quotidienne des Zambiens et les églises sont très fréquentées. Convertis par les missionnaires au XIXe siècle, les Zambiens n'ont gardé que peu de traditions de leur religion originelle. En revanche, elles transparaissent dans une flopée d'églises chrétiennes syncrétiques. Dans les régions rurales, les croyances animistes sont restées vivaces. Notamment des cérémonies d'initiation. Si la Zambie est officiellement une nation chrétienne, la liberté de culte est aussi garantie par la Constitution. On trouve aussi dans les zones urbaines des communautés musulmanes, hindoues, juives et même bouddhistes, sikh et bahaï (la Zambie étant le pays africain qui compte le plus de fidèles de cette religion venue d'Iran). Toutefois, ces confessions représentent à peine 4,4 % de la population.

Un christianisme aux multiples églises syncrétiques

Religion d'Etat depuis 1996 dans la constitution, 95,5 % des Zambiens se disent chrétiens. Près de 75 % sont protestants, tandis que 20 % vouent un culte à l'église romane héritée de l'influence portugaise au Mozambique tout proche. Au milieu du XIXe siècle, des missionnaires protestants européens ont évangélisé les terres de Zambie. Les religions traditionnelles n'étant jamais bien loin, de nombreuses églises syncrétiques sont apparues à la croisée des rites traditionnels et du christianisme au fil des années. Ce protestantisme inclut les mouvances diverses et variées : pentecôtiste, baptiste, méthodiste, presbytériennes, néo-apostolique, luthérienne, les adventistes du septième jour, l'église de Jésus-Christ des Saints des Derniers Jours, etc. Curiosité : l'une des plus grandes communautés de Témoins de Jéhovah d'Afrique se trouve en Zambie, près de 200 000 membres.

Les minorités religieuses

Bien que les religions minoritaires ne représentent que 4,4 % de la population, il y aurait environ 100 000 musulmans dans le pays (soit 2,2 % des Zambiens), dans les grandes villes principalement. On compte beaucoup de réfugiés congolais et somalis, et des descendants d'immigrés d'Asie du Sud-Est et du Moyen-Orient qui sont aujourd'hui Zambiens. Beaucoup sont sunnites mais on trouve aussi des chiites. Les Hindous viennent sans surprise d'Asie du Sud-Est, ils ne sont que 10 000 et vivent principalement à Lusaka et dans la province du Nord. Les autres religions sont vraiment minimes en termes de population : juifs, sikh… Près de 1,8 % de la population serait bahaï (une religion monothéiste iranienne née au XIXe siècle en Perse).

Des rites animistes toujours pratiqués en Zambie

Les cérémonies d'initiation animistes sont répandues dans la plupart des groupes ethniques de Zambie. Elles reposent sur la croyance en un dieu unique, immatériel et inaccessible, mais présent en toutes choses (arbre, rivière, pierre, animal), toutes habitées par des esprits, relais entre Dieu et les hommes. En cas de catastrophe naturelle, d'agression extérieure ou de maladie, ce sont souvent les esprits, et particulièrement ceux des ancêtres, qui sont consultés et invoqués, bien plus que le Dieu des chrétiens. Après avoir subi les rites initiatiques, les jeunes garçons ou jeunes filles sont considérés comme des adultes et ont dès lors les mêmes droits et obligations que ces derniers. L'initiation se déroule souvent en dehors du village dans la brousse ou un lieu au caractère sacré (colline, grotte). Le jeune apprend le langage secret qui lui permet d'intégrer les règles de la tribu et d'accéder aux mystères de l'univers et aux forces de la nature. Différentes épreuves, souvent difficiles, lui sont infligées afin qu'il puisse affirmer sa force de caractère. La fin du rite marque la renaissance, symbolisée par des signes extérieurs (tête rasée, port de bijoux et de parures, peintures corporelles…) et s'achève souvent par un bain purificateur.

SOCIÉTÉ

Sur ses 18,9 millions d'habitants, la Zambie est toujours majoritairement rurale à 55% de sa population. Comme partout en Afrique, la famille est l'unité autour de laquelle s'articule les systèmes sociaux traditionnels. Le concept de famille, dans son acception large, intègre tous les degrés de parenté ainsi que les liens avec le clan. C'est à la fois une unité de production, de consommation et d'intégration sociale. Une très grande majorité de la population a moins de 25 ans, et vit dans un dénuement total : 60 % de la population vit sous le seuil de pauvreté fixé à 2 US$ par jour. Pire : 1,2 million de personnes souffrent de la faim. Les mariages et grossesses précoces accentuent le problème. En 2022, le FMI a accordé un nouveau prêt d'1,3 milliards de dollars sur 3 ans servant à financer des aides à la Zambie, qui se trouvait en défaut de paiement de sa dette souveraine abyssale en 2020.

Pauvreté et malnutrition dictent le quotidien

Lorsque plus de 60% de la population vit sous le seuil de pauvreté, lorsque près de 1,2 million de personnes souffrent de la faim, on ne peut pas dire que les gens vont bien. Pourtant l'économie de la Zambie se porte bien grâce aux mines de cuivre, mais sa dette abyssale gangrène son économie et le bénéfice des mines est très inégalement réparti dans la population qui n'en voit jamais la couleur ni par la construction de routes, de dispensaires ni par l'électrification ou la construction de nouveaux réseaux d'eau dans les villages. Près de 43% des Zambiens seulement ont un foyer électrifié et la moitié n'ont pas accès à l'eau potable. Le manque de sanitaires et d'égouts joue aussi dans la propagation des maladies. Le quotidien est compliqué, pourtant la criminalité n'est pas très haute compte tenu de la tension des prix et de l'inflation sur les denrées alimentaires et sur le carburant comme partout dans le monde depuis le début de la guerre en Ukraine.

Une dualité entre tradition et modernité

Chaque individu a un rôle et une place bien déterminée au sein de la collectivité qui lui sont impartis en fonction de son âge, sa sagesse, son appartenance familiale, son origine sociale, son milieu, urbain ou rural. La forte solidarité qui caractérise pratiquement toute la société africaine dépend d'une structure forte que l'on peut synthétiser sous la forme de l'ethnie dont les individus partagent un héritage culturel et une langue commune : du lignage formé par une grande famille dont la parenté remonte à plusieurs générations, et du clan composé d'un groupe d'individus qui se réfèrent à une personnalité politique ou religieuse. Il est extrêmement difficile de transgresser ces lois pratiquement communes à toutes les ethnies, mais les changements économiques issus de la période post coloniale et de l'urbanisation du pays favorisent l'éclatement de la cellule familiale et clanique élargie. Aujourd'hui, la migration vers les villes s'accélère ces 20 dernières années même si 55% des habitants restent ruraux. Cette atomisation se matérialise sous la forme d'un déclin progressif des solidarités traditionnelles et par l'individualisation conduisant parfois à la marginalité et à l'extrême pauvreté dont les formes les plus graves entraînent immanquablement de la délinquance, de la prostitution, l'abandon des enfants et des personnes âgées. Ainsi, le Zambien comme la plupart des Africains se trouve-t-il confronté à un dualisme culturel, partagé comme il est entre le souci de conserver son identité traditionnelle et le désir de s'intégrer dans un monde en pleine mutation fortement influencé par les valeurs individualistes occidentales.

Mariages coutumiers et précoces

Dans la société traditionnelle, la formation des couples et le mariage sont encore liés à certaines traditions. Par exemple les mariages dans la fratrie, la tolérance de la polygamie malgré la religion chrétienne dominante, l'attribution d'une dot (lobola), les mariages forcés et arrangés par les familles… Si l'âge légal pour se marier est de 21 ans, le droit coutumier prédomine puisqu'on estime que 8% des Zambiennes sont mariées à 15 ans et 40% à 18 ans. En conséquence, 30% des Zambiennes sont enceinte avant 18 ans. Cependant, et en particulier dans les zones urbaines, ces pratiques ont tendance à s'effacer au profit des moeurs occidentales et surtout chrétiennes : choix libre de son partenaire, autorisation de divorce également. En revanche, l'infidélité est bien plus tolérée qu'en Occident. Surtout pour les hommes… beaucoup entretiennent une seconde femme, une maîtresse, une seconde épouse… En matière d'égalité des sexes, le droit et la pratique coutumière confèrent à la femme un statut de subordonné en ce qui concerne l'héritage, la propriété et ce malgré les mesures de protection constitutionnelles et juridiques. Il y a beaucoup de chemin à faire…

© PIXELCATCHERS - ISTOCKPHOTO.COM

Des enfants nombreux et une éducation désormais gratuite

Le ratio de 4,5 enfants par femme est élevé en Zambie. Il va de pair avec la précocité des mariages et des grossesses. La moyenne d'âge n'est que 17,6 ans, c'est à dire que la moitié de la population sont des enfants. L'éducation est donc primordiale aujourd'hui. Le système zambien compte 7 ans d'école primaire, puis 5 ans en collège-lycée, et enfin 4 ans à l'Université. Le nouveau président Hakainde Hichilema élu en 2021 a rendu l'école publique gratuite pour tous jusqu'à la fin du lycée (ça l'était depuis 2002 pour l'école primaire), une vraie amélioration qui devrait inciter beaucoup de familles pauvres à scolariser davantage leurs enfants. Les uniformes et les fournitures sont encore à la charge des familles, mais dans de nombreux villages, l'école prévoit un repas en fin de journée pour les enfants ce qui incite les familles à les scolariser. Les résultats devraient se faire sentir positivement dans les prochaines années en terme de scolarisation d'autant plus que le président a donné des fonds pour le recrutement d'instituteurs. Les écoles privées et payantes restent bien sûr la norme pour ceux qui peuvent les payer et souhaitent offrir une meilleure éducation à leurs enfants, en particulier les classes moyennes et aisées des villes zambiennes.

Une santé fragile en raison de la pauvreté, de la malaria et du sida

L'espérance de vie n'est que de 64 ans. L'extrême pauvreté (60 % de la population vit avec moins de 2 dollars par jour) et la malnutrition (30 % des enfants) sont indirectement les premières causes d'un taux de mortalité élevé. Il concerne particulièrement les nouveaux-nés (11 % des décès), sans parler du manque de soins hospitaliers pour toutes les catégories de malades, d'un taux d'incidence fort de malaria et de sida. Ce dernier, qui a longtemps été l'épouvantail des statistiques de décès en Afrique australe, est une épidémie qui s'est stabilisée.

Mais à l'instar des autres pays de la région, le sida touche sérieusement la Zambie, avec un taux de prévalence adulte qui avoisine les 11,1 %, essentiellement les femmes et la population active du pays. Le gouvernement se montre très concerné par le fléau et multiplie les campagnes de prévention, l'accès aux préservatifs et aux traitements de trithérapie. En effet, 80 % des adultes et enfants atteints du sida sont sous trithérapie, le taux le plus élevé en Afrique. Grâce à ces programmes ambitieux, la situation s'améliore peu à peu, mais il reste énormément à faire.

SPORTS ET LOISIRS

En Zambie, en dehors du vénéré football, d'autres disciplines font régulièrement vibrer les foules. La boxe par exemple, surtout après que Lottie Mwale, héros national, a dominé la boxe africaine pendant près de 30 ans à la fin du siècle dernier. Influence britannique oblige, le polo est pratiqué à très haut niveau et les équipes zambiennes, féminines comme masculines, sont de très bon niveau. Même si ce loisir demeure malheureusement exclusivement pratiqué par les Zambiens blancs, descendants des colons. Les filles pratiquent aussi le netball, qui ressemble dans les grandes lignes au basket-ball. Dans un autre registre, les Zambiens se plaisent aussi à jouer à l'isolo, l'awalé local, un jeu de réflexion semblable au backgammon. Côté activités, un voyage en Zambie est la promesse de s'offrir des frissons que ce soit en rafting, en canyoning, en ULM… Mais aussi de belles balades à cheval ou d'inoubliables parties de pêche.

Le football est roi

Comme souvent, le football est le sport le plus populaire du pays. Et, comme dans toutes les destinations anglophones, on parle ici de *soccer*. Dans les villages, les jeunes pratiquent le *soccer* avec des ballons de fortune. Et chaque grande ville zambienne a son club de foot. Le Championnat local a été dominé ces dernières années par le Zanaco Football Club de Lusaka et le Zesco United Football Club de Ndola. Au niveau international, l'équipe nationale zambienne reste une équipe plutôt confidentielle qui n'a jamais participé à la Coupe du Monde. Par contre, les Chipolopolos (ou « boulets de cuivre », en référence à la présence de cuivre dans le sol zambien), le surnom de la sélection, ont déjà brillé à la CAN (la Coupe d'Afrique des Nations). Après la finale de 1974 et les demi-finales et les troisièmes places de 1982, 1990 et 1996, la Zambie a soulevé le trophée en 2012 en s'imposant en finale face à la Côte d'Ivoire à l'issue de la fatidique séance de tirs au but. Emmenés par le sélectionneur français Hervé Renard, devenu depuis une véritable légende locale, et le meilleur joueur du tournoi et attaquant Chris Katongo, les Chipolopolos créent la sensation du tournoi et entrent définitivement dans l'histoire du ballon rond.

Parmi les grands joueurs zambiens, il ne faut pas non plus oublier d'évoquer l'attaquant Kalusha Bwalya, élu Ballon d'or africain en 1988, puis devenu sélectionneur et même président de la fédération zambienne de football.

Entre aventure et sensations fortes

La Zambie est une terre d'exception pour les aventuriers sportifs. A commencer par les safaris, bien sûr, qui peuvent être plus ou moins musclés selon les goûts, en 4x4 (*game drive* ou *night drive*), mais aussi à pied (dans le South Luangwa National Park en compagnie d'excellents guides) ou bien encore en canoë (dans le Lower Zambezi National Park) pour partir à la recherche du Big 5.

Pour plus d'adrénaline, les environs de Livingstone, sûrement la capitale africaine de l'adrénaline, et les mythiques Victoria Falls servent de décor (grandiose) à des activités réservées aux amateurs de sensations fortes. Citons tout d'abord le rafting, qui connaît un succès très important depuis que des compétitions (dont le championnat du monde) ont été organisées à Victoria Falls. Les sessions de rafting en aval des chutes, comme le canyoning ou la nage en eaux vives en amont d'ailleurs, sont des activités chaudement recommandées. Le riverboarding a également bonne cote. Ce n'est ni plus ni moins que du bodyboard… mais en glissant sur les rapides !

Ceux qui cherchent le grand frisson pourront aussi s'essayer à un saut à l'élastique, le bungee-jumping, considéré comme le saut à l'élastique le plus haut du monde. Il s'agit en effet d'un vertigineux plongeon de 111 mètres depuis le Victoria Falls Bridge, le pont qui surplombe le Zambèze. A ces activités pleines d'adrénaline s'ajoutent aussi la descente en rappel, le vol en hélicoptère ou en U.L.M. ou encore les longues balades en canoë, à cheval ou à dos d'éléphant.

Une destination pêche

La Zambie a largement de quoi ravir les pêcheurs avec le mythique fleuve Zambèze et ses nombreux lacs. Le lac Kariba, par exemple, accueille de nombreux habitants de Lusaka venus pêcher le temps d'un week-end dans le petit village de Siavonga. Il faut dire que plus d'une quarantaine d'espèces de poissons y sont recensées, parmi lesquelles la savoureuse brème et le brave poisson-tigre, qui donne du fil à retordre aux accros à la pêche sportive. Au nord du pays, le lac Tanganyika est également propice à ce passe-temps, avec la possibilité de tenter de remonter des prises très recherchées : perche du Nil, poisson-tigre goliath, poisson-chat vundu, saumon et yellow belly, pour ne citer qu'eux.

GASTRONOMIE

Lovée au cœur de l'Afrique australe, la Zambie offre une cuisine simple et robuste. On y retrouve divers féculents, notamment le maïs, employé dans la préparation du nsima, une pâte très nutritive, pierre angulaire de tout repas zambien qui se respecte. On notera aussi une grande variété de céréales, légumes, fruits, viandes, et, dans une moindre mesure, de poissons d'eau douce. On retrouve de nombreux ingrédients exotiques méconnus en France. A noter que si la viande de brousse peut aiguiser la curiosité des touristes, il est mieux d'éviter ce genre de produits parfois issus du braconnage, le tout conservé dans des conditions d'hygiène aléatoires. Ancienne colonie britannique, la Zambie a connu ainsi les influences des travailleurs indiens puis plus tard chinois après l'indépendance, qui ont façonné certains aspects de la cuisine locale, comme la consommation de thé. Mais on apprécie aussi les boissons alcoolisées et notamment la bière.

Produits caractéristiques

Les légumes constituent une part importante de la cuisine locale. Si on reconnaît aisément tomates, oignons, patates douces, courges, arachides ou manioc, d'autres végétaux peuvent nous surprendre. On pense notamment aux nombreux légumes-feuilles que l'on retrouve rarement en Europe, comme les feuilles de courge (*chibwabwa*), de manioc (*katapa*), d'amarante (*bondwe*), d'aubergine africaine amère (*impwa*) et d'hibiscus (*lumanda*). L'*okra*, mieux connu en Occident sous le nom de gombo, est un légume à chair molle et gélatineuse qui ressemble à une courgette et a la taille d'un gros piment. Son jus visqueux est très apprécié pour épaissir les sauces.

Proposé en salade ou en snack, vous pourrez éventuellement goûter au *chikanda*, du tubercule d'orchidée saupoudré d'arachides et de piments. Le maïs est également un élément central de la cuisine zambienne qui peut être concassé grossièrement : le *samp*. Le maïs est également moulu en une semoule fine. Parmi les viandes, ce sont le poulet et la pintade (*guineafowl*) qu'on retrouve le plus. Les nombreux lacs et rivières de Zambie regorgent de poissons : brèmes, *ndombi* (poissons-chats), *mpasa*, *kapenta* (sortes de sardines, frites ou séchées). Les chenilles de mopane (*ifinkubala*) grillées sont très appréciées, mais on consomme aussi d'autres insectes comme les punaises. Enfin, on trouve en Zambie de nombreux fruits tropicaux : oranges, citrons, avocats, pastèques, mangues, bananes, ananas… tandis que le bush zambien regorge d'une centaine de baies et fruits sauvages différents.

© DARKSOUL72 - SHUTTERSTOCK.COM

Poissons séchés au marché de Lusaka.

Bien évidemment, vos repas seront différents selon que vous voyagiez en groupe, en vous arrêtant dans les lodges et hôtels haut de gamme, ou de façon indépendante. Dans les établissements haut de gamme, la cuisine, très occidentalisée, est souvent digne des restaurants gastronomiques. Des dégustations de plats zambiens pourront parfois vous être proposées. Si vous organisez vous-même vos safaris, vous trouverez dans les supermarchés des villes et sur les étals des marchés la plupart des produits nécessaires à la préparation de vos repas. En ville, de nombreux petits restaurants locaux vous permettront de goûter à une cuisine traditionnelle authentique. Vous pourrez également, en particulier à Lusaka et à Livingstone, trouver des établissements touristiques proposant une carte occidentale, ainsi que de bons restaurants indiens.

Le rituel alimentaire zambien est identique à l'Europe avec trois repas quotidiens : petit déjeuner tôt le matin, déjeuner vers 12h et dîner vers 19h. Seuls les restaurants les plus chics de la capitale pourront vous servir jusqu'à 22h. La fourchette de prix va de quelques euros pour un plat de poulet et de *nsima* sur les marchés et dans les établissements locaux, à des tarifs dignes d'une capitale européenne pour les meilleures tables.

Les classiques de la cuisine zambienne

Le *nsima* est l'élément incontournable de tous les repas en Zambie. Cette pâte à base de farine de maïs – mélangée dans l'eau bouillante – a un aspect comparable à la polenta italienne, mais plus fin et plus blanc. On le retrouve également au Malawi et sous d'autres noms dans les pays voisins : *bogobe* au Botswana, *salsa* au Zimbabwe, *ugali* au Congo. Dans les villages zambiens, on peut encore observer les locaux piler en cadence les épis de maïs séchés dans de hauts mortiers. La farine très fine ainsi obtenue est ensuite longuement remuée avec de l'eau bouillie jusqu'à l'obtention d'une pâte épaisse. Le *nsima* peut être consommé légèrement sucré, avec du lait, au petit déjeuner.

Dans les zones rurales où l'accès à l'électricité n'est pas automatique, les villageois cuisinent à l'extérieur sur des feux de bois. Avant de manger, tous les membres de la famille se lavent les mains dans une petite bassine, le père d'abord, puis la mère et les enfants. Ce rituel se pratique également dans les restaurants locaux où, même si on vous propose une fourchette, les Zambiens apprécieront que vous mangiez à leur façon. Le *nsima* se prend par petites poignées puis est malaxé dans la main jusqu'à l'obtention d'une boule compacte. On l'utilise ensuite comme un morceau de pain pour prélever les divers accompagnements.

Les « *relish* » ou ragoûts utilisés pour accompagner le *nsima* sont variés : poulet, poisson ou légumes (épinards, feuilles d'aubergine, okra). Les compotées de légumes sont appelées « *delele* » en Afrique australe et on retrouve souvent des *delele* d'okra. Le *chibwabwa* contient par exemple des feuilles de citrouille, tomate, oignon, etc. ; tout comme le *katapa* (feuilles de manioc) ; ou le *kalembula* (feuilles de patate douce), etc. L'*ifisashi* est un autre aliment courant en Zambie. C'est un type de ragoût, fait avec divers légumes verts et des cacahuètes et servi avec du *nshima* ou – à défaut – du mil, du sorgho, du riz, du manioc ou de l'igname. Traditionnellement, l'*ifisashi* peut être végétarien mais on y ajoute parfois de la viande.

Comme dans beaucoup de pays africains, on utilise communément des poissons séchés pour aromatiser les plats en sauce. Les *imintesa* sont un type de poissons séchés que l'on fait cuire avec de la tomate et de l'oignon. Le terme « *michopo* » fait référence à divers types de viandes grillées parfois sous forme de brochettes, que l'on retrouve communément sur les étals des marchés. Enfin, le *chikanda* est une sorte de pain très dense composé de purée de tubercule d'orchidées *chikanda*, lié avec du beurre de

© DARKSOUL72 - SHUTTERSTOCK.COM

Nsima.

cacahuètes et parfumé d'oignon haché. Il porte le nom d'« *African polony* », déformation du mot « *bologna* » (mortadelle) pour son aspect proche d'un pain de viande, bien que le *chikanda* soit entièrement végétarien. Dans la cuisine Bemba, le plat est crucial pour les occasions spéciales comme les mariages. Les Zambiens servent généralement ce plat comme collation.

On retrouvera peu de desserts traditionnels en Zambie mais on notera toutefois les *golabjamoun*, des beignets de patate douce, et les *vitumbuwa* ou *ifitumbuwa*, des beignets au sucre classiques. Ancienne colonie britannique, la Zambie est forcément accoutumée à la consommation de thé. Toutefois, il est la plupart du temps servi, comme le café, en sachets, au grand désespoir des amateurs. Les lodges et les établissements touristiques proposent toutefois un café très correct, d'autant que la Zambie est un pays producteur de café. On trouve partout de l'eau minérale et des sodas et de plus en plus d'établissements proposent de délicieux jus de fruits frais. A noter : même si certains hôtels sont équipés de système de filtration, l'eau du robinet est très souvent non-potable.

Parmi les bières commercialisées, vous trouverez surtout la Mosi Lager (du nom africain des chutes Victoria, Mosi-O-Tunya) et la Rhino Lager. Les Zambiens raffolent également du *chibuku*, une bière épaisse à base de maïs ou de sorgho vendue en briques d'un litre. Enfin, de nombreux villages fabriquent leur propre bière. L'Amarula, liqueur fabriquée en Afrique du Sud à partir des fruits de marula et dont le goût rappelle celui du Baileys, est très populaire. On trouve également du vin sud-africain en vente dans les supermarchés, tandis que du côté des spiritueux, influence anglaise oblige, le gin est à l'honneur.

QUE RAPPORTER ?

Comme partout, la population zambienne préfère acheter des vêtements et objets actuels. Ce sont les malls qui sont les lieux de shopping préférés des locaux. Un univers de marques de distribution, food court et prêt-à-porter inconnu en Europe, mais très populaire en Afrique du sud. N'hésitez pas à entrer dans les magasins, c'est dépaysant. Si vous cherchez plutôt de l'artisanat, c'est rare de tomber dessus à Lusaka, une ville peu touristique. Ce sont plutôt les galeries d'art et boutiques de design qu'on trouve dans la capitale. L'artisanat zambien se trouve sur quelques rares marchés et boutiques d'aéroport. On trouve quelques boutiques et concept stores sur l'itinéraire des safaris – à Mfuwe par exemple –, mais c'est indiscutablement aux chutes Victoria qu'on trouvera le plus d'artisanat à ramener. Des stands et des stands de bibelots, masques, statues, bijoux, aussi bien du côté zambien que du côté zimbabwéen.

Un artisanat haut en couleur

L'artisanat zambien est essentiellement constitué de poterie et de vannerie : paniers, plateaux et tapis en osier tressé. Cet art est particulièrement maîtrisé par les Lozi dans le Barotseland. La sculpture sur bois (ébène, mukwa jacaranda) est pratiquée entre autres dans le village de Mukuni près de Livingstone et des Chutes Victoria. Du côté des bijoux, on peut trouver quelques jolies pièces en malachite, provenant du nord du pays. Côté tissus, les chitenges, ces pagnes imprimés aux couleurs vives constituent des cadeaux très appréciés. Ainsi que des wax, vous en trouverez de toutes les couleurs, tous les graphismes possibles. Enfin, les batiks traditionnels se trouvent partout. Les plus réputés (et les plus chers) sont fabriqués par Tribal Textile qui a une boutique à Mfuwe aux portes de South Luangwa National Park. Reprenant des motifs ethniques aux couleurs chaudes, leur qualité est exceptionnelle, car elle résulte de l'usage exclusif de pigments naturels (fleurs, graines, etc). Hormis la production locale, on trouve de nombreux artisanats venus des pays voisins, tissus de raphia du Congo, sculptures du Zimbabwe (qui possède une riche gamme d'artisanat réputé). On trouve des reproductions miniatures sur tous les marchés d'artisanat en Zambie. Des masques Makishi, en bois peints en rouge et blanc. Ils sont utilisés dans le rituel d'initiation et de circoncision des garçons, appelé « Likumbi Lya Mize »

Masque en bois.

A Lusaka, des marchés vivants où se balader

Le marché artisanal de Kabwata est dédié au tourisme. Il permet de rencontrer les artisans et d'acheter toutes sortes de souvenirs. C'est un incontournable. Préparez-vous à marchander car les prix peuvent souvent varier du simple au double, en insistant un peu. Le parking du hall Arcade abrite un marché d'artisanat tous les dimanches. Kamwala et Kabwata sont situés non loin l'un de l'autre, au sud-est du centre-ville. Ces deux quartiers locaux sont réputés pour leur activité commerçante et en particulier leurs marchés. Le quartier de Kamwala, spécialisé notamment dans la vente de tissus traditionnels (« Chitenge »), est une escale incontournable pour quiconque souhaite découvrir la vie locale. Kalingalinga est un des quartiers artisanaux les plus originaux et typiques de Lusaka. On y fabrique et vend de tout : menuiserie, ferronnerie, pièces détachées pour voiture, meubles en tous genres, fruits et légumes...

A Livingstone, un choix très large

Le marché artisanal à Livingstone se trouve le long de la rue principale, à l'entrée des chutes. On y découvre un grand choix de statues et d'objets en bois ou en pierre, sculptés dans le village de Mukuni, des bijoux dont bon nombre sont en cuivre, des tissus, des objets en malachite et toutes sortes de souvenirs. Attention, méfiez-vous des objets dits anciens qui ne le sont certainement pas. Vous serez fortement sollicité et mieux vaut être doué pour le marchandage.

AGENDA

Le pays traversant des difficultés économiques, ce n'est pas en Zambie qu'on va trouver des institutions publiques et des mairies dépensant beaucoup d'argent dans la culture et les festivals. En revanche, les cérémonies traditionnelles sont régulières et sont exemptes de touristes. En saison des pluies, la cérémonie Lwiindi du peuple Toka Leya a lieu à Livingstone près des chutes Victoria en janvier ; en février, c'est la cérémonie Nc'Wala du peuple Ngoni qui se déroule à Chipata. En avril, a lieu la plus célèbre du pays, la Kuomboka du peuple Lozi à Mongu. Mais la plupart des cérémonies animistes ont lieu en saison sèche de juillet à octobre. C'est surtout dans le nord et l'ouest du pays où il s'en organise le plus, dans les campagnes où les traditions animistes sont encore très vivaces. De nombreuses cérémonies informelles rythment la vie des villages et les guides locaux sauront vous y mener en dehors des festivités principales.

CÉRÉMONIES MASQUÉES DU PEUPLE CHEWA

Toute l'année.

Le peuple Chewa, de la province de l'Est, autour de Chipata, est réputé pour ses cérémonies masquées, dont le Gule Wampulu. Créées par des sociétés secrètes masculines en réponse au pouvoir des femmes des villages jugé trop important, elles ont plusieurs objectifs : rituels d'initiation, cérémonies funéraires, éducation, etc. Elles servent tous les besoins de la société chewa, à tout moment de l'année. Les masques en bois multicolores utilisés à ces occasions sont très jolis.

CÉRÉMONIE NC'WALA DU PEUPLE NGONI

Fin février.

Cette cérémonie près de Chipata célèbre la fin de la saison des pluies et l'arrivée de la nouvelle récolte. Les festivités se déroulent en deux temps. Le chef ngoni déguste les premiers fruits (sucre de canne, maïs, courge). Puis il accomplit un rituel de renaissance en s'enfermant chez lui pour boire un verre de sang de taureau, sacrifié afin de bénir les prochaines semences. Les danses guerrières exécutées par des hommes vêtus de peau de léopard sont l'autre moment fort du Nc'Wala.

CÉRÉMONIE LWIINDI DES PEUPLES LEYA ET TOKA LEYA

En janvier.

Le peuple Leya, des chefs Sekute et Musokotwane, ainsi que le peuple Toka Leya du chef Mukuni près de Livingstone célèbrent tous les ans en janvier la cérémonie Lwiindi, priant pour l'arrivée des pluies et la fin de la sécheresse. Une marche de 40 km qui s'achève au pied des chutes Victoria, dans le *boiling pot*, d'où de jeunes hommes doivent ramener de l'eau du Zambèze. Puis, ces mêmes jeunes hommes, ayant prouvé leur courage, rentrent dans leur village, couverts de feuilles.

CÉRÉMONIE KUOMBOKA DU PEUPLE LOZI

Fin mars/début avril. La date exacte est annoncée 10 jours à l'avance dans les journaux et à la télévision.

Cette cérémonie ancienne de plus de 300 ans est la plus célèbre du pays. Elle marque le déménagement du Litunga (roi), de la reine de sa cour et de ses sujets, qui quittent les plaines inondables de Lealui pour le palais d'hiver de Limulunga. Un cortège aquatique sur des barques décorées qui dure 6 heures. La cérémonie est rythmée par le battement des tambours de guerre royaux. A l'arrivée, une soirée de danses, de chants et de festivités célèbre la réussite de la traversée.

CÉRÉMONIE JUBA JA NSOMO DU PEUPLE KAONDE

En juillet.

Le peuple Kaonde de Kasempa célèbre tous les ans, généralement le 6 juillet, la Juba Ja Nsomo. Une cérémonie traditionnelle qui fête les premières récoltes et honore les ancêtres pour cette abondance. Le nom de cette cérémonie signifie « goûter ». Le chef Kasempa y goûte la munkhoyo, une bière de sorgho fraîchement préparée et prie les ancêtres de continuer de protéger son peuple. Durant cette fête, les Kaondes exhibent leur culture et leur richesse, musiques comprises.

CÉRÉMONIE LUNDA LUBANZA DU PEUPLE LUNDA

En août.

Cette cérémonie célèbre la rencontre en 1854 du chef des Lunda du district de Zambezi avec le Dr David Livingstone. Le chef Ishindi Kawumbu, étonné de rencontrer pour la première fois un homme blanc, lui offrit l'hospitalité ainsi que quelques biens, dont des épées, que l'on peut voir dans le musée de Livingstone. La cérémonie se déroule en août sur plusieurs jours avec des danses traditionnelles. L'occasion pour le peuple Lunda de mettre sa culture et de son chef Ishindi à l'honneur.

CÉRÉMONIE MUTOMBOKO DU PEUPLE LUNDA

Dernier week-end de juillet. Cette cérémonie se tient tous les ans ou tous les deux ans.

Pendant 2 jours, on célèbre la migration des Lunda qui ont fui l'actuelle RDC à Luampula au XXe siècle et les victoires militaires de leur chef, Mwata Kazembe. Rituels, tambours, danses et discours rythment la cérémonie. Le premier jour, le chef, dont le visage est enduit de kaolin, reçoit des offrandes avant de rendre hommage aux ancêtres. Le deuxième jour, une chèvre est sacrifiée et le chef, vêtu d'une peau de zèbre et armé d'une épée, entame le Mutomboko (danse de la victoire).

CÉRÉMONIES D'INITIATION DU PEUPLE LUVALE

Fin août.

Les Luvale vivent à Zambezi à l'ouest du pays. Pendant les rites de passage à l'âge adulte, le *Wali* des jeunes filles consiste en un isolement avec un enseignement des tâches domestiques, de la fertilité et la sexualité par un guide spirituel choisi par leurs parents, le *Chilombola*. Le rituel d'initiation et de circoncision des garçons (entre 8 et 12 ans), le *Likumbi Lya Mize* consiste aussi à un isolement de 3 mois accompagné de masques Makishi représentant les esprits des ancêtres.

Cérémonie Kuomboka.

CÉRÉMONIE ITSHIBWELA MUSHI DE DIFFÉRENTS PEUPLES

En septembre.

La cérémonie Itshibwela Mushi, qui se tient en septembre à Mkushi (sur la Grant North Road après Kapiri Moshi) est multiculturelle. Elle regroupe de nombreux peuples et leurs chefs en une grande fête, principalement des peuples Bisa, Saka et Lala. Ils remercient les dieux pour avoir pu retourner sur leurs terres après avoir déménagé pendant la saison des semences. La cérémonie consiste principalement en une série de danses traditionnelles des différentes ethnies.

CÉRÉMONIE SHIMUNENGA DU PEUPLE ILA

La date est fixée par le gardien de Shimunenga, généralement en septembre ou octobre.

Le peuple Ila (proche des Tonga), installé autour de Maala, célèbre tous les ans son ancêtre et protecteur Shimunenga, qui, en combattant son propre frère – grâce notamment à des sacrifices d'enfants et à la magie noire –, a pu protéger ses terres et garantir à son peuple et à son bétail un accès à des sources d'eau. Les premiers jours consistent en une grande fête suivie de prières. Le dernier jour, les Ila, vêtus de peaux de fauves, conduisent leur bétail sur les pas de Shimunenga.

CÉRÉMONIE DE CHABUKA DU PEUPLE USHI

MANSA

En octobre.

Elle a lieu tous les ans en octobre dans la ville de Mansa. C'est le peuple Ushi qui se remémore ses ancêtres. Les habitants, menés par le chef Matanda, traversent en trois groupes la rivière Luapula, de la même façon que sont arrivés leurs ancêtres sur ces terres en 1328, en provenance de RDC. L'événement qui part de Kola au Congo et arrive à Mansa en Zambie est accompagné de chants, danses et percussions qui rendent le temps si solennel.

CÉRÉMONIES LWIINDI DU PEUPLE TONGA

En octobre et juillet.

Le peuple Tonga à Monze célèbre les cérémonies Lwiindi, d'appel à la pluie. La première, *Manzi Aabila Lwiindi*, se déroule en octobre, près des piscines sacrées de Kalomo, où des graines sont jetées dans l'eau, avant que la fête ne continue. La seconde, *Lwiindi Gonde*, se déroule en juillet sous l'autorité du chef Monze, qui doit manger le premier repas préparé avec la nouvelle récolte. Cette cérémonie est la plus importante du peuple Tonga et attire tous les ans beaucoup de monde.

VERSION NUMÉRIQUE
OFFERTE
Obtenez votre guide numérique en scannant ce QR code
ou rendez-vous sur le site
www.ebookfute.com
avec le code avantage
RUB63W
petit futé
Zambie
VERSION NUMÉRIQUE OFFERTE
COUNTRY GUIDE
© ART ALEX - STOCK.ADOBE.COM
OFFRE VALABLE JUSQU'À L'ARRÊT DE COMMERCIALISATION DU TITRE EN FRANCE MÉTROPOLITAINE ET DANS LE MONDE ET SOUS RÉSERVE QUE LE NOMBRE DE TÉLÉCHARGEMENTS SOIT INFÉRIEUR OU ÉGAL AU NOMBRE D'EXEMPLAIRES DE GUIDES PAPIER IMPRIMÉS. FORMATS DISPONIBLES POUR SMARTPHONES, TABLETTES, LISEUSES ET ORDINATEURS PC OU MAC.

Marre de passer des heures sur internet pour trouver des bons plans ?
my petit fute
M'A FAIT GAGNER UN TEMPS FOU AVEC SES RECOMMANDATIONS D'ITINÉRAIRES ET SES BONS PLANS TESTÉS PAR DES RÉDACTEURS LOCAUX.
VOTRE GUIDE NUMÉRIQUE SUR MESURE EN MOINS DE 5 MINUTES POUR 2,99 €
mypetitfute.fr
© VIKTOR GL - ISTOCKPHOTO.COM

LUSAKA

La capitale de la Zambie est une métropole africaine, typique dans sa diversité, ses contradictions, sa vie exubérante. Si certains boulevards, bordés de jacarandas, de flamboyants ou de frangipaniers, peuvent être agréables en dehors des heures de trafic chaotique, d'autres rues, jonchées d'ordures, ne se prêtent guère à la promenade. L'architecture du Central Business District (CBD) se caractérise par de hauts buildings, souvent construits à la hâte et sans fantaisie, et par l'absence d'un centre colonial. A part un musée et quelques monuments intéressants, les marchés de Lusaka plongent le visiteur dans une Afrique authentique. Les centres commerciaux flambant neufs comme Manda Hill ou Levy Junction ont la faveur des plus aisés. Par ailleurs, il y règne une insécurité la nuit, comme dans toutes les capitales d'Afrique australe, surtout dans certains quartiers où vivent des enfants des rues. La nuit, taxi ou voiture obligatoire.

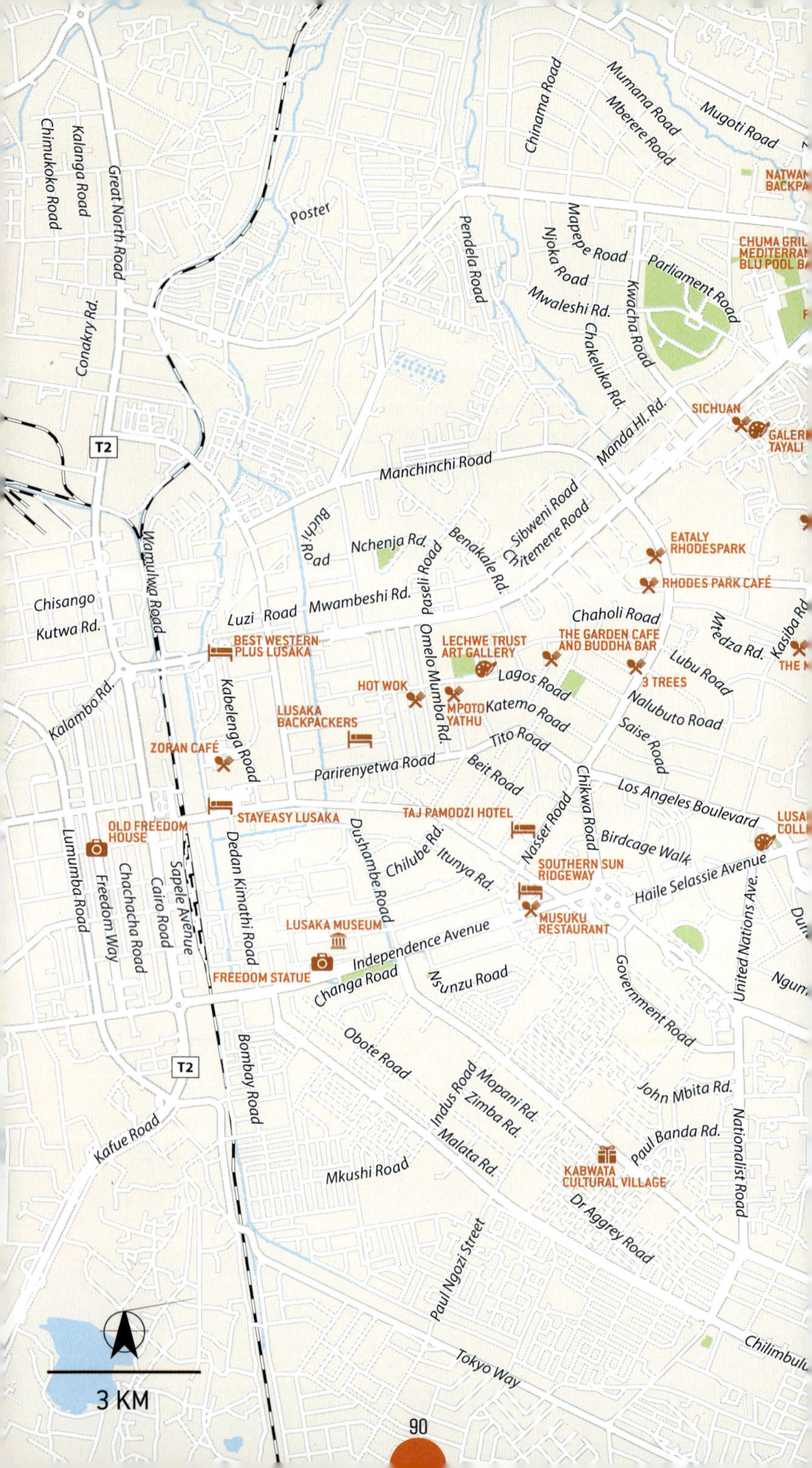
NATWAN BACKPA
CHUMA GRIL MEDITERRAN BLU POOL BA
SICHUAN
GALER TAYALI
EATALY RHODESPARK
RHODES PARK CAFÉ
THE GARDEN CAFE AND BUDDHA BAR
3 TREES
LECHWE TRUST ART GALLERY
BEST WESTERN PLUS LUSAKA
HOT WOK
MPOTO YATHU
LUSAKA BACKPACKERS
ZORAN CAFÉ
STAYEASY LUSAKA
OLD FREEDOM HOUSE
TAJ PAMODZI HOTEL
SOUTHERN SUN RIDGEWAY
MUSUKU RESTAURANT
LUSAKA MUSEUM
FREEDOM STATUE
KABWATA CULTURAL VILLAGE
LUSA COLL
THE
T2
Chimukoko Road
Kalanga Road
Great North Road
Conakry Rd.
Poster
Pendela Road
Chinama Road
Mumana Road
Mberere Road
Mugoti Road
Mapepe Road
Njoka Road
Mwaleshi Rd.
Parliament Road
Kwacha Road
Chakeluka Rd.
Manda Hl. Rd.
Manchinchi Road
Sibweni Road
Chitemene Road
Benakale Rd.
Buchi Road
Nchenja Rd.
Paseli Road
Wamulwa Road
Chisango
Kutwa Rd.
Luzi Road
Mwambeshi Rd.
Chaholi Road
Mtedza Rd.
Kasiba Rd
Lubu Road
Omelo Mumba Rd.
Lagos Road
Katemo Road
Nalubuto Road
Saise Road
Kalambo Rd.
Kabelenga Road
Tito Road
Parirenyetwa Road
Beit Road
Los Angeles Boulevard
Chikwa Road
Nasser Road
Birdcage Walk
Dushambe Road
Chilube Rd.
Itunya Rd.
Haile Selassie Avenue
United Nations Ave.
Lumumba Road
Freedom Way
Chachacha Road
Cairo Road
Sapele Avenue
Dedan Kimathi Road
Independence Avenue
Changa Road
Nsunzu Road
Government Road
Ngum
Dun
Bombay Road
Obote Road
Indus Road
Mopani Rd.
Zimba Rd.
John Mbita Rd.
Paul Banda Rd.
Nationalist Road
Kafue Road
Malata Rd.
Mkushi Road
Dr Aggrey Road
Paul Ngozi Street
Chilimbulu
Tokyo Way
3 KM

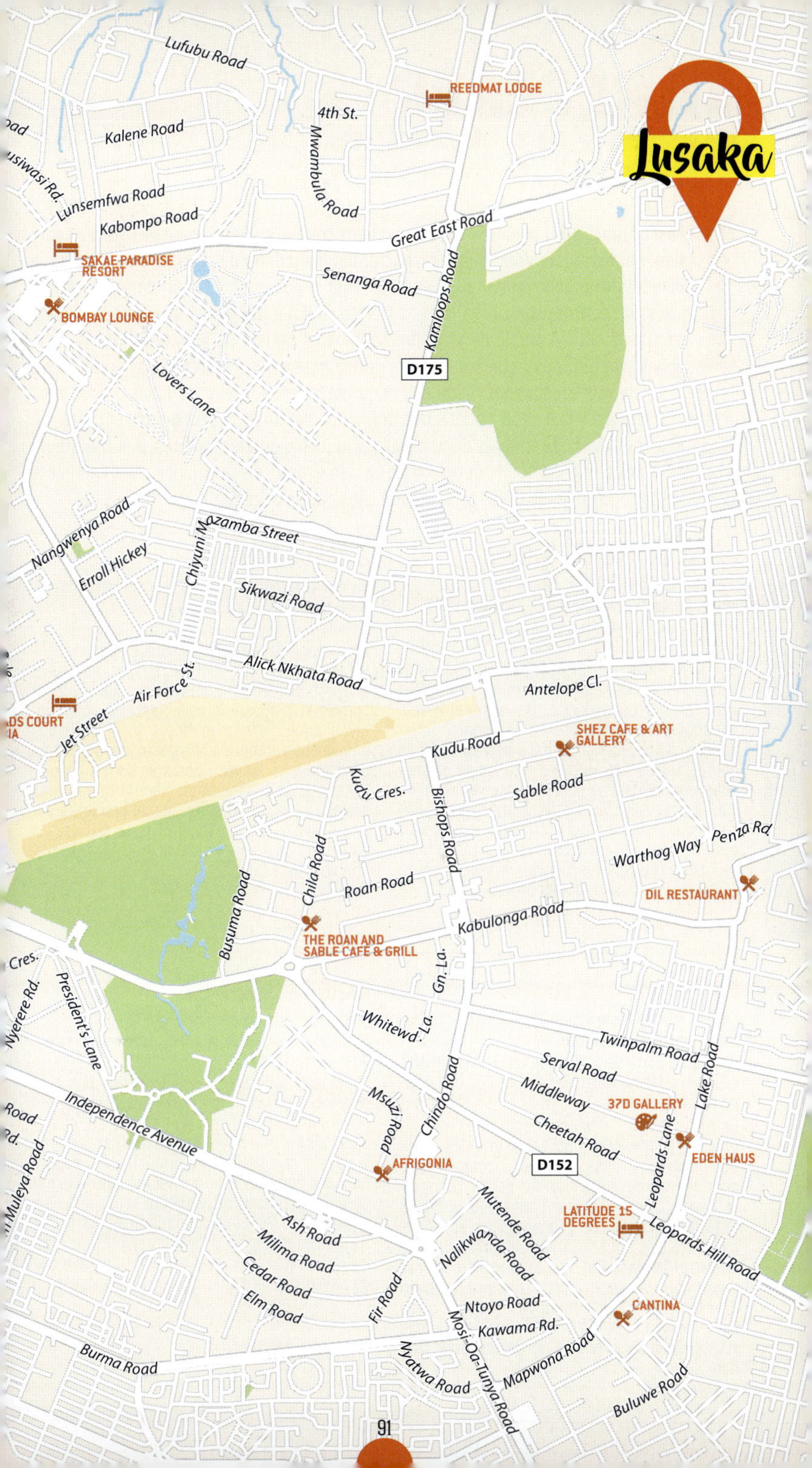
Lusaka
REEDMAT LODGE
SAKAE PARADISE RESORT
BOMBAY LOUNGE
SHEZ CAFE & ART GALLERY
DIL RESTAURANT
THE ROAN AND SABLE CAFE & GRILL
37D GALLERY
EDEN HAUS
AFRIGONIA
LATITUDE 15 DEGREES
CANTINA
D175
D152
Lufubu Road
4th St.
Kalene Road
Mwambula Road
Lunsemfwa Road
Kabompo Road
Great East Road
Senanga Road
Kamloops Road
Lovers Lane
Nangwenya Road
Erroll Hickey
Chiyuni
Mazamba Street
Sikwazi Road
Alick Nkhata Road
Antelope Cl.
Air Force St.
Jet Street
Kudu Road
Kudu Cres.
Bishops Road
Sable Road
Warthog Way
Penza Rd.
Chila Road
Roan Road
Busuma Road
Kabulonga Road
Gn. La.
Whitewd. La.
Twinpalm Road
Serval Road
Middleway
Cheetah Road
Lake Road
Leopards Lane
Leopards Hill Road
Chindo Road
Msuzi Road
President's Lane
Nyerere Rd.
Independence Avenue
Muleya Road
Ash Road
Milima Road
Cedar Road
Elm Road
Fir Road
Mutende Road
Nalikwanda Road
Ntoyo Road
Kawama Rd.
Mosi-Oa-Tunya Road
Nyatwa Road
Mapwona Road
Buluwe Road
Burma Road

SE REPÉRER SE DÉPLACER

Il est très facile de conduire à Lusaka, les gens conduisent prudemment, il y a d'ailleurs pas mal de radars donc il faut respecter les limitations de vitesse. Les loueurs de véhicule vous fournissent tous les papiers et la police ne vous arrêtera pas sauf si vous roulez trop vite. On va faire ses courses dans des malls aux grands parking sécurisés, aucun problème. Il faudra néanmoins prévoir de gros bouchons dans le downtown CBD aux heures de pointe, particulièrement le vendredi soir (une bonne heure). La gare routière longues distances étant plein centre, prévoyez large si vous avez un bus à prendre. En taxi, deux options très pratiques Ulendo et sa version moins chère VTC Yango. Peu cher, avec des voitures disponibles partout en quelques minutes, des chauffeurs prudents et polis, une traçabilité et un prix de course estimé, on se déplace volontiers toute la journée avec ce système d'app géolocalisée sans perdre de temps.

LUSAKA

KENNETH KAUNDA AIRPORT

✆ +260 211 271 091
www.lusaka-airport.com
Taxis et navettes d'hôtels centre-ville : 20 US$. VTC Ulendo 12-15 US$, VTC Yango de 7 à 10 US$.

Kenya Airways, Emirates, Ethiopian Airlines et South African Airways assurent des vols pour Paris en correspondance. De nombreux vols régionaux existent aussi. Le Terminal 2 international a été reconstruit il y a peu. Le T1 (vols domestiques) est aussi en rénovation et sera achevé en 2023. L'aéroport est situé à 26 km du centre de Lusaka. Vous y trouverez un bureau de change, des distributeurs de billets, un magasin pour acheter une carte Sim locale, des agences de location de voitures. On peut utiliser le wifi du terminal 2 pour commander un VTC.

ZAMBIA AIRWAYS

✆ +260 771 012 345
www.zambia-airways.com
Lusaka-Livingstone dès 175 US$.

La compagnie aérienne nationale née en 1964, liquidée en 1996, est réapparue en 2021. Elle est beaucoup moins chère que Proflight (privé) et propose actuellement des vols pour Livingstone, Solwezi et Ndola, mais les lignes pourraient s'étendre à Mfuwe un jour à prix très compétitifs, à suivre ! Les vols sont à l'heure, le service de qualité, et en général opèrent des jours et/ou horaires différents de Proflight c'est intéressant. La compagnie dispose de bureaux dans tous les aéroports desservis et la réservation en ligne est sûre.

PROFLIGHT

Lusaka International Airport ✆ +260 211 271 065
www.proflight-zambia.com
Comptez à partir de 140 US$ le vol Lusaka-Mfuwe ou Lusaka-Livingstone aller simple, 250 US$ pour un vol Lusaka-Jeki.

Cette compagnie aérienne propose des liaisons régulières intérieures pour les grandes villes de Copperbelt (Ndola et Solwezi), mais surtout pour les parcs nationaux de South Luangwa (Mfuwe), Lower Zambzei (Jeki), Liuwa Plains (Kalabo), Victoria Falls (Livingstone). On trouve aussi des vols pour Kasama (pour aller aux lacs Mweru et Tanganyika). Bientôt une piste devrait ouvrir pour desservir North Luangwa, en plein développement. La compagnie dessert aussi dans les grandes villes des pays limitrophes (Dar es Salaam, Lilongwe, Johannesbourg, Durban…).

GARE FERROVIAIRE

Dedan Kamathi Rd, près de Cairo Rd
Horaires et tarifs changeants, se renseigner à la gare ou en ligne.

Le réseau ferroviaire zambien n'est pas très développé et les trains sont plus lents que les bus, mais l'expérience a son intérêt. Le « Zambezi Express » qui reliait deux fois par semaine Lusaka à Livingstone, via Choma, a été supprimé. Le « Zambezi Train » effectue deux fois par semaine le parcours Livingstone-Lusaka-Kitwe. Les horaires semblant assez changeants, il vaut mieux se renseigner à l'avance auprès de Zambia Railways. Enfin, le « Tazara » train pour Dar es Salaam en Tanzanie, part de Kapiri Mposhi, à 200 km au nord de Lusaka.

TAZARA TRAIN

Tazara house : Avenue de l'Indépendance, face au marché ✆ +260 974 975 670

www.tazarasite.com

Pour réserver son billet, Tazara house à Lusaka ouverte du lundi au vendredi 8h30-13h30 et 14h-15h30.

Départ du Mukuba Express reliant la Zambie et la Tanzanie depuis Kapiri Moshi à 200 km au nord de Lusaka. Le transfert se fait aisément en bus depuis la gare routière. Ce train passe par Mbeya. Il part le mardi depuis New Kapiri Moshi et le vendredi depuis Dar es Salaam en train express (dure plus ou moins 48h, départ à 16h), et inversement le vendredi de New Kapiri Moshi et le mardi de Dar es Salaam en train ordinaire (comptez 3 jours, départ vers 14h). La 1re et la 2e classes sont des couchettes (4-6 personnes), la 3e classe uniquement des places assises.

ZAMBIA RAILWAYS LTD

Gare ferroviaire

✆ +260 950 011 370

www.zrl.com.zm

Bureaux ouverts du lundi au samedi 8h-17h et avant départ des trains (départs mardi et samedi pour Livingstone à 7h36).

Le « Zambezi Train » effectue deux fois par semaine le parcours Livingstone-Lusaka-Kitwe. Il met trois fois plus de temps (!) que les bus mais le voyage vaut la longueur, on savoure. En particulier pour se rendre aux chutes Victoria, comptez... 19 heures de train ! Il met 15 heures pour rejoindre Kitwe depuis Lusaka. Départ lundi et vendredi dans les 2 sens. Départ à 16h de Kitwe, arrivée à 6h56 à Lusaka le jour d'après, et à 2h du matin 2 jours après à Livingstone. Dans l'autre sens, départ à 20h de Livingstone, arrivée à Lusaka 14h24, puis à Kitwe à 6h du matin.

INTERCITY BUS STATION

Dedan Kimathi Road

Ouvert du lundi au vendredi de 5h à 17h et le week-end de 6h à 14h. Comptez 10 US$ le ticket Lusaka-Livingstone.

La gare routière est située près de la gare ferroviaire. Des bus et minibus effectuent quotidiennement le trajet entre les villes du pays et la capitale. Les bus partent à heure fixe, tôt le matin (achetez votre billet la veille au moins), tandis que les minibus démarrent lorsqu'ils ont fait le plein de passagers. Les compagnies, pour Livingstone : Mazhandu Family Bus Service, Shalom Bus Services. Pour Ndola - Kitwe : Euro Africa, Juldan Motors, Mazhandu Family Bus Service, pour Chipata - Mfuwe, Jonda Bus Tours, pour Solwezi, Mongu ou Kasama : Juldan Motors.

ASTON AIR CAR HIRE

Plot n° 6449, à l'angle de Manchinchi et Lubambe Road ✆ +260 977 500 500

www.astonairgroup.com

Transfert aéroport : 400 Kw. Voiture 500 Kw par jour, 4x4 tout équipé 1 300 kwacha sans conducteur.

Ce loueur de véhicules professionnel et sérieux à Lusaka est situé plein centre. Il est spécialement recommandé pour la location de 4x4 avec ou sans chauffeur pour partir explorer la savane zambienne. Les prix sont compétitifs et l'entretien des véhicules, de grosses cylindrées capable de rouler sur des pistes compliquées, réalisé avec attention. Kim se fera un plaisir d'organiser votre location, ainsi que votre pick up à l'aéroport. Les chauffeurs de l'agence sont extrêmement sympathiques, connaissent les routes et les temps de trajet.

AVIS

Aéroport

✆ +260 211 271 020

www.avis.co.za

Ouvert tous les jours de 8h à 17h à l'aéroport. Dès 532 US$ une compacte 7 jours, dès 785 US$ le 4x4, pour 700 km.

Le loueur international est présent en Zambie, à l'aéroport international Kenneth Kaunda de Lusaka, ce qui peut rassurer les touristes en termes d'assurances et de sérieux quant à l'entretien des véhicules et le dépannage en cas de problème sur les pistes. Les prix pour louer des voitures compactes sont compétitifs. On regrettera le kilométrage limité dans un pays où les distances sont extensibles et l'agence unique à Lusaka (limité à 100 km par jour). On peut louer aussi des berlines moyennes à Victoria Falls côté Zimbabwe, mais pas de 4x4.

BENMAK CAR HIRE

✆ +260 21 1292192

Agence ouverte de 8h à 17h30 du lundi au vendredi et de 9h à 14h30 le samedi.

Cette agence de location zambienne propose une très large flotte de véhicules, pour toutes les demandes : pour les petits groupes et familles (citadines compactes comme berlines familiale, 4x4 tout équipés), comme pour les groupes (minibus ou cars). Possibilité de louer les véhicules avec ou sans chauffeur. Une solution bien pratique pour se reposer sur la route pendant ses vacances au lieu de conduire pendant de longues heures sur des routes difficiles. Une agence sérieuse qui a une grande disponibilité, même en haute saison.

JULS CAR HIRE

Plot 5507 Libala Road
✆ +260 211 292 979
www.julstravelzambia.com

Cette agence locale, créée et gérée par une équipe 100% zambienne, organise tours, safaris mais surtout locations de voiture, le plus populaire pour visiter la Zambie en toute liberté. Vous avez le choix entre une berline économique, des SUV et 4x4 parés pour les safaris en self drive, un pick-up station wagon moins cher mais qui passe partout si vous avez du matériel de camping. Les tours sont opérés à South Luangwa en Zambie et à l'île Maurice. L'agence dispose aussi d'une guesthouse et d'appartements à louer, dans des standards de confort élevés.

LIMO CAR HIRE

Plot # 21, Lilayi Road
✆ +260 977 743 145
www.limohire-zambia.com

Berline 60 US$ par jour (min 7 jours), Landcruiser avec ou sans tente 185 US$. Pick-up 145 US$, matériel camping 30 US$.

Agence sérieuse qui loue des véhicules SUV et 4x4 adaptés aux pistes de safari pour voyager en *self drive*. Les véhicules se louent équipés, avec ou sans tente sur le toit, et les pick-up non équipés. On peut aussi y louer des kits de matériel de camping. Pratique et économique, cette option s'adresse aux broussards qui savent conduire sur des pistes difficiles d'Afrique australe. On peut par exemple faire la Spinal Road du Kafue NP pour le traverser de part en part, ou explorer la partie nord du pays, jusqu'au lac Tanganyika.

SEPISO CAR RENTAL

Cairo Road
✆ +260 211 220 388
www.sepisocarhire.com

Cette agence ne propose que des locations de gros 4x4 avec chauffeur. Pratique si l'on ne veut pas conduire des heures sur des pistes difficiles. On peut par exemple organiser son transfert en 4x4 à Livingstone, visiter le Kafue National Park, vous transférer jusqu'au Lower Zambezi ou jusqu'à Mfuwe avant de faire un safari à South Luangwa. Hors des sentiers battus, partez explorer le pays jusqu'au lac Tanganyika, au lac Kariba, au lac Bangweulu ou dans les Bushanga Plains. L'agence vous emmène aussi sur demande à des cérémonies de village.

VOYAGERS TRAVEL AND CAR RENTAL

Suez Road, près de l'hôtel Southern Sun Ridgeway
✆ +260 211 253 064
www.voyagerszambia.com

Voyagers Travels est une agence réceptive tenue par une famille zambienne : Marion, Howard et Grant Gatchell. C'est l'agent officiel d'Europcar en Zambie pour la location de voitures, elle dispose donc de bureaux dans toutes les grandes villes pour cette raison. Elle est aussi investie dans le touriste local depuis des années et propose des tours organisés sur les lieux touristiques, ainsi que du sur-mesure, adaptés à tous les budgets et hors des sentiers battus dans tout le pays.

ULENDO

✆ +260 977 784 783

Exemple : course aéroport East Park Mall > 175 Kw (environ 10 US$).

Compagnie de taxi très sûre à Lusaka qui fonctionne surtout par application de smartphone, que vous pouvez télécharger dès votre arrivée, mais aussi par call center. Pas besoin de rentrer le numéro de sa CB en revanche, vous payez en kwacha après la course. Prix très compétitifs (50 % par rapport à des transferts privés ou taxis à l'aéroport), les disponibilités des voitures très rapides. Elles sont de qualité et les chauffeurs parlent anglais et sont ponctuels. On peut choisir le mode basique, budget, et les femmes peuvent même demander une femme chauffeur.

YANGO

Course aéroport - East Park Mall > 120 Kw (6,50 US$).

Cette application de VTC low cost qui existe déjà en Afrique de l'Ouest a débarqué en Zambie en 2022. Et le lancement est réussi : les chauffeurs sont ultra-rapides, les prix planchers (presque trop, laissez un pourboire car l'essence est chère), polis et soucieux de leurs passagers. Le système est sûr, même la nuit. Si vous êtes deux personnes ou plus, prenez la catégorie confort car les véhicules les moins chers sont de micro-voitures. A l'aéroport, précisez par message au chauffeur votre terminal. On peut voir la voiture évoluer sur la carte.

À VOIR / À FAIRE

Lusaka n'est pas une ville touristique, contrairement à Livingstone, au pied des chutes Victoria. C'est davantage un camp de base à l'arrivée en Zambie, le temps de se reposer après un long voyage, de louer une voiture ou prendre un petit avion vers les parcs nationaux. On peut néanmoins y découvrir une ambiance très authentique sur des marchés, visiter son musée principal riche en informations sur le patchwork ethnique qui compose la Zambie, ou flâner dans des galeries d'art contemporain intéressantes. Un nouveau centre d'art contemporain vient également d'ouvrir en janvier 2023 (LuCAC). Les habitants de la capitale sont les premiers à sortir du centre le week-end pour pique-niquer dans des ranchs privés et dans le parc national de la ville, à quelques dizaines de kilomètres du centre. Des lieux pensés pour les familles avec de grandes piscines rafraîchissantes, des herbivores pacifiques qui se laissent approcher en game drive.

HISTOIRE DE LUSAKA

L'histoire de Lusaka est assez récente. La ville a connu un développement extrêmement rapide, passant, en un siècle à peine, du statut de petit village provincial à celui d'une métropole tentaculaire abritant près de 2,7 millions d'habitants. En 1905, les ingénieurs britanniques, employés à la construction du chemin de fer devant relier Livingstone à Broken Hill (actuelle Kabwe), s'établissent à proximité du village de Lenje commandé par le chef Lusaakas. Ils y font construire un bureau de poste, un commissariat, une école, des boutiques, un hôtel et un club de sport, qui transforment le campement en une paisible petite ville coloniale. En 1935, Lusaka, en raison de sa position au centre du pays et de son climat agréable, est choisie comme capitale de la Rhodésie du Nord à la place de Livingstone, et conserve ce statut à l'indépendance du pays en 1964. Grâce à une économie florissante due aux cours élevés du cuivre, la ville se métamorphose : les routes poussiéreuses se couvrent de pavés tandis que des bâtiments modernes sont construits. Des milliers de Zambiens affluent dans la capitale espérant y trouver un emploi. Toutefois, au milieu des années 1970 en raison de l'effondrement du cours du cuivre, les conditions de vie dans la métropole se dégradent, le chômage et la pauvreté font leur apparition. Malgré les efforts entrepris pour améliorer l'image de la ville (nettoyage des rues, réaménagement des espaces verts), les problèmes liés à la surpopulation et à la misère n'ont pas disparu.

ZAMBIA TOURISM AGENCY

Kabelenga Road
✆ +260 211 229 087
www.zambia.travel
Ouvert de 8h à 17h du lundi au vendredi.

Hormis quelques dépliants, les informations y sont plutôt limitées et il est assez inutile de se rendre directement à l'office de tourisme. Le site Internet, en revanche, contient de nombreuses informations intéressantes et mérite d'être visité. Le site est une mine d'informations concernant les hôtels, les tours et activités proposés en Zambie, en particulier les safaris. On y trouve en particulier le détail des lacs, chutes et rivières du pays à visiter, mais aussi des 9 principales cérémonies animistes dans le pays, leur localisation et leurs dates.

INSPIRATION AFRICA ZAMBIE

✆ +260 976 772 300
www.inspirationafrica.travel
Organisateur de safaris sur mesure au Botswana, Malawi, Namibie, Zambie et Zimbabwe.

Cette agence de voyage francophone et anglophone réceptive vous prépare un séjour de A à Z et s'adapte à trouver le bon endroit pour passer le bon moment. Elle est spécialisée dans les séjours à la carte en famille et entre amis ou encore dans le tourisme d'affaires. Elle concocte également des mariages ou voyages de noces inoubliables. Si vous souhaitez faire une croisière safari sur le lac Kariba, l'agence sélectionne et prépare le *houseboat* qui correspondra à vos attentes.

MAMA TEMBO TOURS

State Lodge Road
www.mttsafaris.com

La Canadienne Leslie Nevison est spécialiste du Congo, de la Zambie et de la Tanzanie. En Zambie, Leslie propose un concept hors des sentiers battus, et peut également organiser des tours sur mesure, en particulier dans le Nord et le parc de Kafue. Elle peut aussi organiser une combinaison multi-pays sur demande, avec des boucles dans tous les pays frontaliers. Elle est dynamique, sympathique et vous donnera de bons conseils pour visiter le pays en self-drive qu'elle connaît comme sa poche. Elle dispose aussi d'une guest house dans les environs de Lusaka.

ZAZU VOYAGE

✆ +263 783 73 16 27
www.zazuvoyage.com

Aurelia Garnier, une Française sympathique résidant aux chutes Victoria, saura vous organiser un séjour sur mesure adapté à votre budget en Zambie et au Zimbabwe principalement, mais aussi dans les pays limitrophes (Botswana, Namibie, Mozambique...). Experte en safaris dans les plus beaux parcs des deux pays, mais aussi en activités sportives et ludiques autour des chutes, elle connaît les meilleures adresses de lodges et de camps, les routes et itinéraires les plus scéniques pour vivre un séjour inoubliable, en couple, en famille ou en petit groupe.

MUDDY PAWS TRAVELS

Off Simon Mwansa Kapwepwe, Twin Palms
✆ +260 96 228 9503
www.muddypawstravels.com

Expert en voyages sur mesure en Afrique australe, Muddy Paws Travels, basé à Lusaka, est un spécialiste des safaris d'exception dans tous les grands parcs nationaux du pays (South Luangwa, Lower Zambezi, Chutes Victoria...). Dotés d'une grande connaissance des lodges, des camps et des safaris-photos, les conseillers de cette agence sauront penser votre voyage en fonction de votre budget et de votre type de séjour : famille, lune de miel, aventure, groupe d'amis... L'agence propose aussi des *houseboat* sur le fleuve Zambèze, un concept original.

LUSAKA FREE WALKING TOUR

Levy Junction Mall
✆ +260 972 641 491
www.guruwalk.com

Tous les jours de 10h30 à 13h. Donation entre 10 et 50 US$ selon ses moyens. Réservable gratuitement par Internet.

Darius Chikonde est un jeune guide originaire de Lusaka qui connaît sa ville comme sa poche. Il vous propose un tour de 2h30 tous les jours sur réservation. Le principe : vous payez ce que vous voulez mais minimum 10 US$ par personne. Au programme : visite du Central Business District, de Cairo Road via Katondo, une rue connue à Lusaka. Le quartier est bouillonnant d'activité, très animé. Vous irez ensuite jusqu'au Kabwata Cultural Village pour finir par l'Embassy Park (et le mausolée des Présidents zambiens) le Lusaka Museum et la Freedom Statue.

37D GALLERY

37d Middleway
✆ +260 966 765 039
www.thestartfoundationtrust.org
Ouvert du lundi au vendredi de 9h à 17h et le samedi de 10h à 15h.

La fondation START, qui promeut le développement artistique en Zambie, propose une jolie exposition d'art zambien contemporain dans une résidence privée. De nombreux artistes zambiens tels que Pam Guhrs-Carr, Agnes Buya Yombwe, Mulenga Chafilwa, Stary Mwaba, Lutanda Mwamba, Flinto Chandia, Patrick Mumba ou encore Laurey Nevers. Probablement la plus belle et complète exposition permanente en Zambie. La galerie est ouverte au public et dispose d'un petit café charmant dans la verdure tandis que la visite de la résidence s'effectue sur réservation.

FREEDOM STATUE

Independance Avenue

Située à côté du Musée national, devant les bureaux du gouvernement appelés le New Government Complex, la Freedom Statue est au centre des célébrations du 25 mai, l'African Freedom Day. Toute de bronze, elle représente un homme brisant ses chaînes. Elle symbolise le peuple zambien en train de se libérer du joug colonial. Erigée en 1974 pour célébrer les 10 ans d'indépendance du pays par le père de la nation Kenneth Kaunda, elle est personnifiée par le visage de Zanco Mpundu Mutembo, un opposant au régime colonial emprisonné qui a réussi à briser ses chaînes.

GALERIE HENRY TAYALI

Lion Lane Street
✆ +260 977 576 511
Ouvert de 9h à 17h en semaine et 10h à 16h30 le week-end.

Cet espace à l'atmosphère décontractée présente quelques œuvres du maître zambien Henri Tayali (1943-1987) ainsi que des tableaux et des sculptures d'artistes contemporains nationaux ou internationaux. Tayali avait développé une conscience sociale et politique dans son travail qui reflétait le nationalisme africain et une profonde préoccupation pour les populations urbaines africaines déracinées de leurs traditions. Expositions permanentes et temporaires. Lors de vernissages, on peut y rencontrer les artistes dont certaines œuvres sont proposées à la vente.

KABWATA CULTURAL VILLAGE ★★

Burma Road
✆ +260 976 542 999
Ouvert du dimanche au jeudi 9h-19h, vendredi et samedi 9h-17h. Spectacle de danse mercredi, vendredi, samedi, dimanche.

L'une des attractions les plus connues de la capitale, mais qui reste un village de « shopping » pour touristes. Construit dans les années 1930 et 1940 par le gouvernement colonial pour loger les travailleurs noirs, le village comptait à l'époque plus de 300 cases. La plupart furent démolies dans les années 1970 et il n'en reste aujourd'hui qu'une quarantaine, préservées à titre d'héritage culturel et où purent s'installer des artistes et des artisans. Après une période de déclin, le village a été réhabilité avec l'aide de la coopération allemande. On peut y voir travailler des sculpteurs, qui proposent toutes sortes d'objets en bois à des prix variés (le marchandage est de rigueur). Bois peint, sculpté en particulier des masques qui proviennent de toute la sous-région africaine, vannerie, batiks, instruments de musique, vêtements en wax, chitenges (tissus traditionnels), coupelles, bibelots, etc. En outre, le village programme des spectacles de danses traditionnelles (mercredi, vendredi, samedi et dimanche) et il y a un restaurant sur place. Certains artisans sont présents dans le village depuis des dizaines d'années. On aime à la fois le côté cité d'artisan et le choix des souvenirs à emporter ici. Vous y trouverez un résumé de l'artisanat de chaque région, bien pratique pour faire son choix final. Une visite judicieuse avant de rentrer pour dénicher plein de cadeaux à ramener dans sa valise. Prenez bien le temps de négocier les prix et ne vous épuisez pas en restant trop longtemps car vous serez très sollicités.

LECHWE TRUST ART GALLERY

4015 Lagos Road RhodesPark
✆ +260 211 257 256
www.lechwetrust.org
Ouvert tous les jours de 9h à 18h.

La Lechwe Trust est une cette institution caritative créée en 1986 et vouée à financer des bourses à des artistes prometteurs, commander et acheter des œuvres d'art pour l'espace public, mais aussi encourager l'éducation artistique, promouvoir des expositions en Afrique et soutenir les organisations qui œuvrent dans la préservation du patrimoine culturel zambien. Sur la centaine d'artistes constituant la collection de cette galerie, on peut citer les artistes contemporains récemment exposés : Vincentio Phiri, Godfrey Setti ou Mwamba Mulangala.

LUSAKA COLLECTIVE

5234 Los Angeles Boulevard
✆ +260 969 307 286
www.lusakacollective.com
Ouvert du lundi au vendredi de 9h à 16h30, samedi de 10h à 14h.

Plus qu'un magasin, Lusaka Collective se veut une galerie d'art dédiée au développement et à la promotion du design zambien. Les plus fins et précieux objets de design contemporain sur la place de Lusaka. De réjouissantes collections d'objets de créateurs en tous genres, dont toutes les collections sont vendues dans le shop et on line. On peut trouver autant des wax cirés alimentaires très pratiques pour emballer des plats, des paniers de vannerie, de la céramique, bougies, art de la table, bijoux, sculptures, peintures, photographies, etc.

LUSAKA MUSEUM ★

Independance Avenue
✆ +260 211 228 057
www.museumszambia.org
Ouvert tous les jours de 9h à 16h30. Fermé les jours fériés. Entrée 5 US$. Possibilité de visites guidées.

Ce musée modeste a été inauguré dans les années 1980. Il est situé à Downtown, au milieu d'une aire peu sûre (allez-y en taxi). Le rez-de-chaussée, consacré à des œuvres d'art moderne et contemporain, présente des peintures, des sculptures et des céramiques d'artistes qui ont marqué la création nationale depuis l'indépendance en 1964 jusqu'à aujourd'hui. A l'étage, la section ethnographique est la plus intéressante. Car elle fournit des explications sur les différents aspects de la culture zambienne par groupe ethnique pour une analyse plus fine au niveau régional : musique et danse, artisanat, sorcellerie et cérémonies d'initiation, tout est détaillé et décliné selon les tribus. Une petite section archéologique relate l'histoire de « the Broken Hill Man », l'un des ancêtres de l'humanité dont le crâne date d'environ 300 000 ans a été découvert à Kabwe, à 140 km au nord de Lusaka, un *Homo rhodesiensis*, qui serait une sous-espèce humaine, ancêtre commun de l'*Homo neandertalensis et de l'Homo erectus*.

Enfin, une galerie consacrée à l'histoire et à la politique retrace les grands événements du pays depuis l'Indépendance et de la vie des leaders du pays. C'est la partie la plus intéressante du musée, bien fournie en panneaux didactiques et explicatifs détaillés. Malheureusement, le musée est mal entretenu et son contenu rarement mis à jour. Si la visite reste instructive, il n'a pas l'envergure du musée principal d'une capitale, c'est bien dommage. On apprécie en outre son petit magasin d'artisanat.

MODZI ARTS GALLERY

2499 Main Street
✆ +260 955 783 992
www.modziarts.com
Ouvert du lundi au samedi de 10h à 16h.

C'est la galerie d'art underground de Lusaka qui organise vernissages et performances (quelquefois avec DJ). Fondée en 2017 comme une ONG artistique, Modzi Arts a pour objectif de fournir un espace d'exposition et d'échange pour l'art multidisciplinaire zambien. Avec le soutien de Prohelvetia et de la Fondation suisse pour la culture, la Modzi Arts Gallery a participé trois fois à la FNB Art Joburg, le salon d'art contemporain le plus important d'Afrique australe. En 2022, la galerie y présente les œuvres de Mapopa Hussein Manda et Aaron Samuel Mulenga.

OLD FREEDOM HOUSE

Freedom Way

A l'angle de Freedom Way et de Chiparamba Street, la Old Freedom House est un lieu historique, un des seuls de la ville plongée aujourd'hui dans la modernité. Ces murs bleus qui accueillent aujourd'hui des enseignes de restauration rapide étaient, dans les années 1960, le lieu de rendez-vous des activistes indépendantistes. Autre édifice ancien, le Njanji CommuterBuilding, situé en face de la gare ferroviaire. Construit en 1906, il abritait le premier hall de gare. Il conserve un charme colonial suranné, avec sa véranda blanche et son toit vert.

TWICE ART GALLERY

Novare Great North Mall
✆ +260 978 270 871
www.twiceartgallery.com
Ouvert tous les jours de 9h à 17h.

Twice Art Gallery soutient plus de 100 artistes multidisciplinaires, des artistes locaux comme internationaux, débutants comme reconnus. Chaque année, elle présente jusqu'à 6 expositions et organise des événements et activités. Créée en 2017 par Callen Chisha, un expert zambien en art contemporain, cette collection de peintures, sculptures, dessins et ornements artistiques est fortement ancrée dans la culture traditionnelle. Elle programme des artistes, mais aussi des collectifs et organismes émergents et s'attèle au mentorat des artistes nouvelle génération.

CHAMINUKA

✆ +260 211 254 140
www.chaminuka.com
Tarif à la journée : 50 US$ lunch + bateau + balade à cheval, 500 Kw game drive + lunch + bateau. Balade guépard 25 US$.

Cette réserve de 10 000 ha est une expérience façon Sigean plutôt que parc national. On y voit en semi-liberté des lions, hyènes, éléphants, girafes, zèbres, buffles, gnous, antilopes... et on peut y faire plein d'activités : safari, pêche, bush walk, randonnée à cheval, dégustation de vins et fromages, croisière sur le lac... Leurs tours phares : balader un guépard, interagir avec des éléphants ou nourrir des lions, moyennant des extras. On est loin de la réintroduction d'espèces, mais les animaux sont au moins sauvés du braconnage. Lodge sur place.

CHONGWE COMMUNITY ART GALLERY

Garden City Mall, près de l'aéroport
✆ +260 971 581 231
Ouvert du lundi au vendredi de 9h à 18h, le samedi de 9h à 16h.

Créée en 2017, cette galerie d'art contemporain expose de nombreux artistes : sculptures, esquisses, photographies et prototypes design. On peut voir par exemple les œuvres du surréaliste Abel Ngoma, les peintures des artistes contemporaines Alummedi Maonde, Mwamba Chikwemba Bowa qui travaillent sur le féminisme dans la société zambienne. Les motifs zambiens traditionnels ont inspiré Aubrey Chali tandis que Andrew Mwananshiku dépeint le quotidien.

KWISOKO GAME RANCH

Chifwema Road
✆ +260 979 653 605
www.kwisokogameranch.com
Adulte 100 Kw, enfant 50 Kw, gratuit -5 ans. Ouvert tous les jours. Quad 100 kw, game drive adulte 50 Kw, enfant 25 Kw.

Ce ranch privé situé à environ 45 minutes du centre de Lusaka est une bonne adresse pour faire un tour à la journée dans les environs de la ville, en particulier avec des enfants, car on peut y observer des herbivores évoluer en liberté dans une jolie nature. Ici se promènent paisiblement girafes, buffles, zèbres, élans, waterbuck, impalas, et autres *bucks* mignons. En plus d'un game drive familial, on eut faire du quad et partie pêcher. Sur place, on trouve aussi un restaurant, un bar et des tentes lourdes avec chacune une terrasse donnant sur la canopée.

PARC NATIONAL DE LUSAKA ★

Lusaka NP, à 45 minutes du centre
✆ +260 972 607 736
Lusaka NP, tous les jours 6h-18h, WDC 9h-15h. Voiture 30 Kw, Lusaka NP adulte 30 Kw, WDC et sanctuaire adulte 15 US$.

A l'instar de Nairobi, la capitale zambienne dispose désormais de son « parc national », un petit Thoiry en fait, pour ceux qui n'auraient pas la chance de voir les animaux en brousse. Créé en 2008, celui-ci n'a été ouvert au public qu'en juin 2015. Il s'étend sur environ 67 km² dans un vaste complexe industriel, ce qui ne lui confère pas un environnement très avenant. Il n'en demeure pas moins que cette aire protégée et clôturée a fait l'objet de réintroduction de nombreux herbivores : éland, gnou, girafe, zèbre, phacochère, etc., et même un rhinocéros blanc offert par l'Afrique du Sud nommé Thabo. Il est prévu de réintroduire d'autres espèces. Le parc se visite en voiture – il faut alors préférer un 4x4 ou au moins une voiture avec une garde au sol assez haute, étant donné les nombreux rochers qui dépassent de la piste. Une aire de pique-nique a même été aménagée et elle est très populaire le week-end auprès des habitants.

▶ **Wildlife Discovery Center.** En août 2022 a été inauguré ce centre constitué de trois huttes servant de salle d'exposition sur la biodiversité et la préservation des espèces zambiennes. L'Exploratorium vous en apprendra plus sur les différents paysages et écosystèmes du pays et les différentes initiatives pour les préserver. Il compte une fresque murale à 360°.

▶ **Sanctuaire des éléphanteaux.** On peut observer via une plateforme le sanctuaire des éléphanteaux orphelins qui a été déplacé de Liyali Lodge au Lusaka NP également en 2022 et assister à leur nourrissage entre 11h45 et 13h.

THE LUSAKA CONTEMPORARY ART CENTRE [LUCAC]

New Chamba Valley - Musekese and Makole Roads
✆ +260 95 7685899
www.lusakacontemporary.com
Ouvert du mardi au dimanche de 10h à 17h. Entrée libre.

Voici un tout nouveau lieu hybride à Lusaka dédié à la création contemporaine. A la fois galerie d'art, bibliothèque et résidence artistique, LuCAC a ouvert ses portes pour sa première exposition en janvier 2023 et compte s'inscrire dans la décolonisation des arts, en encourageant la recherche d'art informel et les expérimentations. Les artistes émergents zambiens mais aussi issus de la diaspora seront exposés ici, comme Banji Chona, Sana Ginwalla, Daut Makala et Germain Ngoma.

Statue de la Liberté à Lusaka.

SE LOGER

On trouve des logements pour vraiment tous les budgets à Lusaka, du dortoir en auberge de jeunesse dans une maison avec piscine à 12 US$, en passant par la chambre confort avec salle de bain privative, climatisation et parking dans des motels locaux à prix raisonnable (40 à 50 US$), jusqu'aux boutique-hôtels *trendy* et tours business appartenant à des chaînes hôtelières internationales, souvent situés plein centre. On trouve aussi une large palette de resorts et lodges luxueux dans les environs de Lusaka en pleine nature, pour les visiteurs qui voudraient se plonger dès l'arrivée dans une ambiance de brousse. Dans ces propriétés aux belles piscines lovées dans une végétation luxuriante, les *guests* sont logés dans des huttes en toit de paille charmantes et exotiques. Des *game drives* sont souvent possibles à la rencontre d'herbivores habitués à la cohabitation pacifique avec les humains, une belle introduction au pays.

LUSAKA BACKPACKERS €

161 Mulombwa Close, Fairview
✆ +260 977 805 483
www.lusakabackpackers.com

Chambre double avec salle de bains commune 33 US$, privative 50 US$, lits en dortoir à 12 US$.

A 20 minutes à pied de Cairo Road, de la gare routière et de malls au centre de Lusaka, c'est l'auberge historique pour les voyageurs à petit budget en Zambie. Bien qu'assez fréquenté, l'endroit se révèle agréable avec sa sympathique équipe, sa petite piscine (malheureusement verte par manque d'entretien) et son bar sous paillote. Les chambres sont rustiques, pas toujours totalement propres, avec des lits en bois et des couvre-lits en tissu local. Il est possible de commander à manger, mais une cuisine commune est également à disposition.

NATWANGE BACKPACKERS €

20, Kariba Road
✆ +260 966 303 816
www.natwangebackpackers.com

Dortoir dès 12 US$, double avec salle de bains partagée 36 US$, privative 45 US$, petit déjeuner inclus.

Ce *backpacker* est la meilleure adresse pour les petits budgets à Lusaka. Très bien organisé, les salles de bain et dortoirs sont impeccables, les chambres doubles agréables à prix plancher, le petit déjeuner inclus. L'emplacement est idéal, central et près d'un centre commercial, dans une propriété bien sécurisée. le gros point fort, c'est une très belle piscine dans un jardin enchanteur, avec des jeux pour enfants pour les familles, un restaurant à petit prix et bon, du wifi, et un accueil très sympathique de David et sa famille.

REEDMAT LODGE €

5th Road, Chudleigh
✆ +260 211 293 426
www.reedmatlodge.com

Chambres simples à 20 US$ et doubles dès 25 US$, chalets 2 grands lits dès 35 US$, petit déjeuner compris.

Ici, on met l'accent sur la culture africaine et la vie locale. Ce Bed & Breakfast familial met l'Afrique à l'honneur, avec ses murs couleur de terre, sa piscine découpée à la forme du continent et son restaurant installé sous une hutte. Possibilité également de se faire à manger. Les chambres sont simples et rudimentaires, mais propres, avec salle de bain privative, TV, ventilateur. Des chalets sont aussi disponibles pour les familles (deux lits doubles). Des danses traditionnelles sont organisées ainsi que des excursions au marché. Bon accueil. Wifi.

BEST WESTERN PLUS LUSAKA €€

8018 Great East Road ✆ +260 211 239 666
www.lusakagrand.co.zm

A partir de 75 US$ la simple et 85 US$ la double avec petit déjeuner.

Bien situé dans le quartier des affaires, cet hôtel de chaîne propose des chambres abordables dans un complexe riche en services et infrastructures. En premier lieu la piscine, délectable. Les chambres sont spacieuses, bien équipées, très classiques, la literie y est confortable. Au rez-de-chaussée se trouve un piano-bar ainsi qu'une grande salle de restaurant qui sert une cuisine de qualité (internationale et asiatique). Le Best Western conviendra aussi bien à des hommes d'affaires qu'à des touristes de passage. Bon rapport qualité-prix.

NOMADS COURT ZAMBIA €€

Alick Nkhata Road
✆ +260 211 258 100
www.nomadscourtzambia.com
A partir de 75 US$ la chambre double avec petit déjeuner.

Voici une belle adresse pour à la fois profiter d'un vrai confort, se délasser dans une piscine rafraîchissante, manger à toute heure des plats copieux et simples et payer raisonnablement, car c'est une adresse à bon prix, comme un motel ultra confortable. En prime, Sam est très accueillant, tout comme son équipe efficace, pleins de bons conseils pour découvrir le pays. Bar-restaurant convivial. La terrasse extérieure et les plantes autour de la piscine sont bienvenues. Une seconde adresse (Nomad's Court 2) qui dispose aussi d'une piscine et d'un parking.

PIONEER LODGE AND CAMP €€

Palabana Road
✆ +260 966 432 700
www.pioneercampzambia.com
Dès 70 US$ la tente double (sanitaires communs) et dès 120 US$ le chalet double, petit déjeuner inclus, camping 12 US$.

Le Pioneer Camp est un havre de paix construit en pleine nature à 18 km du centre-ville, dans l'esprit des lodges de brousse. On peut opter pour des tentes safari ou des chalets plus luxueux en dur. Ces chambres sous des toits de paille, claires et actuelles, avec du wax qui vient colorer par touche. En prime, un super terrain de camping avec électricité incluse et des sanitaires bien tenus avec eau chaude. Le restaurant lounge, sous un immense toit est très avenant. Proche de l'aéroport, sur la route de l'est menant à Chipata et au Malawi.

SANDY'S CREATIONS RESORT €€

Kafue Road, Chilanga à 10 minutes en voiture du centre
✆ +260 211 847 965
www.sandyscreations.net
Comptez dès 76 US$ la double, petit déjeuner inclus.

Ce resort taillé pour les familles et planté de nombreux arbres est constitué de nombreux chalets individuels pour 2 personnes ou plus et d'une très jolie et vaste piscine en son centre qui donne vraiment envie de se plonger dans son dégradé de bleu. Ils sont vraiment plaisants avec leur toit de makuti, et confortables (salle de bains privative, très grand lit double, mobilier récent de bon standing, TV, climatisation, bouilloire, frigo, terrasse, etc.). Une propriété sécurisée avec parking, le tout excentré de Lusaka, sur la route du Parc national Kafue.

STAYEASY LUSAKA €€

Church & Kabelenga Road
✆ +260 211 372 000
www.southernsun.com/stayeasy-lusaka
Dès 69 US$ la double avec petit déjeuner.

StayEasy c'est la marque de Southern Sun, qui a ouvert un bel hôtel plein centre à Lusaka pour les budgets moyens. Proche du CBD et d'un mall, cet hôtel de 130 chambres offre tout le confort et les services qu'on peut espérer, avec une petite piscine et son deck agréable en prime. Les chambres en blanc, orange et vert anis, sont modernes, climatisées, insonorisées, avec des lits douillets, du mobilier cosy, tout le confort nécessaire (wifi, prises, jolies salles de bain)... On apprécie aussi le restaurant où est servi un excellent petit déjeuner.

CHAMINUKA €€€

✆ +260 211 254 140
www.chaminuka.com
Chambre double à partir de 50 US$, twin 138 US$, pension complète et activités : dès 180 $ par personne.

Le lodge de la réserve privée de Chaminuka (situé à près de 40 km de l'aéroport) dispose de quelques chalets à la décoration soignée, dans le style africain local. Rien de luxueux mais du confort. Les prix sont raisonnables. Le *game drive* ressemble plus à Thoiry qu'à un safari, mais avec des enfants c'est distrayant. Leurs tours phare : balader un guépard, interagir avec des éléphants ou nourrir des lions, moyennant des extras. On est loin de la réintroduction, mais ils sont au moins sauvés du braconnage. Egalement : équitation, balade en bateau, pêche...

CIÊLA RESORT & SPA €€€

Ngwerere Road Bonanza Estate
✆ +26 211 433 250
www.cielaresort.com
A partir de 180 US$ la double avec petit déjeuner buffet.

Ce grand resort signé Tribute Portoflio est tout proche de l'aéroport de Lusaka. Il est réputé pour la multiplicité de ses services, son immense piscine extérieure et son spa dernier cri, le meilleur de la ville. Les 249 chambres ont été pensées dans un esprit très actuel, avec du blanc, du gris, du jaune moutarde en touches discrètes. Son restaurant Botanica est désormais l'une des meilleures tables de Lusaka, à la fois pour sa cuisine fusion très fine et pour sa décoration. Un marché fermier s'y tient chaque mois et le Bonanza Golf fait partie de la propriété.

LATITUDE 15 DEGREES €€€

Leopards Lane Kabulonga
✆ +260 211 268 802
www.15.thelatitudehotels.com
A partir de 230 US$ la chambre double standard, petit déjeuner inclus.

C'est le boutique-hôtel le plus raffiné de Lusaka. Dès l'entrée, on est bluffé par les œuvres d'art zambiennes qui habillent les vastes volumes de la propriété. Même les couloirs de l'hôtel en sont tapissés. L'ensemble est éclairé par des verrières stylées donnant sur un beau jardin. Lampes, canapés, mobilier, coussins, plancher, tout est étudié. Les chambres, dans cet esprit afro arty, sont pensées dans des tons de bleu et blanc apaisants. La salle de bain est agrémentée d'une baignoire îlot. Deux piscines, un spa, deux restaurants et un bar complètent le cadre.

LILAYI LODGE €€€

Off Lilayi Road
✆ +260 211 840 435
www.lilayi.com
Chalets doubles à partir de 250 US$, petit déjeuner inclus.

Lilayi Lodge, à une trentaine de kilomètres du centre-ville, est une adresse d'exception qui combine luxe et style africain, en harmonie avec la nature environnante. Les chalets confortables sont superbement équipés et la piscine divine. Cette superbe réserve privée de 700 ha accueille une faune nombreuse et variée : girafes, antilopes, servals, zèbres, pangolins… On y dénombre également près de 300 espèces d'oiseaux. Vous pourrez observer tout ce petit monde à pied, en voiture ou à cheval. Le restaurant de la propriété est aussi réputé.

RADISSON BLU €€€

19029 Great East Road
✆ + 260 211 368 900
www.radissonblu.com/hotel-lusaka
Situé juste en face du centre commercial des Arcades. Nuit à partir de 160 US$ la double avec petit déjeuner.

Ce récent hôtel de luxe griffé Radisson Blu est bien situé en centre-ville de Lusaka, à proximité immédiate des centres commerciaux des Arcades et de Manda Hill. Immense piscine avec un pool-bar, sol en damier noir et blanc surprenant dans les chambres, l'ensemble est très orienté « business ». La salle de fitness, avec bains à remous, hammam, sauna, le parking surveillé et le service attentif sont un vrai plus. Le restaurant de l'hôtel, Chuma Grill, est populaire les week-ends pour son buffet barbecue et bénéficie d'une grande terrasse.

SAKAE PARADISE RESORT €€€

✆ +260 972 852 498
A partir de 190 US$ la double avec petit déjeuner, réservable sur Airbnb.

Ce nouveau lodge est exceptionnel, niché au cœur d'une nature luxuriante à près de 30 minutes de l'aéroport de Lusaka, dans les profondeurs de la forêt des alentours de Leopard Hills. On aime le style afro chic de la décoration intérieure très actuelle, et le style afro-balinais et la maison de plain-pied avec terrasse donnant directement sur les arbres. Dans la propriété circulent librement girafes et autres antilopes graciles. La piscine, nichée dans la végétation, est très réussie, à l'image de ce boutique-lodge. Un lieu idéal pour se balader et déconnecter.

SOUTHERN SUN RIDGEWAY €€€

Independance Avenue
✆ +260 211 251 666
www.tsogosun.com
Chambre double standard à partir de 170 US$, petit déjeuner inclus.

Cet hôtel dispose de 155 chambres rénovées dans un style afro chic vraiment réussi. On aime la moquette à motifs harmonieux noirs et blancs, les grands tableaux aux murs et l'assortiment des coussins et rideaux aux tons turquoise, blanc et moutarde. La piscine, ceinte dans un environnement vert est agréable. On apprécie la salle de fitness, les services et le personnel ultra pro de cette chaîne hôtelière sudafricaine. La terrasse du restaurant est située au bord d'un joli bassin abritant de petits crocodiles. On y trouve aussi un pub irlandais.

TAJ PAMODZI HOTEL €€€

Church Road
✆ +260 211 254 455
www.tajhotels.com
A partir de 245 US$ la double avec petit déjeuner.

Certainement le plus dépaysant des grands hôtels du centre, situé dans un jardin tropical fleuri de jacarandas. L'établissement appartient à la chaîne hôtelière indienne Taj et une bonne partie de sa clientèle est constituée d'hommes d'affaires de ce pays. Au total, 193 chambres réparties dans un immeuble moderne de 8 étages, riches en boiseries modernes, certaines avec balcon et suites avec bain à remous. La salle de gym (avec sauna, hammam, spa squash et bain bouillonnant) est parfaite, de même que le restaurant de grillades est très agréable.

SE RÉGALER

Lusaka ne compte pas des dizaines et des dizaines de petits restaurants de cuisine d'auteur, c'est un fait. Mais on peut trouver une bonne poignée de restaurants aux assiettes savoureuses de cuisine zambienne revisitée à la sauce contemporaine, particulièrement au centre-ville et dans les quartiers de Kabulonga et Rhodes Park. Ces adresses sont souvent pourvues d'agréables terrasses extérieures et même de jardin, c'est un vrai plaisir d'y faire une pause. Dans les environs de Lusaka, des ranchs et propriétés de luxe ouvrent les portes de leur restaurant dans des cadres très verts, souvent avec une piscine où faire un plouf avant ou après manger. N'oubliez pas qu'en Zambie, on mange très tôt comme dans les pays anglo-saxons, prévoyez vos dîners spécialement bien tôt pour ne pas vous retrouver devant des portes closes. De nombreux cafés proposent les classiques wraps, burgers, salades, grillades à prix modérés et à emporter.

LUSAKA

Marché local.

3 TREES €

2 Nkanchilbaya Road
✆ +260 978 728 652

Ouvert tous les jours de 7h30 à 17h. Lunch, burgers sushis 8 pièces dès 90 Kw, grill dès 140 Kw.

On vient ici pour le petit déjeuner, le déjeuner ou le brunch, car l'adresse est fermée le soir. On vient profiter d'un joli jardin avec des tables disposées sur la pelouse, et d'une carte toute simple de produits frais, dont les salades sont le principal attrait. On trouve aussi des omelettes, sandwichs, burgers, sushis, etc., tout ce qui se trouve sur les cartes zambiennes, mais c'est plutôt bien préparé et avec des ingrédients de qualité. Les prix sont raisonnables et le cadre est enchanteur. Bien pour une pause thé ou café aussi.

BOMBAY LOUNGE €€

Centre commercial East park Mall
✆ +260 211 258 058

Ouvert tous les jours de 11h à 23h. Comptez dès 250 Kw par personne.

Voici un excellent restaurant indien familial situé dans l'un des plus populaires malls de Lusaka qui peut faire l'objet d'une pause lunch. On y sert d'authentiques plats : tikka, masala, curries, biryanis, etc., mitonnés et servis sur des petits réchauds en cuivre, tandis que les tandooris sont préparés dans des fours traditionnels. Lassis, nan, riz, tout est délicieux et authentique. Belle et vaste salle de restaurant à la décoration indienne traditionnelle. On peut aussi s'installer sur la terrasse extérieure couverte et arborée pour profiter des beaux jours.

CANTINA €

Proche de Bululwe Road et Chifumbule Road, dans un lotissement ✆ +260 972 949 900
www.facebook.com/cantinalsk

Ouvert 12h-14h30 et 17h-22h, jusqu'à 23h le vendredi et samedi. Fermé le dimanche et lundi. Dès 10 US$ par personne.

Aussi bien un bar qu'une taqueria mexicaine, c'est un bon endroit pour goûter des tacos créatifs et généreux, bourrés de verdure fraîche et accompagnés d'un bon cocktail, si possible à base de tequila. Le guacamole est particulièrement bon, les tacos et nachos originaux. On apprécie les options végétariennes au menu. Le jardin est vraiment un bel atout, avec ses murs aussi végétalisés que les assiettes, le fond musical est agréable, l'endroit branché et bien décoré. Cantina est un bon spot pour sortir, que ce soit pour déjeuner ou dîner vu son cadre.

CHUMA GRILL & MEDITERRANEAN BLU POOL BAR €€

19029 Great East Road ✆ +260 960 280 900

Ouvert tous les jours, pool bar de 10h à 22h ; buffets 6h-10h30, 12h-15h et 18h-22h. Entre 150 et 200 Kw par personne.

Ce sont les deux restaurants de l'hôtel Radisson Blu. Chuma Grill est réputé pour ses tables semées sur une immense terrasse avec fontaine et plantes vertes. Ici sont servis des buffets (petit déjeuner, lunch et dîner), un rendez-vous idéal pour le brunch du week-end. C'est l'occasion de goûter de plein de recettes zambiennes. Le Mediterranean Blu est une oasis en bord de piscine où il fait bon siroter un cocktail et déjeuner un burger, salades ou des snacks légers entre deux ploufs.

EATALY RHODESPARK €€

Medland Road - Rhodes Park
✆ +260 973 871 985

Ouvert tous les jours de 10h à 22h, jusqu'à 21h le dimanche. Comptez dès 150 Kw par personne.

Eataly est une chaîne de restaurants italiens-pizzerias qui s'est développée jusqu'en Afrique australe, ici dans l'agréable Rhodes park avec une terrasse dans la verdure. On peut y déguster un spritz en apéritif, des salades colorées (pas forcément très italiennes), des pâtes artisanales : tagliatelles au pesto, raviolis maison... Mais aussi des sushis, qui collent moins avec le concept. Les pizzas façon napolitaine sont vraiment réussies, c'est rare à Lusaka où elles sont plutôt faites à l'américaine, tout comme le bon café expresso, latte ou cappuccino.

EDEN HAUS €€

37d Middleway
✆ +260 976 000 005
www.eden-haus.com

Dès 180 Kw le plat principal, jusqu'à 400 Kw. Ouvert du mardi au dimanche, de 8h à 23h.

Dans cette maison au jardin stylé, d'épais plateaux en bois constituent les tables. Les plats sont aussi savoureux que le cadre. Beaucoup de verdure et fraîcheur créatives dans les burgers, sandwichs, grillades et cocktails proposés ici. On trouve des plats comme le *chicken breast schnitzel* : du poulet sauce aux champignons ou un tilapia grillé sauce beurre citron ou tartare, des pièces de viande de choix. Le must : de délicieuses planches avec fromages, fatayer, samboosek kibbeh, baba ghannouj, houmous et tzatziki ou des planches avec grillades.

HOT WOK €

28A Joseph Mwilwa Rd
✆ +260 962 542 388
Ouvert tous les jours sauf mercredi, de 12h à 14h30 et de 18h à 21h45. Comptez dès 70 Kw par personne.

Un petit restaurant populaire du CBD qui sert une excellente nourriture indienne et chinoise dans un cadre élégant de mobilier gris et de lumières néon blanches et pourpres originales. Un bon plan pour manger sur le pouce entre la visite de deux marchés. Le cadre est vraiment local et les prix dérisoires. C'est l'occasion de goûter à des saveurs d'ailleurs authentiques dans un cadre pourtant très zambien. La spécialité la plus cotée : les woks, mais tous les plats sont savoureux, les sauces abouties et pleines d'épices et d'herbes aromatiques fraîches.

MUSUKU RESTAURANT €€

Church Road et Independence Avenue
✆ +260 211 251 666
www.southernsun.com
Petit déjeuner 7h-11h, lunch 12h30-14h30 (fermé le week-end), dîner 18h30 à 22h30. Entre 150 et 200 Kw par personne.

Musuku est le restaurant de l'hôtel Southern Sun situé plein centre de Lusaka dans le CBD. L'occasion de s'offrir une halte au calme dans ce joli cadre d'une charmante terrasse rafraîchie par un étang de nénuphars. On trouve à la carte d'intéressantes recettes zambiennes comme du nshima bien sûr (toujours sur la table), avec de la dorade de Kafue. Autre choix à la carte : viandes grillées, pizzas, sandwichs, burgers et snacks. Le restaurant propose chaque jour des buffets (de spécialités locales le mercredi), bien pratiques et rapides entre deux visites.

LATITUDE 15 DEGREES €€

Leopards Lane Kabulonga
✆ +260 211 268 802
www.15.thelatitudehotels.com
Ouvert tous les jours midi et soir. Comptez dès 180 Kw le plat.

La cuisine du premier restaurant de Latitude 15° est plutôt fusion, avec des inspirations des quatre coins du monde. On aime en entrée la salade aux crevettes, pomme Granny, pousses de jardin, dattes et réduction de vinaigre balsamique blanc suivi par un saumon aux câpres, mousse d'avocat, pommes de terre nouvelles, huile d'olive infusée au lime. Le restaurant à The Other Side propose une gamme plus informelle de plats à partager pour plus de convivialité et le week-end des concerts y sont organisés en soirée. Belle carte de vins d'Afrique du Sud et d'Europe.

RHAPSODY'S €€

Derrière le Arcades Mall Nangwenya Road
✆ +260 211 256 705
www.rhapsodys.co.za
Ouvert tous les jours. Fin de service à 23h. Comptez dès 104 Kw le plat.

Bien que donnant sur le parking du centre commercial, voici une adresse assez exceptionnelle. Le décor, déjà, étonne : un très vaste espace au look industriel avec briques et plafond haut font penser à New York. La cuisine de ce restaurant sud-africain qui s'exporte est inventive avec des influences asiatiques comme le poulet Thaï coco, mais on trouve aussi d'autres influences. Les steaks sont très appréciés. Pour prolonger la soirée, le restaurant dispose d'un bar qui sert d'excellents cocktails à l'arrière où des concerts sont régulièrement organisés.

MPOTO YATHU €€

21 Omelo Mumba Road
✆ +260 979 491 863
Ouvert de midi à 17h du lundi au samedi. Entre 150 et 200 Kw par personne.

Ce restaurant ouvert par une jeune cheffe dynamique de Lusaka offre à la fois une belle assiette et un joli cadre de terrasse bien décorée dans un jardin. Il propose de délicieux plats traditionnels : du nshima (purée de farine de maïs) avec une traditionnelle queue de bœuf, un bon poisson braisé ou une viande grillée. La carte propose aussi du chikanda, ce gâteau étonnant fait de tubercules d'orchidées et de noix concassées, frit en tranche avec oignons et tomates. Mais aussi une belle carte de burgers, rolls et buns gourmands avec des options végétariennes.

RHODES PARK CAFÉ €€

8 Lunzua Road
✆ +260 211 253 539
Ouvert du lundi au vendredi, de 7h à 15h. Comptez 150 à 200 Kw par personne.

Décidément, ce quartier de Rhodes Park regorge de bonnes adresses. On adore déjà le cadre, avec sa terrasse dans la verdure et ses bacs à tournesols flamboyants. L'assiette est tout aussi bucolique, avec des bouquets de légumes en salade, des burgers gourmets avec des frites parfaites. On aime ici goûter les gâteaux et pains. Tout est maison, tout est délicieux, plein de verdure et à prix raisonnables. En prime, on peut y prendre un excellent café expresso ou un macchiato. C'est aussi une excellente adresse pour prendre un sain et délicieux petit déjeuner.

SHEZ CAFE & ART GALLERY €€

50J off Sable Road

✆ +260 211 356 429

Ouvert tous les jours, 10h-22h30, jusqu'à 23h30 vendredi et samedi. De 100 à 180 Kw le plat.

Cette maison avec jardin et piscine dans le quartier de Kabulonga bénéficie d'un joli cadre. À l'intérieur des œuvres d'art embellissent la pièce. On prend plaisir à s'installer sur une verte pelouse autour des tables de récup' pour une pause déjeuner, dîner ou même un cocktail à l'heure de l'apéro. Au menu, rien de prétentieux, mais des plats populaires : succulentes côtelettes de porc grillées au barbecue en sauce sucrée, *butter chicken* ultra fondant, steak au poivre, mini-burgers gourmets... Concerts et retransmissions de matchs ponctuels.

THE MINT LOUNGE €

Corner of Kasiba & Lukasu road

✆ +260 978 507 030

Ouvert tous les jours de 8h à 21h30. Comptez 200 à 300 Kw par personne.

Quelle jolie déco avec des tables et chaises en bois dans un décor de miroirs et lustres stylés. On y sert des salades délicieuses et généreuses en légumes frais multicolores, mais aussi des plats occidentaux et petits snacks. On a même un menu d'inspiration mexicaine avec des wraps tortillas, sandwichs, bowls « healthy ». On y trouve aussi des jus de fruits pressés et smoothies, et une grande variété de pâtisseries maison dont de jolis cupcakes. Très jolie décoration et ingrédients bio ou naturels. Une halte pour croquer de belles choses à toute heure.

SICHUAN €

Lusaka Showgrounds, Jubilee Hall, non loin du Radisson Blu

✆ +260 968 995 558

Ouvert tous les jours sauf samedi midi 11h-14h30 et 18h-22h. Comptez dès 150 Kw par personne.

Dès l'extérieur, la décoration du portique rouge avec des lampions et des lions de bouddha annonce la cuisine. Des plats chinois authentiques, notamment de la région du Sichuan très poivrés et pimentés. On y sert par exemple du crocodile frit. Le porc sichuan est excellent tout comme les soupes, les nouilles, tout est délicieux et dépaysant car vraiment authentique. Le décor chinois est splendide, traditionnel, tout comme la vaisselle. En revanche, il est permis de fumer à l'intérieur ce qui peut gêner malgré l'espace. On peut commander à emporter.

THE ROAN AND SABLE CAFÉ & GRILL €€

1st Chila Road - DG Complex

✆ +260 973 944 170

Ouvert tous les jours de 8h à 21h, jusqu'à 22h le samedi et 16h le dimanche. Plats entre 150 et 200 Kw.

Ce café-resto sur pelouse avec jeux pour enfants sert des soupes, bruschetta, salades et wrap, mais aussi des vrais plats de pâtes de poissons ou poulet, grillés ou accompagnés de sauce tartare ou beurre citron, des steaks et burgers... Des combinaisons classiques en Zambie. Le plus original est la palette de plats asiatiques tels que des woks ; le porc sauce aigre-douce est délicieux. Le lieu est animé le soir et sert des cocktails. Des soirées DJ sont prévues ponctuellement.

THE GARDEN CAFE AND BUDDHA BAR €€

4 Zimbabwe Road

✆ +260 777 776 001

www.thegardencafe.bar

Ouvert du lundi au jeudi de 9h à 18h et du vendredi au samedi de 9h à 22h. Comptez dès 150 Kw par personne.

Un jardin enchanteur est à la fois décor et pépinière, un lieu concept où les plats sont délicieux. On vient se détendre dans ce havre de paix, prendre un café ou un thé, déjeuner des plats *healthy* comme des buddha bowls, ou alors des burgers ou des plats plus classiques. Le « Buddha Bar » extérieur est un lieu agréable en soirée le week-end pour déguster vins fins et bières artisanales. On trouve aussi un magasin de la ferme bio, avec des produits faits maison.

ZORAN CAFÉ €€

Levy Shopping Mall

✆ +260 966 448 677

Ouvert du mardi au dimanche, de 10h à 23h, jusqu'à 3h le week-end. Plats dès 200 Kw.

Très bien situé dans le centre commercial de Levy Junction en plein centre, ce café-resto libanais sert d'excellents kebabs, chawarmas, halloumi, mais aussi des burgers, milkshakes, wraps, et plats délicieux comme le poulet Rollad (feta épinard). En soirée, sur la terrasse extérieure, on y sert des cocktails entre autres, pendant qu'un DJ distille de lourdes basses tous les week-ends d'amapiano sudafricain ultra dansant. Des soirées à thèmes sont organisées (karaoké, Halloween, etc.), une bonne adresse du matin au soir populaire auprès des locaux.

AFRIGONIA €€

2 Msuzi Road, Woodlands

✆ +260 95 4756245

Ouvert du mardi au jeudi 12h-21h, vendredi et samedi 12h-22h, dimanche 12h-18h. Dès 200 Kw par personne.

Voilà un restaurant à tester à Lusaka qui a déménagé en 2019 pour rouvrir à Woodland. Sous une plaisante terrasse couverte, autour de tables en bois bien installées sur de confortables fauteuils rouges, on déguste ici une cuisine raffinée et sophistiquée, à partir d'ingrédients africains et internationaux. On adore cette table de cuisine d'auteur de haute originalité. La carte propose par exemple du poulpe grillé avec des crevettes et une salade de mangue en entrée. En plat, on se laisse allécher par l'agneau aux épices, à la feta, escorté de ses gnocchis.

BOTANICA €€€

Ciêla Rosert & Spa

✆ +260 965 942 715

www.cielaresort.com

Ouvert du mardi au dimanche de 18h à 23h. Comptez dès 300 Kw par personne.

Le restaurant du nouveau Ciêla Resort & Spa non loin de l'aéroport de Lusaka, propose des menus gastronomiques de 6 et 12 services. La cuisine sous la houlette du chef Sungani est zambienne, mais exécutée suivant des techniques et des twists contemporains. Le restaurant, avec ses nappes blanches, ses carreaux de ciment colorés et son mobilier en bois est sophistiqué. Locavore, tous les ingrédients proviennent de fermes à moins de 100 km de Lusaka. L'occasion de goûter mille et une saveurs inconnues. Belle carte de cocktails racés.

DIL RESTAURANT €€

153 Ibex Hill Road

✆ +260 211 262 391

Comptez 25 à 30 US$ par personne. Ouvert du lundi au mercredi 11h-14h et 18h-22h, du jeudi au dimanche 11h-23h.

Un très bon restaurant indien, avec un chef de Mumbai aux commandes, qui propose aussi de la cuisine de haute finesse gastronomique aussi bien indienne que chinoise. On peut choisir entre la formule buffet ou à la carte. On adore ici la succession de petites assiettes blanches finement dressées de plats inconnus tous plus appétissants les uns que les autres. L'agneau korma est particulièrement bon. En revanche, le service est assez lent, mais l'adresse est renommée. Petit cottage avec piscine pour se délasser aux heures chaudes.

LILAYI LODGE €€€

Off Lilayi Road

✆ +260 211 840 435

www.lilayi.com

Ouvert tous les jours de 12h à 16h et de 18h à 21h. Comptez minimum 200 kw par personne.

Si vous avez l'occasion de passer une journée hors de Lusaka, le restaurant du Lilayi lodge est une bonne idée, pour son assiette comme pour son cadre. Il faut impérativement réserver en revanche. Ce joli cadre bourgeois et bucolique s'accorde avec les assiettes raffinées de cuisine fusion africaine, concoctées avec des ingrédients de fermes locales. On apprécie particulièrement de se rafraîchir dans la piscine à la pause déjeuner. Et éventuellement se décider pour une randonnée dans le domaine à pied ou à vélo, où se baladent girafes et impalas.

PIATTO RESTAURANT €€

Embassy Mall Kafue Road

✆ +260 211 846 465

www.piattozambia.com

Ouvert tous les jours de 8h à 22h. Comptez dès 200 Kw par personne.

Ce restaurant de cuisine méditerranéenne est assez connu à Lusaka. Il est situé dans un centre commercial sur la route de Kafue et malheureusement n'a pas d'espace extérieur. La salle est en revanche avenante avec des tables et canapés capitonnés et cosy. En plus des classiques plats de poissons et de viandes qu'on trouve en Zambie, on penche pour l'agneau à la grecque ou le bœuf *souvlaki* (en kebab) et la crème brûlée en dessert. On peut aussi opter pour des sushis classiques. Les assiettes sont très copieuses et les viandes particulièrement juteuses.

SUGARBUSH CAFE €€

Leopard Hill Road

✆ +260 967 648 761

Ouvert tous les jours de 8h à 17h, jusqu'à 16h le dimanche. Comptez dès 150 Kw par personne.

Ce petit café de poupée est ravissant, installé conjointement avec le magasin de meubles design d'intérieur Lightfoot Zambia sur une vaste pelouse verte très reposante. On a envie de tout acheter pendant qu'on boit son café : coussins, canapés, tapis, articles en cuir, accessoires, tout est beau. Un bel endroit pour faire une pause shopping pour dénicher de jolis cadeaux, tout en prenant un petit café ou thé accompagné d'un gâteau maison. Une carte du jour propose des sandwichs et snacks délicieux préparés avec des produits de la ferme.

FAIRE UNE PAUSE

Comme dans tous les pays d'influence anglo-saxonne, on trouve à Lusaka pléthore de cafés sympas pour boire autre chose que du café en poudre avec de l'eau, mais bien du vrai café fort en goût qu'on peut accompagner avec un gâteau maison. Ces adresses en général cosy, certaines avec terrasse et jardins, disposent du wifi, et proposent à la carte sensiblement les mêmes plats ou encas : burgers, wraps, salades, sandwichs et quelques plats simples qu'on retrouve sur toutes les cartes. Ne pas passer à côté des glaces de Gigibonta, qui finance en plus une bonne action. Lusaka compte aussi quelques pubs et *sports bars* pour regarder un match ou faire une partie de billard. On trouve aussi quelques adresses sympas pour boire un verre le soir, spécialement un cocktail, dans des bars d'hôtels ou des cafés qui organisent quelques concerts et DJ set, mais la ville est loin d'être une fêtarde animée avec des bars pleins à craquer.

BREW ME COFFEE SHOP

Garden City Mall, à côté de l'aéroport

✆ +260 763 989 474

Ouvert tous les jours de 9h à 19h.

Une excellente adresse à deux pas de l'aéroport, dans un mall moderne et agréable, si vous cherchez un lieu plus convivial que l'aéroport... On peut y prendre un café (*expresso*, *macchiato*, frappés, etc.) et surtout déjeuner avant ou après son vol local ou international. D'ailleurs, tous les wraps, sandwichs ou plats légers peuvent se commander à emporter. Belle sélection de jus détox et vitaminés tout juste pressés. Le cadre est magnifique, avec un vélo suspendu sur un mur de brique au-dessus de confortables canapés en velours.

FRESCO BAR & CAFE

13 Omelo Mumba Rd

✆ +260 964 112 154

Ouvert du mardi au jeudi de 8h à 20h, vendredi et samedi de 8h à 22h, dimanche de 10h à 16h.

Comme son nom l'indique, ce café-bar se veut un lieu *healthy*, et sert pour cela des jus de fruits bons pour la santé (pastèque, ananas, orange, fruits de saison), des salades légères, burgers, toasts et autres options végétariennes. En réalité, on trouve aussi de grosses viandes grillées sur une rivière de frites pas diététiques et des pizzas à l'américaine, comme partout en Zambie ! On apprécie le cadre de ce petit endroit sympa, avec un jardin pour déjeuner dehors, le tout dans le quartier de Rhodes Park, très agréable en journée.

FOX & HOUND

Foxdale Court Roma

✆ +260 211 292 913

Ouvert de 10h à 23h tous les jours et jusqu'à 1h le week-end.

Peu d'endroits pour sortir et danser à Lusaka. Le Fox & Hound est l'endroit parfait pour passer une bonne soirée dans le jardin, surtout le week-end lorsqu'il y a des concerts et DJ sets qui se finissent plus tardivement. Bonne ambiance, bonne musique, bons cocktails, et à la carte des plats classiques en Zambie (wraps, sandwichs, etc.) mais bien préparés et savoureux pour dîner sur place pendant la soirée. La terrasse sous les arbres est vraiment agréable, c'est le point fort de cette adresse bien placée dans le quartier de Rhodes Park.

GIGIBONTÀ

Foxdale Court, Crossroads shopping mall

✆ +260 969 520 856

Ouvert du lundi au vendredi de 8h à 20h ; le samedi et le dimanche de 10h à 20h.

Proposant des glaces artisanales italiennes aux nombreux parfums, ce charmant café, havre de paix dans le tumulte du centre-ville, sert à financer un projet d'insertion de jeunes des rues. Le projet a débuté dans la Copperbelt, où Gigibontà possède également deux cafés, à Ndola et à Kitwe. En plus de ses délicieuses glaces artisanales, nombreux snacks et pâtisseries, cafés, vrais croissants, crêpes sucrées... Une adresse idéale pour les déjeuners rapides ou les goûters en finançant une bonne action dans un cadre extérieur plaisant à Foxdale Court.

LATITUDE 15 DEGREES

Leopards Lane Kabulonga
✆ +260 211 268 802
www.15.thelatitudehotels.com
Ouvert tous les jours de 8h à 22h.

Ce boutique-hôtel situé dans le quartier de Kabulonga est fréquenté en journée par beaucoup d'hommes et de femmes d'affaires, mais aussi par la jeunesse dorée venue boire un verre autour d'une élégante piscine et d'un beau jardin, spécialement en début de soirée. La carte des boissons, vins comme cocktails, est aussi raffinée que celle du restaurant et s'accorde avec ce cadre chic. Pensez à réserver en terrasse car les places sont rares. On profite d'une pause ici pour déambuler dans les couloirs tapissés de tableaux et œuvres d'art exceptionnelles.

SOCIAL

The Gallery Office Park, Lagos Road, Rhodespark
✆ +260 979 096 952
Ouvert tous les jours de 10h à minuit, plus tard le week-end.

#Social est un rendez-vous pour *millennials* zambiens, à la fois pour les codes qu'il véhicule et son ambiance jeune et branchée. Lieu hybride de coworking, café, bar et lieu de concerts et soirées DJ, #social attire la jeunesse de Lusaka. Le menu est très varié, avec beaucoup de plats d'inspiration indienne mais exécutés avec modernité (mention spéciale aux pains tandoori) et plein de plats internationaux classiques. Mais on vient surtout ici pour les concerts et les soirées régulièrement annoncés sur les réseaux sociaux, dès 12h30 le week-end.

MERAKI CAKE BAR & CAFÉ

26 Chaholi Road, Rhodespark
✆ +260 960 933 923
www.merakicakebar.co.zm
Ouvert tous les jours de 8h à 19h.

Encore une adresse sympa du côté de Rhodes Park, qui propose – comme son nom l'indique – du bon café et de bons gâteaux. Dans le registre américain, ils sont plutôt réussis : cheese cake aux parfums variés (café, chocolat, myrtille, fruits rouges...), carrot cake et autres muffins, brownies... mais le café est aussi une adresse de petits déjeuners *healthy* et lunchs légers : salades, sandwichs, burgers, wraps... une carte classique des cafés zambiens. On apprécie la carte des jus de fruits fraîchement pressés et le cadre extérieur en terrasse arborée.

THE MOCHA PUDDLE BAKERY & CAFÉ

7 Kenneth Maduma Street, off Thabo Mbeki Road
✆ +260 969 471 740
Ouvert du mardi au samedi de 8h30 à 16h.

Situé juste derrière l'université de Lusaka, ce sympathique café est fréquenté par bon nombre d'étudiants. Une ambiance sympa pour faire une pause le temps d'un bon café accompagné d'un gâteau ou pour le déjeuner à midi. Cette maison étale ses tables sur la pelouse de son jardin à l'extérieur, et de confortables canapés à l'intérieur. A la carte : quiches, wraps, bagels, salades, et de réconfortants gâteaux comme un pain à la banane, brownie, cupcacke, cheese cake, muffins...

O'HAGANS

Woodlands Shopping Mall
✆ +260 211 262 156
Ouvert tous les jours de 10h à minuit.

S'il ne fallait choisir qu'un seul pub, ce serait ce repaire irlandais, qui dans son ambiance tout anglo-saxonne, propose une large sélection de bières servies à la pinte. La télévision par satellite assure les retransmissions sportives, pour ceux qui chercheraient un bon bar pour regarder un match de foot. Pour grignoter, nous vous recommandons les *fish & chips* mais on vient ici surtout pour boire un verre plutôt que dîner. Le bar est particulièrement fréquenté les soirs de concerts de jazz, des reprises par un groupe local tous les jeudis soir.

THE ZAMBEAN COFFEE CO

The Leopards Hill Business Park
✆ +260 966 776 776
Ouvert du lundi au vendredi de 7h30 à 17h, le samedi de 7h30 à 14h30 hors événements ponctuels.

Un café sympathique, calme en journée. On prend plaisir à y faire halte, autour d'un bon *expresso* accompagné d'un raffiné *cheese cake* aux fruits rouges ou même un vrai croissant de bon matin. Les petits déjeuners y sont d'ailleurs excellents. Le midi, des sandwichs et wraps de lunch légers sont proposés à la carte, tout comme des jus de fruits fraîchement pressés. C'est l'un des rendez-vous préférés des habitants de Lusaka le dimanche, à l'heure du brunch. Certains événements ponctuels y sont organisés, des marchés comme des concerts suivis de DJ sets.

(SE) FAIRE PLAISIR

Lusaka est une ville peu touristique et la frange de la population qui peut s'offrir de très beaux objets est réduite, l'immense majorité des Zambiens vit dans la pauvreté. Néanmoins, Lusaka est la ville qui concentre le plus de classes moyennes, et on les retrouve tous les week-ends dans les malls. Ces centres commerciaux sont des lieux de prédilection pour se rencontrer, prendre un verre ou manger un morceau et bien sûr faire du shopping. C'est le modèle sud-africain à 100 %, copié lui-même sur les Etats-Unis. En Zambie, on retrouve donc toutes les enseignes bien connues en Afrique du Sud qui se sont étendues à tout le sous-continent, supermarchés en tête. On peut trouver de l'artisanat de qualité au Kabwata Cultural Village, dénicher de superbe chitengé sur les marchés du centre-ville, ou trouver de très beaux cadeaux à ramener dans les boutiques un peu plus chics qui financent en général des projets communautaires ou humanitaires.

CHIKUMBUSO

N'gombe Compound
www.chikumbuso.com
Ouvert du lundi au samedi de 8h à 17h.

Le projet pour les veuves et les orphelins de Chikumbuso dispose d'une jolie boutique où sont exposés les sacs en plastique recyclé crochetés, produits par les veuves du projet, ainsi que de nombreux bijoux artisanaux. L'occasion de se faire plaisir ou de rapporter un beau cadeau tout en finançant une bonne action. Les sacs aux jolis coloris ont l'air d'être fabriqués en paille teintée tissée et peuvent être couplés avec des porte-monnaie assortis. La boutique en ligne est complète et permet d'acheter aussi à distance si vous n'avez pas le temps d'y passer.

SAUCY MUKOSA

13 Chindo Rd
✆ +260 970 587 613
www.saucymukosa.com
Ouvert de 9h à 18h30 du lundi au samedi.

Ce magasin d'artisanat zambien raffiné de haute facture propose surtout des objets de l'univers de l'art de la table (belles assiettes, nappes, serviettes, tasses, etc.) mais aussi quelques meubles en rotin exotique très réussis. La poterie est une collection à part et il est d'ailleurs possible de prendre des cours pour s'initier à cet art. Sachez que pour chaque achat réalisé, 10 % sont reversés à une association qui lutte contre le mariage forcé d'enfants. On note l'excellente gamme de produits cosmétiques à base de plantes locales très bien packagée.

KABWATA CULTURAL VILLAGE

Burma Road
✆ +260 976 542 999
Ouvert tous les jours de 8h à 19h, jusqu'à 17h le vendredi et samedi.

C'est le village « shopping » pour touristes. On peut y voir travailler des sculpteurs, qui proposent toutes sortes d'objets en bois à des prix variés (le marchandage est de rigueur). Bois peint, sculpté en particulier des masques qui proviennent de toute la sous-région africaine, vannerie, batiks, instruments de musique, vêtements en wax, chitenges (tissus traditionnels), coupelles, bibelots, etc. En outre, le village programme des spectacles de danses traditionnelles (mercredi, vendredi, samedi et dimanche) et il y a un restaurant sur place.

CENTRAL MARKET & NORTHMEAD MARKET

Chachacha Road et Chozi Rd
Central market : tous les jours de 8h à 17h, Northmead market : tous les jours de 8h à 18h30, dès 9h le week-end.

Nous vous conseillons d'aller faire un tour au pittoresque Central Market, à proximité de Chachacha Road, où vous pourrez déjeuner pour trois fois rien dans l'une des nombreuses échoppes. Le marché de Northmead, à côté de Rhodes Park, est constitué d'une enfilade de petites boutiques charmantes, est certainement le marché le plus calme, accessible et sécurisé de Lusaka. On y trouve beaucoup d'artisanat et quelques boutiques locales : coiffeurs, petits restaurants, tailleurs...

KAMWALA MARKET

Independance Avenue

Ouvert tous les jours de 8h à 17h.

Le quartier de Kamwala se compose d'un marché typique, relativement similaire aux autres marchés locaux, et de quelques rues bordées de petites boutiques de mobilier, d'électroménager... Mais la grande spécialité du quartier est la vente de tissus wax et « kitenge » (ou « chitenge »), importés de Tanzanie et RDC. Les boutiques s'enchaînent et ne se ressemblent pas dans ce quartier au charme et à la vitalité authentiques. Il est tout de même recommandé de rester vigilant lorsqu'on flâne dans ce quartier, sans pour autant dire qu'il est mal fréquenté.

ARCADES SUNDAY MARKET

Ouvert de 10h à 18h tous les dimanches.

Comme son nom l'indique, ce marché se tient tous les dimanches au centre commercial Arcades. Il est vraiment modeste et d'ailleurs assez difficile à trouver tout au bout d'un parking peu visible depuis l'entrée du centre commercial. On y trouve seulement une dizaine de stands d'artisanat zambien de toutes sortes à des prix plus élevés qu'à Kabwata mais ce sont sensiblement les mêmes objets entre les deux marchés, mais aussi entre les stands (habits en wax, calebasses coupées et peintes, etc.). Préparez-vous à marchander car le chaland est rare.

KAMANGA WEAR

Ouvert du lundi au vendredi de 9h à 18h, le samedi de 11h à 17h.

S'il fallait une marque de créateur local qui réalise de beaux articles en wax mais surtout en très graphiques chitenge, ce serait Kamanga ! Dans cette boutique, on finit volontiers par se laisser tenter par quelques objets ou vêtements pouvant constituer un très joli cadeau à rapporter dans ses valises. Beaucoup d'idées dans les créations autour de l'art de la table, coussins, chemises, robes, tops, on adore le design et les motifs choisis, très harmonieux, dans des coupes actuelles et urbaines. Les sacs sont particulièrement réussis. Une très jolie boutique.

JACODA GEMSTONES

1 Luano Road, Fairview

✆ +260 211 223 131

www.jagodagems.com

Ouvert du lundi au vendredi de 9h à 17h, jusqu'à 15h le samedi.

Une adresse à ne pas manquer si vous voulez rapporter de jolis bijoux de Zambie, pays dont le sous-sol est riche en pierres précieuses. Ross Walker et Claire Chan ont débuté par l'extraction d'aigues-marines et tourmalines dans les années 1980 avant de se diversifier dans la joaillerie pour créer la marque de bijoux Jagoda en 1991, employant des artistes zambiens. D'un très joli design, ces bijoux en émeraude, tanzanite, aigue-marine, tourmaline, grenat ou améthyste sont travaillés à la main. Egalement de belles pièces d'artisanat à admirer ou acheter.

THE JEWEL OF AFRICA

Pinnacle Mall Manda Hill Mall East Park Mall et levy Mall

✆ +260 967 750 777

www.jewelofafrica.com

Ouvert tous les jours de 9h à 18h, le dimanche jusqu'à 14h.

Le Jewel of Africa produit localement en Zambie de jolis bijoux avec des pierres précieuses extraites dans le pays ou dans les pays voisins. Et Dieu sait que le sous-sol zambien en contient ! Spécialement des émeraudes et rubis, mais aussi plein d'autres pierres précieuses et semi-précieuses. On peut acheter directement des pierres ou des bijoux déjà montés. La maison de luxe possède une boutique à l'hôtel Intercontinental, une autre au Radisson Blu, et dans les centres commerciaux de Manda Hill, Levy, ainsi qu'à l'aéroport de Lusaka et de Livingstone.

KUBU CRAFTS

Manda Hill ✆ +260 211 256 644

www.kubucrafts.com

Ouvert tous les jours de 9h à 18h, jusqu'à 15h le dimanche.

Cette boutique (il y en a une autre à Livingstone) fournit les meubles et la décoration de certains des plus beaux lodges du pays. Les matériaux utilisés sont essentiellement les bois exotiques et le fer forgé, et les meubles sont fabriqués localement à Livingstone. Si l'envie vous prend de refaire votre intérieur, il est possible de faire acheminer les grosses pièces par bateau. Les prix sont élevés mais justifiés, compte tenu de la qualité des matériaux et du travail. Kubu Crafts soutient également plusieurs projets communautaires et de développement.

BOUGER & BULLER

Lusaka est par essence une ville idéale pour les activités sportives en plein air. Construite à l'américaine, centrée sur un CBD ancien, chaotique et assez réduit, la ville déploie des quartiers résidentiels tentaculaires de maisons aérées d'immenses parcs et centrés sur des malls. A la périphérie de Lusaka déjà, on découvre d'immenses propriétés où il est possible de faire des *game drives* au milieu des girafes, des antilopes et des zèbres, et qui sont toutes dotées de superbes piscines pour se rafraîchir toute l'année, particulièrement adaptées aux familles. La sélection de cette rubrique complète d'ailleurs celle des environs de Lusaka en matière de visite, puisque bon nombre de ranchs proposent les mêmes activités sportives et visites pédagogiques avec les animaux de la savane. La ville compte un golf club ouvert dans les années 1930 qui existe toujours plein centre. Enfin, il existe les Monkeys Pool, des petites piscines naturelles.

LUSAKA GOLF CLUB

Los Angeles Boulevard
✆ +260 211 251 598
www.lusakagolf.club

C'est un golf que les amateurs du genre apprécieront déjà pour sa localisation hyper centrale à Lusaka, sans être avare avec l'espace : Lusaka est une ville étalée et verte, ici on peut s'étaler ! Ce club de golf est spécialement réputé pour les 5 « water holes » de son circuit 18 trous. Ouvert pour la bourgeoisie locale dès 1935 dans le quartier résidentiel huppé de Sunningdale, il n'a pas d'infrastructures dernier cri lui permettant d'accueillir des compétitions internationale mais il sera apprécié pour passer un bon moment de détente en vacances.

THE CROSS PARK

Leopards hill Road
✆ +260 970 275 847
www.thecrossparkzambia.com
Week-end adulte 100 Kw, enfant 50 Kw, en semaine 50 % du prix.

Situé près du centre à Leopards Hill, tout en étant protégé de l'ambiance urbaine par un écrin de végétation, ce parc privé est fréquenté pour sa piscine, l'une des plus belles de Lusaka avec un bassin très vaste aux contours arrondis dessinant même une île en son centre. Belle ombre en saison très chaude. On aime aussi son restaurant et les prix qui restent raisonnables pour le standing du cadre proposé. On peut aussi pêcher, laisser ses enfants s'amuser dans le parc ou regarder les zèbres se promenant tranquillement sur la pelouse.

PAZURI

Près de 20 km de l'aéroport
✆ +260 972 292 111
Self game drive et entrée 200 Kw par personne, piscine incluse.

Pazuri est un ranch idéal pour prendre l'air et se mettre au vert loin des bouchons du centre de Lusaka. Respirer en famille ou entre amis, tout en profitant des activités sur place. On vient principalement ici pour profiter de l'agréable piscine pendant les chaudes journées de la saison sèche, ou si l'on aime s'approcher de pacifiques herbivores de la savane, on peut aussi se laisser tenter par un game drive au plus près des animaux peu farouches de cette réserve qui se rapproche plus du zoo de Thoiry que d'un sanctuaire sauvage.

THE MONKEY POOLS

Leopards Hill Road
✆ +260 962 584 465
Entrée à 100 Kw par adulte, 50 kw par enfant. Ouvert de 8h à 18h tous les jours.

S'il y a un site naturel d'exception à ne pas louper dans les environs de Lusaka, c'est bien les Monkey Pools. La résidence privée de Monkey Pools, sur Leopards Hill Road, ouvre ses portes aux visiteurs, qui peuvent profiter de ce cadre paradisiaque pour se rafraîchir et se délasser. Cet ensemble de petites piscines naturelles, aux eaux vert-turquoise et très propres, situées au milieu d'une nature luxuriante, est un véritable havre de paix et de détente pour se baigner. Attention, le site est fermé pendant la saison des pluies.

SORTIR

Lusaka est une ville qui se lève tôt et par logique, qui se couche tôt. Il existe bien une frange de la population festive, mais qui se noie tard le soir dans des adresses interlopes locales peu recommandables pour des *mzungus* en goguette, où l'alcool fort coule à flots et les débordements de *bad boys* issus de gangs sont fréquents. Si on se concentre sur les bars et clubs sécurisés, on trouve quelques adresses qui prolongent le début de soirée par des concerts puis la nuit par des DJ sets de façon ponctuelle. Mais aussi quelques clubs, dont le fameux Chicago's, qui risque de se faire détrôner d'ici peu par le Qube, à peine ouvert mais qui fait déjà parler de lui. Pour une séance de ciné, l'enseigne sudafricaine Ster-Kinekor a ouvert un multiplex à Lusaka, diffusant toutes les productions intéressantes sorties en Afrique en plus des blockbusters américains. Enfin, l'Alliance française programme aussi quelques événements culturels.

CHICAGO'S RELOADED

East Park Mall
✆ +260 977 760 647
Ouvert de 11h à 4h tous les jours.

C'est LE club le plus connu de tout Lusaka : le Chicago, vous en entendrez parler ! Relocalisé dans le East Park Mall très central, il est facile d'accès. Tenue de soirée et portefeuille bien garni de rigueur. A la fois restaurant (principalement de grillades) et club ouvert jusqu'au petit matin le week-end, le Chicago's est éclectique et très animé le week-end en soirée. Ambiance américaine avec des voitures anciennes customisées en fauteuils, vieilles bécanes et Ford Mustang exposées dans le lieu. Egalement : retransmissions de matchs.

QUBE NIGHTCLUB

Longacres Mall
✆ +260 970 655 232
Ouvert du mercredi au dimanche, de 20h30 à 4h30 et jusqu'à 6h30 vendredi et samedi.

Ce nouveau club situé juste derrière le golf de la ville dans le mall Longacres est une petite révolution dans le monde plutôt très calme de la nuit à Lusaka. On aime ici les néons colorés sur tous les murs qui clignotent au tempo, une station DJ et son exceptionnelle programmation, des barmaids aussi classes que leurs cocktails et une belle ambiance de club comme il manquait dans la capitale, pour danser jusqu'au bout de la nuit. Pour son lancement, l'entrée est pour l'instant gratuite et les DJ au programme annoncent de belles soirées à venir.

ALLIANCE FRANÇAISE

Plot 22725, Alick Nkhata Avenue
✆ +260 211 253 467
www.zm.ambafrance.org
Ouvert de 9h30 à 18h du lundi au vendredi et de 9h à midi le samedi.

Si la Zambie n'est pas un pays francophone par son histoire, l'Alliance française de Lusaka est par ailleurs très impliquée dans la vie culturelle de la ville. Elle organise de nombreux événements : concerts, représentations théâtrales, projections de films, expositions... Elle dispose également d'une belle médiathèque comptant notamment un bon nombre d'ouvrages et magazines en français. Ne vous privez pas de consulter son programme d'agenda sur ses réseaux sociaux, vous serez surpris par l'éclectisme et la fréquence des événements culturels.

STER KINEKOR

Manda Hill
✆ +260 97 4667240
www.sterkinekor.com
Ticket 50 Kw, programme en ligne.

Difficile de trouver un cinéma d'auteur dans cette ville de Lusaka. En revanche, au vu du nombre des malls, on trouve de nombreux cinémas projetant les derniers blockbusters américains produits par Hollywood, mais pas que : tous les meilleurs films du cinéma africain y sont projetés, particulièrement sud-africains et nigérians. Ce multiplexe est idéalement situé dans le centre commercial de Manda Hill. Pour ceux qui voudraient faire une pause ciné et qui parlent couramment anglais, car il n'y a pas de sous-titre généralement dans les salles.

CHUTES VICTORIA

Si l'on devait dresser, pour un voyageur en quête de sites grandioses et exceptionnels, la liste de toutes les merveilles dont la nature a généreusement doté notre terre, les chutes Victoria seraient incontestablement en tête. Les chutes les plus puissantes du monde, rendez-vous compte ! Elles offrent là leur plus étonnante curiosité naturelle. Un miracle de beauté et de puissance qui ne peut laisser indifférent... Elles ont été inscrites au patrimoine mondial de l'humanité en 1989. Livingstone est logiquement devenu la capitale touristique du pays. Les chutes offrent des panoramas totalement différents selon la saison (basse ou hautes eaux) et l'angle de vue (zambien ou zimbabwéen). Dans les environs, le parc national de Mosi-oa-Thunya est le seul endroit de Zambie où observer des rhinocéros blancs à pied, tandis qu'une multitude d'activités se pratiquent dans les abords immédiats des chutes (rafting, saut à l'élastique, etc.).

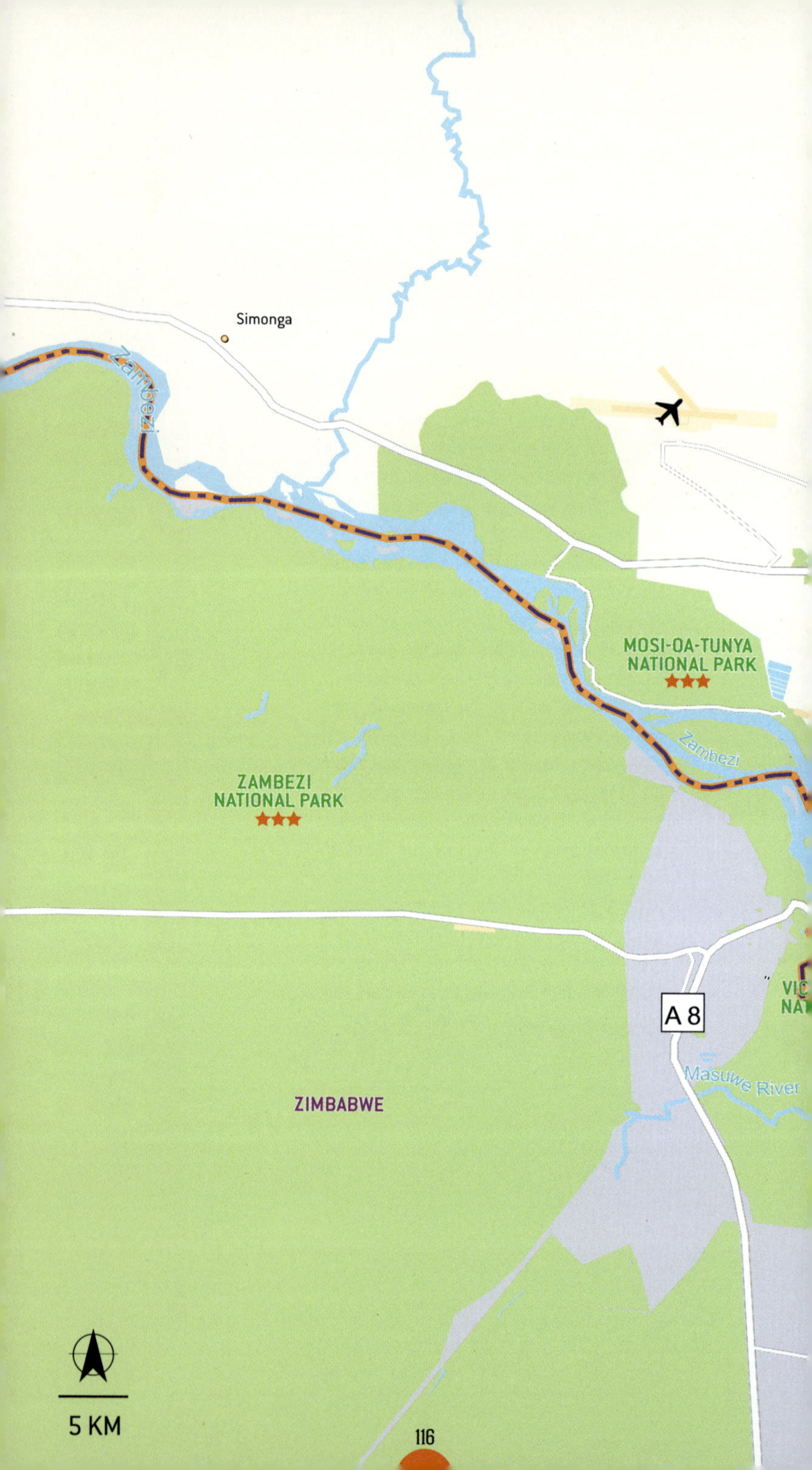
Simonga
Zambezi
MOSI-OA-TUNYA
NATIONAL PARK
Zambezi
ZAMBEZI
NATIONAL PARK
A 8
Masuwe River
ZIMBABWE
5 KM

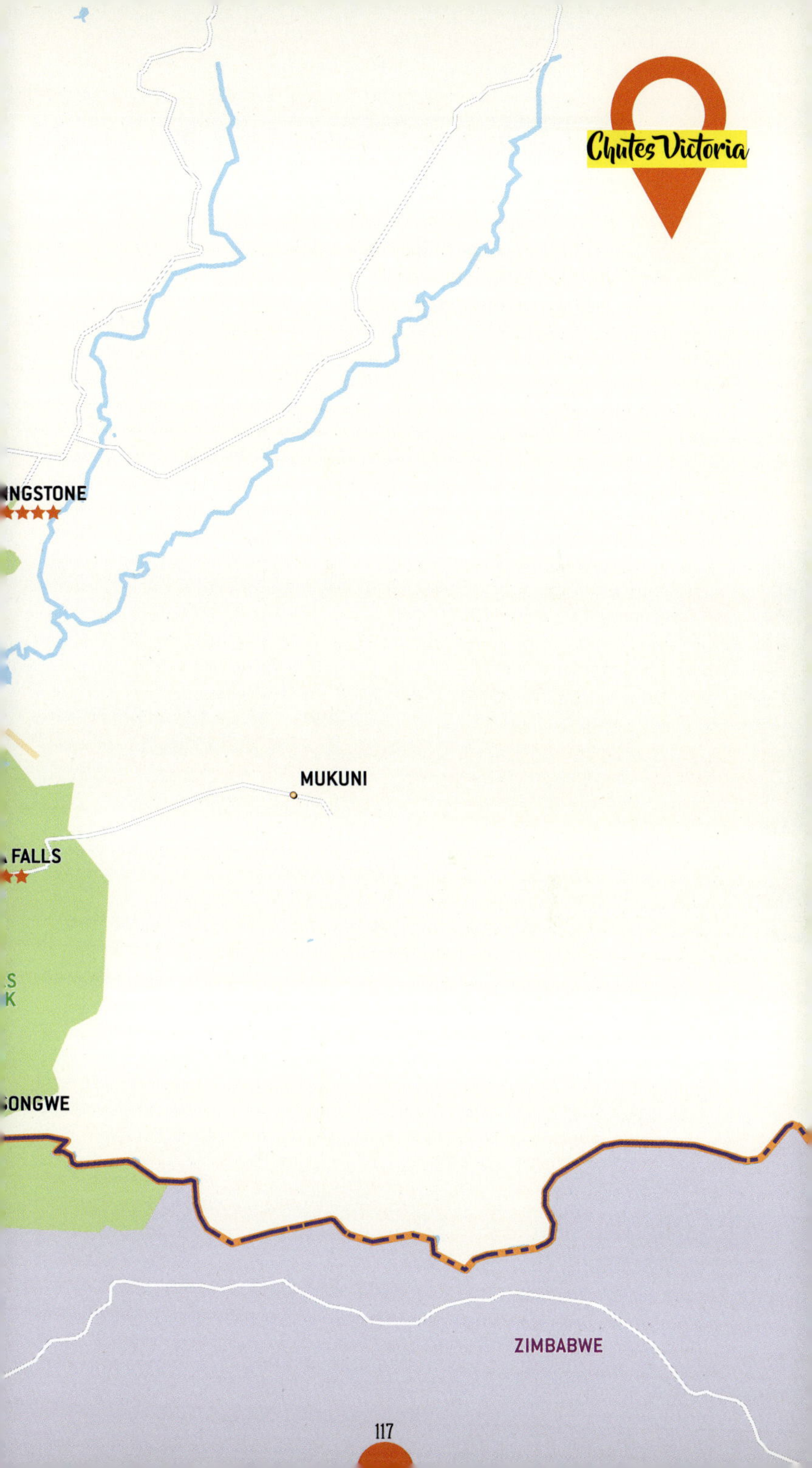
Chutes Victoria
NGSTONE
MUKUNI
FALLS
S
K
ONGWE
ZIMBABWE

PAGES

●● CHUTES VICTORIA

LIVINGSTONE ★★★★

Fondée en 1905, la ville de Livingstone a été nommée ainsi en souvenir du célèbre explorateur missionnaire britannique David Livingstone qui révéla l'existence des chutes *Mosi-oa-Thunya* au monde occidental en les rebaptisant les chutes Victoria. Elle est devenue, en 1911, la capitale de la Rhodésie du Nord et a été dotée d'installations bien supérieures à celles du reste du pays, comme en témoignent encore aujourd'hui les immeubles coloniaux qui bordent la rue principale. Livingstone fut aussi la première ville à avoir un journal.
En 1935, elle est supplantée par Lusaka, qui devient la capitale de la Zambie. Livingstone, autrefois ville animée, se métamorphose en une petite bourgade tranquille, où le charme colonial se mêle aux influences africaines. En revanche, son emplacement, à proximité du Zambèze et des chutes Victoria, lui vaut aujourd'hui un statut de capitale touristique. Profitant de la situation économique et politique instable de son voisin zimbabwéen avec qui elle partage les célèbres chutes, Livingstone accueille un nombre croissant de visiteurs et ses infrastructures ne cessent de se développer. Des lodges d'exception aux *backpackers* conviviaux, des croisières sur le Zambèze, au rafting, saut à l'élastique... son charme opère autant sur les amateurs de paysages grandioses que sur les passionnés d'adrénaline. De plus, le petit Parc national de Mosi-Oa-Tunya est l'unique chance de voir des rhinocéros blancs en Zambie.

Transports

En avion. Les compagnies aériennes Kenya Airways et South African Airways et Airlink proposent des vols internationaux depuis le Kenya et l'Afrique du Sud. Vols quotidiens en provenance et à destination de Johannesburg. Les compagnies domestiques zambiennes : Zambian Airways (relancée en 2021) est moins chère que Proflight pour les vols quotidiens depuis/vers Lusaka (comptez 1 heure de vol dès 180 US$). Il n'y a pas de vols direct pour les autres villes du pays, il faut repasser en escale à Lusaka.

L'aéroport international Harry Mwanga Nkumbula de Livingstone dispose d'infrastructures modernes (banque, bureau de poste, location de voitures, boutique de souvenirs…). Il est climatisé et très agréable. Il n'est situé qu'à 6 km du centre de Livingstone, mais les lodges et hôtels sont en général situés en bordure du fleuve Zambèze, à des distances très variables de la ville, jusqu'à la frontière avec le Zimbabwe tout près des chutes Victoria.

En train. Malheureusement, le Zambezi Express qui reliait Lusaka à Livingstone a été supprimé.

En bus. Le terminal principal de bus (Intercity Bus Station) se trouve plein centre-ville en face de la Barclays, mais pour vous rendre à l'ouest vers Kazungula (frontière Botswana) et Sesheke, demandez le terminal de Migongo qui se trouve en bas de la Nakatindi Road à 3 km du centre. De nombreux bus se rendent chaque jour à Livingstone depuis toutes les principales villes de Zambie. Comptez 7h de route pour Lusaka (entre bus normal climatisé et wifi 280 Kw et business 450 Kw avec prise USB en plus), avec des bus qui partent toutes les 3h, entre 6h et midi avec certaines compagnies comme Mazhandu Family Bus Service (+260 977 794 889) ou Shalom Bus Services (+260 977 668 621 ; +260 971 131 395 ; +260 979 093 826). Cette dernière compagnie assure le plus de liaisons depuis/vers Livingstone vers d'autres villes du pays, en particulier vers Choma (2h45, 210 Kw), Kafue (6h, 280 Kw), Kapiri Mposhi (départ du Tazara train pour la Tanzanie à 250 km au nord de Lusaka : 11h, 490 Kw) Ndola et Kitwe (13h, 590 Kw), Chingola (14h30, 620 Kw) et Solwezi (16h, 650 Kw). Il est préférable d'acheter son billet la veille du départ au moins. Il existe également des minibus qui desservent les principales villes du pays, plus lents, qui partent lorsqu'ils ont fait le plein de voyageurs et font de multiples arrêts. Shalom Bus Service assure des liaisons avec Johannesbourg en Afrique du Sud (15h de bus). On peut aussi prendre des bus de compagnies de bus sud-africaines plus confortables côté Zimbabwe à Victoria Falls pour rejoindre Johannesbourg.

Rejoindre les frontières du Zimbabwe, du Botswana et de Namibie. Des minibus relient le centre de Livingstone à la frontière du Zimbabwe. On peut les arrêter en cours de route s'ils ne sont pas pleins pour rejoindre la frontière. Les parcs nationaux des Chutes Victoria se trouvent dans les abords immédiats des deux frontières. Côté Zimbabwe, le centre de Victoria Falls se situe immédiatement après le parc et la frontière, pas besoin de minibus ou de taxi sauf si vous logez dans la périphérie. Pour aller au Botswana, il faut prendre un minibus depuis le terminal de Migongo (3 km du centre) pour le poste frontière de Kazungula. Une fois les formalités passées, il faut prendre un minibus pour la principale ville du coin, Kasane (très touristique car porte du Chobe National Park). Depuis Kasane, on peut prendre ensuite un minibus pour rejoindre la frontière namibienne à Ngoma (45 minutes de route). Après le passage du pont, vous voilà en Namibie.

En voiture. Comptez environ 7 heures de trajet de Lusaka. La route est dans un état convenable quoiqu'avec des passages très chaotiques, il est essentiel de rester vigilant. La police ne vous arrêtera pas pour vous demander de l'argent, en Zambie si les papiers sont en règle on ne vous arrête pas, ce qui est le cas pour les voitures de location.

Location de voiture. On trouve aussi à Livingstone des loueurs de voiture, bien pratique pour visiter les environs. Le mieux est de louer sa voiture directement à l'aéroport, mais il existe également quelques adresses de location en ville. Europcar est le seul loueur international à Livingstone, représenté en Zambie par le tour-opérateur Voyagers (aéroport ; +260 213 322 753 ; www.europcar.com). Hemingways Car Hire (+260 977 866 492 ; www.hemingwayszambia.com , info@hemingwayszambia.com), est un spécialiste zambien de la location de 4x4 fiable et sérieux, tenue par Pete et Annabel Hemingways. Les prix incluent un GPS, l'assurance, les kilomètres illimités et les procédures administratives pour l'autorisation de passer les frontières. Possibilité de rendre le véhicule dans une autre ville que Livingstone. Attention aux passages de frontières avec un véhicule loué, si les agences prévoient les papiers nécessaires, il faut payer des taxes par véhicule. Ce n'est pas indispensable pour visiter les chutes Victoria côté Zimbabwe qui se trouvent à proximité immédiate de la frontière. Garez-vous côté Zambie et passez à pied c'est plus simple. En revanche pour faire des tours au Botswana et en Namibie, c'est bien plus pratique en voiture qu'en minibus.

Taxis et transferts privés. Le coût d'un taxi depuis l'aéroport varie donc de 10 à 25 US$ selon la distance (de 6 km pour le centre-ville à 15 km jusqu'aux chutes Victoria ou jusqu'aux lodges situés en amont des chutes le long du Zambèze. Le prix déprendra aussi de votre talent de négociateur. Les taxis bleus sont nombreux à sillonner la ville. N'hésitez pas à demander aux lodges et backpackers combien devrait vous coûter une course Ces derniers arrangent aussi des tours aux chutes avec transport et guide inclus. Chris Taxis & Tours (Old Wing, Mosi-oa-Tunya Building ; +260 977 40 35 48 ; www.christourszambian.com christaxitours@gmail.com) est une agence du centre de Livingstone spécialisée dans les transferts (aéroport, hôtels), la location de véhicules avec chauffeur (minibus, 4x4, citadine) et les tours dans la région.

LIVINGSTONE CROCODILE PARK ★

Livingstone Way

Ouvert tous les jours de 8h30 à 16h30, 8 US$ pour les adultes.

Ce parc à crocodiles est une attraction amusante à faire en famille. Il détient plus d'une centaine de crocodiles de catégories d'âges différentes. Ils sont installés dans des bassins en béton, des plus petits aux plus effrayants. Une petite boutique stratégiquement située à la sortie propose toutes sortes d'objets plus ou moins locaux. Les tours guidés expliquent bien le cycle de vie des crocodiles, et l'heure du repas pour les reptiles peut être spectaculaire !

MARCHÉ DE MARAMBA

Tous les jours.

A l'est de la ville, c'est le plus grand et le plus fascinant marché de Livingstone. Haut en couleur, c'est un concentré d'animation organisé autour de centaines d'étals. On y trouve absolument tout : fruits et légumes frais, poulets vivants, vêtements, matelas, jouets en cuivre ou pièces de rechange mécaniques… C'est un très bon endroit pour acheter des *chitengue* (pagnes locaux), faire réparer son vélo, recoudre son sac à dos ou ses chaussures. Discrétion vestimentaire de rigueur et obligation de demander la permission avant de prendre des photos.

RAILWAY MUSEUM

Chisimba Falls Road

Entrée 15 US$ par adulte. Ouvert tous les jours de 8h30 à 16h30.

Les passionnés apprécieront ce petit musée qui expose une collection hétéroclite de locomotives à vapeur et wagons d'époque (trois Beyer Garretts pour les connaisseurs), objets associés à la vie du rail, anciennes photographies de la ville, exposition sur l'histoire du chemin de fer… Une collection qui appartenait à l'artiste britannique David Shepherd. Petit musée juif sur le site également à propos de la communauté historique de la ville. Le musée étant privé, le prix d'entrée est néanmoins élevé pour la modeste collection proposée.

MUSÉE DE LIVINGSTONE

Mosi-Oa-Tunya Road
www.livingstonemuseum.org
Ouvert tous les jours de 9h à 16h30. Entrée adulte 5 US$.

Point central de la ville en plein cœur historique de Livingstone, c'est le plus grand et le plus ancien musée de Zambie. Il a été construit dans les années 1930, puis agrandi et rénové pour le centenaire de la ville en 2005. C'est certainement aussi le plus fourni en objets historiques, explications sur l'histoire, sur les traditions et les cultures zambiennes, davantage que le modeste musée de Lusaka. Le site est divisé en cinq sections. La première est dédiée à l'archéologie : les premiers hommes, évolution humaine, développement culturel en Zambie de l'âge de pierre à l'âge du fer, tandis que la seconde, l'une des plus passionnantes, est dévolue à l'art et à l'ethnographie : présentation des différentes ethnies et cultures du pays. Cette section compte un fascinant focus sur la place de la sorcellerie. Le troisième volet de la collection s'attarde sur l'histoire du peuple tonga, du développement de l'autorité coloniale britannique à l'indépendance. Une autre partie s'intéresse à l'histoire naturelle de l'incroyable faune et flore zambienne : présentation de divers animaux et de leur habitat. Le musée expose également un grand nombre d'objets personnels ayant appartenu au missionnaire et explorateur britannique David Livingstone qui a donné son nom à la ville. La librairie propose un grand choix d'ouvrages, tandis qu'une petite boutique vend peintures et sculptures d'artistes zambiens. Une visite incontournable quand on vient à Livingstone pour en apprendre un peu plus sur la Zambie.

ZAZU VOYAGE

✆ +263 783 73 16 27
www.zazuvoyage.com

© ZAZU VOYAGE

Aurélia Garnier, une Française sympathique résidant aux chutes Victoria, saura vous organiser un séjour sur mesure adapté à votre budget en Zambie et au Zimbabwe principalement, mais aussi dans les pays limitrophes (Botswana, Namibie, Mozambique…). Experte en safaris dans les plus beaux parcs des deux pays, mais aussi en activités sportives et ludiques autour des chutes, elle connaît les meilleures adresses de lodges et de camps, les routes et itinéraires les plus scéniques pour vivre un séjour inoubliable, en couple, en famille ou en petit groupe.

OFFICE DE TOURISME

Mosi-oa-Tunya Road
✆ +260 213 32 23 65
www.livingstonetourism.com
Ouvert du lundi au vendredi de 8h à 13h et de 14h à 17h, le samedi de 8h à midi.

L'office de tourisme de Livingstone se trouve sur la route principale de la ville, Mosi-oa-Tunya Road. Vous pourrez y trouver des cartes et dépliants recensant toutes les activités organisées dans la région, principalement la visite des chutes Victoria, mais aussi les excursions sur Livingstone Island et la Devil's Pool en basse eau ou la Angel's Pool en hautes eaux. Mais aussi tous les sports qu'on peut pratiquer, notamment du rafting. N'hésitez pas à poser vos questions au personnel très accueillant qui saura vous orienter en anglais.

AFRICAN VIEW TOURS AND SAFARIS

2644/876 2644/876 Ellaine Brittel
✆ +260 213 32 72 71
www.africanview.it

Agence basée au cœur de Livingstone, African View, gérée par le sympathique Giacomo, dispose de tout le personnel et toute la logistique nécessaires pour offrir aux touristes de nombreux services et circuits : safaris itinérants en tentes, safaris en lodges, voyages culturels et même des safaris à moto à travers la Zambie et le Botswana. Autour de Livingstone, l'offre inclut la visite des chutes, des game drives, des safaris pour les enfants, des stages de photographie…

BUNDU ADVENTURES

1364 Kabompo Road
✆ +260 213 323 587
www.bunduadventures.com

Cette agence locale de tours à Livingstone est spécialisée dans les activités aquatiques. Cette sympathique équipe excelle dans les sports sur le Zambèze. En premier lieu, le rafting bien sûr, mais aussi le canoë ou l'hydrospeed. On le pratique sous les chutes, où l'on peut d'ailleurs simplement nager. L'agence organise aussi n'importe quelle activité, du saut à l'élastique au safari. Notamment des safaris budget en camping, à Kafue et Liuwa Plains. Avec plus de 15 années d'expérience, Bundu Adventures est une valeur sûre. Equipement fiable et personnel pro.

HORS PISTES [OFF ROAD SAFARIS]

55 Mwela Street
www.horspistes-afrique.com

Hors Pistes est un tour-opérateur francophone spécialiste des safaris, géré par Jonathan. Il opère à Livingstone qui se situe au croisement de quatre pays, la Zambie, le Botswana, le Zimbabwe et la Namibie. Il représente donc un formidable point de départ pour rayonner dans la sous-région et réaliser de très bons tours et safaris. En plus des circuits proposés, Hors Pistes tient le Kamunjila Lodge à Livingstone afin d'y accueillir ses clients de passage.

SAFARI PAR EXCELLENCE

Sichanga Road
✆ +260 213 32 06 06
www.safpar.com

Devant le succès touristique de la ville, l'opérateur, d'abord implanté au Zimbabwe, s'est installé du côté zambien. Safpar propose des croisières en bateau [sur le Makumbi et le Lady Livingstone], du rafting [à la demi-journée, à la journée ou sur deux à trois jours], et du canoë. L'organisation et l'encadrement des activités sont véritablement professionnels. Outre ces activités, Safpar commercialise les activités d'autres prestataires : pêche, quad, survol, saut à l'élastique, gamewalk, balade à cheval et propose aussi des tours classiques autour des chutes.

SAVANNAH SOUTHERN SAFARIS

Mosi-Oa-Tunya Road
✆ +260 213 32 72 82
www.savannah-southern-safaris.com

Bon accueil de Nina, dont le bureau se trouve au Munga Eco-Lodge. Son agence est spécialiste des safaris à pied, notamment à la rencontre des rhinocéros [une expérience à vivre !], et du *birdwatching* [observation des oiseaux]. Très axée nature et culture, elle propose la visite de villages, où l'on peut apprendre à cuisiner des plats locaux, mais aussi des marchés, écoles, musées ou orphelinats… Savannah propose aussi tous les classiques des environs [chutes Victoria…].

SIGO ADVENTURES & TOURS

Mosi-oa-Tunya Road
✆ +260 213 32 37 52
www.sigoadventures.com

Sigo Adventures organise tous types de séjours et circuits aux quatre coins de la Zambie. L'agence établit l'itinéraire, fournit des véhicules climatisés et réserve des hôtels pour ses clients. Les circuits peuvent aussi être créés sur mesure. Basée dans le centre de Livingstone, l'agence propose toutes les activités classiques de la région, notamment les safaris à pied dans les parcs nationaux, croisières sur le fleuve Zambèze, et pour les amateurs de sensations fortes : saut à l'élastique, rafting, ou encore le survol des chutes en hélicoptère.

HEMINGWAYS CAR HIRE

✆ +260 977 866 492
www.hemingwayszambia.com

Spécialiste zambien de la location de 4x4, basé à Livingstone. Les prix incluent notamment la location d'un GPS, l'assurance, les kilomètres illimités et les procédures administratives pour l'autorisation de passer les frontières. Hemingways dispense également des conseils sur les itinéraires. Spécialisés dans l'organisation de voyages pour personnes handicapées, Pete Hemingway et son épouse Annabel sauront vous renseigner mieux que personne sur les possibilités de voyages accessibles à tous. Une agence réputée pour sa fiabilité et son service.

CHAPA CLASSIC LODGE €

66 Nehru Way
✆ +260 213 32 20 65
www.chapaclassiclodge.com
Chambre simple 35 US$, double à partir de 40 US$, petit déjeuner inclus.

Situé à proximité du centre-ville, cet hôtel assez moderne, plutôt fréquenté par des locaux, est d'un bon rapport qualité-prix. Les chambres ouvrent sur un petit balcon privé et le jardin. Une jolie piscine populaire auprès des enfants permet de se rafraîchir. On apprécie les prix planchers pour des chambres correctes avec salle de bain privative, TV satellite, climatisation. Les supérieures sont très récentes. Ici, toutes les activités peuvent être réservées par l'hôtel sans commission. Le restaurant pourrait être amélioré en revanche.

FAWLTY TOWERS €

216 Mosi-oa-Tunya Road
✆ +260 213 32 34 32
www.adventure-africa.com
Dortoir à 12 US$, chambre double ou twin avec salle de bains privative à 52 US$, deluxe 80 US$, petit déjeuner 3 US$.

Une institution en ville pour les voyageurs à petit budget. Les chambres privatives, réparties autour du jardin, sont dotées d'une salle de bains, de la clim' et d'une moustiquaire. Fawlty Towers, un clin d'œil à la célèbre série des Monthy Pythons, a pour points forts une grande piscine dans la végétation, un resto abordable, un lounge très lumineux, un bar animé et un billard. L'ensemble est propre et bien tenu, dortoirs compris. Le personnel est accueillant. Son agence, Adventure Africa, propose toutes les activités à prix raisonnables.

JOLLYBOYS BACKPACKERS €

34 Kanyanta Road
✆ +260 213 32 42 29
www.backpackzambia.com
Camping 9 US$, dortoir 12 US$, double dès 45 US$ avec salle de bains partagée et 65 US$ avec salle de bains privative.

Ce « Backpacker », populaire et festif, est situé en centre-ville, jeune et animé. Ici, les familles avec enfants ne sont pas autorisées. Ils disposent d'un bar-resto, d'une jolie piscine et d'espaces de détente avec des coussins colorés de wax. Le camping ou les dortoirs sont économiques, tandis que les chambres avec salle de bains partagée ou privative sont plus confortables, mais restent abordables. Différents niveaux de confort existent, les plus chères sont climatisées. Navette gratuite jusqu'aux chutes et tours proposés à prix intéressants.

LIMBO LODGE €

205 Lusaka Road
✆ +260 213 32 20 96
www.limbolodge.com
A partir de 45 US$ la double et 60 US$ la twin, petit déjeuner inclus.

Ce lodge est situé légèrement à l'écart du centre-ville (Limbo signifie « Village »), dans un environnement calme et agréable. Il se compose d'une dizaine de chalets à toit de chaume. Parmi les services proposés : transferts aéroport, wifi, bar et restaurant. Son gros point fort : la piscine, rafraîchissante, et des prix abordables. Une bonne adresse bien tenue. Toutes les activités qu'offre un séjour à Livingstone peuvent être réservées par l'hôtel (visite des chutes Victoria, découverte de la vie sauvage, activités culturelles, nautiques ou culturelles).

NEW FAIRMOUNT HOTEL €

Plot 441/2 Mosi-Oa-Tunya Road
✆ +260 213 320 723
Chambres doubles à partir de 60 US$. Petit déjeuner 13 US$. Navette aéroport gratuite.

Une adresse très abordable pour le standing proposé. Cet ancien hôtel colonial 3 étoiles, central et arboré, propose 102 chambres et suites chaleureuses et même « pop » avec des éclairages néon colorés, des chaises rétro mêlées à du mobilier local. Chacune avec salle de bain privative, clim', TV par satellite, petit réfrigérateur, thermos pour le thé/café. Son point fort : une agréable piscine dans la cour, deux restaurants (bonne cuisine occidentale, chinoise et indienne) avec, certains soirs, des spectacles folkloriques. Casino, discothèque, agence de tours.

OLGA'S THE ITALIAN CORNER €

20 Mokambo Road
✆ +260 213 324 160
www.olgasproject.com
Chambre simple, double ou triple 57 US$, petit déjeuner en extra.

Olga's The Italian Corner est un restaurant bien connu dans le centre-ville de Livingstone pour ses délicieuses pizzas qui dispose d'une petite guesthouse dans la même propriété, pour petits budgets. Les 9 chambres sont bien équipées et offrent un charmant mélange de style africain et italien, avec du carrelage élégant, un toit de paille et un ventilateur. Elles donnent sur un jardin tropical où il fait bon se relaxer. Les prix sont vraiment intéressants.

TABONINA GUESTHOUSE €

3 Maisoko Road
✆ +260 979 465 288
www.taboninaguesthouse.com
Simple dès 30 US$, double 36 US$, triple 48 US$, familiale 60 US$, petit déjeuner inclus. Double climatisée 48 US$.

Cette sympathique guest house bien placée dans le centre et à prix plus qu'abordables est tenue par un Français qui vit à Livingstone, Laurent. L'accueil est donc en français et chaleureux. Belle piscine rafraîchissante dans un jardin décoré de cactus. La maison compte 9 chambres toutes différentes. Pour les petits budgets, les plus simples avec moustiquaires et salle de bains commune ou le camping sont d'excellentes options, tout comme les chambres plus confortables avec climatisation, bureau et mini frigo. Elles sont toutes décorées avec soin.

GREEN TREE LODGE €€

2015 Kombe Drive
✆ +260 213 32 26 31
www.greentreelodgezambia.com
Compter 60 US$ la nuit pour une chambre simple, et 90 US$ pour une chambre double.

Le Green Tree Lodge est une charmante maison avec une originale piscine à fond en damier enserrée dans un jardin agréable. Il se trouve dans un quartier calme, à environ 10 minutes de l'aéroport et 3 minutes du centre-ville. Les petits chalets ont été rénovés il y a quelques années. Les chambres sont claires et actuelles, avec d'épais matelas et bien équipées (frigidaire, climatisation, TV), dotées d'une petite terrasse avec vue sur le jardin et la piscine. Le restaurant propose une bonne cuisine, à un prix très correct. Accueil très chaleureux.

KAYUBE ESTATE €€

Nakathindi Road, à 20 km de Livingstone
✆ +260 213 32 37 26
www.kayubeonthezambezi.com
Bungalow double dès 108 US$, boat house (4 personnes max) dès 329 US$, river house (6 personnes max) dès 6 457 US$.

Ce très joli domaine de 90 hectares est situé au bord du Zambèze, à environ 20 km en amont des chutes. Kayube Estate se compose d'une grande River House pouvant accueillir 6 personnes, d'une River Boat familiale, et de Kayube Bungalow, plus petit. La piscine est vraiment sublime. Le tarif est en « self catering » sans repas car ils sont tous équipés d'une cuisine complète. Très belle vue sur le Zambèze et possibilité de voir ou d'entendre la faune sauvage (éléphants, hippopotames, lions, hyènes...). Kayube Estate est géré par l'agence Wild Side Tours.

MARAMBA RIVER LODGE €€

✆ +260 213 32 41 89
www.maramba-zambia.com
Tentes safari dès 120 US$, tente de luxe ou chalet double dès 160 US$, petit déjeuner compris.

Ce lodge se trouve au bord de la rivière Maramba, dans le parc de Mosi-Oa-Tunya. Il offre une réelle immersion dans la nature près de Livingstone. A l'occasion, on peut même voir des éléphants et des hippopotames déambuler dans les parages. A l'intérieur comme à l'extérieur, les chalets sont chaleureux avec leur plafond en palmes et leurs meubles en bois. Les tentes safari, plus basiques mais au plus près de la nature, disposent de sanitaires privatifs. Piscine harmonieusement intégrée à son cadre naturel. Bar, restaurant et activités organisées par le lodge.

TAITA FALCON LODGE €€

Kazungul, le lodge est bien indiqué sur la gauche à 1 km après les chutes. ✆ +260 213 32 70 46
www.taitafalcon.com
Double de 185 US$ à 220 US$ en demi-pension selon la saison, à 45 min de Livingstone, 4x4 en saison des pluies.

Perché en haut de la gorge de Batoka à 220 m au-dessus du Zambèze, le lodge offre une vue grandiose sur le canyon en aval des chutes. Il porte le nom d'un rapace assez rare qui vole ici et dispose de 7 bungalows clairs et chaleureux. La structure de roseaux contraste harmonieusement avec l'ameublement soigné sans fioritures inutiles. Un joli jardin, une petite piscine et une atmosphère familiale complètent le cadre. Les activités incluent la visite des chutes et de la ville, l'incontournable « Sunset cruise », la randonnée et la visite des villages voisins.

THE ROYAL SICHANGO VILLAGE €€

Sichango Road
✆ +260 974 189 914
A partir de 90 US$ la double avec petit déjeuner.

Cet hôtel est très bien placé tout près des chutes et de l'entrée du parc de Mosi-oa-Thunya. Les prix de ses chambres sont abordables, d'autant plus que l'hôtel est doté d'une très belle piscine lovée dans la végétation, que le restaurant sert une bonne cuisine zambienne et internationale et que le confort des chambres est optimal. De jolies huttes de standing au toit de chaume à l'africaine abritent des chambres doubles ou familiales, climatisées, avec de jolies salles de bains.

CHUNDUKWA RIVER LODGE €€€

Route de Kazungula, à 22 km de Livingstone
✆ +260 969 641 797
www.chundukwariverlodge.com
Compter 310 à 450 US$ par personne en pension complète en chalet. Cottage familial de 1 000 à 1 325 US$ (selon saison).

Un lodge intimiste charmant perdu dans la nature en amont du fleuve Zambèze, pour vivre des vacances nature, chic et bohème. Au total, 5 chalets perchés dans les arbres et des cottages de trois chambres pensés pour les familles (à partir de 10 ans). Une architecture lumineuse et raffinée, en bois, pierre, chaume et autres matériaux naturels, de très jolies salles de bains avec baignoire îlot pour les plus luxueuses et un deck donnant sur la rivière. Jolie piscine. Sorties en canoë, *sunset cruise* et balades équestres comprises. Wifi.

ISLANDS OF SIANKABA €€€

✆ +260 213 32 44 90
www.siankaba.net
Comptez entre 1 300 et 1 500 US$ pour 2 personnes en pension complète.

Un paradis isolé se trouve à mi-chemin de Livingstone et du Chobe NP au Botswana. Il est situé sur deux îles couvertes de forêt au milieu du Zambèze, près des cascades Siansimba. Les 6 chalets sont regroupés sur une île, reliés au restaurant et à la réception (sur l'autre île) par un système de passerelles de bois suspendues. Les chalets en bois de teck et en toile de tente sont ouverts sur un balcon surplombant le fleuve tourbillonnant. La cuisine est excellente et créative. Détente assurée au bord de la piscine le jour et au coin du feu le soir. Spa.

ROYAL CHUNDU €€€

Route de Kazangula sur 50 km, tourner au panneau à gauche, continuer sur 11 km.
✆ +260 213 327 060
www.royalchundu.com
Comptez de 600 US$ à 740 US$ par personne tout inclus.

Le Royal Chundu est un lodge 5 étoiles Relais & Château situé à 50 km des chutes Victoria. Du grand luxe isolé du monde. Au total : 10 suites spacieuses perchées sur les rives et 4 villas privées sur l'île de Katombora (à 4 km du lodge principal) ainsi qu'un bâtiment central décoré en style colonial composent l'ensemble. Les activités offertes par le lodge sont nombreuses : balades à pied sur l'île et ses environs, canoé, pêche et un spa flottant sur le Zambèze, safari dans le Parc national de Chobe (Botswana), pique-nique aux chutes Victoria…

SINDABEZI ISLAND LODGE €€€

Accessible en 20 minutes de bateau depuis le lodge Tongabezi.
Compter de 520 à 595 US$ par personne, tout compris.

Le Sindabezi est un bush camp de luxe satellite du Tongabezi Lodge, plus exclusif, perdu sur une île sablonneuse et sauvage. Au milieu d'une végétation abondante, 5 chalets au toit de chaume et aux murs de roseaux sont ouverts sur le fleuve. Pas d'électricité ici, on s'éclaire à la lanterne. Les repas sont même préparés au feu de bois par le chef cuisinier ! Les animaux sont nombreux dans les parages, surtout les hippopotames. Ce camp *Out of Afric*a pour aventurier fortuné, offre une belle expérience *nature*, tout en proposant les mêmes activités qu'à Tongabezi.

THE RIVER CLUB €€€

✆ +27 072 517 4880
www.theriverclubafrica.com
River suite avec petit déjeuner hors droits d'entrée au parc national, à partir de 510 US$ par personne.

Isolé sur les berges du Zambèze, ce lodge de haut rang impressionne par l'architecture des chalets de luxe semés dans la canopée au-dessus du Zambèze. La maison principale est l'ancienne demeure de famille de Peter Jones, le propriétaire. Cette demeure à la décoration victorienne raffinée compose l'ensemble avec les 10 chalets en suites, certaines deluxe avec une plunge pool privative, ainsi qu'une suite familiale. Le lodge est pourvu d'un terrain de croquet, d'une sublime piscine donnant sur le fleuve, d'un court de tennis, d'un spa et d'une salle de gym.

TONGABEZI LODGE €€€

✆ +260 979 312 766
www.greensafaris.com
En cottage : 655 à 775 US$ par personne, en maison : 755 à 875 US$ par personne en formule tout inclus.

Le Tongabezi au sein du parc Mosi-Oa-Tunya est un must pour le voyageur fortuné. D'un côté, 5 jolis cottages ronds aux murs blancs et au toit de chaume ; de l'autre, 4 vastes maisons aux coloris de terre cuite. Le tout conçu en matériaux naturels (bois, pierre et fer forgé), avec des tissus aux motifs ethniques. Les repas gastronomiques sont servis au bord du Zambèze. Inscrite dans une roche naturelle, la piscine est une merveille. Spa. Activités incluses : visite des chutes, de Livingstone, safaris, canoë et croisière sur le Zambèze, visite de village…

WATERBERRY ZAMBEZI LODGE €€€

Old Constantia Farm, Nakatindi Road
✆ +260 213 32 74 55
www.waterberrylodge.com

Comptez 475 US$ par personne en pension complète, avec le transfert aéroport et une croisière.

Ce charmant petit lodge de luxe a été pensé pour que vous vous sentiez comme à la maison. Il est très exclusif, situé sur une délicate pelouse devant le Zambèze, il dispose d'un superbe jardin fleuri toute l'année. On y loge dans de charmants cottages, spacieux et bien décorés, dont certains font face au fleuve. Le sol est typiquement africain, en pierres polies grises, idéales en été car agréables et fraîches. Un peu à l'écart, un cottage familial est aussi proposé, tandis qu'un bush camp invite les guests en glamping immersif en pleine nature.

KUBU CAFÉ €

Kabompo Rd (à côté des pompiers)
✆ +260 977 653 345

Ouvert tous les jours de 8h30 à 16h. Dès 130 KW le poulet Schnitzel avec frites et salade.

Ce petit café vient de déménager en novembre 2022 mais reste en plein centre de Livingstone, dans un environnement plus vert et calme. Il est toujours aussi populaire et fréquenté par la population locale. Il sert autant d'excellents et abordables petits déjeuners, que des plats locaux ou des sandwichs, wraps, salades, burger, etc., et un bon café. Les tables en fer forgé sont installées en terrasse sous une halle à haut plafond en tôle. De multiples plantes et des livres dans une bibliothèque décorent le lieu qui ouvre aussi une petite boutique de souvenirs.

CAFÉ ZAMBEZI €

Mosi-oa-Tunya Road
✆ +260 21 3323189

Compter 10 US$ par repas. Ouvert de 7h30 à 23h30 tous les jours.

Ce simple café en façade est un charmant restaurant qui dispose d'une cour à l'arrière où sont servis des plats africains et caribéens, comme la chèvre au curry coco et riz jollof. Les plats sont goûteux, copieux, surtout les poissons. Spécialités de poulet au barbecue, pizzas et burgers également. Le midi, sandwichs sur place ou à emporter et un café expresso, notable en Zambie. Il est toujours bondé à midi et assez vivant le soir. Ambiance musicale et chaleureuse, live les week-end de groupes chantant des reprises internationales et zambiennes.

OLGA'S THE ITALIAN CORNER €

20 Mokambo Road
✆ +260 213 324 160
www.olgasproject.com

Ouvert tous les jours du matin au soir. Compter 10 US$ pour un plat principal.

Excellent restaurant italien authentique et bon marché, Olga's est probablement l'une des tables les plus connues de Livingstone, réputée notamment pour ses pizzas au feu de bois. A l'origine du restaurant, un projet de formation lancé notamment par quelques religieuses de la ville. Tous les employés sont des jeunes sans qualification formés ici même, et tous les profits reviennent au projet. Une double raison de s'y arrêter du petit déjeuner au dîner. Egalement des chambres à louer.

SHEARWATER BUNGEE CAFE €

Victoria bridge ✆ +260 213 324 231
www.shearwaterbungee.com

Ouvert tous les jours de 9h à 17h. Burger ou salade entre 10 et 13 US$. Cocktail 6 US$.

C'est l'unique café à proximité des chutes côté Zambie tenu par la société qui organise le saut à l'élastique, le swing et la tyrolienne depuis le pont. Il offre une vue splendide sur les gorges du Zambèze, et l'on peut observer les sauteurs tranquillement installé devant son café. Le menu propose sandwichs, salades et burgers à prix raisonnables. Une petite exposition photo sur l'histoire et l'architecture du pont est également visible dans les mêmes locaux au « visitor center ». A l'heure de l'apéro, les cocktails sont aussi une bonne option.

ZEST BAR AND RESTAURANT €

2616 Mosi-Oa-Tunya Road
✆ +260 978 109 392

Ouvert tous les jours de 8h à minuit. Viande espetada entre 170 et 200 Kw, burger dans les 150 Kw.

Zest est un café restaurant sans prétention qui existe à Lusaka et qui a ouvert il y a quelques années une table à Livingstone. Une enseigne appréciée localement pour ses viandes grillées au barbecue et en sauce, plantées sur une longue tige suspendue appelée « espetada », spécialité maison. On peut aussi y manger des pizzas, des burgers et siroter de bons cocktails classiques. Le cadre est très modeste, avec des tables dans un jardin extérieur ombragé par des arbres, autant que les prix de la carte, et le bar est animé en soirée en mode ambiance locale.

GOLDEN LEAF RESTAURANT €€

110 Mosi-oa-Tunya Road
✆ +260 213 321 266
www.goldenleafrestaurant.com
Ouvert tous les jours sauf lundi de 12h45 à 22h30. Comptez dans les 180 Kw le plat de viande.

En face du Ravine Lodge sur la route principale, se trouve le meilleur restaurant indien de la ville, ouvert pour le déjeuner et le dîner dans une salle intimiste. Le chef, qui vient de Mumbai, exerce ses talents sur tous les classiques de la cuisine indienne. Vous pourrez choisir entre des plats plus ou moins épicés, des classiques (tikka, spécialité maison, dal, biryani, nans, masala, korma...), et des recettes moins souvent aux menus : jalfrezi (curry du Bengale), sauce chef tava (à la noix de coco)... L'occasion de goûter des saveurs authentiques.

ROYAL LIVINGSTONE EXPRESS €€€

✆ +260 213 321 122
www.anantara.com
Les départs ont lieu le lundi, mercredi et samedi de 16h à 20h30. Comptez 160 US$ par personne avec le dîner.

La compagnie Royal Livingstone Express a relancé cette luxueuse excursion-dîner dans une locomotive anglaise de 1920 magnifiquement restaurée, qui fait *tchou tchou* tous les soirs en partant du pont des chutes. Un voyage à la Belle Epoque qui offre une traversée des villages puis du parc de Mosi O Tunya sur un parcours de 15 km devant un fabuleux coucher de soleil. Un dîner gastronomique 4 services préparé par le chef du Royal Livingstone Hotel est servi dans le wagon-restaurant.

FEZBAR

Mosi-oa-Tunya Road
✆ +260 977 793 364
Ouvert tous les jours jusqu'à 23h.

Ce bar lounge d'inspiration marocaine qui a quelques tables de billards et baby-foot est l'une des adresses les plus évidentes pour sortir à Livingstone. On ne vous recommande pas d'y manger, mais pour boire quelques bières et passer un bon moment, c'est une bonne adresse. Il se remplit en milieu de soirée de locaux et touristes venus pour danser sur des hits internationaux. Rien de très branché ni pointu côté musique, mais Livingstone n'est pas Ibiza, ici on se couche tôt. On trouve plus d'animation dans les bars des auberges de jeunesse mais c'est moins local.

EMMAH'S WEAR

Mosi-Oa-Tunya Road
✆ +260 977 432 957
Ouvert de 7h à 17h du lundi au vendredi.

Les jolis rideaux, les housses de couette ou les peignoirs que vous aurez pu repérer dans quelque lodge proviennent très certainement de chez Emma, la couturière la plus courue de la ville. On y trouve quelques objets finis, mais, avec un délai suffisant, l'atelier pourra confectionner sur mesure le vêtement ou le tissu d'ameublement de vos rêves. Vous trouverez des rouleaux de tissu sur place, mais le prix au mètre est plus avantageux chez les commerçants indiens du centre-ville. Possibilité de voir les artisans travailler sur leurs machines.

KUBU CRAFT

133 Mosi-Oa-Tunya Road
✆ +260 213 320 230
www.kubucrafts.com
Ouvert tous les jours de 9h à 19h.

Cette boutique (il y en a une autre à Lusaka) fournit les meubles et les objets décoratifs de certains des plus beaux lodges du pays. Les matériaux utilisés sont essentiellement les bois exotiques et le fer forgé travaillé par des artisans du pays. Il est possible de faire acheminer les grosses pièces par bateau en container. Les prix sont élevés mais justifiés compte tenu de la qualité. Sinon, pour de petits souvenirs, statuettes, bougeoirs et bijoux sont tout à fait charmants. A côté, le Kubu Café est un bon plan pour déjeuner ou dîner.

MARCHÉ D'ARTISANAT

Mukuni park
Ouvert tous les jours.

Les artisans du marché artisanal principal de Livingstone proposent un grand choix de statues et d'objets en bois ou en pierre, sculptés dans le village dans les alentours de Mukuni. On trouve aussi des bijoux, dont bon nombre sont en cuivre, des tissus, des objets en malachite et toutes sortes de souvenirs. Attention, méfiez-vous des objets dits anciens qui ne le sont certainement pas. Vous serez fortement sollicités et mieux vaut être doué pour le marchandage et avoir beaucoup de patience. Essayez de faire jouer la concurrence entre les différents artisans.

MOSI-OA-TUNYA NATIONAL PARK ★★★

Situé à l'extrême sud de la Zambie, le Parc national de Mosi-oa-Tunya longe le Zambèze sur 12 km à partir des chutes Victoria. Sa superficie n'est que de 66 km². Le parc étant petit, on peut s'y promener tranquillement en voiture, en suivant la route goudronnée le long de la rivière. On y trouve une grande diversité d'animaux : éléphants, zèbres, antilopes, gnous, girafes, phacochères... Comme il n'y a pas de prédateurs, les animaux ne sont pas craintifs et, habitués aux véhicules, ils se laissent plus facilement approcher (et photographier) que dans les grands parcs du pays. L'excursion dans le « parc national » ressemble davantage à une promenade zoologique qu'à un véritable safari.

▸ ***Walking safari* - rhinocéros blancs.** Mosi-oa-Tunya offre l'occasion unique de pouvoir observer des rhinocéros blancs en Zambie. Ces animaux, qui avaient complètement disparu du territoire, exterminés par les braconniers, ont été réintroduits au nombre de 5 provenant d'un parc sud-africain. Ils y sont actuellement 8 et bénéficient de la protection rapprochée des rangers 24h/24 et 7j/7. Deux très mignons bébés rhinocéros sont nés en 2022 et ils se baladent aux côtés de leur maman, pour le bonheur des visiteurs venus les observer. Ainsi, votre guide n'a qu'à contacter les rangers en permanence aux côtés des rhinos pour les rejoindre et vous emmener au plus près des groupes, rencontre garantie à 100 %.

N'importe quelle agence de Livingstone propose cette excursion (pour environ 90 US$ tout compris). On peut également venir avec sa propre voiture pour faire un safari en *self drive*, mais sans le contact radio avec les rangers vous n'aurez que très peu de chance de tomber sur les rhinocéros. Mieux vaut alors réserver directement cette visite avec les rangers du parc au bureau, ça vaut la peine !

Se loger

Une poignée de lodges de luxe se trouvent à l'intérieur du parc national de Mosi-osa-Thunya sur les rives du Zambèze. Le game drive et le fameux *walking safari* avec les rhinocéros blanc sont compris dans les activités de ces lodges. Les lodges situés près des chutes en bord de route sont ouverts à tous pour déjeuner, prendre un thé dîner ou siroter un cocktail. Un cadre idéal face au Zambèze. En revanche, pensez à réserver.

OFFICE DU PARC

✆ +260 969 719 898

Entrée 10 US$ par personne, voiture en self drive 15 US$. Ouvert tous les jours de 7h à 19h.

Les principaux lodges de luxe référencés à Livingstone sont en réalité dans l'enceinte du Parc national de Mosi-oa-Thunya, car situé le long du fleuve Zambèze depuis les chutes jusqu'à la frontière du parc. Il existe une taxe de nuitée incluse dans le prix, tout comme les activités au sein du parc (game drive, walking safari avec les rhinocéros). On peut aussi venir avec son propre véhicule faire un safari en self drive pour voir les paisibles herbivores qui vivent ici (aucun prédateur). Il faudra s'acquitter des taxes au bureau à la porte du parc.

THE VICTORIA FALLS WATERFRONT €€

Sichanga Road ✆ +260 213 32 06 06

www.safpar.com

Par personne : camping 15 US$, tente 30 US$, chambre double en chalet 75 US$, avec petit déjeuner.

Ce grand complexe abordable se trouve au bord du Zambèze, à côté du Boat Club et de l'entrée du parc Mosi-Oa-Tunya. Le site en bord de rivière est très agréable. On y trouve un bar restaurant et une piscine creusée sur un ponton de teck. Les chalets sont magnifiques et confortables. Derrière le lodge principal : 20 tentes légères, surélevées sur des plates-formes avec deux lits de camp et ventilateur. Le terrain de camping est un peu plus loin. Sanitaires communs impeccables.

ROYAL LIVINGSTONE - ANANTARA HOTEL €€€

Mosi-oa-Tunya Road

✆ +260 213 321 122

www.royal-livingstone.anantara.com

Chambre double à partir de 555 US$ par personne et par jour avec petit déjeuner.

C'est tout simplement l'hôtel 5 étoiles le plus cher du pays : les prix sont vertigineux. Nul doute qu'avec son style colonial élégant, la grande bâtisse blanche de 173 chambres et suites a voulu imiter le mythique Victoria Falls Hotel côté Zimbabwe. Les chambres avec balcon sur le Zambèze sont élégamment décorées dans des teintes de crème et brun. L'hôtel propose 2 excellents restaurants et un bar les pieds dans le fleuve, idéal au coucher de soleil. Accès particulier aux chutes.

TOKA LEYA €€€

Mosi-oa-Thunya
✆ +27 11 257 5000
www.wildernessdestinations.com

Toka Leya, griffé Wilderness Safari, est l'un des camps les plus prestigieux des chutes Victoria, niché au cœur du parc national de Mosi-oa-Thunya. Entièrement refait à neuf il y a peu, son design afro chic contemporain se retrouve dans le lounge qui fait face au tumultueux Zambèze, comme dans les tentes ultra luxueuses. Les repas sont aussi raffinés que le service est professionnel. Toutes les activités sont comprises, de la visite des chutes au *walking safari* avec les rhinocéros du parc, en passant par la visite d'un village ou de Livingstone.

© TOKA LEYA

© TOKA LEYA

AHA DAVID LIVINGSTONE SAFARI LODGE & SPA €€€

Riverside Drive ✆ +260 213 32 46 01
www.thedavidlivingstone.com

Comptez à partir de 200 US$ pour 2 personnes pour une chambre standard comprenant le petit déjeuner.

Ce lodge avec ses 77 chambres pensées dans un style safari chic de couleurs sables et de matériaux apaisants est une adresse de haut standing 5 étoiles. Le domaine est une vaste fenêtre sur la nature tout près des chutes. Sa piscine surplombe le Zambèze et son lounge est abrité par un immense toit de chaume. Les vastes chambres sont pourvues de balcon avec vue sur le fleuve et de tout le confort qu'on attend à ce niveau de luxe. Le Spa propose une panoplie de soins très complète.

AVANI VICTORIA FALLS RESORT €€€

Mosi-oa-Tunya Road
✆ +260 978 77 70 44

Chambre standard : 325 US$ pour 2 personnes avec petit déjeuner.

Voisin du Royal Livingstone, fondé à la même époque par la même compagnie, ce complexe de 212 chambres détonne dans le paysage avec son allure mauresque et ses murs ocre. Il est doté de lumineux jardins et d'une vaste piscine. L'ambiance y est moins guindée que chez le voisin, davantage dans l'esprit d'un village vacances. Le confort y est tout aussi satisfaisant, les services comparables, mais l'ensemble a beaucoup moins de cachet. Accès illimité et gratuit aux chutes.

SUSSI AND CHUMA LODGE €€€

✆ +260 213 327 426
www.sanctuaryretreats.com

Compter de 400 $ à 670 US$ par personne selon la saison, tout inclus.

A 10 minutes de Livingstone au sein du Mosi-oa-Tunya National Park, ce lodge de grand luxe signé Sanctuary Retreats égraine 10 chalets perchés dans la canopée des ébéniers au bord de l'eau. L'intérieur est décoré dans un style colonial ethnique raffiné. Salles de bains à ciel ouvert et superbes vues sur le Zambèze depuis la terrasse. Les chalets sont reliés à la réception et au restaurant par des passerelles suspendues. Deux activités par jour sont comprises, au choix : visite des chutes, game drive dans le parc, walking safari, bateau, canoé, tour du village...

THORNTREE RIVER LODGE €€€

✆ +27 21 701 0270
www.africanbushcamps.com
A partir de 600 US$ par personne.

Ce merveilleux éco-camp est l'un des plus exclusifs du parc de Mosi-oa-Thunya. Et pour cause : il ne compte que huit tentes en suite et deux familiales, au design mêlant art local avec éléments contemporains, toutes dotées d'une *plunge pool* privative et d'une terrasse face au fleuve. Son deck où crépite un feu au soleil couchant semble flotter sur le Zambèze, non loin d'une *infinity pool*. Un spa sublime cette ambiance de sérénité aquatique. Tout est compris ici : *walking* safari avec les rhinos, croisière, visite des chutes, culturelle, kids club pour les petits...

AVANI VICTORIA FALLS GRILL €€

Mosi-Oa-Tunya Road
✆ +260 213 321 122
www.avanihotels.com
Comptez dans les 200 Kw minimum le plat. Ouvert du matin au soir tous les jours.

Si vous n'avez pas les moyens de séjourner dans ce resort de luxe, profitez de ses restaurants. Surtout celui au bord de la piscine où viennent s'abreuver les zèbres de temps à autre. Idéal en journée, car installé dans la verdure et au calme. Comme tout restaurant d'hôtel international, il propose une nourriture dans les standards, en particulier des grillades, mais aussi des pizzas, des snacks, des burgers... L'occasion de faire un plouf aussi pour les non guests de passage.

THE ELEPHANT CAFE €€€

✆ +260 97 340 3270
www.safpar.com
Déjeuner ou dîner par personne, transfert obligatoire de Livingstone, par la route 180 US$, par bateau 220 US$.

Ce restaurant de luxe est une tente lourde avec un plancher en bois situé en bord du Zambèze à 40 minutes de voiture ou de bateau de Livingstone. On y sert des déjeuner et dîner gastronomiques d'une grande finesse qui changent selon la saison. Les places sont rares – 24 convives seulement – et il faut réserver longtemps en avance. L'originalité de cette expérience c'est l'interaction avec une dizaine d'éléphants (dont 3 sauvés du braconnage) avant le repas : on peut s'approcher, les toucher et les nourrir. Curieux, ils se baladent autour de la tente.

ROYAL LIVINGSTONE - ANANTARA HOTEL

Mosi-oa-Tunya Road
✆ +260 213 321 122
www.royal-livingstone.anantara.com
Ouvert tous les jours du matin au soir. Réservation indispensable en ligne.

Ce très bel hôtel de luxe situé sur les rives du Zambèze au cœur du marc Mosi-oa-Thunya ouvre ses portes aux non-guests le temps d'un déjeuner, d'un dîner ou d'un thé. Il dispose de plusieurs restaurants et lounge, et nous vous recommandons en particulier le Kubu, car sa sublime terrasse donne directement sur les chutes. On voit la brume générée par l'eau s'élever dans les airs. La carte propose autant de belles assiettes que de jolis cocktails. Idéal au coucher de soleil.

CHUTES VICTORIA

© VADIM PETRAKOV - SHUTTERSTOCK.COM

Mosi-Oa-Tunya National Park.

VICTORIA FALLS NATIONAL PARK ★★★

Du haut de leurs 103 mètres, les chutes Victoria sont deux fois plus hautes que les célèbres chutes du Niagara américaines et étendent leur rideau de cascades sur une distance de plus de 1 700 m. Leur débit, extrêmement puissant, peut atteindre, à la fin de la saison des pluies, 545 millions de litres à la minute. Et le fracas qu'elles génèrent en s'engouffrant de façon brutale dans la gorge s'entend à plusieurs kilomètres à la ronde, tel le terrible rugissement de quelque créature infernale… Ce lieu fascinant, la brume qui s'en échappe, le bruit de l'eau qui chute, ainsi que la forêt tropicale qui s'est développée autour, ont pendant des millénaires intrigué les populations locales, qui ont développé toutes sortes de croyances et de rites autour des chutes qu'ils appellent « Mosi-oa-Tunya », « la fumée qui tonne ». La brume peut monter jusqu'à 400 m d'altitude et est visible parfois jusqu'à 50 km. Il est possible d'y voir un phénomène aussi rare qu'étrange : des arcs-en-ciel lunaires, qui apparaissent au-dessus des chutes les soirs de pleine lune. On comprend quels furent l'étonnement et la fascination de Livingstone lorsque, en 1855, au cours d'une de ses nombreuses expéditions en Afrique australe et centrale, il découvrit ce joyau de la nature… Surpris et attiré par un curieux nuage blanchâtre s'élevant en permanence au-dessus d'une infime partie de la forêt, il demanda sans doute aux autochtones de le conduire au pied de cette fameuse Mosi-oa-Tunya dont le chef Sebituane lui avait parlé. Là, baigné des embruns projetés au-dessus de la faille et étourdi par l'incroyable vacarme résonnant dans la gorge, Livingstone eut la révélation d'un des sites naturels les plus extraordinaires de tous les temps, et, subjugué par tant de majesté et de splendeur, il donna aux chutes le nom de sa reine : Victoria. Après l'indépendance, lors de la chasse aux noms coloniaux, un groupe d'opposants à l'ancien régime blanc a manifesté le désir de redonner aux chutes l'une de leurs appellations premières : « Mosi-oa-Tunya ». On décida finalement de laisser aux cataractes leur nom populaire, afin de ne pas influer sur le flot croissant de touristes et de devises. Le nom de Vic Falls fut également gardé pour désigner la ville touristique qui se développa sur la rive sud des chutes à partir de 1905, côté Zimbabwe.

Formant l'une des plus belles frontières naturelles au monde, les chutes Victoria s'étendent pour un tiers sur le territoire zambien et pour deux tiers sur le territoire zimbabwéen. Cette disproportion explique certainement que, durant de nombreuses années, le Zimbabwe ait davantage tiré profit de la présence des chutes que la Zambie. Toutefois, avec la crise économique et politique qui persiste au Zimbabwe depuis la fin des années 1990, la tendance s'est considérablement inversée et Livingstone (en Zambie) reçoit désormais plus de touristes que Victoria Falls (au Zimbabwe). Nous vous conseillons, dans la mesure du possible, de visiter les deux villes qui présentent un aspect très différent ou, du moins, de prendre une journée afin d'aller admirer les chutes depuis la rive zimbabwéenne. En plus de l'attraction exercée par les merveilleuses cataractes, la région est devenue un lieu de référence pour les aventuriers du monde entier, avides de s'exercer aux sports extrêmes dans un cadre naturel exceptionnel : saut à l'élastique, rafting, randonnée, escalade, bateau, etc.

Côté zambien. La rive zambienne offre un panorama relativement différent de la rive zimbabwéenne. Située à l'extrémité de la gorge des chutes et moins proche, elle offre une multitude de vues différentes panoramiques (et c'est l'intérêt). En saison de basses eaux néanmoins, nous ne recommandons pas de visiter ce parc si vous devez n'en choisir qu'un, car la vue est limitée à beaucoup de roche à nue ; mieux vaut se concentrer sur le côté zimbabwéen plus proche et plus impressionnant.

Le sentier principal de promenade longe la falaise face aux chutes avec un passage vertigineux sur une passerelle métallique (le *knife-edge bridge*) qui assure, de mars à mai, une douche naturelle mémorable. Un joli point de vue sur le fleuve, souvent couronné d'un arc-en-ciel, est également à signaler en amont des chutes. Ensuite le parcours vous mène à travers bois jusqu'à un point de vue sur le grand pont frontalier qui enjambe la faille à 111 m de haut. Vous pourrez éventuellement distinguer au loin les silhouettes en yo-yo des têtes brûlées sautant à l'élastique.

Pour une autre perspective, il est possible, mais uniquement sur la rive zambienne, de descendre au fond de la gorge. Suivez depuis l'entrée la direction du *Boiling Pot*, utilisé par les rafteurs comme point de départ de leur descente du Zambèze en saison de basses eaux. Une colonie de babouins vit de part et d'autre de ce chemin et il peut être assez impressionnant de la traverser, de gros mâles étant assis en plein milieu quelquefois. Contournez-les calmement, ils sont habitués aux touristes ! Vous grimperez d'abord de grands escaliers à travers une parcelle de forêt primaire tropicale avec ses espèces végétales particulières, puis vous poursuivrez prudemment à travers les rochers. La descente et la remontée sont assez fatigantes,

mais la vue imprenable sur le pont et, avec encore un peu d'effort, sur les chutes qui se déversent dans le canyon, en vaut la peine, l'idéal étant de prévoir un pique-nique. Certains tour-opérateurs proposent, à certaines saisons, de se rapprocher des chutes par en dessous et d'y nager dans la rivière, « sous la brume » (« under the spray »).
Enfin, en contournant l'extrémité de la gorge, à l'opposé du sentier principal qui fait face aux chutes, vous pourrez découvrir la rivière s'écoulant tranquillement juste quelques mètres avant de plonger dans sa chute vertigineuse. Un lieu très joli, idéal pour se reposer en fin de visite.

Côté zimbabwéen. Le Victoria Falls National Park s'étend sur 23 km^2 et comprend les cataractes ainsi que l'écosystème qui lui sont directement liés. De petits chemins de promenade et de légers promontoires bordés de petits buissons épineux (pour empêcher les curieux de s'approcher trop près du bord) ont été aménagés le long de la faille et offrent des panoramas époustouflants sur les trombes d'eau en enfilade. Contrairement à la rive zambienne, on peut ici contempler le rideau entier des chutes (ou, selon la période, de le deviner à travers les embruns) divisé en cinq cataractes majeures : Devil's Cataract (cascade de 30 m de large et 70 m de haut), Main Falls (1 km de large et 93 m de haut), Horseshoe Falls, Rainbow Falls (les plus hautes, à 108 m) et Eastern Cataract (101 m de haut). A l'extrémité des chutes se trouve le Danger Point (le point dangereux !) d'où il est possible d'observer le bouillonnement des eaux dans le fond de la gorge. Ensuite, la faille se scinde en deux pour laisser s'écouler le fleuve sous le pont métallique frontalier. Arrosée en permanence par les projections des chutes, la végétation qui borde les pans rocheux se déploie en une mini-jungle luxuriante, qui n'est pas sans rappeler les forêts tropicales du centre de l'Afrique. Là, au milieu des lianes, des palmiers et des arbres exotiques folâtrent quelques babouins, grivets, phacochères, cobes à croissant et guibs harnachés, tandis que les papillons et oiseaux aux couleurs chatoyantes volettent dans les fougères et ébéniers alentour...

Climat

Si les chutes sont superbes pendant toute l'année, leur débit varie considérablement d'une saison à l'autre, offrant des sensations et des panoramas tout à fait différents.

De mars à mai, c'est-à-dire à la fin de la saison des pluies, les chutes atteignent leur plus fort débit et offrent un spectacle impressionnant : un rideau d'écume blanche bouillonne sans interruption sur 1 700 m et les embruns sont tels que la vue en est brouillée.

LE PONT DES CHUTES VICTORIA

Histoire. La localisation du pont a été choisie en 1900 par Cecil Rhodes, alors gouverneur de la Rhodésie (Zimbabwe et Zambie), à l'origine du projet ambitieux de construction d'une ligne de chemin de fer reliant les colonies africaines britanniques du Cap au Caire. Rhodes désirait alors faire passer le chemin de fer suffisamment sur le Zambèze près des chutes, pour que la brume qui s'en échappe puisse atteindre les trains. La ligne en provenance de Bulawayo, dans l'actuel Zimbabwe, atteint les chutes Victoria en 1904 et les travaux de construction du pont débutent immédiatement. Après 14 mois de dur labeur pendant lesquels un ingénieux système de tyrolienne permet de transporter ouvriers et matériel de chaque côté de la gorge, le pont est achevé. Intégralement en acier, sur 198 mètres de longueur, il enjambe la seconde gorge des chutes Victoria. Il est inauguré le 12 septembre 1905. Malheureusement, Cecil Rhodes, décédé en 1902 n'aura jamais eu l'opportunité de découvrir son rêve achevé. Le pont est ouvert aux voitures en 1908, et en 1910 le premier train à passagers le traverse. Il s'agit d'un train reliant Livingstone et Victoria Falls tous les week-ends, rapidement nommé le « weekender ». Ce pont a notamment joué un rôle très stratégique au cours des deux guerres mondiales. Situé au cœur des colonies britanniques, il était essentiel au réapprovisionnement des troupes britanniques combattant en Afrique. Néanmoins, sa proximité avec la Namibie, colonie allemande dont la frontière se trouve à seulement 80 km du pont, rendait celui-ci particulièrement vulnérable. Les autorités britanniques ont donc fait garder le pont avec une grande attention, y installant plusieurs équipes de gardes montés et de gardes circulant en train.

Le pont aujourd'hui. Il est situé entre la frontière zambienne et la frontière zimbabwéenne, dans un *No Man's Land* de 1,6 km qu'on traverse à pied ou en voiture pour rejoindre l'une ou l'autre des frontières. Il joue donc un rôle majeur et facilite le transport de biens et la circulation des personnes entre les deux pays. On peut le traverser en voiture ou à pied bien sûr ; et observer les téméraires touristes sauteurs à l'élastique ou au swing, qui ont choisi de se jeter du haut de ses 128 mètres.

En quelques minutes, on se retrouve trempé, rafraîchi par des millions de gouttelettes chaudes, et comme happé par un vacarme assourdissant… Certes, on distingue assez mal le dessin de la faille, mais on éprouve pendant quelques heures la savoureuse impression d'avoir plongé dans un gouffre terrifiant et sublime à la fois…

De juin à août, le débit des chutes reste impressionnant, mais tend à diminuer progressivement avec le temps sec. La gorge se distingue plus nettement et il est beaucoup plus facile de faire de jolies photographies.

De septembre à novembre, l'eau tend de plus en plus à se raréfier : Devil's Cataract et Main Falls continuent à s'écouler, mais le pan oriental de la faille n'est plus arrosé que par quelques minces filets d'eau (quand il n'est pas complètement à sec). La faille se dessine très nettement et plus aucune gouttelette ne vient rafraîchir les promeneurs.

De décembre à février, les chutes se renforcent progressivement à la faveur des orages de fin de journée. Le débit redevient plus impressionnant, mais la gorge demeure visible. L'atmosphère ambiante est chaude et étouffante, et les projections d'eau sont un véritable délice !

Géologie

La formation des chutes Victoria. Il y a des centaines de milliers d'années, le Upper et le Lower Zambezi (aujourd'hui deux zones du même fleuve Zambèze) étaient deux rivières séparées. Il y a 125 000 ans, le Upper Zambezi, ainsi que les rivières Kwando et Okavango, alimentaient un lac immense appelé Makgdadikgadi (au Botswana). Pour des raisons qui ne sont toujours pas découvertes (plusieurs théories existent), les rivières du Upper et Lower Zabezi se sont rejointes, créant un immense courant d'eau, qui constitua les premières chutes et vida une grande partie du lac Makgdadikgadi (qui finit de s'assécher au cours des changements climatiques successifs, devenant le grand désert de sel de l'Okavango que l'on connaît aujourd'hui). Le Zambèze est devenu de plus en plus vaste, regroupant de nombreux cours d'eau. C'est la force de cette eau qui a, au cours du temps, creusé différentes gorges. Ainsi, la gorge où se situent actuellement les chutes est la 8e crevasse sur laquelle les chutes se sont trouvées. La zone des chutes Victoria est recouverte d'une couche de basalte d'environ 300 m de profondeur, qui s'est formée sur la base d'éruptions de lave il y a environ 150 millions d'années. Au cours de ces millions d'années, avec le mouvement de la couche terrestre et l'érosion, les couches de basalte ont craqué et se sont écartées. La force de l'eau, combinée à ces phénomènes d'érosion a « avancé », à sept reprises, la localisation des chutes. La vue aérienne des chutes, en U.L.M. ou en hélicoptère, montre très clairement les différentes gorges où les chutes ont pris place au cours du temps. Pour plus d'informations, il existe des panneaux explicatifs intéressants sur l'histoire des chutes et de leur formation à l'entrée du parc national, côté Zimbabwe.

Pratique

Prix d'entrée. Si les taxes de conservation du parc pour les touristes occidentaux est resté fixé à 20 US$ par adulte pendant des années, il est passé à 30 US$ en 2020 pour les deux parcs. Mais en 2022, le Zimbabwe a décidé d'exploser ses prix : depuis le 1er janvier 2023, il faut s'acquitter d'un droit d'entrée de 50 US$ par adulte pour visiter ce parc... Et la visite guidée les soirs de pleine lune pour l'arc en ciel lunaire est passé de 40 US$ par adulte à... 100 US$. Le prix côté Zambie restent inchangé à 30 US$ par adulte (il faut dire que le parc est moins spectaculaire de ce côté). Pour les deux parcs, les enfants de 6 à 12 ans payent 50% du prix, et c'est gratuit pour les moins de 6 ans.

Horaires. En été, (du 01/09 au 30/04), les parcs sont ouverts de 6h à 18h. En hiver (du 01/05 au 31/08) ils sont ouverts de 6h30 à 18h. La plupart des tours organisés arrivent sur le site vers 10h, mais il est tout à fait possible de s'y rendre seul pour profiter ainsi plus longuement de la visite et éviter l'heure de rush des groupes. Les plus belles photos se font vers 8h du matin, lorsque le soleil illumine les cascades, ou en fin d'après-midi, lorsqu'il se couche derrière le fleuve. Les jours de grosses chaleurs (octobre-novembre) évitez la pleine après-midi avec un soleil trop fort et des couleurs écrasées. Notez que les soirs de pleine lune (pendant 3 soirs), le site côté Zimbabwe reste ouvert en nocturne pour offrir aux visiteurs la possibilité d'observer, par temps dégagé, un phénomène naturel aussi exceptionnel que romantique, un arc-en-ciel lunaire (*lunar rainbow*). Le meilleur moment est le lever de lune en début de soirée. Le premier soir le tour organisé par le parc national est à 18h, le second à 19h, le dernier soir à 19h30.

Infrastructures. Une cafétéria se trouve dans chaque parc pour manger sur place. Des toilettes se trouve également à l'entrée et un parking payant si vous êtes motorisés. Des cafés où prendre un bon déjeuner existent près des parcs nationaux des deux côtés de la frontière, certains avec vue sur les chutes.

Penser futé. En période de haut débit, pensez à vous munir d'une cape ou d'un K-Way (location possible côté zambien) et à protéger vos appareils photo dans un sac plastique. Mettez votre passeport dans un lieu absolument étanche (sac plastique bien fermé au fond du sac à dos ou pochette étanche) car en période de hautes eaux un coup de vent et vous êtes trempés des pieds à la tête sur le chemin d'approche des chutes côté Zimbabwe : les visas et tampons de votre passeport s'effacent et les ennuis commencent. Sachez qu'une fontaine à eau potable est gratuite à l'entrée des chutes côté Zimbabwe, au niveau de la cafétéria, pour recharger votre gourde d'eau bien fraîche, pas besoin d'emmener des litres avec vous.

Mise en garde : Notez la présence de colonies de babouins partout dans le parc, dès les abords le long des routes, et particulièrement près du *Boiling Pot* dans le parc côté Zambien. Ne prenez pas de nourriture, pas de sandwichs, encore moins de banane, de cacahuètes et autre, car ces derniers ont l'odorat très fin et n'hésiteront pas à vous arracher le sac s'il est laissé sans surveillance avec de la nourriture dedans, et même se montrer agressif s'ils ont faim. Les visites des chutes ne durent pas plus de 2h de chaque côté, organisez-vous pour prendre votre lunch dans un endroit prévu à cet effet : les cafétérias des parcs ou dans d'excellents cafés qui existent des deux côtés de la frontière avec vue sur les chutes.

Formalités. Les deux parcs nationaux des Chutes Victoria se trouvant de part et d'autre de la frontière, il faut prendre son passeport pour les visiter et prévoir du temps pour faire la queue aux guichets des frontières. Les locaux sont nombreux à passer la frontière, souvent des Zimbabwéens qui entrent pour travailler ou tenter d'acheter quelques denrées alimentaires, la vie étant plus difficile de l'autre côté de la frontière. On vous laissera passer car les touristes sont prioritaires étant donné la masse du flux, il ne faudrait pas nuire au business ! Depuis 2022, plus besoin de visa pour entrer en Zambie si on vient d'Europe ou d'Amérique du Nord, une mesure visant à encourager le tourisme. En revanche, le Zimbabwe maintient pour l'instant son visa d'entrée. Deux options pour vous : si vous comptez vous rendre uniquement au Zimbabwe pour visiter le parc national des chutes Victoria, un visa entrée simple à 30 US$ suffit. Si vous comptez passer plusieurs fois la frontière (sur les rives du lac Kariba et aux chutes Victoria par exemple) le mieux est de prendre le visa KAZA à 50 US$, valable 31 jours dans les deux pays en multi-entrées.

Sports / Loisirs

A quelques spécificités près, toutes les activités sportives et excursions autour des chutes Victoria sont possibles de chaque côté de la frontière, et lorsque tel n'est pas le cas, les agences se chargent d'effectuer votre transfert. A Livingstone comme à Victoria Falls, les réservations peuvent être faites auprès des hôtels, lodges ou backpackers, par l'intermédiaire d'une agence ayant pignon sur rue ou directement auprès des opérateurs. Les compagnies viennent généralement vous chercher à votre hôtel et vous raccompagnent à la fin de l'activité.

Plan futé. Sachant qu'il faut payer l'entrée du parc national pour certaines activités pratiquée dans le parc (ou au-dessus) des chutes, il est désormais beaucoup plus intéressant de faire ces activités côté Zambie puisque le prix d'entrée n'est que de 30 US$ contre 50 US$ côté Zimbabwe depuis janvier 2023. Les auberges de jeunesse organisent en général toutes les excursions classiques à prix minimum. Les groupes sont plus gros, l'ambiance plus jeune et festive. On peut aussi réserver directement en ligne certaines excursions (par exemple pour la Devil's Pool et Livingstone Island) ce qui est relativement nouveau et à prix très compétitifs. Le rafting ou le saut à l'élastique peut se réserver en direct aussi avec les prestataires. Il faudra simplement s'y rendre par ses propres moyens.

Randonnée. Une jolie marche de 2 heures relie la statue de Livingstone, érigée à l'entrée du site, au Zambezi River Lodge, situé 10 km en amont. L'itinéraire longe le fleuve et permet d'observer quelques oiseaux aquatiques. Il est toutefois conseillé de ne pas s'approcher trop près de l'eau en raison d'hippopotames et crocodiles.

Ile de Livingstone et Devil's Pool ou Angel's Pool. Petite île au milieu du Zambèze, située juste au bord de la falaise des chutes, l'île de Livingstone est un lieu d'excursion où sont autorisées seulement 24 personnes à la fois. La vue y est imprenable ! Littéralement situé au milieu des chutes, on peut s'y tenir au bord de la faille et y voir la rivière tomber de chaque côté. Il est également possible, à la saison des basses eaux, de nager jusqu'à la Devil's Pool, une petite piscine naturelle située au milieu des chutes, où l'on peut se baigner, à condition, bien sûr, d'être accompagné d'un guide professionnel. Sont organisées les sorties simples, avec petit déjeuner, lunch barbecue ou thé. Des guides non officiels vous proposeront de vous y rendre mais l'expérience peut s'avérer dangereuse, ne prenez que des excursions pro.

La Devil's pool est ouverte de fin août à début janvier, pendant les basses eaux, l'île de Livingstone de fin juin à début mars. Lorsque l'eau est trop haute, cette excursion est fermée et c'est alors l'Angel's Pool qui est ouverte (de mi-juillet à fin août et de janvier à mi-février). Elle est beaucoup moins spectaculaire, car à 15 mètres des chutes alors que la Devil's Pool est littéralement au bord des chutes. Comptez dès 90 US$ l'excursion seule Livingstone Island + Devil's Pool, dès 120 US$ avec le petit déjeuner sur l'île.

Promenades à cheval. Des balades de quelques heures, d'une journée, ou, pour les plus expérimentés, des safaris de plusieurs jours sont organisés dans le bush, le long du Zambèze, où l'on peut rencontrer de nombreux animaux. Les groupes sont constitués en fonction des niveaux et guidés par un cavalier expert. Les chevaux sont superbes et il y a également des poneys pour les enfants. Zambezi Horse Trails (propriété de Safpar) propose des tarifs intéressants de chaque côté de la frontière. Il faut compter autour de 85 US$ pour une demi-journée.

Saut à l'élastique et swing (bungee-jumping et gorge swing). C'est l' »activité phare des touristes les jeunes et les plus téméraires. C'est l'un des lieux les plus hauts du monde ! Un vertigineux plongeon de 111 m depuis le pont des Chutes Victoria dans les gorges de Bakota surplombant le Zambèze. Cette activité séduit beaucoup les touristes de passage. Les sauts peuvent être réservés à l'avance par l'intermédiaire d'une agence, sinon, rendez-vous directement sur le pont (côté zambien) à partir de 10h. Des photos et vidéos souvenirs sont proposées en supplément. Les compagnies Abseil Zambia et Safpar proposent d'autres façons de se jeter dans le vide.

La plus terrifiante (peut-être plus encore que le saut à l'élastique) est sans conteste le gorge swing : harnaché d'un câble, on se jette du haut du canyon en une chute libre vertigineuse de 53 m en 3 secondes, puis on se balance dans le vide à une vitesse de 140 km/h. Possibilité de sauter en tandem. Saut à l'élastique et swing dès 160 US$, swing en tandem 260 US$.

La tyrolienne (zipline). Les aventuriers – même les enfants – peuvent traverser la gorge en se laissant glisser le long d'un câble qui part du pont des chutes Victoria, perchés à 90 m au-dessus du sol. Dès 48 US$, en tandem 68 US$.

Escalade (abseiling). Il est également possible de descendre en rappel le long de la paroi rocheuse de la gorge Bakota (surplombée par le pont des chutes). Demi-journée dès 170 US$, journée entière lunch inclus dès 190 US$.

Croisière sur le Zambèze (option avec dîner). De nombreuses agences locales proposent de tranquilles croisières fluviales en amont des chutes Victoria, là où le Zambèze s'écoule avec lenteur et majesté. Il est possible d'organiser des excursions pour les petits déjeuners, déjeuners et dîners, mais les plus populaires sont celles qui ont lieu au coucher de soleil, lorsqu'il se pare de rouge et d'orange avant de venir mourir doucement dans les eaux miroitantes du grand fleuve. Hippopotames, crocodiles et éléphants sont régulièrement aperçus le long des rives du Zambèze. La plupart des croisières ont lieu sur des embarcations semblables à de longues barques chapeautées appelées *booze*, mais, en Zambie, on peut expérimenter une version plus luxueuse de l'excursion à bord de l'African Queen ou du Princess, deux superbes bateaux de deux étages semblables aux bateaux à roue du Mississippi. Romantisme garanti ! Cette excursion en bateau classique est comprise dans le prix des lodges de luxe qui se trouvent déjà au bord du Zambèze. Pour 40 US$ par personne pour le sunset cruise, les boissons coulent à volonté (ce qui rend certaines croisières tumultueuses !), heureusement accompagnées de délicieux en-cas. Avec dîner barbecue inclus, comptez dès 60 US$ par personne, l'African Queen ou Lady Livingstone, dès 75 US$ par personne.

Rafting en eau vive. Activité phare de Vic Falls depuis qu'on y a organisé, en 1995, le Championnat du monde, ce sport de plus en plus couru attire chaque année des milliers de sportifs ou d'aventuriers en tous genres. Le principe en est simple et le cadre grandiose, dans la gorge de Batoka, continuation directe de la faille des chutes Victoria. Là, le Zambèze, fort de son plongeon de 108 m et de l'étroitesse de la faille dans laquelle son cours se trouve soudain enserré, bouillonne et tourbillonne, se transformant parfois en rapides monstrueux... En certains endroits, la rivière est classée « degré 5 », c'est-à-dire un degré avant l'impossible (selon les critères internationaux, une eau classée « degré 6 » est considérée comme infranchissable !). Certaines vagues atteignent 6 m de haut, tandis que certains creux aspirent et secouent au point de propulser tous les occupants du raft dans les airs ! Les anglophones apprécieront les noms des rapides (Stairway to Heaven, Devil's Toilet Bowl, Commercial Suicide...).

Les risques sont, heureusement, limités et les accidents rares : un guide professionnel se trouve sur chaque bateau, et une équipe de kayakistes entoure constamment les embarcations à l'approche des points critiques. Tout naufragé est ainsi très rapidement repêché et ramené à bord, avec plus de peur que de mal. Il est toutefois conseillé d'être en bonne forme physique pour se lancer dans cette activité des plus intenses. En général, le périple dure une demi-journée ou une journée entière. Une vingtaine de kilomètres de rivière sont ainsi descendus, et 13 à 19 rapides franchis (selon le niveau des eaux). Entre chaque « bouillon », de vastes étendues d'eau s'étirent sous le soleil et permettent alors d'admirer en toute tranquillité la beauté de la gorge. Des expéditions de plusieurs jours, avec nuits de camping sur les bancs de sable, au fond de la faille, sont proposées aux plus enthousiastes. Contactez n'importe quel tour-opérateur local, et plus particulièrement les compagnies Shearwater et Safpar, pour des excursions de plusieurs jours.

Quand faire du rafting ? La meilleure période pour faire du rafting se situe pendant les mois de septembre et octobre, période de basses eaux durant laquelle les creux sont très marqués et les vagues monstrueuses. Novembre et décembre sont également de bons mois. De janvier à mai, les eaux sont très hautes, le courant très fort, mais la plupart des rapides sont très nettement atténués, et donc beaucoup moins impressionnants ! La majorité des agences proposent les deux options selon la saison. De début juin à mi-août, l'eau du Zambèze peut être très froide, ce qui peut gâcher en partie le plaisir de la descente. Les combinaisons sont alors appréciées. A titre indicatif, comptez de 120 US$ (la demi-journée lunch inclus) à 160 US$ (journée repas et boissons inclus).

Canoë safari. Organisés en amont des chutes Victoria, ces safaris permettent de découvrir l'écosystème attaché au Zambèze, au cours d'excursions d'une demi-journée, une journée ou plusieurs jours. Les traversées se font en canoë dur ou gonflable pour deux personnes et sont menées par un ou deux guides professionnels qui proposent, à ceux qui le souhaitent, de passer quelques rapides (de degré 1,2 ou 3 selon la saison). La pause déjeuner a généralement lieu sur une île sablonneuse qui offre l'occasion de se dégourdir les jambes. Quand la sortie dure plusieurs jours, les nuits se passent dans des camps de tentes installés au bord du fleuve, au cœur du Parc national du Zambèze. Bien qu'aucune expérience en la matière ne soit indispensable, une certaine forme physique est requise, car les distances parcourues peuvent aller jusqu'à 18 km par jour. De nombreuses espèces d'oiseaux aquatiques, des hippopotames et des crocodiles sont, bien sûr, au rendez-vous, de même que quelques éléphants (on observe cependant une concentration d'animaux moindre que sur le Lower Zambezi). Comptez dès 100 US$ la demi-journée, 125 US$ pour une journée de pagaie, lunch inclus.

Interaction avec les éléphants. Une activité respectueuse de l'animal consiste à interagir avec des éléphants à l'Elephant Café. Une activité très onéreuse pour le peu de temps passé avec eux, mais qui se veut de haut standing. On vient pour le petit déjeuner, le lunch, le thé ou le dîner, par la route ou par bateau (plus cher) pour vivre cette expérience privilégiée avec les éléphants. A partir de 155 US$ le thé avec les éléphants par la route, jusqu'à 240 US$ le dîner par bateau.

Safari au Chope NP (Botswana). Toutes les agences proposent des safaris d'un ou plusieurs jours dans le parc de Chobe au Botswana, l'un des plus réputés du monde, célèbre pour être le plus grand sanctuaire d'éléphants d'Afrique (environ 45 000 individus !), mais également pour sa forte population de hyènes et de lions et l'extrême diversité de ses habitats. Incontournable. Safari journée complète dès 175 US$, depuis Livingstone ou Victoira Falls.

Walking safari. Un walking safari à la découverte des rhinocéros du parc national de Mosi-Ao-Thunya est proposé par toutes les agences et inclus dans les activités des lodges de luxe situés au coeur du parc en bord de Zambèze. Comptez 90 US$ les 3h de walking safari avec les rhinocéros.

Déjeuner ou dîner en train à vapeur d'époque. La compagnie Royal Livingstone Express a relancé cette luxueuse excursion dans une locomotive anglaise de 1920, magnifiquement restaurée. Un voyage qui offre une traversée des villages puis du parc de Mosi-oa-Tunya sur un parcours de 15 km. A la tombée de la nuit, un dîner romantique préparé par le chef du Royal Livingstone Hotel vous sera servi dans la voiture-restaurant. Les départs ont lieu le mercredi et le samedi, vers 17h, du Royal Livingstone Hotel. Comptez 195 US$ par personne pour le dîner, 145 US$ le lunch.

Survol des chutes en hélicoptère. Extrêmement prisée mais pas du tout écolo, cette activité permet de jouir d'une vue aérienne et panoramique des cataractes, mais aussi de découvrir la topographie particulière de la région.

Du ciel, la faille se dessine de façon très nette et se poursuit jusqu'à l'horizon (bien des kilomètres en aval des chutes Victoria). La vision offerte diffère donc complètement de celle qui est donnée quand on se trouve à pied au bord de la gorge, mais les sensations sont tout aussi enivrantes et les clichés photographiques souvent bien plus beaux. En plus des chutes, il n'est pas rare de pouvoir observer les animaux (éléphants et hippopotames en particulier), ce qui se révèle tout aussi magique. Le survol des chutes, encore appelé « le vol des anges » (en référence aux paroles de Livingstone découvrant les cataractes : « les anges dans leur vol ont dû contempler des visions aussi magnifiques que celle-ci »), coûte 195 US$ les 15 minutes 295 US$ les 25 minutes).

Parachutisme. La compagnie Victoria Falls Adventure opère ses sauts depuis l'aéroport de Livingstone. Après les sensations fortes de la chute libre, la vision de la faille se faisant de plus en plus proche est tout simplement grandiose et l'expérience inoubliable. Les sauts s'effectuent en tandem et 3 options sont proposées : saut à 1 830 m pour une chute de 10s à 2 430 m pour 20s et à 3 000 m pour 35s. Les tarifs vont de 360 US$ en tandem à 400 US$ (incluant le transfert vers l'aéroport).

Transports

Près de 12 km séparent le centre de Livingstone des Chutes Victoria et de la frontière avec le Zimbabwe. Tous les hôtels, qu'ils soient situés sur les rives du Zambèze en amont de Livingstone, à l'intérieur du parc national de *Mosi oa Tunya* ou le long de la route principale de Livingstone aux chutes, proposent l'excursion aux chutes, des deux côtés de la frontière. Pour les lodges les plus luxueux, cette visite est comprise dans le prix, et se déroule avec un guide en petit groupe et en minibus. Pour les lodges de gamme moyenne elle est proposée en option souvent à 80 US$ par personne (comprenant 60 US$ d'entrée de parc). Enfin, les auberges de jeunesse proposent carrément une navette quotidienne gratuite pour les chutes, car la visite guidée payante n'a pas beaucoup de succès auprès des petits budgets qui doivent déjà s'acquitter des entrées de parc des deux côté et du visa à la journée pour le Zimbabwe. Sachez que les excursions de type Devil's Pool et Angel's Pool sont vendues avec le transport inclus de votre hôtel.

En taxi. Les taxis privés sont nombreux et l'avantage c'est qu'ils vous attendent quelque soit le temps que vous prenez pour la visite. Tout dépend de la localisation de votre lodge mais comptez entre 10 et 25 US$. Pour vous rendre des chutes à Victoria Fall's (la ville) côté Zimbabwe, 5 à 10 US$ suffisent car elle est à proximité immédiate.

En transport. Prendre un des nombreux minibus qui parcourent la route principale de Livingstone à la frontière. L'avantage est de n'avoir aucune contrainte horaire et c'est très facile, à condition que le lodge soit près de cette route. Quelques kwachas suffisent, attention à vos poches dans les minibus bondés et surtout à votre passeport.

Si vous louez un véhicule en Zambie, pas besoin de passer la frontière pour simplement visiter les chutes côté Zimbabwe, l'entrée du parc est réellement à quelques mètres de la frontière. Laissez simplement votre véhicule sur le parking du parc côté Zambie, et passez à pied pour éviter des taxes et des formalités inutiles. Il existe néanmoins des parkings devant chaque parc si vous voulez passer la frontière en voiture et visiter Victoria Falls toute la journée (il faudra payer 25 US$ pour la voiture).

Entre les deux parcs côté Zambie et côté Zimbabwe. Un petit *no man's land* entre les deux frontières de 1,6 km est à traverser à pied (ou en minibus si vous êtes en visite guidée organisée) et comprend le fameux pont des chutes, une balade en soi exceptionnelle et agréable. Vous verrez les téméraires faire du saut à l'élastique en passant et des postes militaires.

VICTORIA FALLS ★★★★

De bourg perdu et poussiéreux, Victoria Falls se transforma rapidement en une petite ville proprette, dotée de toutes les infrastructures nécessaires : hôtels, restaurants, bars, banques, magasins de souvenirs, agences de voyages... Une métamorphose due à l'afflux de voyageurs qui empruntaient la ligne de chemin de fer remontant du Cap. Entièrement tournée vers le tourisme, Victoria Falls présente un visage différent de celui de Livingstone, plus provincial, et elle a l'avantage d'être située à proximité immédiate des chutes, qui sont accessibles à pied. Durant la dernière décennie, la ville a beaucoup souffert de la situation politique et économique du Zimbabwe faisant fuir les touristes vers Livingstone, mais la situation s'améliore. La misère de la population reste palpable, avec une forte mendicité et des sollicitations plus pesantes que sur la rive zambienne, mais l'abandon du dollar zimbabwéen au profit du dollar américain a mis fin à l'hyperinflation sans pour autant mettre fin à la crise économique. Les prix ici sont désormais moins élevés et les voyageurs reviennent en nombre. Mais la situation est loin d'être stabilisée et le pays n'en finit pas de vivre des crises en soubresauts très préoccupants. Vous verrez bon nombre de Zimbabwéens passer la frontière pour aller travailler en Zambie ou acheter des denrées alimentaires. Beaucoup essayeront de vous vendre désespérément quelques souvenirs entre la frontière et le parc des chutes ; la vie est très difficile pour les populations locales. N'hésitez pas à acheter des souvenirs de ce côté de la frontière pour les aider même si certains se montrent très insistants, il n'y a pas d'alternative pour trouver du travail et la nourriture est très chère.

Transports

Victoria Falls étant une destination extrêmement populaire, elle draine la majorité des voyageurs visitant le Zimbabwe, mais aussi les pays limitrophes. Il faut dire que les chutes ne se trouvent qu'à une centaine de kilomètres de Kazungula, point de rencontre de la Zambie et du Botswana, qui mène aussi en Namibie toute proche.

Par la route. Victoria Falls est très facilement accessible depuis Livingstone. Si vous n'avez pas de véhicule, un taxi vous conduira jusqu'au poste frontière situé à une dizaine de kilomètres de la ville, tout près des chutes. Même ceux qui ne désirent pas se rendre au Zimbabwe devraient faire la balade pittoresque sur le pont métallique qui traverse le Zambèze. Indiquez simplement au douanier que vous faites un aller-retour. En plus d'un joli point de vue (les chutes d'un côté, la faille de l'autre), vous pourrez peut-être observer les sauts à l'élastique. Le poste frontière zimbabwéen se trouve 500 m après le pont, tout près de l'entrée des chutes. De là, 1 km vous sépare du centre-ville, que vous pourrez rejoindre à pied ou en taxi.

Formalités. Depuis fin 2022, plus besoin de Visa en Zambie pour encourager le tourisme. En revanche, le Zimbabwe le maintient encore. Le visa en entrée simple au Zimbabwe coûte 30 US$ si vous ne venez qu'un jour c'est suffisant. En revanche, nous vous conseillons le double visa KAZA Zambie-Zimbabwe de 31 jours multi-entrées dans les deux pays à 50 US$ si vous comptez vous rendre plusieurs fois au Zimbabwe pendant votre séjour en Zambie (soit pour aller plusieurs fois aux chutes, soit pour aller sur l'autre rive du lac Kariba par exemple).

Orientation. Vic Falls, qui n'a rien d'une mégalopole, est bien moins étendue que ne l'est Livingstone. Le centre est celui d'une petite ville de province dont la gare de style colonial accueille encore quelques trains à vapeur. Il est donc extrêmement facile de s'y repérer et de s'y déplacer. Le centre ne compte qu'une poignée de rues, dont deux sont véritablement commerçantes : Park Way (le long de laquelle s'alignent agences de voyages, magasins de souvenirs, bars et restaurants) et le semblant de route situé derrière la poste et menant au grand marché d'artisanat en plein air. Perpendiculairement, Livingstone Way, l'artère principale de la ville, qui mène directement aux chutes, est bordée par les bureaux d'Air Zimbabwe, de banques, de garages et de la poste. Les hôtels et les lodges situés en dehors du centre-ville proposent un système de navettes efficaces et rapides. Aussi n'est-il guère utile de louer une voiture : les curiosités et les commerces sont très proches les uns des autres et les tour-opérateurs s'arrangent toujours pour conduire leurs clients sur le lieu de départ des différentes activités.

A vélo. Une solution très pratique pour se déplacer à Victoria Falls, surtout si vous venez de Zambie pour une escapade à la journée dans la ville, est de louer des vélos. L'option est très économique, elle vous permet de vous déplacer partout dans la ville et aller par exemple jusqu'au baobab géant. Comptez 10 US$ la demi-journée et 15 US$ la journée.

CHUTES VICTORIA

BIG TREE ★★

Zambezi Drive

En bordure du chemin qui longe le fleuve Zambèze tout près des chutes, se trouve l'un des plus gros baobabs de tout le Zimbabwe. D'une épaisseur de 22 m, il s'élève à une hauteur de 24 m. Récemment certains scientifiques ont évalué que celui-ci serait en fait trois arbres rattachés les uns aux autres et qu'il serait donc beaucoup plus jeune que les 2 000 ans qu'on lui donne. Quoiqu'il en soit, ce baobab impressionne et il vaut une petite visite à pied. Le Zambèze Drive qui longe le fleuve y mène directement au niveau du parking des chutes.

FALLS CRAFT VILLAGE

Adam Stander Drive

Ouvert de 8h30 à 16h30, tous les jours. Entrée 20 US$. Spectacle et danses : de 18h30 à 20h tous les soirs, 30 US$.

Inauguré en 1983, ce musée grandeur nature reconstitue le mode de vie traditionnel des différentes ethnies du pays en présentant leur habitat et des objets de la vie quotidienne (outils, instruments de musique...). Hors visites de groupes, l'endroit semble désespérément vide, exception faite des poules et des chèvres dans leur enclos. Les musiques et danses folkloriques sont très réussies, avec des costumes et des masques magnifiques qui permettent d'apprécier, au son vibrant des tam-tams, certains des rites et coutumes les plus mystérieux de la région.

STANLEY AND LIVINGSTONE PRIVATE GAME RESERVE ★★

Old Ursula Road ✆ +263 832 841 005

www.stanleyandlivingstone.com

Safari dès 100 US$ par personne, déjeuner compris. Safari nocturne dès 137 US$ par personne, dîner compris.

Cette réserve de faune privée, gérée par l'hôtel du même nom, se trouve à un petit quart d'heure de Victoria Falls. Elle est aussi un des seuls endroits du pays où on peut voir les *Big Five* : lions, éléphants, buffles, rhinocéros et léopards. Les safaris en voiture vous emmènent à la recherche de la faune et certains peuvent être concentrés sur la traque des rares rhinocéros noirs. La nuit, une faune complètement différente peut être découverte pendant le safari nocturne.

OFFICE DE TOURISME

412 Parkway Drive

✆ +263 832 844 202

www.zimbabwetourism.net

Ouvert du lundi au vendredi de 8h30 à 16h, le samedi de 8h30 à 13h.

Idéalement situé dans le centre-ville de Victoria Falls, ce bureau mérite une petite visite avant l'exploration des chutes des deux côtés, Zambie et Zimbabwe. L'accueil y est des plus chaleureux, les brochures et les cartes en anglais sont très détaillées, vous y trouverez la liste de tous les hôtels, les restaurants et les agences de tours. On vous y dispensera des conseils éclairés et éclairants, surtout pour organiser des journées en fonction des activités ciblées. Prévoyez plusieurs jours sur place si vous ne voulez pas juste visiter les chutes.

VICTORIA FALLS BACKPACKERS €

357 Gibson Road ✆ +263 717 537 538

www.victoriafallsbackpackers.com

Camping 10 US$, location tente 5 US$. Dortoir 18 US$, cabane twin 50 US$, double avec salle de bains privée 60 US$.

Dans un jardin luxuriant sont dispersés les chambres (avec salle de bains privée), les cabanes, dortoirs et le camping (avec sanitaires communs). Une petite piscine, un bar-restaurant, une cuisine commune, un salon, des hamacs et une plate-forme d'observation complètent l'atmosphère colorée et cosmopolite du lieu. Le soir, feu de camp convivial. Cette auberge propose aussi toutes les activités proposées à Victoria Falls à prix plancher. Restaurant abordable et délicieux.

BAYETE GUEST LODGE €€

584 Manyika Road

✆ +263 832 847 321

www.thebayetecollection.com

30 chambres. Chambres simples à partir de 150 USD et doubles à partir de 230 USD, petit déjeuner compris.

Ce *lodge*, ouvert en 2015, est situé au cœur de Victoria Falls dans un écrin de verdure très calme. Ses chambres exécutives sont spacieuses et lumineuses, semi-ouvertes sur des salles de bains design avec des baignoires sabots et douches à l'italienne en béton ciré. Elles ont toutes quelque chose d'unique, et donnent sur le jardin doté d'une belle piscine. Possibilité de connecter deux chambres en une chambre familiale. Le PheZulu Guest Lodge, à 300 mètres, est tenu par les mêmes propriétaires et propose un hôtel similaire aux mêmes tarifs.

THE LOOKOUT CAFE €€

Batoka Gorge

✆ +263 782 745 112

www.thelookoutcafe.com

Ouvert tous les jours de semaine de 10h à 21h, le samedi et le dimanche de 8h à 21h. Plat autour de 17 US$.

Ce café restaurant sur pilotis détient sans doute le plus beau point de vue de Vic's Falls, très prisé pour observer le coucher de soleil sur le Zambèze. Il est perché à 120 m d'altitude et plonge directement sur les cataractes et la nature verdoyante qui l'entoure, un beau spectacle quelle que soit la saison. Le bar à cocktails est évidemment de mise pour ce lieu d'exception, la carte en propose une dizaine. Le service commence dès le petit déjeuner. Carte simple mais variée et efficace (planche de fromage, tapas, burger, viandes et poisson).

Les chutes Victoria et la Zambezi River entre le Zimbabwe et la Zambie.

THREE MONKEYS €€

Adam Stander Drive
✆ +263 774 341 911
www.3monkeys.co.zw
Ouvert tous les jours de 12h à 23h. Compter autour de 15 US$ pour un plat.

Cette adresse est une institution à Victoria Falls. Adjacente au chemin de fer, elle est située en plein centre et offre une vue sur les anciennes locomotives. Le menu n'a rien de révolutionnaire avec ses pizzas, burgers, paninis et grillades, mais les plats sont bons et l'accueil y est sympathique. Le bar, un ancien wagon de train, est bien achalandé en spiritueux et propose également des cocktails. Des grandes télévisions affichent les événements sportifs et certains vendredis, des concerts se produisent sur la scène du bar. Un lieu animé et populaire.

CURIO MARKET

Adam Stander Drive
Ouvert tous les jours jusqu'à 18h.

Le Curio Market, situé derrière le centre commercial Elephants Walk, présente des petites boutiques d'artisanat zimbabwéen ; batik, masques, bracelets et pendentifs locaux en grande majorité. C'est aussi et surtout l'endroit où les tailleurs de pierre viennent exposer leurs sculptures à même le sol. Les achats y reviennent peut-être un peu plus chers qu'au marché car ils louent leurs espaces, mais la négociation reste possible. Les prix restent quand même beaucoup plus élevés qu'à Harare mais si vous ne vous y rendez pas, l'occasion est bonne d'en acheter ici.

ELEPHANT'S WALK SHOPPING & ARTIST VILLAGE

273 Adam Stander Road
www.elephantswalk.com
Ouvert tous les jours de 8h à 18h.

Un centre d'artistes à ciel ouvert avec des petites boutiques, un café et des galeries d'art africain. Idéal pour trouver des cadeaux et souvenirs dans les boutiques, et découvrir les artistes locaux qui réalisent des objets d'art, exposés dehors à même le sol. Ceux-ci sont d'une tout autre qualité que sur le marché voisin : sculptures d'art contemporain shona, bijouterie fine, meubles de teck, vêtements de safari... Sur place, un salon de thé, un voyagiste et quelques restaurants.

MARCHÉ D'ARTISANAT

Comme dans de nombreux pays africains, et même davantage qu'en Zambie, l'artisanat zimbabwéen est riche et varié : poteries, sculptures en bois et en pierre, paniers en osier, tissus multicolores, bijoux... Le grand marché de la ville, qui se trouve derrière la poste, propose un grand choix d'objets. Toutefois, les vendeurs se montrent assez insistants. Rien de plus cependant que sur les autres marchés artisanaux. Sourire, patience, art du marchandage, voici la recette qui vous permettra de remplir vos bagages de quelques souvenirs bien choisis.

SHEARWATER VICTORIA FALLS

Parkway Drive
✆ + 263 832 844 471
www.shearwatervictoriafalls.com

L'un des plus gros opérateurs de Victoria Falls qui se spécialise dans les activités d'adrénaline et propose des *packs* attractifs de plusieurs activités. Rafting, safari canoë ou croisière sur le Zambèze, survol des chutes en hélicoptère, promenades à cheval, sans oublier le fameux saut à l'élastique de 110 m ou la tyrolienne au-dessus de la gorge de Batoka. Shearwater y a également ouvert sa chaîne de cafés-restaurants en 2015, située dans le centre-ville et aux chutes Victoria.

ZAMBEZI NATIONAL PARK ★★★

A 6 km en amont des chutes commence le parc national du Zambèze, partagé entre forêt et savane arborée. Bordant le fleuve sur 40 km, cette aire protégée de 56 000 ha attire une multitude d'animaux sauvages et constitue un lieu agréable de safari. Le parc est bien aménagé et dispose de pistes facilement accessibles au bord du fleuve, ainsi que de nombreux sites de pique-nique offrant de jolies vues sur les îles zambéziennes. Surtout célèbre pour ses troupeaux d'hippotragues noirs, le parc abrite également des éléphants, des buffles, des zèbres, des girafes, des babouins, des grivets, des koudous, des impalas, des cobes à croissant et quelques félins.

VALLÉE DU ZAMBÈZE

Quatrième plus grand fleuve d'Afrique après le Nil, le Congo et le Niger, le Zambèze prend sa source au nord-ouest de la Zambie, fait une courte incursion en Angola pour revenir délimiter le pays au sud-ouest, de la Namibie et du Botswana. Mais le Zambèze est surtout le patrimoine commun de la Zambie et du Zimbabwe, entre lesquels il trace 500 km d'une somptueuse frontière naturelle. Après les tumultueuses chutes Victoria, le fleuve coule paisiblement vers l'est pour atteindre le lac Kariba. Jusqu'au lac de Cahora Bassa, au Mozambique, se déroule la vallée du Zambèze moyen, extension occidentale de la grande Rift Valley. Réputée pour sa très grande beauté, cette région des plus sauvages se trouve entre deux rangées de montagnes : l'escarpement de Zambie, sur la rive septentrionale du grand fleuve, et celui du Zambèze. Entre ces deux barrières rocheuses s'étendent de vastes territoires naturels riches d'une faune exceptionnelle.

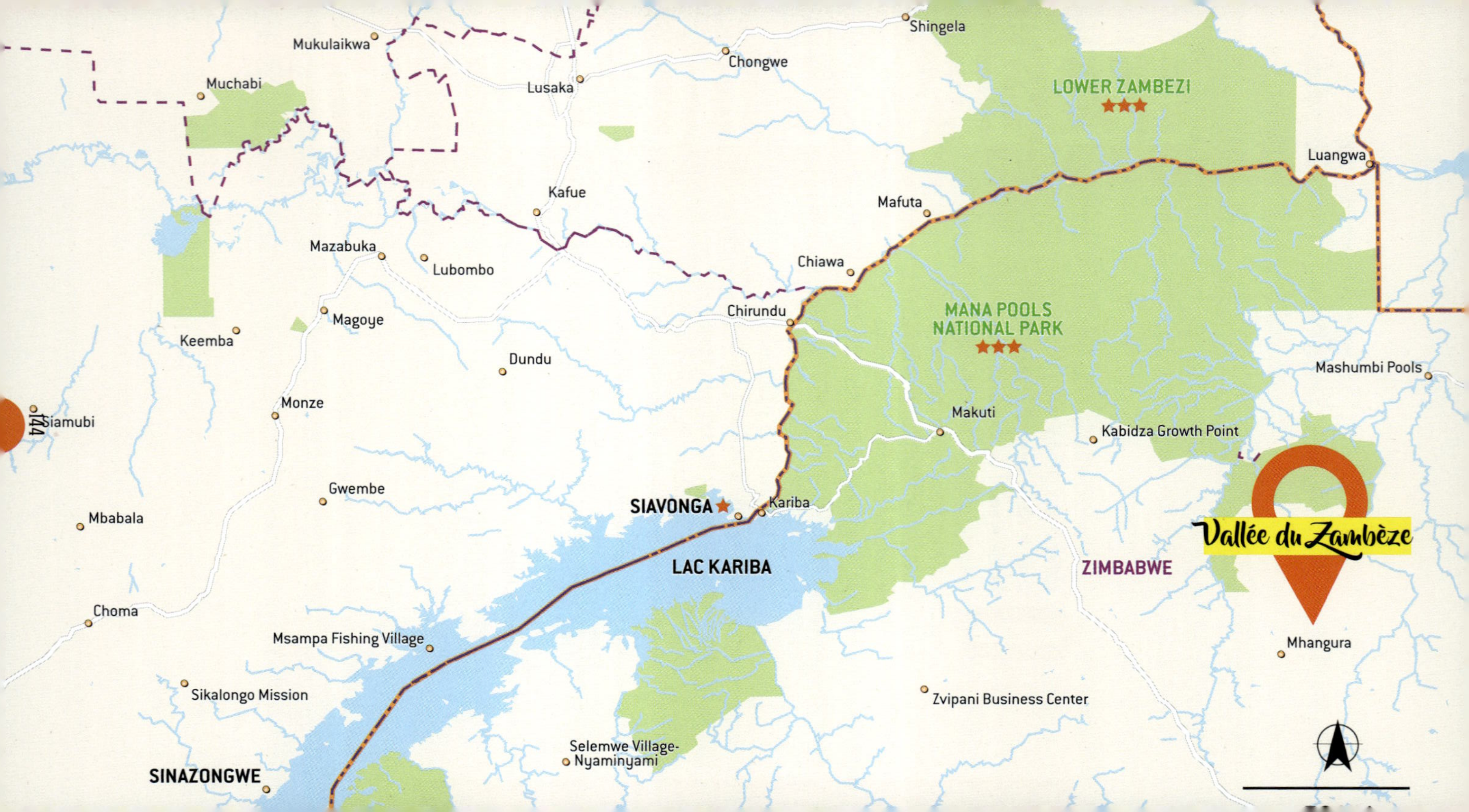
Vallée du Zambèze
LOWER ZAMBEZI
MANA POOLS NATIONAL PARK
LAC KARIBA
ZIMBABWE
SIAVONGA
SINAZONGWE
Shingela
Mukulaikwa
Chongwe
Muchabi
Lusaka
Luangwa
Kafue
Mafuta
Mazabuka
Lubombo
Chiawa
Chirundu
Magoye
Keemba
Dundu
Mashumbi Pools
Monze
Siamubi
Makuti
Kabidza Growth Point
Gwembe
Kariba
Mbabala
Choma
Msampa Fishing Village
Mhangura
Sikalongo Mission
Zvipani Business Center
Selemwe Village-Nyaminyami

PAGES

LAC KARIBA

D'une superficie de 5 400 km², le lac Kariba étend ses eaux émeraude sur environ 220 km tandis que sa largeur maximale atteint 40 km. C'est le second plus grand lac artificiel au monde après le lac Nasser (entre l'Egypte et le Soudan). Moins visitées que les rives zimbabwéennes, les rives zambiennes du lac Kariba ne sont pas très riches en infrastructures touristiques, mais offrent un visage plus authentique aux amateurs de la nature, dans le village de Siavonga surtout. Pendant la saison sèche, les eaux du lac baissent très légèrement, découvrant de grands espaces fertiles qui attirent des milliers de buffles, éléphants et diverses antilopes. Les nombreux oiseaux colorés viennent ajouter au charme indicible de l'endroit. Attention, le lac compte des hippos et des crocos et est infesté de bilharziose, donc baignade interdite et même tremper les pieds !

Histoire

Le lac Kariba est né du barrage de Kariba, dont la construction très controversée s'est étalée de 1956 à 1959 et a coûté près de 150 millions de dollars. Pour pourvoir la région en électricité et transformer les plaines inondables du Zambèze en lac, il a fallu inonder de vastes zones de forêts, ce qui a provoqué une catastrophe écologique et sociale sans précédent dans la région. La faune terrestre a perdu son habitat naturel et de nombreux animaux sauvages ont été noyés sous les eaux déversées. Quelque 700 mammifères ont peu cependant être secourus grâce à la mobilisation internationale. Des fonds ont été réunis pour assurer leur évacuation par bateau et les rapatrier sur la terre ferme. Cette arche de Noé à haut risque a suscité à l'époque un intérêt médiatique bien plus important que celui concernant le triste sort réservé aux quelque 50 000 Tonga forcés de quitter leurs terres ancestrales des rives du fleuve. Installées aujourd'hui plus à l'intérieur des terres, ces populations, bien que soutenues par un programme de développement mis en place par la compagnie d'électricité zambienne, doivent lutter pour leur survie. Traditionnellement peuple de pêcheurs, les Tonga ont dû s'adapter à un nouveau mode de vie basé sur l'agriculture, sur des terres moins fertiles que celles de leurs ancêtres. Mais, plus de 40 ans après la fin de ce projet titanesque, le bilan est positif pour l'économie des deux pays. En plus des activités hydroélectriques, les industries de la pêche et du tourisme se sont développées.

La malédiction de Nyaminyami. Depuis toujours, les Tonga établis au bord du Zambèze ont cru à l'existence de Nyaminyami, un dieu du fleuve très puissant à tête de poisson et au corps de serpent aquatique. Aussi, ils étaient persuadés que la construction du barrage entraînerait sa colère. L'histoire sembla leur donner raison lorsque plusieurs catastrophes vinrent perturber les travaux. En mars 1957, l'eau du fleuve se mit à bouillir et le niveau du Zambèze monta soudainement de 30 m, ce qui détruisit le pont et les routes d'accès au site. L'année suivante, 17 ouvriers périrent engloutis dans du ciment suite à l'effondrement d'une plate-forme et, au total, ce furent 86 ouvriers qui laissèrent leur vie sur le chantier. Pour les Tonga, aucun doute, la malédiction de Nyaminyami avait frappé.

LE VOYAGE DU KAPENTA

Le kapenta est un petit poisson semblable à la sardine des lacs Victoria et du lac Tanganyika. Très apprécié en friture ou même séché pour son goût, il a une teneur élevée en protéines. Afin de développer la pêche commerciale dans la région, des bancs de kapentas furent, à la fin des années 60, acheminés par avion et introduits dans le lac Kariba. Après de premiers résultats contrastés, le poisson s'adapta parfaitement à son nouvel environnement. Une industrie florissante s'est alors développée et, aujourd'hui, le kapenta est le gagne-pain de la majorité des habitants de la région. Ils sont pêchés de nuit sur des plates-formes mobiles, à l'aide de puissants spots.

SINAZONGWE

Située à son extrémité orientale, Sinazongwe est la deuxième ville du lac, à près de 200 km de Siavonga et autant de Livingstone. Vous pouvez y faire une halte au marché sur la route. Construite comme une cité administrative dans les années 1950, moins développée en termes de tourisme, Sinazongwe vit surtout de l'industrie de la pêche au kapenta, ce petit poisson importé des lacs Victoria et Tanganyika qui fait la fortune de la région. Le centre-ville ne se trouve pas au bord du lac mais en hauteur, sur une colline. Un endroit hors du temps où l'on ne voit pas souvent des touristes européens passer !

SIAVONGA ★

Située sur la rive occidentale et entourée de collines, la petite ville de Siavonga est la principale attraction touristique du lac Kariba côté Zambie. Elle est toutefois bien différente de sa voisine zimbabwéenne Kariba qui, avec sa marina chic et ses nombreux restaurants, fait figure de véritable station balnéaire. Simple camp de base des ouvriers travaillant sur le chantier dans les années 1950, Siavonga compte aujourd'hui un marché, deux épiceries, une banque (avec un distributeur), une station-service et quelques hôtels. L'ambiance y est tranquille et décontractée. De nombreuses entreprises de Lusaka y organisent leurs séminaires. On y mange de la perche du Nil grillée. La route qui y mène est ponctuée de villages densément peuplés du fait de l'exil forcé des populations qui vivaient dans la zone aujourd'hui inondée pour créer le lac.

Pratique

Poste frontière. Le barrage de Kariba est à 20 minutes en voiture. Il constitue un poste frontière entre la Zambie et le Zimbabwe. Il est donc possible de traverser en voiture ou en transport pour aller visiter la sympathique ville balnéaire de Kariba. Si vous comptez vous rendre plusieurs au Zimbabwe (par exemple aux Chutes Victoria) prenez plutôt un visa multi-entrée Kaza Zambie/Zimbabwe à 50 US$, même si le visa Zambie est désormais gratuit, car le visa simple entrée au Zimbabwe coûte 30 US$.

Sports / Loisirs

Activités nautiques. Si la baignade se révèle trop dangereuse en raison de la présence de crocodiles et d'hippopotames, sans compter les risques d'attraper la bilharziose, il existe de multiples façons de profiter des eaux du lac : canoë dans les gorges du Zambèze, croisière en bateau au coucher de soleil.

Pêche. Les pêcheurs pourront s'adonner à leur passion car les eaux du lac sont très riches. Plus de 40 espèces de poissons y sont recensées, parmi lesquelles la succulente brème et le vaillant poisson-tigre, l'un des plus recherchés en matière de pêche sportive. La ville zimbabwéenne de Kariba accueille d'ailleurs chaque année, au mois d'octobre, le Tiger fishing Tournament, un concours international réunissant plus de 300 amateurs de la discipline.

Transports

En bus. Il n'existe pas de service de bus régulier pour le lac Kariba mais, depuis Lusaka, des minibus font la navette plusieurs fois par jour jusqu'à Chirundu, à la frontière zimbabwéenne. De là, il est possible de trouver un transport jusqu'à Siavonga. Comptez 100 Kw et 3h30 de trajet.

En voiture. De Lusaka, comptez 2 à 3 heures de route. Empruntez la T2, au sud de la ville, en direction de Kafue puis de Chirundu. Au panneau indiquant Siavonga, tournez à droite et poursuivez sur la route asphaltée sur 60 km. De Livingstone, comptez pratiquement une journée de trajet. Prenez l'excellente T1 en direction de Lusaka. Un peu avant d'arriver à Kafue, un embranchement permet de récupérer la T2 en direction de Chirundu. Une autre possibilité, si vous êtes équipé d'un 4x4, consiste à quitter la T1 au niveau de Chisekesi, en direction de Gwembe, et à récupérer la route de graviers qui longe le lac.

BARRAGE DE KARIBA ★

Ouvert tous les jours, passeport obligatoire. Entrée gratuite mais 1 US$ pour le parking de la voiture.

En laissant son passeport au poste-frontière et sa voiture au parking, il est possible de se promener sur le gigantesque mur de béton que constitue le barrage de Kariba (il n'y a pas de droit d'entrée c'est gratuit). Inauguré le 17 mai 1960 en présence de la reine d'Angleterre, son histoire est détaillée à l'entrée, à renfort de panneaux explicatifs sur les différentes étapes de la construction de cet arc colossal. Il s'étire sur 579 m de large et se dresse à 128 m au-dessus du Zambèze. Une prouesse technique à l'époque. Sa structure est en cours de renforcement depuis 2018 et les travaux devraient durer jusqu'en 2025, mais la baisse du niveau des eaux due au réchauffement climatique dès 2016 est inquiétante. Au maximum de sa capacité, 9 000 m^3 d'eau s'y engouffrent à la seconde, mais de 2019 à 2022 les pénuries d'eau ont eu tendance à réduire son fonctionnement. Le meilleur point de vue se situe du côté zimbabwéen, à près de 2 km du poste zambien. De là, le paysage offre un contraste saisissant avec, d'un côté, l'immensité du lac qui s'étend à l'infini et, de l'autre, le canyon vertigineux formé par cette rétention d'eau colossale. Des marchands de souvenirs ont pour habitude de vendre ici des statuettes à l'effigie de Nyami-nyami, le dieu du fleuve. Pour ceux que l'histoire du barrage intéresse, l'hôtel Eagles Rest expose dans son restaurant quelques photographies des différentes étapes de sa construction, soulignant les prouesses techniques que ce chantier représentait dans les années 1950.

SITE ARCHÉOLOGIQUE DE INGOMBE ILEDE

Situé sur la piste, à 15 km de la route principale qui bifurque à Siavonga, soit à 55km de la ville.

Entrée adulte 15 US$, enfant 7 US$, voiture 5 US$. Ouvert de 9h à 18h tous les jours.

« Ingombe Ilede », signifie « la vache qui dort », du fait d'un immense baobab couché en forme de vache allongée qui se trouve au centre du site. Les archéologues pensent que ce lieu, découvert en 1960 non loin de Siavonga, constituait une plate-forme commerciale importante du VIIe au XVIe siècle, où étaient notamment échangés des produits, principalement du sel, mais aussi du cuivre, de l'or, de la céramique et des textiles. L'âge d'or de ce nœud commercial est daté entre le XIIIe et le XVe siècle, entre l'empire Mwenemupata pour l'ivoire et l'or, la région de Katanga en RDC pour les esclaves et le cuivre, tandis que s'échangeaient perles de verre, tissus et cauris provenant de l'océan Indien. Le déclin de Great Zimbabwe au profit des Portugais précipita la ville vers l'oubli. Des tombes ont été découvertes, certaines avec des décorations riches en coquillages, cuivre, bijoux et perles en verre, indiquant le rang sociétal du défunt. Le site a été découvert en 1960 et la fosse fouillée par l'archéologue JH Chaplin. La première sépulture contenait des bracelets, des croix et des pièces de monnaie en cuivre et un collier de perles en or. Deux autres sépultures contenaient des outils en fer et des restes humains, des objets de cérémonie tels que les gongs et les houes, qui étaient des symboles de la chefferie. Au total, 48 tombes, dont 22 de nourrissons, ont été excavées. Un guide sur place propose une visite en échange de quelques kwachas.

SANDY BEACH SAFARI LODGE €

✆ +260 967 860 739

Simple 40 US$, double ou twin dès 60 US$, repas à la carte.

Isolé, à quelques kilomètres de la ville, ce lodge est charmant. Un véhicule est indispensable pour s'y rendre, mais des transferts peuvent être organisés. Comme son nom l'indique, il est situé sur une vraie plage de sable. Les aménagements comprennent une piscine et l'endroit est surtout recommandé pour passer quelques jours en retrait de la civilisation. Les chambres les plus chères ont été rénovées en 2020 et sont vraiment très agréables, dans des maisonnettes donnant directement sur la plage. Le Sandy Beach propose également des sorties en bateau.

EAGLES REST RESORT €€

✆ +260 978 869 126

Emplacement de camping 10 US$ par personne, chambre en chalet double dès 55 US$ petit déjeuner compris.

L'une des premières adresses touristiques de la région, située sous les arbres en bordure du lac. C'est un havre de paix. Le terrain de camping dispose de sanitaires avec eau chaude. Les 10 chalets avec véranda offrent tous une vue imprenable sur le lac. Les chambres sont simples mais elles sont climatisées, spacieuses et colorées. Petite piscine et bar sur la plage (hors de question de se baigner dans le lac, réservé aux crocodiles !). Le restaurant sert une bonne cuisine familiale. Parmi les activités proposées, croisière sur le lac, canoë ou partie de pêche.

LAKE KARIBA INNS €

✆ +260 211 511 249

www.karibainns.com

A partir de 150 US$ la double petit déjeuner compris en saison sèche. Réservation conseillée.

Ce resort est populaire auprès des congressistes de Lusaka, qui viennent s'immerger ici en pleine nature. Les 47 chambres, bien décorées, se trouvent au milieu d'un vaste jardin parfait pour la promenade. Une jolie piscine surplombant le lac garantit un repos absolu et rafraîchissant tandis qu'une autre pour enfants avec toboggans se love dans les palmiers. Le restaurant sert une cuisine réputée dans une grande salle de style colonial. Spa, salle de gym, courts de tennis, jeux pour enfants et balades en bateau, les activités ne manquent pas.

LAKE SAFARI LODGE €€€

Simamba Road

✆ +260 211 511 148

www.lakesafari.com

Chambre double à partir de 95 US$ avec petit déjeuner.

C'est l'une des adresses chics de Siavonga. Son principal point fort : sa situation, dominant le lac sur un rocher, immergé dans une végétation luxuriante qui sert d'écrin à la propriété. Avec son jardin de cocotiers, ses deux belles piscines et son restaurant ouvert sur le lac, le cadre est fantastique. Le lodge a été rénové et a gagné en standing, particulièrement les chambres désormais actuelles et très plaisantes. En plus des balades en bateau et des sorties de pêche classiques, le Lake Safari Lodge propose des sorties au barrage de Kariba.

MACHINCHI BAY LODGE €€€

✆ +260 955 764 119

www.manchinbaylodge.com

Chambre à partir de 60 US$ par personne.

Construit sur un bras de terre au bord du lac en pleine nature, tout en étant proche du centre de Siavonga, ce lodge ancien a subi une rénovation complète et a retrouvé une seconde jeunesse. C'est désormais une adresse de standing grâce notamment à une très jolie piscine qui lui donne du cachet au milieu des cocotiers et face au lac, cernée de petites paillotes abritant les tables du restaurant. Ses 30 chambres et chalets ont été redécorés et sont bien équipés (climatisés notamment). Les clients peuvent profiter des croisières au soleil couchant sur le lac.

CHIRUNDU

Cette ville de près de 85 000 habitants est le miroir de sa jumelle homonyme côté Zimbabwe. Et au milieu, coule le Zambèze surmonté d'un pont construit en 1939 puis reconstruit en 2002. Dans les alentours, la forêt fossile de Chirundu est une véritable curiosité archéologique. Un panneau indique sa localisation. Chirundu est aussi un passage obligé en voiture quand on vient visiter le Lower Zambezi Nation Park. Le Gwabi River Lodge est le point de départ principal en bateau vers le parc. Comptez 2h30 de route en partant de Lusaka (150 km). Puis 80 US$ pour 1h30 de bateau (70 km le long du Zambèze) pour atteindre les lodges dans le parc.

GWABI RIVER LODGE €

Plot 2765/m Chirundu

✆ +260 211 515 078

www.gwabiriverlodge.com

Par personne : camping 10 US$, tente dès 30 US$, chalet dès 50 US$, game drive 115 US$, canoë safari dès 93 US$.

Situé à 12 km (30 minutes) de Chirundu sur la route de Chiawa, et au bord de la rivière Kafue, Gwabi River Lodge est le point de départ des transferts en bateau pour les lodges situés sur le Zambèze, en amont et dans le Lower Zambezi NP. Populaire auprès des *backpackers*, il est assez animé et sympathique, dans un joli cadre. Les chalets en dur et en suite sont corrects. Le terrain de camping en bordure de rivière est agréable, de même que la piscine et le bar-restaurant. Location de canoës et organisation de *safaris canoës* de plusieurs jours dans le parc.

FORÊT FOSSILE DE CHIRUNDU

Route de Chirundu

Un panneau indique la localisation de ces énormes troncs d'arbres datant de la période Karoo, il y a environ 150 millions d'années. L'un des nombreux charmes de Kariba réside dans les mystérieuses forêts d'arbres morts (des mopanes et acajous pour la plupart) qui se dressent à proximité des rives. Submergés sous plusieurs mètres d'eau, ces vestiges de la flore ancienne pointent leurs branches supérieures bien au-dessus du lac et forment un paysage aussi inhabituel qu'envoûtant. Ils sont les rescapés de la vaste campagne d'abattage entreprise sur plus de 1 000 km² avant la formation du lac. Egalement épargnés par la montée des eaux, trop lente et trop progressive pour entraîner leur chute, ils furent, pendant longtemps, un sujet d'inquiétude pour les écologistes de la région. Ceux-ci, en effet, prédisaient qu'à long terme les arbres porteraient préjudice à l'écosystème en formation… Ce fut tout le contraire qui se produisit ! Dans les années 1970, des recherches établirent que les arbres submergés constituaient un support favorable au développement de dizaines d'espèces de vertébrés et d'algues. Une nourriture providentielle qui permet de maintenir un taux très élevé de poissons dans le lac. Outre leur beauté sauvage, les arbres de Kariba représentent donc un réel intérêt écologique. Il faut ajouter qu'ils servent de perchoir à une multitude d'oiseaux aquatiques (aigrettes, hérons, cormorans, martins et aigles pêcheurs…) qui aiment venir nicher dans leurs branches nues.

CHIAWA

Chiawa est un petit village situé entre la ville de Chirundu et le village de Mafuta, tout à fait à la porte du parc national Lower Zambezi. Ici se trouvent des lodges aux prix plus abordables qu'à l'intérieur ou à la porte même du parc, qui offrent luxe et confort aux visiteurs du parc. Moins loin que Chirundu, il faut compter en bateau 20 à 40 minutes pour atteindre l'entrée du parc. Pour atteindre Chiawa, comptez 2 heures de route de Lusaka et prévoyez un 4x4 : les lodges sont situés sur les rives du Zambèze. Vous pouvez organiser votre transfert en voiture normale de Lusaka au Gwabi Lodge à Churundu, puis un court transfert en bateau.

KIAMBI SAFARI LODGE €€

route 4x4 difficile, transfert bateau possible depuis Gwabi River Lodge ✆ +260 966 655 878

www.kiambi.com

Camping 15 US$ location tente 20 US$ pps. Tente double dès 304 US$ tout inclus. Cottage dès 229 US$. Activités en plus.

Bien indiqué à 12 km du ponton qui enjambe la rivière Kafue, ce lodge est situé à Chiawa, à 1h du parc. Il propose des formules tout compris et des cottages de 6 à 8 personnes en « self catering » sans repas, 8 tentes lourdes avec plancher en dur et salles de bains privatives et 3 chalets en dur avec climatisation TV, câble, mini bar, etc. Les campeurs sont bienvenus, location de tentes pour les *backpackers*. Vue sur le Zambèze, dîners sous les étoiles au coin du feu. Deux jolies piscines. *Game drive, boat cruise,* pêche et canoë en option. Wifi.

KANYEMBA ISLAND BUSHCAMP €€€

✆ +260 977 755 720

www.kanyemba.com

Ouvert de fin mars à la mi-décembre. De 400 à 600 US$ par personne tout compris (selon la saison).

Ce bush camp, géré par le lodge éponyme, se situe sur l'île de Kayemba, entre Chirundu et Chiawa. D'une superficie de 6 km², l'île au milieu du Zambèze est un havre de paix pour la faune sauvage. Les éléphants, léopards, hyènes et autres guibs harnachés n'y sont pas rares. Les 4 chalets de Robinson et la belle paillote qui surplombe la « lagune » sont situés de l'autre côté de l'île. Très intégrés à la végétation, ils regardent du côté zimbabwéen. Riccardo, le maître des lieux, se fera un plaisir de vous emmener en balade sur son île.

KIAMBI SAFARI

✆ +260 966 655 878

www.kiambi.com

Camping 16 US$ location tente 20 US$ cottage self-catering dès 280 US$. Repas + 1 activité tente 156 US$ chalet 178 US$.

Cette compagnie est réputée pour ses safaris-canoë de 1 à 4 nuits. Le tarif comprend l'hébergement en camping, les repas et boissons. L'aventure commence au Kiambi Safari Lodge, qui se trouve à mi-chemin entre Chirundu et le parc près de Chiawa, au bord du Zambèze. Au lodge : camping sur un beau terrain arboré (possibilité de louer une tente), cottages familiaux en self catering, tentes safari avec salle de bains et chalet en dur climatisé, tout confort. Le site compte deux piscines, un bar-restaurant. Game drive, boat cruise et pêche proposés.

MAFUTA

C'est le dernier petit village avant le Lower Zambezi NP, à près de 15 km de la rivière Chongwe qui délimite le parc en se jetant dans le Zambèze. Entre les deux : une dizaine de lodges ont déployé leurs éco-camps de luxe en bord de Zambèze. Ces adresses sont d'excellents compromis aux lodges situés dans le parc où la taxe de conservation par nuitée est élevée. C'est un peu moins cher à standing égal. On y accède comme pour les lodges à l'intérieur du parc soit par avion (Jeki) soit par la route jusqu'à Chirundu en voiture, puis en bateau sur le Zambèze, soit en 4x4 via Chiawa suivant des routes très chaotiques impraticables après la saison des pluies.

KASAKA RIVER LODGE €€

A l'extérieur du parc

✆ +260 968716265

www.ntandaventures.com

En formule tout compris 480 US$ par personne. En self catering, tout dépend des options.

Ce petit *lodge* de luxe en *self catering* est extrêmement bien placé, c'est le plus proche du parc national de Lower Zambezi avec cette option moins onéreuse que le tout compris, à seulement 4 km de l'entrée. Situé au bord du Zambèze, il dispose de huit tentes safari regroupées autour du *lounge* et de la salle de restaurant. Une jolie piscine et une plaine riche en faune venue s'abreuver complètent le cadre. La *hippo pod* est une unité familiale qui compte deux chambres et sa propre *plunge pool*. *Boat cruise*, *game drive*, *walking safari* et pêche au programme.

MVUU LODGE €€

Mvuu Lodge ✆ +27 795 248 709

www.mvuulodge.com

Camping 26 US$ par personne. Dès 345 US$ la tente double en pension complète, dès 345 US$ la familiale self catering.

Les visiteurs en pension complète sont logés dans de grandes tentes safari, avec sanitaires attenants à parois de roseaux, ou dans de nouveaux cottages en pierres apparentes. Il y a aussi des tentes rustiques en *self catering* et un camping de 7 emplacements avec chacun coin douche, WC et évier. Le salon principal, ouvert sur le Zambèze, est propice à la détente, décoré de statues d'hippopotames et de peintures d'animaux de l'artiste sud-africaine Michelle Decker. Jolie piscine. Mvuu Lodge propose entre autres un safari en canoë de 1 à 3 jours, de la pêche.

LOWER ZAMBEZI NATIONAL PARK ★★★

Le Lower Zambezi National Park est aujourd'hui, incontestablement l'un des parcs les plus fascinants d'Afrique australe. S'étendant sur 4 092 km², face à la réserve zimbabwéenne de Mana Pools, il se caractérise par la diversité de ses habitats et de ses paysages d'une beauté à couper le souffle. Couvert aux deux tiers d'une végétation classique faite de baobabs épars, de savane arbustive et de bois de mopanes et de miombos, le parc du Lower Zambezi se distingue par de magnifiques territoires forestiers composés d'ébéniers, de figuiers, d'acajous, d'acacias géants, de tamariniers ou d'arbres à saucisses. Il abrite tous les animaux sauvages de la région, à l'exception des rhinocéros et des girafes. Les éléphants sont particulièrement nombreux, et il n'est pas rare de voir des troupeaux de plusieurs dizaines d'individus se désaltérer au bord du fleuve, dont les eaux foisonnent d'hippopotames et de crocodiles. Plus de 400 espèces d'oiseaux ont été recensées dans le parc, notamment les martins et les guêpiers dont les couleurs exubérantes font le bonheur des photographes.

Attention, la dénomination « Lower Zambezi » confond généralement la vallée et le parc national. Ce dernier ne commence réellement qu'à la porte de Chongwe. En amont du parc, se trouve la Chiawa Game Management Area où des animaux sauvages sont aussi présents, mais de plus en plus nombreux à l'approche du parc.

▶ **Pêche.** Bien que certains soient plus particulièrement orientés vers cette activité, tous les lodges peuvent organiser des parties de pêche et fournir du matériel aux mordus de l'hameçon. Le nombre de prises est soumis à réglementation. Les mois de septembre et octobre sont particulièrement gratifiants. Le fin du fin, sur le plan gastronomique, est la brème, tandis que le top du top, sur le plan sportif, reste le poisson-tigre.

Climat

▶ **Quand se rendre dans le Lower Zambezi ?** De novembre à mai, c'est-à-dire pendant la saison des pluies, les pistes du parc se transforment en de véritables bourbiers infranchissables, même pour un puissant 4x4. De nombreux lodges ferment leurs portes et seuls les safaris en canoë demeurent autorisés. Comme les arbres sont très verts et que des flaques d'eau se forment un peu partout dans le bush, les animaux se dispersent à l'intérieur des terres et les safaris sont peu intéressants (sauf pour les ornithophiles). En juin, juillet, août, les animaux se rapprochent du fleuve et la faune devient facilement observable. Assez venteux, le mois d'août est moins propice à la pratique du canoë. Septembre est, comme partout ailleurs en Afrique australe, le mois idéal pour les safaris. Octobre et novembre sont encore plus gratifiants, les mammifères ne s'éloignant plus guère des points d'eau, mais les températures sont alors très élevées.

Faune et Flore

Dans le Lower Zambezi, la faune est exceptionnellement abondante pendant la saison sèche. Ceci est dû à la présence du fleuve, mais également à celle d'immenses Acacia abida dont le cycle de fenaison est inversé. Alors que les autres arbres déploient leur feuillage avec les pluies, les Acacia abida verdissent et se couvrent de graines pendant la saison sèche. Ils deviennent alors le mets providentiel de nombreux herbivores et particulièrement des éléphants, qui en raffolent. En dehors des pachydermes, on trouve ici de grandes concentrations de buffles et d'impalas, des cobes à croissant, des koudous, des zèbres, des phacochères, de nombreux singes ainsi que les grands prédateurs : lions, léopards, servals, lycaons, hyènes tachetées... Des animaux plus rarement aperçus, tels que le ratel, le pangolin, le porc-épic ou l'oryctérope, sont également présents. En revanche, la girafe est étrangement absente de cette zone. Le fleuve abonde en crocodiles et hippopotames. Côté plumes, on recense environ 350 espèces d'oiseaux qui peuvent être observées pendant les game drive et les game walk, mais aussi lors des sorties en canoë.

Se loger

Les lodges sont répertoriés en fonction de leur situation à l'extérieur ou à l'intérieur du parc. Dans ce guide nous détaillons les lodges à Chirundu, la ville frontière du Zimbabwé, terminus des minibus de Lusaka, à 2h30 de la porte du parc. Puis en descendant le Zambèze vers Lower Zambezi, les lodges situés autour de Chiawa à 1h15 de la porte du parc, et enfin les lodges vers Mafuta à 30 minutes du parc. Il n'y a qu'une seule adresse pour backpackers à Chirundu et des lodges de moyenne gamme à luxe le long du Zambèze jusqu'à la porte du parc. Les lodges et bushcamps mentionnés à l'intérieur du parc sont réservés aux plus fortunés. Pour toute nuit passée à l'intérieur du parc, une taxe « Community & Conservation Contribution » de 75 US$ par personne et par nuit est appliquée, même pour les enfants. Elle fait grimper le prix de ces lodges.

Lower Zambezi National Park.

Pour toutes ces adresses, sauf précision contraire, les prix indiqués s'entendent en formule tout inclus (hébergement, repas et boissons, deux activités par jour, transfert depuis l'aérodrome). Les campeurs en totale autonomie avec leur 4x4 et leur GPS trouveront des terrains aménagés sur la piste principale du parc. Quelques camps sont situés à l'extrémité Est du parc, du côté de la frontière avec le Mozambique. L'intérêt d'y séjourner réside dans les paysages impressionnants offerts par le canyon de la Mpata Gorge, qui pourra être parcouru en bateau.

Tourisme

En bus. Depuis Lusaka, des minibus font la navette jusqu'à Chirundu, la ville frontière zimbabwéenne. Mais, de là, aucun transport local ne permet d'atteindre le parc situé à près de 100 km. On peut trouver éventuellement un minibus de village pour Chiawa, à 1h15 du parc. Il vous faudra donc avoir préalablement organisé votre transfert, par 4x4 ou par bateau, avec votre lodge. Ces transferts s'effectuent généralement depuis le Gwabi River Lodge, à 12 km de Chirundu. Aussi, si vous ne disposez pas de véhicule ou si votre budget est limité, le plus simple est encore de vous joindre à un safari organisé.

En voiture. De Lusaka, empruntez la T2 au sud de la ville qui vous mènera, en 2h30 environ (la route traverse les montagnes de l'escarpement de Zambie), à la ville frontière de Chirundu. De là, après vous être frayé un chemin parmi les nombreux camions, prenez sur la gauche la direction de Gwabi River Lodge. Au panneau qui indique le lodge à 2 km sur la gauche, continuez tout droit jusqu'au bac pittoresque qui vous fera traverser (gratuitement) la rivière Kafue. Récupérez la route qui longe le fleuve en traversant de nombreux villages. L'entrée principale du parc se trouve à quelque 80 km, soit 5 heures de route depuis Lusaka. Un véhicule 4x4 est indispensable. Une autre option, si vous séjournez au lodge, est de laisser votre véhicule au Gwabi River Lodge et d'arranger votre transfert par bateau depuis ce point. Les quelques visiteurs qui séjourneront dans les camps situés à l'extrémité est du parc, du côté de la gorge de Mpata, préféreront emprunter la Great East Road jusqu'à Chavunga, à la frontière mozambicaine. De là, il leur faudra prendre la piste à droite et longer, sur une soixantaine de kilomètres, la rivière Luangwa pour atteindre le village de même nom.

En avion. Des vols charters vers le Lower Zambezi peuvent être organisés avec une agence locale ou directement par votre lodge. Comptez 400 US$ aller-retour pour un vol de 40 minutes vers l'un des deux aérodromes, Royal Airstrip ou Jeki Airstrip. De mai à octobre, la compagnie aérienne Proflight propose également plusieurs vols hebdomadaires vers le Lower Zambezi, Lusaka - Jeki dans le même ordre de prix.

En bateau. La plupart des lodges peuvent organiser le transfert de leurs visiteurs en bateau depuis Gwabi River Lodge (avec un coût supplémentaire), situé entre Chirundu (12 km) et Chiawa. Voguer sur les flots du Zambèze, au milieu des hippopotames et des crocodiles, est une expérience inoubliable et la seule option possible durant la saison des pluies quand les aérodromes sont fermés.

Se déplacer. Dans les lodges haut de gamme, les tarifs incluent toutes les activités et droits d'entrée dans le parc. On pourra ainsi choisir à sa convenance de participer à un game drive, un game walk, une sortie en bateau ou en canoë, deux activités sont comprises par jour, une le matin et une le soir. Equipé d'un 4x4 avec GPS, de votre matériel de camping et d'une bonne carte de la région, vous pouvez cependant envisager de visiter le parc de façon indépendante, en vous arrêtant dans les camps de brousse aménagés à la périphérie du parc. Pour cela il faut être un broussard aguerri aux parcs sans signalétique et aux pistes innondables.

Tourisme

Game drive : les safaris peuvent se dérouler dans le parc ou dans la Chiawa Game Mangement Area, sachant que plus on se dirige vers l'est, plus les animaux sont nombreux. Quelques pistes seulement sillonnent le parc, la plupart étant concentrées le long du fleuve et des bassins où la visibilité est maximale. Le parc reste fermé pendant la saison des pluies, quand les pistes deviennent impraticables.

Game walk : impérativement accompagnées par un guide professionnel et un ranger armé, les marches sont organisées au départ des lodges ou des campements et durent de 2 à 4 heures.

Safaris-canoë. C'est l'activité phare de la vallée du Zambèze moyen, proposée par tous les lodges et campements comme activité du soir ou du matin. Le fleuve, dans cette partie du pays, est à la fois majestueux et calme (on ne dénombre aucun véritable rapide), et favorise un canotage reposant et tranquille. Les embarcations utilisées sont des canoës en fibre de verre de conception canadienne, qui peuvent accueillir 2 personnes et leur équipement. Les safaris sont organisés en petits groupes de 2 à 8 canoës, sous la gouverne d'un ou deux guides professionnels.

Pagayer en file indienne et se tenir à distance des groupes d'hippopotames susceptibles de vous renverser (les accidents sont rares mais possibles) sont les deux règles à suivre scrupuleusement. Les parcours durent de 3 heures à 4 heures et ne requièrent pas d'aptitude physique particulière. Pendant la saison sèche, les safaris en canoë (ou les simples sorties en bateau) sont tout aussi gratifiants que ceux en 4x4. En effet, un grand nombre d'animaux sortent des forêts riveraines pour venir étancher leur soif sur les berges du grand fleuve. Ce qui donne lieu à un spectacle réjouissant, dont le moment fort est offert par les éléphants qui prennent un plaisir fou à patauger dans l'eau, à s'asperger et à se couvrir de poussière.

Safaris-canoë de plusieurs jours. Les personnes les plus motivées par la découverte de la vie sauvage au fil de l'eau ont la possibilité d'effectuer de véritables safaris en canoë d'une durée de 3 à 9 jours. Bien qu'aucune expérience préalable ne soit requise, il faut savoir que les distances parcourues sont assez importantes, parfois plus de 20 km par jour, ce qui exige tout de même une certaine forme physique. Mais, sauf vent mauvais, le courant joue généralement en faveur des participants et il est facile de ménager des pauses sur des îlots ou bancs de sable. Les safaris peuvent se dérouler du barrage de Kariba jusqu'au confluent du Zambèze et de la rivière Luangwa à la frontière mozambicaine. Les différentes sections de fleuve parcourues ne présentent pas toutes le même intérêt : de Kariba à Chirundu : c'est la partie la plus facile et la plus courte, effectuée généralement en 3 jours et 2 nuits. L'aventure commence en aval du barrage, au cœur de la gorge de Kariba aux parois parfois très escarpées. Elle se poursuit le long de vastes plaines et d'étendues boisées, ponctuées çà et là de villages traditionnels.

On peut éventuellement apercevoir un éléphant ou un hippopotame, mais les mammifères sont peu nombreux sur cette partie du fleuve. De Chirundu au Lower Zambezi : c'est le tronçon le plus fréquenté, sur lequel les safaris durent habituellement 4 jours et 3 nuits. Les premières heures, les pagayeurs admirent les jolis tableaux offerts par les plantations de bananiers et les villages de pêcheurs. Puis, peu à peu, le calme s'installe, troublé seulement par les bruissements de la faune qui se fait de plus en plus présente à l'approche du parc. Même si vous vous arrêtez juste avant l'entrée du parc, vous croiserez forcément des hippopotames et des éléphants. Du Lower Zambezi National Park à la rivière Luangwa : c'est la partie la plus sauvage et la moins fréquentée, celle où les animaux sont les plus nombreux. En fin de parcours, le fleuve s'engouffre dans les gorges de Mpata, une faille impressionnante où rien, si ce n'est le cri de quelques rapaces, ne vient briser le silence. A la sortie du parc, les rives retrouvent un peu d'animation, avec quelques villages de cases. Ceux qui ont la chance de pagayer sur cette partie du Zambèze sont les courageux qui auront accompli tout le parcours depuis le lac Kariba, soit près de 270 km.

CONSERVATION LOWER ZAMBEZI (CLZ)

www.conservationlowerzambezi.org

En 1996, après le massacre par les braconniers de quelque 50 éléphants, des propriétaires des camps de la région créèrent l'association Conservation Lower Zambezi (CLZ), complémentaire localement à la Zambian Wildlife Authority (ZAWA). La CLZ financée par les lodges paye la formation et l'emploi des rangers, ainsi que des programmes de sensibilisation. Aujourd'hui, les populations d'éléphants se sont bien reconstituées, même si le braconnage n'est pas encore tout à fait éradiqué.

CHIAWA CAMP €€€

✆ +260 211 261 588 - www.chiawa.com

Ouvert du 24 avril au 21 novembre. Compter de 655 à 1 200 $ par personne tout inclus, selon la saison.

Créé en 1989 par la famille Cumings, ce camp est le premier du Lower Zambezi National Park à avoir organisé des safaris-photo. Les 9 tentes de safari, surélevées sur des plates-formes de teck et abritées par la canopée, réussissent la parfaite combinaison du luxe et de la rusticité. Les petits détails de la décoration, comme les ventilateurs et la baignoire îlot rétro, distillent un charme colonial très *Out of Africa*. Très belle vue sur le fleuve depuis la terrasse installée au-dessus du bar et du salon. Les safaris sont d'une qualité remarquable.

FOCUS

CHIAWA SAFARIS

UNE HISTOIRE DE FAMILLE DE PASSIONNÉS ENGAGÉS

Grant et Lynsey Cumings sont les créateurs de Chiawa Safaris, une aventure qui a débuté il y a plus de 30 ans. Lynsey met son expérience dans l'hôtellerie de luxe à contribution, tandis que Grant, qui a grandi dans l'univers du Lower Zambezi, garantit la qualité des safaris. Leur lodge Chiawa Camp, tout comme le camp Old Mondoro, sont de luxueux sanctuaires au cœur du parc et en bord de Zambèze. Depuis peu, Chiawa Safaris s'est vu confier la reconstruction et la gestion à South Luangwa NP de Puku Ridge, un camp magnifiquement rénové déjà très demandé, et du lodge Chichele Presidential bientôt ouvert.

Une histoire familiale de pionniers

Comme Norman Carr à South Luangwa, la famille Cumings a joué un rôle de pionniers dans le développement des safaris dans le Lower Zambezi. C'est Ernest Cumings, le grand-père de Grant, alors acheteur de diamants en Afrique du Sud, qui vient chercher de l'or sur les rives du Zambèze. Son fils David passe sa jeunesse à cartographier le Tanganyika avant de s'installer avec sa femme Jenny et son fils Grant dans le Lower Zambezi pour monter les premiers safaris, là où encore personne ne venait encore goûter au plaisir d'observer une faune préservée et abondante.

Un travail de conservation et lutte contre le braconnage

La famille Cumings a contribué à lutter contre le braconnage et préserver la faune du parc. Car dans les années 1970, les anciens guérilleros de la guerre au Zimbabwe ont anéanti les rhinocéros noirs avant de se tourner vers le braconnage des éléphants. Puis la protection de l'espace classé Unesco par les gardes a permis l'ouverture de Chiawa Camp en 1991. En 1994, la famille Cumings a cofondé Conservation Lower Zambezi, dont Grant est devenu président. C'est aujourd'hui l'une des principales organisations caritatives privées de conservation en Afrique, oeuvrant à près de 1 million US$ par an dans des activités de conservation du parc.

CHIAWA CAMP

✆ +260 211 261 588
www.chiawa.com

© CHIAWA SAFARIS

© PR-HIDE-ELE-DRINKING-PHOTOGRAPHER

© CHIAWA SAFARIS

OFFICE DU PARC

Chongwe gate, à 80 km de piste de la rivière Kafue où se trouve la route et le bac.

Ouvert tous les jours en théorie de 6h à 18h. Entrée 24h : 25 US$, voiture 15 US$ par véhicule. Camping 5 US$.

Le parc est théoriquement ouvert toute l'année de 6h à 18h. En pratique, il est quasiment impossible d'y accéder durant la saison des pluies, de novembre à avril. Si vous séjournez à l'extérieur du parc, vous devrez vous acquitter du droit d'entrée à Chongwe Gate, l'entrée principale. Elle se trouve à 80 km de piste de la rivière Kafue où se trouvent la route et le bac. Les taxes d'entrée, de nuitée et de conservation sont incluses dans les prix des lodges de luxe, tandis que les 4x4 en autonomie devront s'acquitter d'un droit de camping et des taxes d'entrée.

ANABEZI CAMP €€€

Au coeur du parc, à 45 minutes de Jeki

✆ +260 764 746 047

www.anabezi.com

De 950 à 1 350 US$ par personne, all inclusive, activités comprises.

Anabezi est un camp au cœur du parc de Lower Zambezi vraiment destiné aux *happy few*. C'est le plus enfoui le long du Zambèze, et l'un des plus chers. Il possède onze tentes safari de très grand luxe. Au cœur d'un bush spécialement sauvage, chacune est pourtant dotée d'une *plunge pool* privative et d'une terrasse, de deux salles de bains (intérieure/extérieure), de mobilier en teck exotique, des lits immenses placés sous une vaste moustiquaire, des baies vitrées, etc. La cuisine fusion africaine/européenne est de grand standing.

CHULA ISLAND CAMP ET KUTALI CAMP €€€

✆ + 260 96 76 454 21

www.tuskandmane.com

À partir de 685 US$ par personne, tout compris.

Dernier né des *fly camps* Tusk and Mane au cœur du parc, le Chula Island Camp ouvert 2019 sur l'île de Katengahumba est situé devant le canal Discovery, célèbre zone de safari canoë. Ce camp intimiste compte seulement 5 tentes doubles face au Zambèze et un site de *game drive* exceptionnel. Kutali Camp est situé sur l'île de Kulefu, plantée d'une forêt. Les tentes sont assez petites mais absolument intégrées à la nature avec une toile transparente et une salle de bains extérieure.

KANYEMBA LODGE €€€

✆ +260 977 755 720

www.kanyemba.com

Ouvert toute l'année. A partir de 400 US$ par personne en formule tout inclus.

Les 6 huttes en pierre et au toit de chaume sont dispersées au bord du Zambèze, à l'ombre des manguiers et bougainvilliers. Les couleurs des tissus et des batiks contrastent avec la blancheur des murs, les matériaux naturels sont de mise dans un style afro élégant. Egalement ; une maison familiale de trois suites. Le restaurant est doté d'un vrai four à pizzas. Piscine turquoise à débordement avec vue sur le Zambèze. Sur place : bateau, canoë, safari, pêche... On peut visiter l'école que le lodge a fait construire et qui abrite 60 élèves.

LOLEBEZI €€€

✆ +27 21 701 0270

www.africanbushcamps.com

A partir de 515 US$ par personne, tout compris.

Situé au cœur du parc de Lower Zambezi et au bord du fleuve, ce prestigieux camp de luxe signé African Bush Camps garantit des safaris exceptionnels (en canoë, bateau, game drive ou à pied). Lolebezi dispose de quatre tentes en suites et de deux unités familiales de deux chambres. Le lodge est climatisé, avec une belle piscine et un superbe lounge à la décoration afro chic. Chaque suite dispose d'une plunge pool, pour passer les chaudes après-midi devant le fleuve coulant lentement. Ambiance zen avec un spa dispensant des massages et une terrasse de yoga.

OLD MONDORO €€€

✆ +260 211 261 588

www.chiawa.com/old-mondoro

Compter de 830 à 1 290 US$ par personne tout inclus.

Mondoro signifie « lion » en langue shona, une légende voulant qu'un vieux lion blanc y avait jadis élu domicile. Ce véritable camp de brousse est situé en plein cœur du parc et on y vient souvent en complément d'un séjour à Chiawa Camp. La qualité des services y est tout aussi exceptionnelle, mais les structures plus rustiques, car ici on fait un plongeon dans le bush sauvage très riche en faune. Les huit tentes ont un mobilier très simple, on s'éclaire à la lanterne et les douches sont avec des seaux d'eau chaude à la demande. Un petit supplément d'aventure !

POTATO BUSH CAMP €€€

Lower Zambezi National Park
✆ +260 976 579 155
www.potatobushcamp.com
Entre 790 et 1 300 US$ par personne, selon la saison et le type de tente.

Le Potato Bush Camp est le camp de brousse le plus luxueux du parc. Il a ouvert juste à côté du Sausage Tree, son lodge mère de grand luxe, et offre un bouquet de tentes davantage en contact avec la nature. Chacune est immense, avec une *plunge pool* privative et des baignoires îlot rétro dans les salles de bains. Dehors on fait sa sieste sur un hamac en peau de vache. Il dispose de trois tentes doubles et de deux maisons familiales, toujours construites en toile de tente. Combinable avec un séjour au Sausage Tree, ouvert de début avril à début janvier.

SAUSAGE TREE CAMP €€€

Lower Zambezi National Park
✆ +260 976 579 155
www.sausagetreecamp.com
Ouvert d'avril à novembre. Entre 790 et 1 300 US$ par personne, selon la saison et le type de tente.

Cité parmi les plus beaux *lodges* d'Afrique, le Sausage Tree a abandonné les traditionnelles tentes safari pour de vastes tentes bédouines avec salle de bains à ciel ouvert. A l'intérieur ; du mobilier africain en bois de teck plus classique. Le Sausage Tree est si exclusif que chaque client dispose d'une radio et d'un majordome. La table est gastronomique et des déjeuners les pieds dans l'eau sont organisés. Il n'est pas rare, alors qu'on se prélasse dans la piscine, de voir passer un éléphant ou un buffle. Combinable avec le Potato Bush Camp non loin.

REDCLIFF ZAMBEZI LODGE €€€

✆ +260 979 587 822
www.redcliff-lodge.com
Dès 395 US$ par personne en pension complète
En extra : transfert, game drive, excursion.

Ce lodge est situé de l'autre côté du parc, là où la rivière Luangwa définit sa limite orientale, à 20 km du village de Luangwa et près de la fabuleuse Mpata Gorge. Le grand jardin arboré est agréable, mais l'intérieur des chalets en dur manque de cachet, évoquant davantage une chambre d'hôtel qu'un lodge de brousse. Cette adresse est conseillée aux amateurs de pêche. D'intéressantes visites culturelles peuvent être organisées dans les villages des alentours ainsi qu'à la frontière mozambicaine, lieu historique tristement réputé pour le commerce des esclaves.

TIME + TIDE CHONGWE CAMP €€€

✆ +27 60 642 4004
www.timeandtideafrica.com
A partir de 770 US$ par personne.Ouvert du 15 avril au 15 novembre.

Ce camp Time + Tide est un petit bijou sur un emplacement exceptionnel : à la confluence du Zambèze et de la rivière Chongwe, qui marque la frontière avec le parc national. Le paysage, avec l'escarpement en toile de fond, est somptueux. Les éléphants viennent souvent s'y abreuver tandis que des hippopotames y ont élu domicile. Seulement neuf tentes safari luxueuses avec une petite terrasse sont éparpillées dans le bush. Piscine, dîner somptueux... Au programme : *game drive*, le *walking safari* et le *boat trip*, en bateau ou canoé, et la pêche.

ROYAL ZAMBEZI LODGE €€€

✆ +260 979 486 618
www.royalzambezilodge.com
Ouvert toute l'année. Compter de 884 à 984 US$ par personne (selon la saison).

Le lodge est extrêmement bien situé sur les rives du Zambèze hors du parc mais à seulement 10 minutes de l'entrée. Du très grand luxe. Il dispose de tentes safari (deluxe, présidentielles ou familiales) décorées de bois et de tons clairs. Chacune avec une incroyable plunge pool face au Zambèze. Le Sausage Tree bar est niché dans les branches d'un arbre immense, tandis que la piscine à débordement fait face aux rives humides et ouvertes ont s'abreuver les animaux. Entre les game drives, walking safaris, canoë et la pêche au poisson-tigre, on se relaxe au spa.

TIME + TIDE THE CHONGWE HOUSE €€€

✆ +260 211 841 051
www.timeandtideafrica.com
Ouvert du 1/04 au 15/11. Maison privée avec 4 chambres. De 755 à 1 100 US$ par personne. Minimum 4 personnes.

Difficile de décrire l'architecture délirante de cette maison (jusqu'à 8 personnes). Le *design*, qui se caractérise par une absence de lignes droites et l'utilisation de matériaux bruts, évoque une œuvre de Gaudí, un peu comme une cave surnaturelle ouverte sur le bush. Toute l'équipe est dévouée aux heureux locataires de la demeure. Ces derniers pourront contempler, à leur guise, la vie sauvage, abondante en ces lieux, du haut de leur chambre à coucher ou depuis leur piscine privée.

BASSIN DE LA LUANGWA

La rivière Luangwa prend sa source dans les collines du nord-est de la Zambie, à la frontière avec le Malawi, avant de s'écouler sur 800 km et se jeter dans le Zambèze, vers la frontière mozambicaine. La vallée qu'elle forme, bordée à l'est par les montagnes de Michinga, se situe dans le prolongement de la grande vallée du rift africain, et constitue l'une des plus vastes réserves de vie animale du continent. Pour la protéger, quatre parcs nationaux : le South Luangwa, le North Luangwa, le Luambe et le Lukusuzi (non ouvert au tourisme). Injustement méconnu à l'international, le parc de South Luangwa abrite de très nombreux éléphants, beaucoup de lions et une unique « vallée des léopards », qui garantissent des safaris exceptionnels. La région est peuplée par l'ethnie Ngoni, groupe majoritaire du Malawi. En dehors du tourisme, les plantations de coton constituent la principale richesse de cette région agricole.

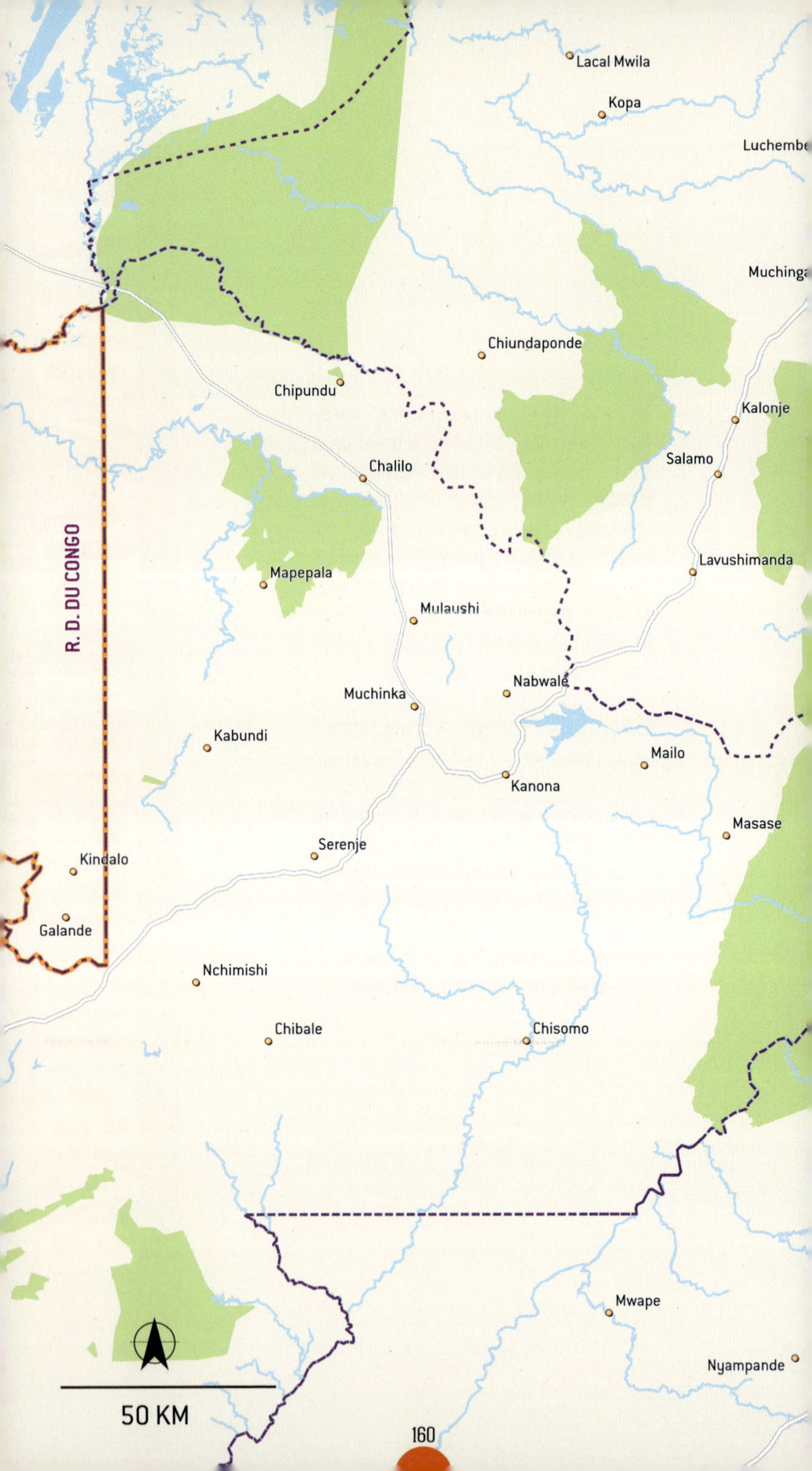

Lacal Mwila
Kopa
Luchembe
Muchinga
Chiundaponde
Chipundu
Kalonje
Salamo
Chalilo
R. D. DU CONGO
Lavushimanda
Mapepala
Mulaushi
Nabwale
Muchinka
Kabundi
Mailo
Kanona
Masase
Serenje
Kindalo
Galande
Nchimishi
Chibale
Chisomo
Mwape
Nyampande
50 KM

Longa
Mpika
NORTH LUANGWA NATIONAL PARK
Chifunda
nga
Kuma Village
Lambwe
Bassin de la Luangwa
Zokwe
Chitete Village
LUAMBE NATIONAL PARK
Chikomeni
Mwanya
Lukusuzi National Park
SOUTH LUANGWA NATIONAL PARK
MFUWE
Nyandeka Village
Chipangali
Akhale Amazibana Village
Joni Village
Mwelwa
Undi
Malama
Kasenengwa
MALAWI
Msoro Mission
CHIPATA
Madzimawe
Burawayo Village
Ukwimi
Safari Village
KATETE
Katiula
Sinda
UKE
KAWAZA VILLAGE
Mlolo
Mnendwe
MOZAMBIQUE
Kondwelani

PETAUKE

A mi-chemin entre Lusaka et le parc de South Luangwa, à 425 km du premier et à 280 km du second, et pas très loin non plus de la frontière du Malawi, la ville de Petauke (15 000 habitants) constituera une étape pour passer la nuit. C'est logiquement ici que les groupes en minibus ou en voiture en provenance de Lusaka font escale, et plusieurs hôtels ont ouvert ces dernières années. On est effectivement heureux après 6 bonnes heures sur cette route monotone chargée de camions de pouvoir enfin s'arrêter et se reposer. On trouve une banque avec un distributeur de billets et une station essence dans cette ville à l'ambiance locale.

CHIMWEMWE LODGE €

Boma Road
✆ +260 216 371 543
Camping : 50 Kw par personne. Chalet : à partir de 500 Kw par personne.

Cet hôtel local est la meilleure option à Petauke pour une pause confortable, tenu par un sympathique Zambien. Il offre d'agréables chalets aux toits de palme dispersés dans une vaste propriété arborée. L'ensemble est bien tenu et le confort est de mise : mobilier moderne, climatisation silencieuse et literie moelleuse. Il dispose aussi d'un camping avec une jolie pelouse où des antilopes et des zèbres viennent brouter, ainsi qu'un restaurant. Il est souvent plein, car c'est une étape essentielle sur la route de South Luangwa. Mieux vaut réserver.

OLGA LODGE €

En face de Chimemwe Lodge
✆ +26 967 303 812
www.olgalodge-petauke.com
Comptez de 25 à 35 US$ par chambre avec petit déjeuner. Pas de camping.

Une bonne option pour les petits budgets, acceptable à Petauke, pour faire une pause sur la route de South Luangwa. Des chambres décorées sans prétention et bien tenues sont agencées dans une vaste maison avec générateur électrique 24h/24 et eau courante. Chacune a une salle de bains privative, une TV, un mini frigo et une bouilloire. Le restaurant est délicieux, des plats maison, mais pensez à réserver pour les laisser s'organiser. Les tables s'étalent sur la pelouse d'un joli jardin. Table de billard et bon accueil. Parking sécurisé.

KATETE

A 90 km de Chipata, Katete vaut vraiment une halte pour découvrir la vie de Tikondane, un centre communautaire créé par une ONG allemande investie dans les domaines de l'éducation, du développement agricole et du soutien aux malades du sida et qui dispose d'une accueillante et abordable guest house. La communauté y fabrique aussi des verres à partir de bouteilles de vin (recyclage) et on y cultive un potager bio pour le restaurant. Elle organise des sorties pour assister à des cérémonies de danses traditionnelles Chinamwali (danse des filles) et Gulu Wamkulu (danse des fantômes masculins), ou celle du festin traditionnel de Chichewa.

TIKONDANE €

A 4 km à l'ouest de la ville.
✆ +260 216 252 122
www.tikondane.org
Camping : 5 US$. Lit en dortoir : 8 US$. Chambres doubles 20 US$, triple ou familiale 25 US$. Rondavels 40 US$.

Cette ONG allemande investie dans les domaines de l'éducation, du développement agricole et du soutien aux malades du sida, dispose d'une accueillante et abordable guest house, d'un camping et restaurant pour les touristes ou les volontaires qui voudraient s'investir dans les villages de communautés alentour, notamment en étant prof dans les écoles (adultes et enfants). Tikondane peut organiser des sorties dans les villages aux alentours, pendant les cérémonies d'initiation, ou pour faire un tour culturel de village et la visite d'un petit orphelinat.

CHIPATA

Connue sous le nom de Fort Jameson lorsque la Zambie était encore la Rhodésie du Nord, Chipata est la ville la plus importante de l'est du pays, avec quelque 160 000 habitants. Développée de part et d'autre de la route principale reliant le Malawi à Lusaka, elle a fortement grandi ces dernières années. Elle est enclavée dans un joli site de collines verdoyantes. On y trouve supermarchés, banques, poste et quelques commerces souvent tenus par des familles indiennes, qui constituent une communauté importante de la ville. Les restaurants indiens sont donc partout. Il n'y a pas grand-chose à faire à Chipata, en dehors de flâner sur les marchés, profiter de l'atmosphère décontractée et se promener sur les chemins de terre rouge.

Mais la ville constitue une halte possible pour les voyageurs qui se rendent dans le South Luangwa par la route et qui ne se sont pas arrêtés à Petauke. Les familles fortunées de Chipata (principalement indiennes) vont volontiers des safaris à South Luangwa le week-end.

Se loger

Les voyageurs à petit budget trouveront plusieurs guesthouses installées dans la charmante zone pavillonnaire située autour de la Lumumba Road et du Shoprite. Certaines adresses plus onéreuses et confortables, dont l'Hôtel Protea le plus luxueux de la ville.

Transports

Depuis Lusaka. Chipata se situe sur la Great East Road, à un peu moins de 600 km de Lusaka. En voiture, comptez 8 heures de route. Plusieurs bus desservent quotidiennement Chipata depuis Lusaka de la compagnie Jonda Bus (+260 97 7412616 ; +260 97 9005555) 3 bus par jour à 5h, 6h, et 10h, dans l'autre sens à 5h, 6h et 7h. Comptez 8 heures de route et 190 Kw pour un billet qu'il sera préférable d'acheter la veille du départ. Chipata - Mfuwe départ à 13h tous les jours, retour Mfuwe-Chipata à 5h tous les jours.

Depuis le Malawi. Des minibus quittent régulièrement la gare routière de Lilongwe pour se rendre à Mchinji, à quelques kilomètres de la frontière zambienne. Ils ne partent que lorsqu'ils sont bondés, ce qui peut rallonger considérablement la durée du trajet. A Mchinji, vous emprunterez un taxi collectif jusqu'à la frontière puis traverserez à pied jusqu'au poste zambien de Mwami, où il vous sera demandé 50 US$ pour un visa de transit valable 7 jours et 75 US$ pour un visa à entrée simple valable 3 mois. Parcourez enfin les 20 km qui vous séparent de Chipata en taxi collectif. Comptez moins de 20 US$ par personne pour la totalité du trajet qui s'accomplit en 3 à 4 heures. A bord de votre propre véhicule, vous devriez pouvoir rallier Lilongwe et Chipata en 2 à 3 heures.

Orientation. La ville, tout en longueur, s'étend autour de la route principale. En venant de Lusaka, l'entrée dans Chipata est marquée par la Welcome Arch, mais la zone faisant office de centre-ville se situe quelque 3 km plus bas en direction du Malawi, un peu avant le supermarché Shoprite. La gare routière et le marché se trouvent à un peu plus d'un kilomètre du centre vers le nord. On y trouve une station-service.

KIGELIA CAMPSITE €

Great East Road

✆ +260 96 2847905

Camping 10 US$, double salle de bains commune 30 US$, chalet en suite double 50 US$, triple 75 US$, avec petit déjeuner.

Des huttes individuelles avec toit de chaume ont parsemé dans une jolie propriété arborée et close par un grillage. Les chambres sont modestes, mais bien tenues et le staff sympa. L'avantage c'est aussi le terrain de camping avec des sanitaires corrects à petit prix, que se partagent aussi les chambres économiques. Parfaite halte pour les petits budgets avant d'atteindre le Parc de South Luangwa quand on voyage en bus par exemple. Générateur électrique pour l'électricité et l'eau chaude, repas sur réservation bien préparés. Le camp est bien entretenu.

PINE VIEW GUESTHOUSE €

1530 Lumumba Road

✆ +260 216 221 633

Camping : 100 Kw. Chambres de 150 à 400 Kw. Petit déjeuner inclus.

Une petite guesthouse qui a bien grandi et comporte désormais une trentaine de chambres réparties dans différents bâtiments au sein d'un vaste et beau jardin planté de pins dans lequel peuvent s'installer les campeurs. Claires, agréables, les chambres les moins chères sont organisées autour d'un patio. D'autres sont de véritables appartements avec véranda, salon et petite cuisine. Toutes disposent de salle de bains, TV, ventilateur, petit frigo et bouilloire. L'ensemble est vieillissant mais les prix sont raisonnables. Billard au bar à l'entrée.

NYAMFINZI HOTEL €€

PLOT # 863 Presidential Drive Kalongwezi

✆ +260 979 356 625

www.nyamfinzi.com

A partir de 70 US$ par chambre double avec petit déjeuner.

Voici le dernier-né des hôtels de Chipata, qui n'évolue pas très vite néanmoins. C'est donc la meilleure option pour les budgets moyens puisque les vastes chambres sont abordables, tout en procurant des avantages non négligeables : climatisation, mobilier neuf et confortable, TV à écran plat avec satellite, salle de bains avenante avec eau chaude et baignoire, parking sécurisé et même une piscine avec un bain enfants pour se rafraîchir en été dans la fournaise. On aime le restaurant, les services de cet hôtel abordables et le personnel accueillant.

PROTEA HOTEL CHIPATA €€€

Plot 3126, Great East Road
✆ +260 216 222 905
www.marriott.com
A partir de 110 US$ par nuit avec petit déjeuner.

La chaîne sud-africaine Protea rachetée par Marriott possède un hôtel à Chipata. Idéal pour les voyageurs les plus aisés à la recherche d'une qualité de service et de confort. C'est de loin l'adresse la plus luxueuse de la ville. Un vaste hall design, un restaurant de standing, une vraie grande piscine, un parking et du wifi en font une adresse remarquable dans la ville. Chambres dans les standards internationaux de confort, décorées dans un style classique, car c'est aussi le seul hôtel *business* du coin. Il est souvent plein, pensez à réserver.

KASAK'S SHOKAS €€

Près de la mosquée Juma
✆ +260 97 2949940
Ouvert de 8h à 17h du lundi au mercredi, du jeudi au dimanche ouvert aussi de 18h à 22h. Dès 150 Kw par personne.

Un très bon restaurant indien pour changer des T-bone et frites devenus spécialités zambiennes un peu partout dans le pays. Shawarmas, riz épicés, naans et tandooris préparés dans un vrai four traditionnel, masala, samoussas, kormas... Le choix est vaste et la carte assez classique. La nourriture savoureuse et surtout très authentique, car Chipata compte une importante communauté indienne qui met la barre haute. Le dimanche, c'est un barbecue qui est organisé tout l'après-midi. Bon accueil et service rapide et dynamique en prime.

KHANA KHAZANA RESTAURANT €€

A côté de la station-service Kobil et du Protea
✆ +260 97 7953695
Ouvert de 10h à 22h tous les jours. Comptez dès 150 kw par personne.

Si le lodge n'est pas forcément une affaire, le restaurant Khana Khazana est très apprécié des locaux et des visiteurs de passage. On y sert principalement des spécialités indiennes, mais aussi des plats asiatiques (en raison des nombreux Chinois qui viennent ici) et zambiens, histoire de plaire à tout le monde. Les plats sont bien préparés et variés. Egalement des options végétariennes, et un grand choix sur la carte malgré les difficultés d'approvisionnement qu'on imagine à Chipata. Super accueil et cadre agréable, extérieur ou intérieur.

MFUWE

Le village de Mfuwe, porte d'entrée du South Luangwa, grossit parallèlement au succès croissant du parc. C'est là que vivent les guides et le personnel zambien des lodges, mais aussi la population qui a été déplacée de l'intérieur du parc à sa création. On peut s'y approvisionner en produits de première nécessité (légumes, lait...) et en essence, mais pour des services de banque, il faut se rendre à l'aéroport à une vingtaine de kilomètres. On peut y accéder par une route goudronnée depuis Chipata (compter 1h30) ou par avion.

Transports

En avion. Situé à environ 20 km l'entrée principale du parc, l'aéroport de Mfuwe est une toute petite structure. Il est desservi quotidiennement par des charters privés et des vols réguliers de la compagnie Proflight. Zambian Airways, la compagnie nationale relancée en 2021, pourrait ouvrir une ligne pour Mfuwe prochainement et à moindre coût, affaire à suivre ! L'aéroport est tout petit, assez rustique, pas climatisé, on y trouve des toilettes, quelques petits magasins de souvenirs dont un shop de Tribal Textile, une marque de produits artisanaux haut de gamme qui a un magasin dans le centre du village, une poste, deux banques (sans distributeur de billets). Pas de restaurant hormis une petite adresse locale pas très propre. Les rangers-guides s'occupent des transferts pour les lodges à l'arrivée et au départ vous n'avez qu'à donner votre numéro de vol et on vient vous chercher. Les transferts sont compris dans les formules « tout inclus ». Seuls les lodges bon marché et de gamme moyenne situé à Mfuwe hors du parc font des formules « à la carte » où le transfert coûte 30 US$ environ.

En voiture. Depuis que la route a été goudronnée, un 4x4 n'est plus indispensable pour relier Chipata à Mfuwe. Comptez 1h30 de route pour parcourir 130 km. En revanche, un 4x4 est préférable pour relier certains lodges dans les environs, surtout pendant la saison des pluies. Des transferts sont organisés par tous pour Mfuwe et l'aéroport, à l'extérieur comme à l'intérieur du parc national de South Luangwa.

En bus. Des minibus relient tous les jours la gare routière de Chipata à Mfuwe. Ils ne partent que lorsqu'ils ont fait le plein de passagers, ce qui peut prendre plusieurs heures. Il est également possible de prendre un taxi privé. Des bus Jonda existent aussi quotidiennement (+260 977 412 616 ; départ 5h tous les jours pour Chipata, retour départ 13h).

TRIBAL TEXTILES

✆ +260 216 245 137

www.tribaltextiles.co.zm

Ouvert tous les jours de 7h à 16h30. Atelier fermé le samedi après-midi et le dimanche.

Fondé en 1991, Tribal Textile est un projet de tourisme équitable qui génère une véritable manne économique pour les communautés locales dans une région où l'emploi est rare. Une partie des bénéfices dégagés est réinvestie dans le développement d'une école communautaire. Tous les lodges du parc peuvent organiser l'excursion. Entre le parc et l'aéroport de Mfuwe, ne manquez pas la visite de cet atelier de batiks, lesquels constituent certainement les plus beaux souvenirs à rapporter de Zambie. Vous pourrez assister aux différentes étapes de la fabrication assurée par des dizaines d'artisans locaux. Tous les batiks sont 100 % coton et entièrement réalisés à la main. Les couleurs chatoyantes sont obtenues avec des pigments naturels de graines et de fleurs. Avant d'être peints, les motifs, inspirés de la brousse (fleurs, animaux...) et des différentes traditions villageoises (symboles, danseurs, guerriers...), sont dessinés avec une solution d'amidon. Chaque pièce produite est une création unique qui porte la signature de son auteur ; certaines réclament plusieurs jours de travail. Après la peinture, les tissus sont passés dans un four pour fixer les couleurs, puis lavés, séchés et, enfin, cousus et repassés. De nombreux articles sont ainsi réalisés : housses de coussin, nappes, tapisseries, sacs... Souvent utilisés dans la décoration des lodges et des restaurants, on les trouve dans de nombreuses boutiques du pays, mais à des prix plus élevés que ceux pratiqués ici.

PERSONAL TOUCH SAFARIS

Mfuwe ✆ +260 978 459 965

www.tptouch.com

Safari privé (9 personnes) 100 US$, 2 par jour possible, guide, essence et location inclus. Entrée de parc non incluse.

Cette agence, spécialiste du Parc national de South Luangwa, loue des véhicules spécialement équipés pour le tourisme de safari, avec ou sans chauffeur-guide. Si vous êtes aguerris à la conduite de 4x4 et savez débusquer un léopard dans un arbre, vous pouvez sans doute vous débrouiller sans guide. Si vous ne connaissez rien aux safaris, prenez un chauffeur guide indispensable qui communique par radio avec ses collègues pour connaître les déplacements des animaux. Essayez de former un groupe jusqu'à 9 personnes pour partager le prix de la location.

CROC VALLEY CAMP €

✆ +260 216 246 074

www.crocvalley.com

Camping dès 12 US$, éco-tente équipée 25 US$, dortoir dès 25 US$, tente dès 65 US$ par personne, 216 US$ tout inclus.

Le Croc Valley Camp est une excellente adresse petits budgets située sur les rives de la Luangwa à l'entrée du Parc national et de Mfuwe, il dispose d'une petite piscine, d'un bar et d'un restaurant à l'ambiance cosmopolite et animée. Au choix : de vastes tentes safari doubles, des dortoirs de 2 à 4 lits super confort et climatisés, un camping et bon plan : de jolies « éco-tentes » doubles à louer tout équipées. Table de ping-pong, hamacs accrochés en bord de rivière devant les hippopotames. En option : pension complète avec 2 activités par jour et transfert.

FLATDOGS CAMP €

✆ +260 216 246 038

www.flatdogscamp.com

Fermé du 15/01 au 15/03. Tente dès 300 US$ par personne tout inclus (repas, 2 activités par jour, transfert, taxes).

Quelle transformation : Flatdogs Camp a fait peau neuve et c'est désormais un beau lodge luxueux aux portes du parc et de Mfuwe. Un bon compromis en prix, puisqu'il est juste à l'entrée du parc, près de Mfuwe, aménagé sur un site exceptionnel sur un vaste terrain en surplomb de la rivière Luangwa, traversé par des éléphants et des hippopotames. La petite piscine avec son deck est un paradis. Au choix : des tentes doubles vaste avec salle de bains, chalets familiaux, maison dans les arbres de 2 chambres et tente familiale avec plunge pool privée.

WILDLIFE CAMP €

✆ +260 216 246 026

www.wildlifezambia.com

Camping 10 US$, 2 personnes tente self catering dès 60 US$ tout inclus : dès 250 US$, chalet 300 US$, game drive 50 US$.

Jean-Luc et Laurence vous réservent un accueil chaleureux au Wildlife Camp, une excellente adresse. Superbe site avec vue dégagée sur la Luangwa, à l'entrée du parc et proche de Mfuwe. On observe les hippopotames depuis la piscine, mais aussi des girafes, des éléphants... La cuisine, servie sous la paillote bar-salon, est élaborée à partir de produits de fermes voisines. Les chalets et tentes safari sont pensés pour les budgets moyens ; camping petit budget. Séjour en bush camp combinable. Game drive, walking safari en formule tout inclus ou en option.

MARULA LODGE €€

✆ +260 763 455 789

www.marulasouthluangwa.com

Dortoir 20 US$, tente 2 pers dès 70 US$, chalet dès 130 US$, tout compris par personne dortoir ou tente dès 200 US$.

Situé non loin de la porte du Parc national et de Mfuwe, le Marula Lodge est une excellente adresse pour tous les budgets. Il se compose de chalets en dur très confortables, de tentes safari face à la rivière et même de dortoirs pour *backpackers* solitaires. On peut observer les hippopotames et les crocodiles depuis la piscine. La visite d'éléphants sur le site est fréquente. Très bon accueil des propriétaires et bon rapport qualité-prix. Transferts, game drive et walking safari en option pour ceux qui ne prennent pas la formule tout inclus.

NJOBVU SAFARI €€

✆ +260 976 942 984

www.njobvusafari.com

Comptez 642 US$ pour 2 personnes tout compris (repas et 2 game drives).

C'est le seul lodge appartenant à des Zambiens locaux, et ça vaut d'être souligné, car Nicolas et Thomas Njobvy viennent de familles pauvres et ont été formés comme guides par le pionnier Norman Carr avant de monter leur propre affaire. Le camp est très bien placé, juste à l'entrée du parc, mais donnant sur le Zambèze, pour garantir l'observation de la faune et des safaris à prix imbattables. Les chalets inaugurés en 2020, tous différents, sont ravissants, l'hospitalité 100 % africaine, les repas délicieux et les game drives de haut niveau. Un coup de cœur.

THORNICROFT LODGE €€

✆ +260 961 672 538

www.thornicroft-lodge.com

Comptez dès 210 US$ par personne et par jour tout compris.

Ce camp est tout proche de la porte du Parc national de South Luangwa mais aussi du secteur de Nsefu. Il est riche en faune et peu fréquenté, ce qui lui assure des safaris de qualité. Il compte 10 chalets avec vue sur le fleuve Zambèze, assez modestes et abordables, tout comme les safaris. Une jolie petite piscine qui semble intégrée à la roche. La cuisine est aussi exceptionnelle imaginative, moderne et exotique, assortie de bons vins. L'ambiance est *family friendly* et une visite culturelle de village est aussi proposée en plus des safaris en voiture ou à pied.

TRACK & TRAIL RIVER CAMP €€

✆ +260 216 246 020

www.trackandtrailrivercamp.com

Par personne : camping dès 15 US$, tente dès 49 US$, tout inclus dès 299 US$, chalet dès 385 US$. Game drive 60 US$.

Tenu par les Hollandais Peter (photographe) et Kirsten, ce camp proche de l'entrée du parc est raffiné. Les chalets en dur, doubles ou familiaux, face à la rivière Luangwa, combinent matériaux naturels, décoration afro arty et mobilier de belle facture. Autres options : des tentes safari rustiques sur plateformes, plongées dans la forêt. Le camping dispose d'une pelouse (avec barbecues et eau froide), de plateformes et huttes pour tentes. Piscine en bord de rivière. Bonne musique au bar, cuisine inventive aux saveurs exotiques. Formule tout inclus possible.

PROJECT LUANGWA

Route principale de Mfuwe

✆ +260 974 250 152

www.projectluangwa.org

Café et magasin ouvert tous les jours de 8h à 17h.

Cette association caritative fondée par des Britanniques œuvre dans bien des domaines : aide scolaire et psychologique aux enfants victimes d'abus sexuels, éducation sur l'estime de soi pour les petites filles souvent malmenées dans les choix de mariage, école, etc. Mise en place d'un système d'e-learning avec des tablettes pour les enfants vivants loin de l'école, et ateliers d'artisanat, dont un de couture, qui alimentent la magnifique boutique-café de Mfuwe. Un must pour acheter des souvenirs, objets en wax et prendre un café-croissant.

THE BUSH SPA

Mfuwe Lodge

✆ +260 979 306 826

www.bush-spa.com

Ouvert tous les jours sur rendez-vous uniquement, transfert inclus depuis Mfuwe.

C'est le seul spa de la région ouvert à tous, quel que soit l'hôtel où vous résidez. Il n'est pourtant pas dans le village de Mfuwe, mais à l'intérieur du parc, au Mfuwe lodge. Les gardes du parc acceptent à titre d'exception que des touristes entrent sans payer les droits d'entrée, à la condition qu'ils fassent juste un aller-retour. Le transfert est gratuit, organisé par le lodge. Au menu du spa, un massage adapté : une pression, de légère à forte, des huiles essentielles au choix et surtout un cadre exceptionnel : une hippo pool juste devant la hutte.

SOUTH LUANGWA NATIONAL PARK ★★★★

Fondé en 1972, le plus célèbre des parcs zambiens, joyau touristique du pays avec les chutes Victoria, abrite sur plus de 9 000 km² une centaine d'espèces de mammifères et quelque 400 espèces d'oiseaux. Selon les spécialistes, ce parc figure parmi les réserves les plus remarquables du continent africain. La protection de la faune et de l'environnement dans l'enceinte du parc et ses alentours est assurée par South Luangwa Conservation Society, qui travaille conjointement avec la Zambian Wildlife Authority (ZAWA), les administrateurs des lodges et la population locale. Les résultats obtenus en matière de lutte contre le braconnage sont excellents.

▸ **La rivière Luangwa**, dont le lit est d'une largeur surprenante, est la ligne de vie du parc qu'elle traverse du nord au sud. A la saison sèche, le niveau de l'eau baisse considérablement, découvrant des bancs de sable où se prélassent crocodiles et hippopotames. La Luangwa est difficilement navigable et, contrairement aux autres parcs comme le Kafue ou le Lower Zambezi, les sorties en bateau ou en canoë ne figurent pas sur la liste des activités ici proposées.

Climat

▸ **Quand se rendre dans le South Luangwa ?** La saison sèche commence en avril et s'intensifie jusqu'en octobre, le mois le plus chaud durant lequel la concentration d'animaux est à son comble. En hiver, de mai à août, les journées sont chaudes et ensoleillées mais les nuits sont fraîches. La saison des pluies commence en novembre, les feuilles deviennent vertes et le sol nu et sec se transforme en une jungle luxuriante. Les animaux sont moins visibles, mais les paysages sont superbes. Cette « saison émeraude », ainsi que l'appellent les opérateurs locaux, se prolonge jusqu'à fin mars. C'est alors le meilleur moment pour les ornithophiles, qui peuvent apprécier l'arrivée massive des oiseaux migrateurs. La plupart des lodges situés sur les pistes principales restent ouverts toute l'année. En revanche, les *bush camps* ne sont opérationnels que de juin à octobre, période autorisant les safaris à pied. Les vols à destination de Mfuwe sont assurés toute l'année ; en revanche, il peut arriver que la piste menant au parc soit impraticable après de fortes pluies.

Faune et Flore

▸ **Flore.** Les paysages sont variés, des vastes plaines (les dambos) ponctuées de points d'eau aux bois épars d'acacias, de marulas, de chigomiers et de tamariniers. On peut également y voir de beaux spécimens de baobabs et de mopanes cathédrales.

▸ **Faune.** Tous les grands animaux de la savane, à l'exception du rhinocéros, victime du braconnage, et du guépard, sont présents dans le parc et ses alentours. On a donc ici les Big 4. Très nombreux (on en recense 12 000 environ), les éléphants peuvent aussi bien surgir des zones boisées que former des troupeaux, souvent près des buffles, dans les vastes plaines, où il est aisé de les observer. Ils semblent un peu plus petits que les autres pachydermes du continent, sans qu'aucune étude scientifique n'ait pu en déterminer la cause. Les hippopotames abondent dans les eaux de la Luangwa et les lagunes, où ils se dissimulent par groupes de plusieurs dizaines d'individus sous les nénuphars. Les singes, babouins et vervets batifolent un peu partout. Le parc compte 14 espèces d'antilopes. Les impalas et les puku sont les plus nombreuses, tandis que la plus majestueuse est sans doute l'antilope koudou, facile à repérer grâce à ses grandes cornes en spirale.

▸ **Parmi les espèces endémiques** de la région, la girafe de Thornicroft se caractérise par des taches plus sombres sur les flancs que dans le cou. C'est une sous-espèce endémique à la vallée, de même que le gnou de Cookson. Les zèbres de Crawshay sont également dotés d'une robe particulière qui, contrairement à celle des autres zèbres du continent, ne présente pas de rayures intermédiaires marron.

▸ **Parmi les prédateurs**, les léopards sont plus communément observés à la tombée de la nuit ou lever du jour, de même que les servals, les hyènes tachetées, les genettes ou les civettes. Le parc est connu pour être la vallée des léopards, l'un des seuls parcs d'Afrique où les probabilités de voir un léopard qui ne s'enfuit pas sont les plus grandes. Ils sont à la fois nombreux et habitués au ronron des voitures de safari depuis des générations sans s'en effrayer. Les groupes de lions sont assez nombreux dans le parc, parfois tranquillement installés au bord de la piste. Les chacals sont présents mais rarement aperçus. Plusieurs groupes de très rares chiens sauvages (6 000 en Afrique seulement) y vivent fréquemment mais leur grand nomadisme n'aide pas à leur localisation, il faut avoir de la chance ! Enfin, les porcs-épics et les pangolins viennent compléter le bestiaire.

▸ **Game drive.** Si vous souhaitez bénéficier de l'expérience irremplaçable d'un guide qui connaît tout des déplacements et des comportements des animaux selon la période de l'année et les heures du jour, vous devrez participer à un safari organisé par votre lodge. Deux options : en formule « tout inclus » en pension complète et avec deux game drive par jour : c'est ce que propose la majorité des guides. Ou le séjour dans un lodge à Mfuwe avec quelques safaris à la carte étalés sur plusieurs jours.

Il y a deux safaris possible, *morning drive* et *afternoon drive*. Le premier débute vers 5h du matin jusqu'à 8h, le second vers 16h jusqu'à 20h, d'une durée de 3h en général. Le matin, comme le soir, si vous séjournez dans le parc, vous bénéficiez d'horaires plus larges que les véhicules ressortant du parc (ouvert de 6h à 18h). Le matin, un léger petit déjeuner est pris avant le game drive et une pause café/thé est organisée dans un beau site chaque matin. Le soir, un traditionnel apéritif au coucher du soleil devant des hippos dans la rivière est un souvenir inoubliable. La nuitée tombée, l'assistant sort une grosse lampe pour repérer les animaux dans la nuit, particulièrement les lions et bien sûr les léopards, actifs la nuit et très recherchés.

Self drive. De nombreuses pistes de graviers, en très bon état et accessibles en toute saison, permettent de sillonner les alentours de Mfuwe avec son propre véhicule et d'observer la faune à son rythme. Pour s'aventurer plus avant sur les pistes saisonnières, un GPS s'avère indispensable. Le self drive coûte 30 US$ par personne et il faut avoir un bon 4x4 et savoir conduire sur des pistes difficiles.

Game walk. C'est l'activité phare et particulière du Parc National South Luangwa, qui se pratique toujours accompagné d'un scout armé et d'un guide ranger. Les marches peuvent durer de 2 à 3 heures. Les guides vous guident vers un contact avec la nature différent d'un safari classique en voiture. L'observation de la flore est privilégiée ; elle permet de mieux comprendre la vie des animaux par l'étude de leur habitat et de leur nourriture. Les plantes médicinales traditionnelles et comestibles vous seront montrées. On apprend également à identifier, notamment par leur chant, différentes espèces d'oiseaux. Et par les crottes, tous les animaux qui passent dans le coin ! Enfin, même si l'on voit certainement moins de mammifères qu'à bord d'un 4x4, les rencontres terrestres inattendues avec les habitants de la savane sont encore plus gratifiantes et fortes en émotions. Face à un animal potentiellement dangereux, ne manquez jamais de respecter les conseils de votre guide. On a forcément un petit frisson de marcher dans la brousse. Tous les camps le proposent à South Luangwa.

Pratique

Horaires. Si vous logez à l'intérieur du parc, les game drive se déroulent très tôt le matin (dès 5h) et jusqu'à tard le soir (jusqu'à 20h). Si vous logez à l'extérieur du parc, vous ne payez pas les « night fees » qui sont élevées par nuitée à l'intérieur, mais vous avez des horaires de safari plus réduits. Le parc est ouvert de 6h à 18h, et il faut donc partir un peu avant pour être à la porte à l'heure et faire un peu la queue avec les autres véhicules pour payer et entrer dans le parc. Les night drive sont donc plus exclusifs pour les visiteurs séjournant à l'intérieur du parc une fois les autres véhicules sortis du parc, par exemple pour voir les chiens sauvages un peu plus actifs de nuit que de jour.

Tarifs. Les entrées de parc s'élèvent à 25 US$ par adulte, 15 US$ par véhicule. Ces taxes sont déjà comprises dans le prix de vos séjours « tout inclus ». Self drive 30 US$. Vous ne verrez jamais apparaître ce montant, mais lorsque vous séjournez dans le parc, une taxe de nuitée de 75 US$ est comprise par jour et par personne.

Se loger

Sauf si vous prévoyez de camper, mieux vaut réserver son hébergement à l'avance, surtout en juillet et août pendant les vacances scolaires des pays occcidentaux. Notez que chaque lodge dispose généralement d'un ou plusieurs bush camps satellites plus rustiques, ouverts à la saison sèche, où vous pourrez séjourner pour vous isoler plus profondément dans le bush et faire des « walking safaris » à pied. Ils sont aussi situés à l'extérieur du parc en général sauf exception.

Prix futés. Début novembre est sans aucun doute une période intéressante, car tous les prix des lodges sont « hors saison », souvent de - 30 à -50 %, et tous les bushcamps sont encore ouverts car les pluies ne sont pas arrivées, on peut combiner séjour en lodge et en bushcamp et les safaris sont exceptionnels, les animaux assoiffés se déplacent beaucoup. Seul inconvénient : il faut horriblement chaud, 40 °C, donc il faut opter pour un lodge avec piscine, en chalet en dur ou sous tente safari, mais pas de camping basique intenable sous tente avec la chaleur.

Infos futées. Si vous séjournez hors du parc, vous aurez l'occasion d'échanger davantage avec les habitants de Mfuwe, sortir le soir, vous balader dans le villages en dehors des activités, et pourquoi pas faire une pause dans le rythme effréné de deux game drive par jour si vous n'êtes en formule tout inclus, pour prendre le temps de dormir un matin (se lever à 5h tous les jours, ça fatigue !) ou sortir au restaurant un soir dans un lodge voisin.

Prendre le temps d'être en vacances car la vie en safari est presque monastique : lever 5h, coucher 20h ! Et à l'intérieur du parc, vous restez en totale autarcie dans votre lodge avec les autres guests mais vous ne voyez rien de la vie locale. Les lodges sont absolument en formule tout inclus à l'intérieur, ne laissant que peu de possibilité de visiter des villages, souvent situés à plusieurs heures de 4x4 dans la brousse, ou alors c'est organisé comme une activité. Le village de Mfuwe étant très sympathique, c'est agréable de s'y balader seul de façon informelle, sans visite programmée spécialement.

Transports

Le village de Mfuwe est la porte d'entrée du parc. Les lodges situés à l'intérieur organisent les transferts aéroport par cet accès. Un autre accès est possible depuis la Great North Road via Mpika et la route du Corridor, de juillet à fin octobre, et elle s'adresse aux aventuriers en self drive. Bien qu'apparemment pratique pour les visiteurs venant du nord, qui évitent ainsi de repasser par Lusaka, cette route montagneuse est très bosselée et rocailleuse. Elle ne devrait être empruntée qu'avec de très bons 4x4, un téléphone GPS et des réserves d'eau, car les secours sont loin. Dans tous les cas, renseignez-vous car certaines parties de la route peuvent être fermées.

Dans la zone principale du parc, circulent les véhicules venant de l'extérieur du parc, venant de Mfuwe ou de l'autre côté de la rivière Luangwa et ceux des lodges situés à l'intérieur, proches de la porte du parc. Quelquefois cette zone très riche en faune est très fréquentée le week-end quand les familles de Chipata investissent les lodges populaires de Mfuwe. Ceux qui séjournent à l'extérieur du parc sont contraints par des horaires plus réduits : 6h-18h au lieu de 5h-20h et se réalisent dans la zone principale la plus fréquentée du parc. Ces véhicules prennent le pont à la porte principale ou un petit bac local pour entrer dans le parc, c'est ludique et cela fait partie de l'aventure !

On trouve quelques bushcamps magnifiques et une poignée de lodges de luxe exclusifs très onéreux dans des zones isolées à l'intérieur du parc très loin de l'entrée, où l'on surprend de nombreux léopards et lions sans aucune autre voiture autour, et où l'on va plus facilement observer les meutes de chiens sauvages actifs à la tombée de la nuit.

CHIPEMBELE WILDLIFE EDUCATION TRUST

✆ +260 216 246 108

www.chipembele.org

Initié en 1998 par Steve et Anna Tolan, un couple d'Anglais tombé amoureux de la Zambie, ce programme d'éducation et de sensibilisation à la vie sauvage cible les écoliers de la région. Centre d'exposition ludique et complet qui aborde les différents aspects environnementaux : reconnaissance des plantes et des animaux, mines et pierres précieuses, tourisme... Les visiteurs rencontrent aussi des animaux blessés recueillis par la fondation, comme Douglas, bébé hippopotame orphelin.

KAWAZA VILLAGE ★

www.robinpopesafaris.net

Accès journée incluant le déjeuner et les activités : 25 $ par personne. Renseignements auprès de Robin Pope Safaris.

Ce projet de tourisme culturel est né en 1997, sous l'impulsion de Robin Pope Safaris, de la Zambian Wildlife Authority et de la communauté locale de Kawaza, un village paysan typique entouré de champs de coton, de maïs et de tournesols dans la chefferie de Nsefu. Les visiteurs découvrent ici la culture kaunda, tout en participant au financement de l'école du village et de la scolarité des orphelins du sida. Il abrite une dizaine de familles. Au programme : visite de l'école avec un professeur, rencontre avec un guérisseur et repas traditionnel suivi de danses.

CONSERVATION SOUTH LUANGWA

www.slcszambia.org

Fondée en 2003, cette ONG fait un travail remarquable pour la protection de la faune dans le parc du Luangwa : lutte contre le braconnage, soins portés aux animaux blessés, campagne d'information auprès de la population. Ils ont développé avec les villageois la culture du piment qui, placé en bordure des terrains, permet de maintenir les éléphants à distance des cultures et d'améliorer la cohabitation. L'association vit du soutien de certains lodges et des dons privés.

ZAMBIAN CARNIVORE PROGRAMME

✆ +260 216 246 199

www.zambiacarnivores.org

Le Zambian Carnivore Program (ZCP) est une ONG qui se consacre à la préservation des grands carnivores du pays et des écosystèmes dans lesquels ils évoluent. Les actions sont scientifiques (avec un volet recherche) et pragmatiques, avec des études comportementales et la pause de colliers géolocalisés sur les groupes de lions, chiens sauvages, léopards, hyènes... dont les populations déclinent. Vous verrez souvent les 4x4 du ZPC dans le parc, prêtez attention à ce qu'ils observent !

ROBIN POPE SAFARIS

✆ +260 957 090 441

www.robinpopesafaris.net

Le siège de Robin Pope est basé à Lilongwe (au Malawi) mais c'est historiquement l'une des plus anciennes agences de safaris-photos opérant en Zambie et plus spécifiquement dans la vallée de la Luangwa. Robin Pope Safaris y gère 4 camps et 2 villas privées dans le parc de South Luangwa et peut combiner des séjours dans le North Luangwa avec un partenaire. Les camps ont des emplacements privilégiés au cœur du parc, tandis que les deux maisons sont pensées pour les familles. Il organise par ailleurs des safaris itinérants à pied (*walking safari*), sa spécialité.

NORMAN CARR, UN RANGER VISIONNAIRE

Lorsqu'il arrive dans la vallée de la Luangwa en 1939, Norman Carr est encore un chasseur. Cependant, sa mission de ranger dans les réserves nouvellement créées pour la protection des éléphants lui fait bientôt entrevoir tous les bénéfices de safaris alternatifs qui permettraient de sauvegarder la faune. En 1950, il persuade le chef local Nsefu d'établir une réserve privée sur les bords de la Luangwa, afin que les visiteurs (anglais, américains et sud-africains pour la plupart) puissent y venir observer les animaux. Les recettes étaient ensuite reversées au chef au profit de la population locale, qui était ainsi impliquée dans la sauvegarde de son environnement. En 1952, Carr fonde le Nsefu Camp, première infrastructure du parc, et commence à développer le concept, inédit sur le continent, de safari à pied qui permet aux participants une approche intime de la brousse. Au cours des années, le nombre de visiteurs augmente et, avec eux, le nombre de campements fondés par Carr (aujourd'hui 5 camps Time + Tide), qui s'attèle aussi à la formation de guides parmi les villageois. En 1972 est enfin créé le South Luangwa National Park. Mais cette initiative n'empêche pas le braconnage et, en 1979, Carr participe à la création de la fondation « Save the Rhino ». Norman Carr est décédé en 1997, à l'âge de 84 ans. Beaucoup gardent de lui l'image d'un homme se promenant avec Big Boy et Little Boy, les deux lions qu'il avait élevés avant de les rendre à la vie sauvage.

THE BUSHCAMP COMPANY

C/o Mfuwe Lodge

✆ +260 216 246 041

www.bushcampcompany.com

A partir de 455 US$ par personne en lodge dans le parc, tout inclus.

C'est l'une des agences de safaris les plus emblématiques et historiques de South Luangwa. Son originalité : en plus du Mfuwe lodge, le lodge principal avec piscine, The Bushcamp Company est le seul à posséder six bush camps dans les confins du parc, dans une nature sauvage et exempte de nombreux véhicules. Chacun a ses particularités et charmes. Sa signature de la société : des game drives et des walking safaris de haute qualité. Demandez Fanuel, l'un des guides les plus expérimentés de l'équipe, pisteur hors norme de lions, léopards et chiens sauvages.

TIME + TIDE SAFARIS

✆ +27 60 642 4004

www.timeandtideafrica.com

Dès 800 US$ par personne et par jour tout inclus.

Time + Tide est l'héritage de la compagnie du pionnier des safaris dans la vallée de la Luangwa Norman Carr, ainsi rebaptisée en 2018. En plus du magnifique lodge principal Chinzombo, les quatre autres camps de Time + Tide sont des camps de brousse (Mchenja, Kakuli, Nsolo et Luwi), isolés en plein cœur du parc. A noter que si le lodge peut accueillir des familles, les camps de brousse Kakuli et Mchenja disposent aussi de tentes familiales. Time + Tide détient également le seul camp de Liuwa Plains, trois camps à Lower Zambezi et un à Madagascar.

BILIMUNGWE BUSHCAMP €€€

A l'intérieur du parc, à 3h de Mfuwe Lodge, le lodge principal,
✆ +260 978 770 055
www.bushcampcompany.com
A partir de 610 US$ par personne et par jour.

Ce camp est l'une des plus belles retraites de The Bushcamp Company. Sa localisation est exclusive, loin des autres lodges, avec un nouveau deck au-dessus d'une plaine inondable et des petits bassins où vient s'abreuver la faune. Ses vastes chalets en roseau et en paille, élégants et confortables, se distinguent par leur mobilier sculpté par des artisans ; les repas y sont délicieux. Il n'est pas rare de voir passer des troupeaux de buffles devant sa terrasse privée ; possibilité de voir léopards, lions et chiens sauvages en game drive. Walking safaris possibles.

CHAMILANDU BUSHCAMP €€€

A 2h de Mfuwe lodge, le lodge principal.
✆ +260 978 770 055
www.bushcampcompany.com
A partir de 605 US$ par personne et par nuit, +12 ans, ouvert de juin à novembre.

Ce camp de brousse griffé The Bushcamp company est situé en amont des principaux lodges le long de la rivière Luangwa, loin des nombreux véhicules. Ici, on vient chercher les *game drives* prolifiques et le contact avec la nature sauvage. Il n'y a que trois cabanes de luxe dans les arbres chacun avec sa terrasse surélevée. Imaginez, depuis votre *star bed* perché dans la canopée, la vue de la faune dans la rivière Luangwa, les collines de Chindeni en toile de fond et le ciel étoilé. Le lounge est adorable et les repas divins. Un vrai luxe en pleine brousse.

CHICHELE PRESIDENTIAL LODGE €€€

✆ + 260 211 261 588
www.chiawa.com
En rénovation, réouverture prévue en 2023.

Situé à l'intérieur du Parc national de South Luangwa, un peu en retrait de la rivière, mais surplombant la vallée du haut d'une colline, ce lodge fut, pendant toute la durée de son mandat, la résidence privée du président Kenneth Kaunda. Aujourd'hui, il est sous la direction de Chiawa Camp tout comme le très exclusif Puku Ridge, camp au cœur du parc national. Il est en totale rénovation actuellement. L'ouverture de ce nouveau lodge doté d'un spa est prévue pour 2023.

CHIKOKO TRAILS CAMPS €€€

✆ +260 216 246 185
www.remoteafrica.com
Comptez dès 640 US$ par personne et par nuit.

Peu de camps de brousse peuvent se targuer d'être aussi isolés dans le Parc national de South Luangwa. Mais Chikoko Trails en est un, ou plutôt deux, sous la gestion de Remote Africa : le premier est Chikoko Tree Camp, construit dans la canopée des arbres et ouvert sur la plaine, magnifique ! Le second Big Lagoon (ex Crocodile River Camp) surplombe un vaste lagon depuis une forêt d'ébéniers. Situés sur la rive ouest de la rivière Luangwa, à quelques kilomètres du camp principal Tafika, ils sont accessibles uniquement à pied. L'aventure commence dès l'arrivée !

CHINDENI BUSHCAMP €€€

A 2,5 h de Mfuwe Lodge, le lodge principal.
✆ +260 978 770 055
www.bushcampcompany.com
A partir de 605 US$ par personne et par jour. Ouvert de mai à décembre. +12 ans.

The Bushcamp company a dressé un sublime deck donnant au loin sur un lagon attirant éléphants, buffles et autres herbivores qui défilent comme un spectacle en toile de fond. De grands canapés confortables invitent à la lecture sous un mobile tintant dans le vent. Un camp convivial où les repas sont servis à la table d'hôtes. Au total, 4 tentes safari aménagées avec terrasse privative dans les arbres. Les guides sauront vous offrir ici les plus beaux game drives, particulièrement Fanuel, pisteur hors norme de léopards, chiens sauvages et lions.

ISLAND BUSH CAMP €€€

Sud du parc
✆ +260 216 246 046
www.luangwa.com
Ouvert du 25/05 au 1/11. De 385 à 550 US$ par personne (selon la saison).

Camp de brousse du Kafunta River Lodge, il est situé à 3 heures de 4x4 de celui-ci. Construit en bord de rivière Kafue, à l'ombre des acajous, le camp se compose de cinq chalets sur pilotis, faits de bois et de roseaux, démonté intégralement et reconstruit tous les ans. Le confort est plus spartiate qu'au lodge principal, mais ici, c'est l'expérience du bush et les *game walks* qui sont privilégiés. Une expérience authentique qui peut se coupler avec une randonnée à travers le bush jusqu'au nouveau bush camp de Kafunta, le Tree Rivers Camp.

KAINGO CAMP €€€

✆ +260 216 245 064
www.shentonsafaris.com
Ouvert du 20 mai au 31 octobre. De 775 US$ à 900 US$ par personne selon saison.

Bien situé dans le parc à la jonction des rivières Luangwa et Mwamba, ce petit lodge tenu par la famille Shenton compte 6 chalets confortables, dont 2 « lune de miel ». Chacun dispose d'une terrasse donnant sur la Luangwa. Dans le lounge, on remarque le magnifique bar sculpté dans un tronc de chigomier. Sa situation privilégiée offre de beaux *game drive & walk*. Kaingo a ouvert nombre d'observatoires pour photographier les hippos dans leur intimité et un *elephant hide* permet, outre d'admirer les pachydermes et de passer une nuit sur une plateforme.

KUYENDA BUSHCAMP €€€

A 1h15 de Mfuwe Lodge
✆ +260 978 770 055
www.bushcampcompany.com/
A partir de 470 US$ par personne.

C'est le camp de brousse signé The Bushman Company le plus accessible depuis Mfuwe Lodge et aussi le moins cher, tout en offrant une expérience au coeur de la nature sans autre lodge ou camp autour. Les 6 huttes rondes en roseau et en paille et le grand deck donnent sur une jolie plaine souvent fréquentée par des buffles. L'ensemble est délicieusement confortable avec des canapés douillets, une magnifique décoration afro-chic, sans oublier le charme d'une salle de bain extérieure. Les game drives comme les walking safaris sont ici exceptionnels.

KAPAMBA BUSHCAMP €€€

A 4h de route de Mfuwe Lodge
✆ +260 978 770 055
www.bushcampcompany.com
A partir de 605 US$ par personne. +12 ans. Ouvert d'avril à janvier.

Ce camp de brousse est perdu à l'intérieur du parc de South Luangwa, sur la rivière Kapamba, tout comme l'autre site de The Buchcamp Company, Zungulila. L'intérêt est double puisque peu de véhicules circulent ici et la rivière moins puissante que le Zambèze est inondée moins longtemps : le camp est l'un des seuls accessibles d'avril à janvier. C'est aussi le seul doté d'une petite piscine en surplomb de la rivière. Ce camp romantique très glamping « Out of Africa » compte 4 tentes sur deck joliment meublées. Les safaris en voiture ou à pied y sont exceptionnels.

KAFUNTA RIVER LODGE €€€

✆ +260 216 246 046 - www.luangwa.com
Chambres doubles de 405 à 610 US$ par personne selon la saison, pension complète et 2 activités par jour inclus.

Le sublime Kafunta River Lodge étale son luxe raffiné au bord de la Luangwa. L'accès au parc se fait au sud, par un petit bac réservé. Imaginez-vous dans la jolie piscine en train de regarder les girafes boire dans la plaine inondée. Ou regarder une harde d'éléphants prendre un bain de boue devant votre terrasse. Restaurant, piscine, lounge design avec canapés distingués et boma. Les huit chalets sur pilotis rénovés en 2019 dans un style afro chic, deux suites. Petit salon de massage. Combinables avec Island Bush Camp et Three Rivers Camp.

LION CAMP €€€

✆ +260 965 156 181

www.lioncamp.com

De 590 à 680 US$ par personne par nuit tout compris, selon la saison.

Le Lion Camp est un bush camp indépendant au cœur du parc, dans sa partie nord. Il est situé à environ 2h30 de route de Mfuwe à travers le parc et promet donc des game drives exclusifs. Comme son nom le laisse présager, c'est une zone du parc intéressante pour observer les « big cats ». Le lodge en impose avec sa grande paillote bar-restaurant, sa déco haute en couleur, sa bibliothèque, sa salle de billard, sa piscine qui s'ouvre sur la savane, ses passerelles qui conduisent aux 10 luxueux chalets et leurs balcons. Un lieu d'exception au milieu du bush !

MFUWE LODGE €€€

✆ +260 216 245 041

www.mfuwelodge.com

A partir de 455 US$ par personne, tout inclus.

Situé au cœur du parc parc, ce grand lodge construit en surplomb d'une lagune offre un panorama sur les hippos, éléphants et antilopes s'abreuvant ici. Les 18 chalets sont de véritables appartements luxueux, avec leur parquet en bois et leur jolie décoration. Tous disposent d'une véranda avec vue sur la lagune. La piscine est assez grande. Au mois de novembre, il est courant de voir des éléphants traverser la réception pour aller déguster les fruits du manguier voisin. Combinable avec d'excellents bush camps au sud du parc. Superbe spa face à une *hippo pool*.

LUANGWA RIVER CAMP €€€

✆ +265 179 54 83

www.robinpopesafaris.net

De 460 US$ ou 665 US$ par personne selon la saison. Ouvert du 22/01 au 30/11.

Ce très beau lodge signé Robin Pope Safaris est situé au nord-est de l'entrée du parc, au bord de la rivière Luangwa. Un site privilégié exclusif loin des hordes de véhicules. Comme dans tous les établissements du groupe, le service y est de qualité et la décoration soignée. Le camp se compose de 5 suites très luxueuses doubles, chacune dotée d'une plunge pool privative. Les chambres sont particulièrement confortables et les enfants sont acceptés ici. A noter le caractère exceptionnel des baignoires en adobe intégrées au plancher dans les salles de bains.

NKWALI CAMP €€€

✆ +265 179 5483

www.robinpopesafaris.net

Compter 460 US$ à 665 US$ par personne selon la saison.

Dans un cadre des plus charmants, les 6 chalets au toit de chaume et aux mûrs blanchis à la chaux offrent une superbe vue sur la Luangwa. Le décor est d'une séduisante rusticité. Les salles de bains à ciel ouvert sont très agréables. Le lodge est situé dans la réserve de Lupanda, au milieu d'ébéniers et d'acacias qui attirent régulièrement éléphants et girafes. Pour les familles, 2 superbes maisons, la Robin's House et la Luangwa Safari House avec une architecture tout en rondeur. Combinable avec un séjour au Nsefu Camp et/ou au camp Tena Tena.

MWAMBA BUSH CAMP €€€

✆ +260 216 246 064

www.shentonsafaris.com

De 706 à 822 US$ par personne par nuit selon la saison, tout compris.

Géré par Shenton Safaris, ce bush camp se trouve à 7 km au nord de Kaingo, un autre camp de la griffe. Il est situé dans une zone pittoresque fréquentée par de nombreux gnous et élands. Les 4 chalets de roseaux sont décorés de beaux batiks de l'atelier Tribal Textile et le toit est conçu de telle manière que l'on peut dormir sous la voûte étoilée. On se sent au cœur de la vie sauvage. Des observatoires ont été installés à proximité. Les guides de safaris emmenés par Derek Shenton, se montrent particulièrement à l'écoute des photographes.

PUKU RIDGE TENTED CAMP €€€

✆ +260 211 261 588

www.chiawa.com/puku-ridge

Ouvert du 1er avril au 30 novembre. Dès 1 250 US$ par personne, tout inclus.

Rouvert fin 2019 après un lifting total opéré par Chiawa, ce camp design et esthétique n'a plus rien à voir avec un camp de brousse. Huit tentes safari sont toutes équipées d'un star bed dans une tour adjacente, d'une plunge pool rafraîchissante, mais aussi du wifi et même de la climatisation, rareté dans les chambres et appréciable lorsqu'il fait 40 °C. La terrasse du lounge restaurant face à la plaine inondable est sublime, les repas raffinés. Sa position isolée au sein du parc garantit des game drives exceptionnels dans cette zone peuplée de léopards.

FOCUS

THE BUSHCAMP COMPANY

UN LUXE EXCLUSIF, DES GUIDES DE SAFARI EXPERTS

Unique en son genre, The Bushcamp Company propose six camps de brousse, tous différents, pouvant accueillir chacun jusqu'à 8 guests dans un cadre intimiste. Situés sur les seules concessions du sud du Parc national de South Luangwa, ils garantissent des game drive d'exception où seules les voitures de The Bushcamp Company se croisent. On prend son temps devant des meutes de chiens sauvages, un léopard dévorant sa proie ou des lionceaux jouant avec leur mère.

Huttes, maisons dans les arbres, tentes safaris, chalets en roseaux et teck, les styles de construction diffèrent, mais tous les camps sont meublés façon glamping et adorablement décorés dans un style rétro qui n'est pas sans rappeler le film Out of Africa. Kuyenda est le plus accessible, Chamilandu, Chindeni et Bilimungwe, situés en amont de la rivière Luangwa, nécessitent plusieurs heures de 4x4 depuis le lodge principal, tout comme Kapamba et Zungulila nichés le long de la rivière Kapamba.

Mfuwe lodge la maison mère de ces bush camps également à l'intérieur du parc mais plus proche de la porte, est un merveilleux écrin de luxe confortable avec une belle piscine donnant sur une plaine où viennent s'abreuver éléphants, impalas, girafes, puku, koudous et où se reposent quelques hippopotames. En saison des mangues sauvages, le lodge est réputé dans tout le pays pour voir passer des éléphants dans son lobby, un spectacle unique !

Les chauffeurs guides, accompagnés de leur assistant, sont les plus fins limiers du bush, connaissant chaque arbre où les léopards ont leurs habitudes, chaque groupe de lions suivant la localisation du camp de brousse. Leur grande spécialité : les walking safari, ces expéditions à pied encadrées d'un ranger armé du parc et du guide, à la découverte de la flore locale, et sur les traces des animaux. le grand frisson original, l'expérience ultime d'un séjour à South Luangwa.

MFUWE LODGE

✆ +260 216 245 041

www.mfuwelodge.com

© THE BUSHCAMP COMPANY

© THE BUSHCAMP COMPANY

© THE BUSHCAMP COMPANY

POUR LA SAUVEGARDE DES RHINOCÉROS NOIRS

Dans les années 1970, la Zambie comprenait la 3e plus grande population de rhinocéros noirs au monde. Près de 12 000 têtes étaient estimées sur l'ensemble du pays, dont 2 000 dans le North Luangwa. Comme le parc ne bénéficiait alors d'aucune protection, les rhinocéros étaient abattus au rythme d'un millier par an. Le braconnage vint progressivement à bout des derniers rhinocéros jusqu'à ce que l'espèce soit déclarée nationalement éteinte en Zambie en 1998. Bien que le projet de conservation du parc ait été développé à partir de 1986 par la ZAWA, en coopération avec la Société zoologique de Francfort, il a fallu attendre 2003 et le résultat de nombreuses études pour qu'on y réintroduise 5 rhinocéros noirs (2 mâles et 3 femelles), transférés depuis le parc Kruger sud-africain. Pour assurer leur survie, les animaux ont été placés dans un vaste sanctuaire de 55 km² protégé par une clôture électrique longue de 37 km et des rangers qui patrouillent sans relâche pour assurer une protection constante des lieux. La réussite du projet, matérialisée par la naissance d'un petit rhinocéros au printemps 2005, a encouragé les investissements internationaux qui ont permis la construction d'un nouvel enclos et l'introduction, en 2006, de 10 nouveaux individus. En avril 2010, 5 nouveaux rhinocéros ont été introduits et tous les individus évoluent désormais en liberté dans une réserve de 300 km². Une opération réussie donc, qui constitue un réel espoir pour la survie de cette espèce menacée. Le North Luangwa Conservation Programme (NLCP) maintient toujours ses efforts de conservation afin d'assurer la survie des rhinocéros du parc. Son activité inclut la gestion de l'écosystème, la formation, la recherche, l'éducation et les projets communautaires. En 2015, une nouvelle stratégie a été adoptée pour intensifier les efforts de lutte contre le braconnage dans le développement de l'unité canine de North Luangwa (NLCU). FZS a conclu un accord avec Working Dogs for Conservation, qui forme des chiens à détecter l'ivoire, la corne de rhinocéros, les armes à feu et la viande de brousse. Ils jouent un rôle important dans la prévention de la criminalité liée aux espèces sauvages. Le nombre de rhinocéros noirs dans le North Luangwa et leurs localisations est aujourd'hui assez confidentiels car ce sont des informations sensibles.

SHAWA LUANGWA CAMP €€€

✆ +260 979 312 766

www.greensafaris.com/shawa-luangwa

A partir de 600 US$ par jour et par personne.

Situé dans le secteur privilégié de Nsefu, très riche en faune. Dès l'arrivée, la petite piscine à la proue du lodge face aux rives du Zambèze invite à la baignade. Le lounge avec ses canapés en rotins offre cette même vue incroyable. Cinq tentes luxueuses (dont certaines peuvent former des unités familiales) sont tournées vers les rives du Zambèze. On peut observer en direct la vie sauvage depuis sa terrasse privée camouflée dans la canopée. Ici, les chambres sont totalement ouvertes sur la nature avec une baignoire incroyable intégrée au ras du plancher.

TENA TENA €€€

✆ +265 179 4491

www.robinpopesafaris.net

Ouvert de mai à octobre. De 695 à 835 US$ par personne par nuit selon la saison.

Voici le tout premier bush camp historique de Robin Pope Safari. Son emplacement est exceptionnel dans le secteur de Nsefu au cœur du parc national, une aire peu fréquentée par les véhicules car loin de l'entrée. Ce camp intimiste se compose de six tentes actuelles et confortables sous de beaux acajous, toutes avec vue sur la rivière Luangwa. De là, on peut entendre le bruit des hippopotames en journée et le rugissement des lions la nuit. Toutes les activités classiques sont proposées : *game drive*, *walking safari* ou encore la visite de villages.

THREE RIVERS CAMP €€€

✆ +260 216 246046

www.luangwa.com

Prix de 385 à 600 US$ par personne en pension complète, deux activités par jour inclus.

Inauguré en 2017, Three Rivers Camp est à la confluence de trois rivières, la Lusangazi, la Kapamba et la puissante Luangwa, où baignent les hippos juste devant les cinq tentes du camp. Chaque tente dispose d'une salle de bain extérieure et d'un *star bed* sous les étoiles. La nourriture sous forme de buffet est délicieuse et inventive. Les *walking safaris* se font une fois la Luangwa traversée sur un petit bateau, escorté de rangers armés. *Game drive* à la recherche du groupe de lions qui vit tout près. Ici, pas de talkie-walkie, on écoute les cris des impalas !

TIME + TIDE CHINZOMBO €€€

✆ +27 60 642 4004

www.timeandtideafrica.com

Dès 1 250 US$ par personne tout inclus.

Chinzombo Lodge est une merveille de luxe en plein bush conçu par les architectes Silvio Rech et Lesley Carsten. Il est doté d'une piscine, d'un restaurant, lové dans un bras de la rivière Chungwe. Sa magnifique et immense terrasse en bois surplombe une pataugeoire à éléphants et hippos. Il est ouvert aux enfants de tous âges et dispose de 5 tentes safari doubles et d'une tente familiale. Un séjour dans ce camp principal très luxueux est combinable avec un séjour dans l'un des quatre bush camps davantage enfouis dans le parc de la compagnie Time + Tide.

ZIKOMO SAFARI CAMP €€€

✆ +260 216 246 202

www.zikomosafari.com

Camping dès 50 US$ par personne, pension complète et activités : 440 US$ par personne. Ouvert du 15/05 au 15/11.

Ce campement de gamme moyenne, situé dans le secteur privilégié de Nsefu peu fréquenté et sur les rives de la Luangwa, permet une observation optimale de la faune sauvage (notamment les léopards) par le fait qu'il est assez reculé, accessible par la Milyote Gate. Il se compose de neuf chalets et d'une maison familiale, ce qui confère un caractère intime à ce lieu et permet un service personnalisé. Bar-restaurant, camping (avec sanitaires et barbecues individuels) et piscine. La vue sur la rivière est agréable et les safaris remarquables.

ZUNGULILA BUSHCAMP €€€

Situé à 3,5h de Mfuwe Lodge

✆ +260 978 770 055

www.bushcampcompany.com

A partir de 605 US$ par personne. + 12 ans. Ouvert d'avril à janvier.

C'est le camp de brousse le plus septentrional de The Bushcamp Company, situé sur la Kapamba. Il est plus en amont encore que le camp éponyme de la rivière. Comme ce dernier, Zungulila est ouvert tôt et tard dans la saison. Son emplacement garantit des *game drives* et *walking safaris* exclusifs, loin des pistes fréquentées du parc. Le camp n'en reste pas moins élégant et confortable, formé de 4 très vastes tentes safari doubles posées sur un deck en bois exotique, avec une baignoire îlot ouverte sur la plaine, et des dîners sur nappes blanches, un must.

NORTH LUANGWA NATIONAL PARK ★★

Deux fois moins grand que son voisin du Sud, le North Luangwa constitue l'une des réserves naturelles les plus intactes d'Afrique. Difficile d'accès pour les voyageurs indépendants, le parc, où les infrastructures sont quasiment inexistantes, accueille très peu de visiteurs à l'année. Par ailleurs, le parc n'est accessible qu'à la saison sèche, de mi-juin à fin octobre. Son atout majeur est donc de pouvoir offrir aux visiteurs la vision d'une Afrique sauvage, exempte de toute trace de passage humain. Au cours des 30 années qui suivirent sa création, seuls les gardes forestiers avaient accès au parc. La végétation s'y compose pour l'essentiel de forêts de mopanes, de vastes prairies, de fourrés d'acacias, d'arbres à saucisses, de chigomiers et d'acajou. Le parc est connu pour ses impressionnants troupeaux de buffles, ses lions et la présence de nombreux gnous de Cookson et d'élands. On y trouve quelques espèces d'oiseaux rares ailleurs, comme la sentinelle à gorge jaune (*Macronyx croceus*) et le mahali à dos roux (*Plocepasser rufoscapulatus*). Les éléphants et léopards y sont également visibles, bien que moins nombreux que dans le South Luangwa. On vient ici pour tenter d'apercevoir un rhinocéros noir, rare mais réintroduit ici avec succès.

En 1984, John Harvey et sa femme Lorna, issus de la noblesse coloniale, obtiennent la permission d'y organiser les premiers safaris pédestres. Puis, en 1989, Mark et Delia Owens, deux zoologistes américains (connus pour leur ouvrage *Le Cri du Kalahari*), installent un centre de recherche dans le parc et engagent un combat acharné contre le braconnage qui fait rage. Ils récoltent des fonds qui permettent de rémunérer des rangers et de sensibiliser la population locale.

La flore et la faune du parc sont similaires à celles du South Luangwa, bien que les paysages soient plus marqués par la présence du Muchinga Escarpement, qui domine le parc du haut de ses 1 000 m. Un grand nombre d'affluents viennent se jeter dans la Luangwa River jouant un rôle écologique important. Durant la saison sèche, la rivière Mwaleshi, qui coule le long de l'escarpement, laisse de nombreuses mares où viennent s'abreuver les animaux. Les safaris en voiture sont interdits dans cette zone à laquelle on ne peut accéder qu'à pied.

NATWANGWE COMMUNAUTY CAMPSITE €

✆ +260 972 607 672
www.natwange.org
Camping 20 $ par personne, douche et bois pour le feu compris.
Seule adresse du parc accessible aux voyageurs indépendants en 4x4 et en self drive, ce camping se trouve dans la partie nord, du côté de l'escarpement de Muchinga, à 1 km environ de l'entrée du parc marquée par le Mano Scout Camp. Il est très rudimentaire, organisé pour les campeurs en totale autonomie en termes de nourriture et d'eau potable. Il dispose de coins barbecue et d'un générateur de courant solaire de douches froides et d'emplacements en terre battue sous les arbres.

MWALESHI CAMP €€€

GPS : 11°59.384'S ; 32°18.995'E
✆ +260 216 246 185
www.remoteafrica.com
Ouvert du 15 juin au 31 octobre. Dès 590 US$ par personne tout inclus.
Agencé autour de quelques arbres, le camp Mwaleshi est situé au bord de la rivière éponyme, à 10 km de la confluence avec la Luangwa où se trouve l'autre camp Remote Africa de ce parc : Takwela Camp (ouvert en 2019). Comme dans tout *bush camp*, les chalets de roseaux allient confort et rusticité, et les services sont d'une grande qualité. Outre les safaris, le camp propose des sorties d'une journée aux chutes de Mwaleshi et une journée dans les marais de Bangweluu. Les visiteurs restent un minimum de 2 nuits. Combinable avec les camps dans le South Luangwa.

TAKWELA CAMP €€

✆ +260 216 246185
www.remoteafrica.com
Ouvert du 15 juin au 31 octobre. Dès 590 US$ par personne. + 8 ans.
Il existe peu de camps de brousse de luxe dans le Parc national de North Luangwa, Takwela en est un, ouvert en 2019 et signé Remote Africa, qui peut donc offrir des séjours combinés avec les camps de South Luangwa. On profite du spectacle de la faune qui vient s'abreuver dans le wafwa devant (lagon d'un ancien cours d'eau), mais aussi des lions, léopards et éléphants nombreux et des chiens sauvages (avec de la chance). Le camp est constitué de 4 chalets en roseaux et en paille à la confluence des rivières Mwaleshi and Luangwa, où vivent plus de 450 hippos.

LUAMBE NATIONAL PARK ★

Ce petit parc de seulement 247 km² est situé sur la rive est de la rivière Luangwa, entre le South et le North Luangwa. Bien que son écosystème soit identique à celui de ses deux voisins, les animaux y sont moins nombreux, mais les plus chanceux pourront tout de même y observer les espèces de mammifères les plus intéressantes. Les oiseaux apprécient la voûte aérée constituée par les mopanes cathédrales. Le parc est facilement accessible à la saison sèche depuis le South Luangwa, en traversant la zone de Nsefu et en longeant la rivière. Un unique lodge permet une halte confortable pour les voyageurs reliant le North Luangwa et le South Luangwa en véhicule privé.

BUFFALO CAMP €€€

GPS : 11°55.405'S ; 32°15.601'E
✆ +260 976 970 444
www.shiwasafaris.com
Ouvert du 01/06 au 31/10. Dès 285 US$ par personne en formule tout inclus. Bungalow self catering 125 US$ par personne.
Buffalo est le premier bush camp établi dans le parc, au bord de la rivière Mwalshi. Mark Harvey, qui dirige l'établissement, est aussi un excellent guide de safari. Les 6 chalets en roseaux, dont 2 sur pilotis, sont réinstallés à chaque nouvelle saison. Le lodge est situé au coeur de la zone de protection des rhinocéros noirs et constitue un bon point d'entrée pour leur observation. Des *game drive* sont possibles, mais la spécialité du Buffalo est les *walking safari* à pied de 4 à 5h. Le lodge organise des transferts depuis Kapishya lodge ou les villes du nord.

LUAMBE CAMP €€€

Nord du parc
✆ +27 72 298 0777
www.luambe.com
De 325 à 395 $ par personne (pension complète + activités), selon la saison. Camping : 20 $ par personne.
Le Luambe Camp est le seul hébergement à l'intérieur du parc. Pour le rejoindre, au départ de Mfuwe (à proximité de South Luangwa), il faut rouler en direction du nord. On atteint alors l'entrée du sud du parc, que l'on traverse pour atteindre le camp. Il faut compter 90 km et environ 5 heures de voiture. Le camp se situe sur une berge de la rivière Luangwa et permet d'observer une multitude d'hippopotames. Il se compose de 4 tentes de luxe et de 6 emplacements de camping. Des *game drive* et des *game walk* dans le parc sont proposés.

NORD

Cette partie de la Zambie poussant vers la Tanzanie, figure rarement sur l'itinéraire des voyageurs dont le temps dans le pays est limité, car les distances sont longues depuis Lusaka. C'est dommage, car les paysages de collines et de vallées, de lacs, de rivières et de chutes d'eau qui constituent ce vaste territoire sont parmi les plus fascinants d'Afrique australe. Des plaines de Bangweulu au lac Tanganyika, de la frontière du Malawi à celle du Congo, on recense une vingtaine de cascades, sept parcs nationaux (dont Kasanka) et quelques sites fortement imprégnés d'histoire et de culture (mémorial de Livingstone, manoir de Shiwa Ngandu, grottes préhistoriques). Certes, la faune est ici moins impressionnante que dans d'autres parties du pays, les grands animaux de la savane en sont pratiquement absents, en revanche, pour qui s'intéresse aux oiseaux, les lacs et les plaines inondables de Bangweulu sont un véritable paradis.

RÉPUBLIQUE DÉMOCRATIQUE DU CONGO
LAC TANGA
Kaputa
Ndole
MWERU WANTIPA NATIONAL PARK
Luanza
MP
NSUMBU NATIONAL PARK
Nsama
LAC MWERU
Mununga
Kilwa
Nchelenge
Mporokoso
Kalabwe
Luwinga
Mbereshi
Kapa
KAWAMBWA
Mwansabombwe
Mikulu
Lunte
Luwingu
Munko
Kilolo
Kabila
Mun'anga
Luena Mission
Kasomeno
Lufubu
Katuta
Chaba
Lubwe
MANSA
LAC BANGWEULU
Samfya
Kasoma
MARAIS DE BANGW
Mulumbi
Kalasa Mukoso
Kiandwe
LAVUS NATIO
Chipi
Chiundaponde
NAKAPAL
Kapalala
Chalilo
LAC WAK
Mufulira
KASANKA NATIONAL PARK
KITWE
RÉPUBLIQUE DÉMOCRATIQUE DU CONGO
Lukulu
NDOLA

Nord
TANZANIE
Matai
Laela
Chilangu
MBALA
Mbeya
Songwe
KALAMBO
Nsokolo
Tunduma
Kalulu
Ileje
Mwiluzi
Kayambi Mission
Lufita
Chitipa
Nsansamwenje
Ndasa
Isoka
KASAMA
Lubu
Chale
Luangwa
Thendere
Chinsali
ulobola Mission
Muyombe
Katumbi
ambeshi
Mayuke
Luangwa
Chama
MALAWI
Lwanya
Mano
Manga Village
NORTH LUANGWA NATIONAL PARK
MPIKA
Mzimba
hilonga
RÉSERVE DE MUTINONDO
Zokwe
Lundazi
Lumezi
LUAMBE NATIONAL PARK
shimanda
Mwanya
50 KM

MKUSHI

Mkushi est une ville agricole de près de 100 000 habitants située juste en marge de la Great North Road et sur la ligne du Tazara qui va en Tanzanie et qui marque le point d'entrée dans les régions du Nord. De nombreuses fermes commerciales prospèrent dans les environs et la ville est pourvue de toutes les commodités en termes de services et d'approvisionnement : banques, station-service, poste, boutiques... Pour des safaris et excursions organisés dans la région, vous pouvez contacter les tour-opérateurs Bush Buzz Safari, spécialiste du nord de la Zambie, le Kasanka Trust, Thorn Tree Safaris ou Shiwa Safaris qui gère le Kapishya lodge à Mpika.

CHANGWENA FALLS

Cette jolie petite cascade qui jaillit au milieu des roches ocre se trouve à 2 heures de route environ de Mkushi et près de 40 km, par une piste qui traverse la forêt, tout près de la frontière congolaise. Elle est située juste à côté de la piste et facile à trouver. Elle est constituée de quelques petits rapides et de piscines naturelles où l'on peut se baigner. Le camping y est autorisé mais il n'y a vraiment rien, même pas d'eau courante. Il est donc possible uniquement si vous êtes totalement autosuffisant en eau potable, nourriture, etc.

FORT ELWES

Le fort Elwes – du moins ce qu'il en reste – a été construit en 1896 par des Européens venus s'aventurer comme chercheurs d'or dans la région, pour se protéger d'une incursion éventuelle des membres de la tribu autochtone ngoni. On ne sait que peu de choses sur l'histoire de ces hommes. Mais ce fort imposant dont on peut voir les vestiges subsiste. Il est perché à 1 600 m d'altitude. L'occasion de faire une bonne randonnée jusqu'au sommet pour s'offrir un beau panorama sur les collines voisines. Prendre un guide local pour le chemin.

MOTEL MARIANA €

4004 independence avenue
✆ +260 975 855 455
Comptez à partir de 30 US$ la double avec petit déjeuner.

L'hôtel Mariana qui était tombé en décrépitude il y a quelques années a été totalement rénové, jusqu'à sa piscine désormais présentable et même drôlement tentante avec son eau turquoise limpide. Le restaurant sert d'excellentes assiettes débordantes, des plats toujours très simples mais préparés avec des ingrédients locaux très frais. Les chambres pensées à la locale sont munies de ventilateurs et toutes avec salle de bains privative. Elles sont abordables, bien tenues et confortables. Une adresse populaire à Mkushi auprès des voyageurs zambiens.

FOREST INN €€

Great North Road
✆ + 260 966 423 388
Chambre simple avec petit déjeuner 40 US$ et 62 US$ la double ou twin, familiale 65 US$, camping 10 US$ par personne.

Située 30 km avant Mkushi en venant de Kapiri Mposhi, cette ferme met à la disposition des voyageurs 10 chalets adorables à la décoration vraiment chaleureuse et cosy, impeccablement tenus et dotés de tout le confort nécessaire. L'aire de camping s'étend dans une zone ombragée agréable, à l'image du vaste jardin de la propriété entouré d'une forêt indigène où ont été tracés des chemins de promenade. Le restaurant sert de savoureux produits de la ferme. Le terrain de badminton est mis à la disposition des clients, sympa en vacances.

SERENJE

Située à 3 km de la longue route principale reliant Kapiri Moshi à Mpika, Serenje est une ville où l'on pourra dormir et se réapprovisionner en chemin. On y trouve deux ou trois pensions, une station-essence, une banque et un petit hôpital. La région est essentiellement agricole et compte deux visites de choix : la grotte de Nsalu et ses peintures rupestres San et les chutes de Kundalila.

Transports

Des bus s'arrêtent ici, entre Lusaka et Kashikishi (lac Mweru) plusieurs fois par jour, et trois fois par semaine celui Lusaka - Kasama. On peut aussi s'y arrêter en train sur la ligne TAZARA reliant la Tanzanie et la Zambie.

L'HISTOIRE DE L'ORPHELINAT SOCH

SOCH a été créée en 2004 par Alouis Mwansa (un ancien directeur de l'école technique de Serenje) et Kevin Gilbert (un enseignant bénévole australien). L'école accueille les enfants orphelins pendant leur scolarité jusqu'à la fin de l'école primaire, puis les soutient dans leurs études secondaires ou les accompagnent vers des métiers manuels comme la menuiserie. Le site se veut transparent sur les frais de financement (par des associations caritatives de la St George's British International School à Rome et le Collège du Léman à Genève en Suisse). Les deux structures financent 80 % des coûts de SOCH, la guest house et la broyeuse à maïs couvrent 20 %.

SERENJE SOCH INN €

St Peter's Catholic Church
✆ +260 977 746 736
www.serenjeorphansappeal.com
Chambre simple 150 Kw, double 200 KW, petit déjeuner inclus.

SOCH (Serenje Orphans Childrens Home) est le projet de développement social et humanitaire d'une ONG créée pour loger, élever et éduquer au départ 24 enfants orphelins. Elle a ouvert une guest house en 2016 et une broyeuse à maïs en 2018 pour générer de l'emploi et des revenus. Les 10 chambres sont aérées, impeccablement propres, avec des lits moelleux à moustiquaire. Les salles de bains sont modernes avec eau chaude, le tout à prix abordable. Adorable staff toujours là pour aider à mitonner des plats dans la cuisine collective, une belle expérience.

KUNDALILA FALLS ★★

Entrée 15 US$, enfant 7 US$, camping 15 US$. Ouvert de 8h à 18h tous les jours.

Les chutes Kundalila se trouvent à environ 60 km au nord de Serenje (13°09.260'S, 30°42.119'E) par une piste en terre de 15 km depuis la Great North Road. Elles comptent parmi les plus belles de Zambie. Au bord de l'escarpement de Muchinga, le fleuve Kaombe plonge de 70 m de haut, se répandant en voile de brume avant d'atteindre un bassin d'eau cristalline. Il est possible de se baigner au pied des chutes dans une piscine naturelle. Le site, classé héritage national, dispose d'un camping basique, avec coin-cuisine et sanitaires récents.

NSALU CAVE

Pour vous y rendre, prenez la Great North Road et tournez à gauche à 30 km au nord de Kanona, continuez sur 14 km puis tournez à droite
Entrée 10 US$, camping basique et autosuffisant sur place 15 US$.

Cette grotte semi-circulaire découpée dans la colline de Nsalu (12°43.202'S, 30°40.952'E) présente quelques peintures rupestres africaines des San, ancêtres des Bushmen. Les fouilles archéologiques menées dans les années 1940 ont montré que le site fut occupé dès l'âge de pierre et durant au moins 20 000 ans. La signification des dessins de couleur et des figures abstraites est encore un mystère, mais des spécialistes pensent qu'ils font référence à des cérémonies d'initiation. Bien que classé monument national, le site a subi de nombreuses dégradations.

KASANKA NATIONAL PARK ★★★

Petit havre de paix situé au sud-ouest de la plaine de Bangweulu, le parc de Kasanka, ouvert toute l'année, ne mesure que 450 km², mais offre des paysages très variés de rivières, de lacs, de marécages à papyrus, de forêts de miombos et de vastes prairies luxuriantes. Bien que déclarée parc national en 1972, la réserve fut, comme tant d'autres, soumise à un braconnage intensif et ce n'est qu'à la fin des années 1980, sous l'impulsion de David Lloyd, un expatrié britannique, et de Gareth Williams, un fermier local, que le sort du parc s'améliora. Les deux hommes réunirent suffisamment de devises pour fonder le Kasanka Trust et obtinrent du gouvernement la permission de gérer le parc, faisant ainsi de Kasanka le premier parc national administré par une société privée. Des routes et des ponts ainsi que deux campements ont été construits, avec la coopération, et au bénéfice, de la population locale.

Migration de chauves-souris. En novembre et décembre, on peut assister à un étonnant spectacle naturel lorsque, peu avant le coucher du soleil, le ciel est assombri par des millions de chauves-souris qui quittent leur perchoir en quête de nourriture. Cette migration annuelle de près de 10 millions de chauves-souris est la plus grande migration de mammifères au monde ! Elle attire les amateurs de safaris curieux de découvrir de nouveaux phénomènes animaliers.

Game drive. Aujourd'hui, même si les safaris n'y sont pas aussi époustouflants que dans les parcs voisins de la Luangwa, le parc national de Kasanka promet de belles excursions (en voiture, à pied ou en pirogue, voire à bicyclette) à la découverte d'espèces de mammifères et d'oiseaux assez rares. Avec la diminution du braconnage, les hippopotames, les zèbres, les zibelines, les pukus, les kobs et les damalisques de Liechtenstein commencent à repeupler le parc. On aperçoit aussi, de temps à autre, des buffles et des éléphants, dont le nombre ne cesse d'augmenter. Kasanka abrite également l'arbre le plus haut recensé en Afrique centrale et australe, un arbre Mofu, dont la hauteur est estimée à 65 m et qui domine la canopée. Ce parc national représente également une porte d'entrée privilégiée pour les marais de Bangweulu, réputés pour leur avifaune et le rare bec-en-sabot.

▶ **La sitatunga.** Mais, surtout, Kasanka est réputé comme étant l'un des lieux d'Afrique les plus propices à l'observation du sitatunga, une timide antilope aquatique à la robe couleur fauve également appelée guib d'eau.

▶ **Taxes de « conservation fees ».** Comptez 10 US$ l'entrée du parc par jour et par adulte, 15 US$ par voiture.

Se loger

Le parc compte deux lodges (Wasa et Luwombwa) et 5 bushcamps du parc. Les camps Kabwe et Pontoon (qui regroupe en fait 3 petits campings près du ponton sur la rivière Kasanka et de la forêt des chauves-souris) sont équipés de sanitaires. Le dernier camp, Kapabi, n'est ouvert qu'en saison (du 25 octobre au 20 décembre) et pour les campeurs totalement auto-suffisants en tout. Le Kasanka Conservation Centre compte aussi des dortoirs et des chambres de guest house. Tous les logements sont gérés par le Kasanka Trust et l'argent revient aux populations locales via ces projets communautaires. Il faut donc se rapprocher de l'ONG pour obtenir des informations pratiques et réserver : www.kasanka.com ; +260 960 753 914.

Transports

▶ **En bus.** Bonne nouvelle, le parc reste ouvert toute l'année et est facilement accessible par la Great North Road. Même les personnes non motorisées pourront s'y rendre en prenant, depuis Serenje, un minibus en direction de Mansa et en se faisant déposer à l'entrée du parc, d'où elles pourront contacter l'un des campements par téléphone ou marcher jusqu'au Wasa Lodge.

▶ **En voiture**. Un 4x4 n'est pas indispensable. Le parc se trouve à environ 80 km de Serenje qui constitue la dernière possibilité pour faire le plein d'essence.

▶ **En avion.** Le parc dispose d'un aérodrome, ce qui le met à 1h30 de vol depuis Lusaka ou 1 heure depuis Mfuwe dans le South Luangwa en charter privé.

MEMORIAL DE LIVINGSTONE ★

Le Mémorial de Livingstone n'est pas en réalité situé au cœur du Parc national de Kasanka, mais à proximité. Quelque 48 km séparent l'entrée du parc du site historique. Il faut reprendre la route principale qui part vers le lac Bangweluu puis bifurquer à droite pour emprunter une piste à Namilika Kawa sur près de 35 km. Il est accessible par une agréable piste bordée de villages bemba et entourée de forêts de miombos. En chemin, vous pourrez vous arrêter au palais du chef Chitambo IV, l'arrière-petit-fils du chef qui reçut David Livingstone. Ce monument national comprend une grande stèle pourvue d'une simple croix et une plaque commémorative qui marque l'endroit où ses deux fidèles serviteurs, Susu et Chuma, enterrèrent le cœur de David Livingstone. Parti à la recherche de la source du Nil, l'explorateur arriva dans la région de Bangweulu affaibli par le paludisme et la dysenterie. Il mourut le 1er mai 1873, dans le village de Chitambo. Après avoir enfoui son cœur au pied d'un arbre, les deux compagnons de Livingstone entreprirent un voyage de 9 mois pour transporter son corps sur la côte tanzanienne. De là, il fut rapatrié en bateau à Londres et enterré avec les honneurs à l'abbaye de Westminster. En 1899, la Royal Geographical Society de Londres envoya une expédition pour récupérer le tronc d'arbre et l'inscription originale gravée par Susi et Chuma, dont une copie est visible au musée de Livingstone. Le mémorial actuel fut érigé en 1973, exactement un siècle après la mort de l'explorateur.

OBSERVATOIRE DE FIBWE

L'observatoire de Fibwe est un bon point d'observation de la migration des chauves-souris, car il se situe à côté de la forêt où elles s'abritent en saison. Il est aussi très apprécié pour tenter d'apercevoir la *sitatunga*. Il faut monter à une échelle pour atteindre une plateforme située à 18 m de hauteur dans un grand arbre mahogani (acajou rouge). Il permet de surplomber les marais de Kabapi où viennent se nourrir les sitatungas tôt le matin et en fin d'après-midi. On en voit souvent plus de 20 en une seule visite et le record est de 94 !

NORD

KASANKA TRUST

✆ +260 960 753 914

http://www.kasanka.com

L'ONG Kasanka Trust, qui gère ce parc et celui de Lavushi Manda, reverse tous les revenus engendrés par le tourisme dans la protection des écosystèmes et le développement des villages environnants. Elle compte de nombreux soutiens en Europe, en Grande-Bretagne et aux Pays-Bas notamment, pour collecter de l'argent. Elle accueille des volontaires souhaitant se rendre utiles sur les projets de conservation et de recherche. Les activités menées par l'ONG incluent la maintenance des infrastructures, la lutte anti-braconnage, le tourisme, la recherche…

KASANKA CONSERVATION CENTER €

✆ +260 960 753 914

http://www.kasanka.com

Dortoir 10 US$, guest room 30 US$, petit déjeuner compris.

Le centre de conservation de Kasanka se trouve à 1 km de la porte principale du parc national et abrite un musée d'histoire naturelle. Il loue des chambres toutes simples et abordables en dur ainsi que des dortoirs pour les voyageurs en solo, avec des sanitaires communs. Les clients séjournant dans le parc peuvent visiter le centre pour observer les cours de l'école et profiter d'un déjeuner traditionnel avec des écoliers suivant ce programme d'éducation environnementale.

KABWE CAMPSITE €

✆ +260 960 753 914

Camping 5 US$ par adulte, + 8 US$ par nuitée de taxe de conservation, sans compter les entrées de parc.

Le camp est situé à 14 km à l'ouest du Wasa Lodge, à proximité de la plaine inondable de la rivière Kasanka, ce qui en fait un bon spot pour l'observation de la vie sauvage. Il est également à proximité de l'observatoire de Fibwe, un site de plateforme dans la canopée dans la zone privilégiée de la forêt des chauves-souris durant leur migration. Il n'est pas loin non plus de la forêt de Bufumu. Le camp est bien adapté aux grands groupes. Il compte toilettes, douche à seau et abris de cuisine et le personnel fournit du bois et de l'eau chaude pour les douches.

PONTOON CAMPSITES €

Camping 5 US$ par adulte, + 8 US$ par nuitée de taxe de conservation, sans compter les entrées de parc.

Le camp se situe à 8 km à l'ouest du Wasa Lodge. Il s'agit en fait de trois petits campings répartis sur un même site sous la canopée de mahogany rouges et partageant des infrastructures (toilettes, douche à seau et abris de cuisine). Le personnel fournit du bois, va puiser de l'eau et la chauffer pour les douches. Le site n'est pas loin de Fibwe pour observer les chauves-souris et compte quelques observatoires en lisière de marais pour admirer les sitatungas. Pontoon 1 est adapté aux grands groupes, tandis que 2 et 3 sont plutôt pour les familles.

KAPABI CAMPSITE €

✆ +260 960 753 914

http://www.kasanka.com

Camping 5 US$ par adulte, + 8 US$ par nuitée de taxe de conservation, sans compter les entrées de parc.

Inauguré en octobre 2019, Kapabi Camp est un camp en self catering ouvert du 25 octobre au 20 décembre pendant la saison des chauves-souris. Il est situé à 40 minutes du Wasa Lodge et il surplombe un petit lac dans la plaine inondable de la rivière Kasanka. Idéal pour les petits groupes jusqu'à huit personnes. Les éléphants visitent cet endroit et les oiseaux sont abondants. Sur place : quatre tentes lourdes spacieuses à louer, un barbecue, une cuisine/ salle à manger, éclairage solaire, toilettes, douche et assistants venant apporter bois et eau chaude.

LUWOMBWA LODGE €€

www.kasankanationalpark.com

Comptez 70 US$ par personne en self catering.

Ce paisible lodge en self catering se trouve sur les bords de la rivière Luwombwa, à l'ouest du parc. Plus rustiques que le Wasa Lodge, et aussi moins chers. Trois jolis chalets de brique avec salle de bains privative accueillent les visiteurs sous leur toit de palmes. Deux ont une capacité de 5 couchages sur deux étages. Les activités sont centrées sur la pêche (notamment du poisson-tigre), les promenades en bateau et canoë. L'endroit est excellent pour observer les oiseaux. Il faut préparer ses repas sur place, dans un lieu parfaitement équipé.

WASA LODGE €€€

✆ +260 960 753 914

Comptez 400 US$ par personne et par nuit, pension complète, entrées du parc et activités inclues.

C'est le camp principal, à 12 km de l'entrée du parc, au bord du lac Wasa, et à 2h de marche de l'observatoire de Fibwe. Il abrite les bureaux du parc et même si l'on dort ailleurs, on peut y déjeuner ou dîner. Il dispose de 4 chalets confortables avec salle de bains commune, et de 3 huttes plus luxueuses avec sanitaires privés et véranda. Avec son architecture traditionnelle et ses toits de palmes, il se fond dans le décor. Le soir, le campement est éclairé à la lanterne et l'atmosphère devient féerique. Le lac héberge des hippopotames et de nombreux oiseaux.

LAC WAKA WAKA

A 1 heure de route en 4x4 du parc national de Kasanka, ce petit lac permet une halte rafraîchissante à l'écart de toute civilisation et même de se baigner. Il y a un petit campement (avec 2 chalets et un site de camping plus que rudimentaires) tenu par une famille locale fort sympathique, qui s'occupera par exemple de chauffer l'eau pour les douches. En revanche, vous devrez apporter toutes vos provisions et votre réserve d'eau potable, il n'y a rien à acheter sur place. Tâchez de vous le faire confirmer avant de tremper un orteil, mais la baignade dans le lac est en principe sans danger aux dernières nouvelles (pas de crocodiles ni de bilharziose).

LAVUSHI MANDA NATIONAL PARK ★

Le Lavushi Manda ne présente plus, depuis de nombreuses années, les caractéristiques d'un parc national. La faune y a été en grande partie décimée et le parc, qui n'est traversé que par une seule piste, ne dispose d'aucune infrastructure. Avec un 4x4, on peut y accéder sans trop de difficulté depuis Kasanka en passant par le village de Chiundaponde, ce qui peut s'avérer intéressant pour profiter de ses beaux paysages de plaines cernées de montagnes rocheuses. Car malgré les efforts et la volonté conjointe de la ZAWA et du Kasanka Trust pour le développement du parc et la reconstitution des populations animales, la situation évolue peu.

NAKAPALAYO

Nakapalayo, projet communautaire développé par des villageois de l'ethnie Bisa, offre aux touristes hébergement et expériences culturelles traditionnelles hors des sentiers battus. Au programme : découverte de leur mode de vie et de leur culture du matin au soir. La région étant moins fréquentée que le South Luangwa, l'expérience y est peut-être encore plus authentique qu'au village plus connu de Kawaza. Il est conseillé de réserver son tour et séjour auprès du Kasanka Trust qui peut contacter Nakapalayo par radio.

Transports

Après le lac Waka Waka, prenez sur la gauche, le village de Nakalapayo de trouve à 30 km (12°16.542'S, 30°34.565'E).

VILLAGE COMMUNAUTAIRE NAKAPALAYO

✆ +260 977 561 714

Visite journée, 20 US$ déjeuner inclus. Par personne : 60 US$ la nuit (pension complète + activités), camping 25 US$.

Pour permettre aux visiteurs de passer la nuit dans le village de Nakapalayo de l'ethnie Bisa, les habitants ont construit à l'intention des touristes 6 chalets traditionnels aux murs de boue séchée et aux toits de paille. L'intérieur est confortable, avec de petits lits pourvus d'une moustiquaire et un tapis de palme. Ceux qui le souhaitent pourront planter leur tente. Il est possible de venir uniquement pour le déjeuner ou à la journée (déjeuner et activités). Le tour du village accompagné par un guide local permet d'observer les différentes activités quotidiennes, comme puiser l'eau, piler le manioc ou bêcher les champs. On peut ensuite rencontrer le chef Chiunda Ponde afin d'apprendre les règles du système de chefferie, visiter l'école, le centre de santé, voir un guérisseur traditionnel ou partir dans le bush à la reconnaissance des plantes. Le soir, dégustation de plats typiques et de bière locale, danses et récits sont au programme, au coin du feu. Les plats à base de farine de maïs sont servis avec du poulet du village ou du Chikanda, une spécialité d'orchidées sauvages. La soirée s'anime lorsque les filles, les garçons et les femmes dansent sur la musique locale Kalindula et Boostele, accompagnés de tambours et d'une guitare locale qui ressemble à un banjo. Certaines règles de bienséance sont à respecter, dont la sobriété vestimentaire ou la retenue et la décence de comportement de couples. Toute donation devra être faite au bureau du village et non individuellement.

BANGWEULU ★★★

Le vaste bassin de Bangweulu, qui comprend le lac du même nom et l'immense zone de plaines et de marécages située au sud-ouest, est alimenté par 17 rivières. Avec près de 1 400 mm de précipitations par an, c'est une des zones les plus arrosées du pays. Le rythme de vie des quelques pêcheurs dispersés dans la région est déterminé par les variations du niveau de l'eau qui peut bouger de 2 m.

Souvent désigné comme un petit Okavango, *bangweulu* signifie en langue bemba « l'endroit où le ciel et la terre se rejoignent », ce qui augure de la beauté des paysages dont le bleu s'étire à l'infini, au point que l'on peut deviner la courbe de la planète. Les contreforts du bassin sont recouverts de forêts de miombos, tandis que les marécages se composent de papyrus et de roseaux géants. Les nombreuses termitières permettent aux troncs d'arbre de survivre pendant les inondations et, au fil des siècles, les arbres à saucisses et les figuiers se sont multipliés sur les plaines. Les eaux peu profondes des marais constituent une très bonne source de nourriture pour un grand nombre d'oiseaux de la région et pour les nombreux migrants d'été qui ont survolé toute l'Afrique pour passer l'hiver ici. La liste de l'avifaune répertoriée comprend quelque 400 espèces parmi lesquelles toutes sortes de canards, d'oies, d'aigrettes, de grues ou de hérons ainsi que des rapaces. Mais la star de Bangweulu est le bec-en-sabot du Nil (également appelé « shoebill »), un grand échassier gris au bec énorme, de la famille des pélicans. Menacé de disparition, cet oiseau à l'allure préhistorique ne subsiste que dans très peu de contrées et Bangweulu est certainement le meilleur endroit pour l'observer, particulièrement entre mars et juillet, lorsqu'il vient se nourrir dans les papyrus. Côté mammifères, on recense un très grand nombre d'antilopes, dont le sitatunga, une bonne nageuse qui plonge si elle est dérangée, et, surtout, le kob lechwe noir, une espèce endémique à Bangweulu que l'on peut voir se déplacer en troupeaux de plusieurs milliers d'individus. Les zèbres ont été réintroduits avec succès, et des buffles et des éléphants se montrent parfois lorsque l'eau redescend. Crocodiles et hippopotames sont présents, ainsi que des hyènes, des mangoustes et des civettes parmi les animaux nocturnes. Les lions ont disparu dans les années 1980, mais le léopard et le chacal peupleraient encore la zone.

Les Bangweulu Swamps sont protégés par la convention de Ramsar, un traité international pour la conservation et l'utilisation durable des zones humides qui représentent un enjeu économique majeur pour la planète.

- **Janvier et février** sont les mois les plus pluvieux durant lesquels les eaux montent rapidement. C'est une bonne période pour l'observation des oiseaux, à l'exception du shoebill qui n'arrive qu'à la fin février. En revanche, les voyages sont rendus pénibles par la présence des moustiques et des taons aux piqûres virulentes. Panoplie de protection indispensable. De nombreux animaux se retirent des plaines, mais les kobs lechwes noirs restent visibles par milliers.
- **Les mois de mars à mai** constituent la période la plus propice à l'observation des oiseaux en général et du shoebill en particulier. Le niveau de l'eau atteint son maximum en mars et commence à baisser au mois de mai. Les déplacements se font en bateau et les marches, avec de l'eau à hauteur des cuisses.
- **En juin et juillet,** les eaux baissent, découvrant les vastes plaines marécageuses qui attirent les mammifères, dont les kobs lechwes noirs. Les safaris en 4x4 redeviennent possibles et sont généralement excellents. En revanche, le nombre d'oiseaux diminue car les espèces migrantes quittent les marais. Le shoebill se fait de plus en plus discret. La nuit, les températures peuvent tomber jusqu'à zéro, avec un froid persistant jusqu'en août.
- **Du mois d'août jusqu'à l'arrivée des premières pluies en novembre,** les paysages sont secs et poussiéreux. La marche est l'activité privilégiée pour observer la faune, qui se concentre du côté de la rivière Lukulu. Le shoebill devient introuvable. A partir de fin octobre, les antilopes, accompagnées de leurs petits, sont de plus en plus nombreuses.

Transports

- **En 4x4.** A partir du lac de Waka Waka puis du village de Chiunda ponde, prenez la piste sur la gauche après le petit pont sur 20 km jusqu'aux villages de Muwele et Chikuni, où les scouts vous indiqueront le chemin. Toute la région étant très isolée, ces parcours nécessitent une grande autonomie, notamment en carburant. Comptez 5 à 6 heures de route depuis le parc de Kasanka.

LAC BANGWEULU ★★

Bien que d'une grande beauté, le lac est davantage exploité pour ses poissons que pour ses intérêts touristiques. On peut toutefois apercevoir de très beaux paysages depuis la route, notamment des champs de termitières géantes et les marais de la rivière Luapula entre Kasanka et le lac Bangweulu. Le village de Lubwe mérite également un arrêt. C'est ici que se déroule en octobre la cérémonie traditionnelle Kwanga de la tribu Ngumbo.

Les pêcheries de Bangweulu sont les plus importantes de Zambie, avec 57 000 tonnes de prises par an, constituées majoritairement de brèmes, de poissons-tigres et de perches jaunes. Cependant, l'industrie de la pêche n'est pas très développée et de nombreux pêcheurs sont amenés à troquer leurs prises contre des produits de première nécessité. Installée sur la rive ouest du lac, à 10 km environ de la route reliant Mansa à Serenje, refaite à neuf en 2013, Samfya est la ville principale de la région, faisant office de carrefour pour les échanges commerciaux et les communications. C'est une ville assez désordonnée qui s'est développée grâce à la pêche dans les années 1950. Une jolie plage de sable blanc se trouve à la sortie de la ville, mais le lac est peuplé de crocodiles. Il y a quelques possibilités d'hébergement à Samfya et sur les bords du lac. Ceux qui s'intéressent au mode de vie local et qui disposent de matériel de camping pourront emprunter le bateau opéré par la corporation des services postaux qui effectuent des navettes entre la terre ferme et les principales îles du lac : Mbabala, Cishi et Chilubi.

VILLAGE DE LUBWE

Ce village, construit par des missionnaires au début des années 1900 sur les rives du lac Bangweulu, dispose d'une grande église de briques, construite en 1905, ainsi que de nombreux établissements religieux et scolaires, auxquels se mêlent des maisons et des commerces traditionnels. Lubwe accueille tous les ans en octobre la cérémonie traditionnelle Kwanga, du peuple Ngumbo et se situe à environ une heure de route de Samfya. Pour s'y rendre, prendre la piste qui longe le lac à partir du carrefour de la D235 sur la route de Mansa ou à Serenje à la sortie.

MPIKA

Mpika est une ville carrefour agitée et encombrée de près de 100 000 habitants. Elle marque la division de la Great North Road vers la frontière tanzanienne d'une part, et vers Kasama et le lac Tanganyika d'autre part. On y trouve une poste, un hôpital, de l'essence, des banques et des supermarchés. Le projets de conservation du North Luangwa et la ligne de chemin de fer Tazara ont tous deux leur siège dans cette ville qui héberge également un bureau des parcs nationaux. Elle ne présente que peu d'intérêt, en revanche, la région compte de nombreuses attractions. Bien que l'on trouve à Mpika quelques pensions basiques, on peut dormir dans ses environs.

NORD

© SA-PICTURES - SHUTTERSTOCK.COM

Lac Bangweulu.

CHUTES DE CHIPOMA

Entrée adulte 10 US$, enfant 5 US$, voiture 5 US$, camping 15 US$. Ouvert de 8h à 18h tous les jours.

C'est un très joli site naturel, propice à la balade ou au repos, qui dispose d'aménagements basiques pour les campeurs et qui vaut une pause baignade rafraîchissante. A 120 km au nord de Mpika en direction de Chinsali et Isoka, tournez à gauche et poursuivez sur 6 km (10°44.998'S, 32°00.284'E). Vous devrez ensuite vous acquitter d'un droit d'entrée de quelques dollars pour gagner le bord de la rivière Lubu qui s'écoule en une série de rapides et de cascades. Sur une distance de 500 m, le dénivelé est de 40 m, la cascade la plus haute atteignant 5 m.

GROTTE DE NACHIKUFU

A 55 km au sud de Mpika.

Entrée : adulte 10 US$, enfant 5 US$. Voiture 5 US$. Camping : 15 US$ par personne.

Ce complexe caverneux (12°13.939'S, 31°08.693'E) abrite de magnifiques peintures rupestres San. Les dessins sont assez simples, de couleur noire, et représentent des motifs géométriques, des silhouettes humaines et des animaux (éléphants, antilopes). Les fouilles des années 1940 ont permis d'établir que le site avait été occupé par intermittence pendant environ 15 000 ans. En effet, tous les éléments indispensables à la survie y sont réunis : de l'eau venant de la rivière voisine, une grotte pour s'abriter, du bois pour faire du feu et du gibier à foison.

KAPISHYA HOT SPRINGS LODGE

Réserve Shiwa Ng'andu

✆ +260 976 970 444

www.shiwasafaris.com

Entrée à la journée adulte 750 Kw, enfant 50 Kw, lunch 20 US$.

Le lodge des sources chaudes de Kapishya, dans la même propriété que le manoir de Shiwaa N'gandu, est ouvert aux non guests à la journée. D'abord pour la baignade dans les sources chaudes, mais aussi pour les activités proposées : visite du manoir, safaris, balade à cheval, découverte de peintures rupestres, randonnée, rafting, VTT... Charmant spa avec vue sur la rivière. On peut s'y rendre en voiture depuis la Great North Road, ou en avion en vol charter jusqu'à la propriété.

MANOIR DE SHIWA NGANDU

✆ +260 971 502 658

www.shiwangandu.com

La visite guidée du manoir a lieu tous les joues de 8h30 à 9h30. Visite 10 US$.

Les non-résidents du très chic hôtel du manoir de Shiwa Ngandu peuvent profiter de ce cadre incroyable à la journée et des activités sur place. On doit d'abord réserver une visite du manoir (étage inférieur uniquement) pour en connaître toute l'histoire et celle des magnifiques jardins remplis de bougainvilliers, de frangipaniers et de jacarandas. Puis se rendre aux sources chaudes de Kapishya dans le même domaine pour une baignade délassante.

Histoire. Tout commence en 1914, lorsque Stewart Gore-Brown, jeune officier britannique tombé amoureux de l'Afrique, achète 10 000 ha de terrain autour du lac Ishiba Ngandu (« le lac du crocodile royal » en langue locale). Lorsque la Première Guerre mondiale éclate, Gore-Brown rentre en Angleterre, mais il revient six ans plus tard, en tant que lieutenant-colonel à la retraite, et commence à bâtir sa demeure. Il utilise des matériaux locaux, embauche et forme des ouvriers, pour qui il construit des maisonnettes, une école, une chapelle, un hôpital, un bureau de poste et, plus tard, une piste d'atterrissage. Le manoir est terminé en 1932. Tous les meubles, les peintures et la vaisselle sont acheminés d'Angleterre par bateau puis tirés par des chariots à bœufs sur les pistes de terre. Llorna, la femme de Gore-Brown, qui avait étudié l'anthropologie, fera beaucoup pour l'intégration du couple au sein des communautés locales. Dans le même temps, Gore-Brown, qui est très actif en politique, s'investit dans la création d'une Zambie indépendante. Il y mourra en 1967, à 84 ans. Sa fille aînée et son mari, le major Harvey, ont repris la gestion de la ferme et ouvert Shiwa Safaris, qui fut pendant longtemps la seule compagnie à emmener les touristes dans le Parc national du North Luangwa. Le couple Harvey a été assassiné dans sa maison de Lusaka en 1992. Aujourd'hui, c'est Charlie Harvey, l'un de leurs quatre enfants, et sa femme Jo, qui sont les propriétaires du domaine. De la demeure anachronique de leur grand-père, ils ont fait une propriété dynamique, en y transférant leur propre ferme qui compte environ 1 500 animaux. Ils procurent des emplois à de nombreuses familles et Shiwa Ng'andu joue un rôle central dans le développement de l'agriculture locale, fournissant les ressources et l'expertise dont les paysans ont besoin, leur permettant ainsi de diversifier leur production.

S'y rendre. La propriété de Shiwa Ngandu est bien signalée à 90 km au nord de Mpika. Situé à 13 km de la route principale, le manoir est accessible toute l'année à tous les types de véhicules. Un endroit unique sur le continent !

SOURCES D'EAU CHAUDE DE KAPYSHIA ★

Entrée : adulte 15 US$, enfant 7,5 US$, ouvert tous les jours de 8h à 18h.

Situées dans l'enceinte de la propriété de Shiwa Ngandu, à 20 km du manoir, ces sources d'eau glougloutante limpide constituent un superbe lieu de baignade entouré d'une végétation tropicale luxuriante. On en rêve dans cette brousse poussiéreuse brûlante. Comme dans un bain à remous naturel, l'eau chaude sort à gros bouillons dans une partie peu profonde de la rivière Manshya. Les alentours de la source sont l'occasion de très belles balades au milieu des collines. La Nachipala Bareback Hill est un grand massif de granit qui offre un panorama saisissant et qui fut gravi par le Dr Livingstone lui-même lors de son voyage à travers la Zambie. Le chemin menant au site nécessite une petite heure de marche. Au sommet, un monticule de pierres marque l'endroit où, lors de son dernier voyage en 1867, Livingstone prit des mesures au compas dans son ultime tentative pour trouver la source du Nil. Il est également possible de faire du rafting sur la rivière, au niveau des chutes de Chusa, à 10 km en amont des sources.

Des peintures rupestres San (ancêtre des Bushmen) ont été découvertes en 2011 à quelques centaines de mètres des sources d'eau chaude. Malgré un manque d'informations scientifiques précises sur ces peintures, il semblerait qu'elles datent de l'âge de pierre, à l'instar des nombreuses peintures rupestres de la région, dont elles apparaissent très similaires. Les locaux savent où elles se trouvent, il faudra demander votre chemin pour les localiser.

BAYAMA'S LODGE PUB & GRILL €

A côté de la station essence Continental sur la route Great North Road ✆ +260 977 410 839
www.bayama.de

Chalet double 25 US$, twin 30 US$, triple 35 US$, avec petit déjeuner. Camping 5 US$ par personne. Plats de 5 à 10 US$.

Au total 8 cottages très récents et confortables, avec leur décoration d'objets zambiens et de wax africains. Ils sont équipés de lits locaux rustiques avec moustiquaire, ventilateur, frigo, salle de bains avec eau chaude et une petite véranda. Certains cottages familiaux sont prévus pour quatre personnes. Ambiance très sympa au restaurant-pub qui propose une bonne nourriture locale, notamment des pizzas. Camping possible dans le jardin, les sanitaires sont agréables.

FRESH AIR LODGE €

Kasama Road
✆ +260 976 513 500

A partir de 20 US$ la double avec petit déjeuner.

C'est encore tout récent, construit en matériaux et mobilier chinois et local, et à prix imbattable. La meilleure option pour les petits budgets même si on ne sait jamais combien de temps les chambres vont rester en l'état avec ce type d'hôtel qui se détériore vite. Chambres tout équipées avec climatisation, TV, salle de bains moderne, coffre, mini bar, téléphone... Rien à dire, on nage dans le confort et en pleine brousse c'est appréciable. Petit déjeuner satisfaisant, tout comme le service, professionnel et souriant. Restaurant et parking. Wifi.

KAPISHYA HOT SPRINGS LODGE €€

Réserve Shiwa Ng'andu ✆ +260 976 970 444
www.shiwasafaris.com

Par personne camping 20 US$, chalet 65 US$ en self catering, 115 US$ en demi pension et 140 US$ tout inclus + activités.

Le lodge est situé dans la réserve de Shiwa Ng'andu à côté des sources d'eau chaude de Kapishya. Il offre un cadre naturel fleuri et paradisiaque de 6 charmants chalets en dur. Les produits de sa ferme sont cuisinés dans les plats proposés. Les activités proposées : visite du manoir de Shiwa Ngandu, safari, sources chaudes, spa avec vue sur la rivière, randonnée, rafting, peintures rupestres, VTT... Combinable avec un séjour dans le Buffalo Camp (North Luangwa), à 4h de Kapishya.

MANOIR DE SHIWA NGANDU €€€

✆ +260 971 502 658 - www.shiwangandu.com

Impandala House en self catering dès 200 US$ pour 2, dès 350 US$ par personne en pension complète avec activités.

Charlie et Jo Harvey ont totalement restauré le manoir et aménagé, au 2e étage, 5 chambres pour accueillir les visiteurs. Un must en matière de raffinement « British » au cœur du bush africain. Au mobilier en bois, aux tableaux et à la cheminée d'époque où chaque soir on fait une flambée, ils ont fait ajouter des salles de bains pourvues de baignoire en fonte. Les repas sont servis dans la salle à manger ou les jardins anglais. Game drive, bateau sur le lac, promenades à cheval ou baignade aux sources d'eau chaude de Kapyshia sont autant d'activités comprises.

RÉSERVE DE MUTINONDO ★★

Cette aire de conservation privée de 10 000 ha abrite une forêt de miombos dont la faune et la flore sont inaltérées. Agrémentés de rivières cristallines, de cascades rafraîchissantes et de quelques petites zones marécageuses, les paysages de la réserve se caractérisent par d'énormes roches de granit évoquant des pains de sucre. De magnifiques plantes, dont de nombreuses espèces d'orchidées, colorent ce cadre. L'avifaune est très riche (barbican à tête jaune, râle à tête rousse, tisserin malimbe, touraco de Lady Ross, souimangas, engoulevents, milans, aigles...), les papillons abondent et quelques antilopes vivent dans ce ravissant coin d'Afrique.

MUTINONDO WILDERNESS

Great North Road (piste à 164 km au nord de Serenje). ✆ +260 978 198 198

www.mutinondozambia.com

Dès 150 US$ par personne en lodge avec toutes les activités et les repas. Camping ou camp de brousse 20 US$.

Créé par Mike et Lari Merett, passionnés du bush africain, Mutinondo est un havre de paix, perdu dans les forêts de miombos. Les espaces communs ainsi que les chalets sont construits avec des matériaux locaux et se fondent dans le paysage. Tout, dans le lodge, y est pensé de façon à préserver son environnement authentique : électricité, cuisine et chauffe-eau solaires, utilisation et filtrage de l'eau des rivières environnantes. Les bungalows, intimes et isolés les uns des autres, sont ouverts sur l'extérieur et offrent une vue spectaculaire sur les massifs de granit et la forêt vallonnée. Le lodge dispose également d'un camp de brousse, Kakonde Camp, situé à 12 km du camp principal, qui n'accueille qu'un groupe à la fois, pour un maximum d'intimité. Ce campement disposant d'un chalet et d'un site de camping est idéal pour les voyageurs indépendants. On peut y cuisiner soi-même ou commander à l'avance son repas. Du côté des activités, les randonnées dans les bois et collines et baignades dans de multiples points d'eau et rivières et balades à cheval (le lodge dispose de 4 chevaux) sont privilégiées. Le lodge organise également des randonnées guidées de plusieurs jours, rejoignant le parc du South Luangwa. Il est aussi possible de descendre la rivière en canoë. Mus par leur idéalisme, et en étroite collaboration avec les communautés locales, les propriétaires espèrent préserver les écosystèmes en présence grâce aux revenus du tourisme. Pour profiter pleinement des lieux, un séjour de 3 nuits est un minimum conseillé.

MANSA

En venant de la Copperbelt ou de Lusaka pour se rendre au bord du lac Bangweulu ou vers les lacs du Nord, il est possible de faire escale à Mansa, chef-lieu de la province de Luapula de 130 000 habitants. Si Mansa n'est pas réputée pour son tourisme, elle demeure une petite ville typique sympathique et abrite, en octobre, la cérémonie traditionnelle Chabuka du peuple Ushi. Une bonne raison de s'y arrêter tout comme pour les belles et nombreuses chutes de la région.

Transports

- **Avion.** Proflight (www.proflight-zambia.com – +260 777034742) assure des liaisons Mansa - Ndola et donc des liaisons depuis Lusaka avec escale à près de 250 US$.

MAMBILIMA FALLS

Baignade libre.

A 12 km de la route principale et 90 km au nord de Mansa sur la rivière Luapula, cette série de rapides sur 5 km, également connus sous le nom de Johnstone Falls se trouve sur la frontière entre la Zambie et la RDC. Depuis ces chutes, la vallée luxuriante et densément peuplée de Luapula s'ouvre ici dans une vaste zone de plaines inondables et lagunes au sud du lac Mweru. Traditionnellement, les pêcheurs près des chutes utilisaient des barrages et des pièges pour attraper autant de poissons que possible avant le retrait des eaux de crue.

MUMBULUMA FALLS

Entrée 10 US$, enfant 5 US$, camping 15 US$, voiture 5 US$.

Sous le lac Bangweulu, le Luapula est un immense marais qui coule vers le sud puis vers l'ouest avant de descendre les chutes de Mambatuta, puis les chutes de Mambilima. Les premières sont situées à 32 km au nord de Mansa puis à 8 km sur la gauche. Elles se jettent, en 30 m et en séries de rapides, dans une piscine large et profonde où l'on peut se baigner. Le site est vraiment magnifique. Il abrite également un temple qui est dédié aux esprits protecteurs Makumba et à leur sœur Ngosa, et dans lequel brûle un feu qui, dit-on, ne s'éteint jamais.

TEJA EXECUTIVE LODGE €

Prisons Road
✆ +260 212 821 406
www.tejalodge.homestead.com
Chambre simple à 26 US$ et double à 30 US$. Lodge doté d'un bar, d'un restaurant. Piscine, wifi et gym.

Hébergement local et bon marché, sans doute le meilleur hôtel de la ville de Mansa qui voit passer peu de touristes dans le coin. Là sont organisés tous les mariages de la région. Si vous venez le week-end, vous allez découvrir l'ambiance locale. La literie est propre et de bonne qualité, le jardin extérieur où sont installées les tables du restaurant agréable, quoique la piscine pas toujours propre. Les chambres sont équipées d'une salle de bains privative moderne avec de l'eau chaude, d'une moustiquaire et d'une TV. Que demander de plus ?

LES CÉRÉMONIES

Cette région est le théâtre de bon nombre de cérémonies traditionnelles.

- **Cérémonie Mutomboko** du peuple Lunda à Mwansabombwe près de Kawambwa. Dernier week-end de juillet.
- **Cérémonie Ubwiilile** du peuple Bwile à Chienge près du lac Mweru. Premier week-end d'août.
- **Cérémonie Malaila** du peuple Chishinga à Kawambwa. Second week-end de septembre.
- **Cérémonie Kwanga** du peuple Ngumbo à Lubwe sur le lac Bangweulu. Octobre.
- **Cérémonie Mabila** du peuple Shila à Chienge, près du lac Mweru. Octobre.
- **Cérémonie Chabuka** du peuple Ushi à Mansa. Octobre.

KAWAMBWA

Entre Mansa et le lac Mweru, les rivières Luapula, Kalungwishi et leurs affluents forment de nombreuses chutes d'eau qui constituent d'agréables escales proches de la route, où il est possible de se baigner. Kawambwa accueille la cérémonie traditionnelle Malaila du peuple Chishinga tous les seconds samedis de septembre, ainsi que la cérémonie Umutomboko du peuple Lunda.

Se loger

Comme dans toutes les petites villes de Zambie, on trouve à Kawambwa quelques guesthouses, mais pour les amoureux de la nature, la meilleure option est de camper sur les sites de certaines chutes d'eau de la région.

MBERESHI CHURCH

La mission de Mbereshi, près du lac Mweru, a été installée par London Missionary Society – à l'instar de la mission de Lubwe du lac Bangweulu – dès les années 1900. En 1905, la mission a ouvert la première école pour filles de la région, ainsi qu'une école pour garçons et un hôpital toujours fonctionnels. Sa grande église de briques rouges impressionne et dénote dans le paysage local. Elle est dotée d'une grande tour crénelée et d'ouvertures à la gothique imitant un style de construction du Moyen Âge qu'on n'a pas souvent l'habitude de voir dans la région.

LUMANGWE FALLS ★

Adulte 15 US$, enfant 7 US$, voiture 5 US$, camping 15 US$ par personne.

Certainement, les chutes les plus spectaculaires de la région ; une version miniature des chutes Victoria, avec un arc-en-ciel qui se forme par temps ensoleillé. Situées à 9 km de la route entre Kawambwa et Mporokoso, près du bac de Chimpembe, elles méritent le détour. Larges de 100 m et hautes de 30 m, elles alimentent une petite forêt tropicale au bord de la rivière Kalungwishi. Le site abrite également quelques peintures rupestres, ne pas hésiter à demander aux habitants. Un camping basique avec bloc sanitaire se trouve sur place.

NTUMBACHUSHI FALLS

Entrée 15 US$, enfant 7 US$, voiture 5 US$, camping 15 US$ par personne.

Sur la rivière Ng'ona, entre Kazembe et Kawambwa situé à 18 km, ces cascades sont composées de bassins, de rapides et de chutes qui s'écroulent de 40 m de hauteur. Elles abriteraient des esprits selon les croyances locales. Avant de monter sur le trône, les chefs de la région avaient coutume d'y venir faire leurs ablutions, afin de se protéger du mauvais œil et de l'infortune. C'est un site idéal pour camper, qui abrite, à l'instar des Lumangwe Falls, quelques peintures rupestres à découvrir avec l'aide des personnes sur place.

LAC MWERU

La Zambie partage ce très joli lac avec la République démocratique du Congo. Mesurant environ 96 km de long sur 45 km de large, le Mweru est alimenté principalement par la rivière Luapula, qui constitue plus au sud le prolongement de la frontière naturelle entre les deux pays. Il y a encore quelques années, la région n'était traversée que par quelques pistes, et seuls quelques petits villages étaient établis autour du lac. La donne a changé en 1987, avec la construction de la route goudronnée jusqu'à Nchelengue, qui est devenue la ville majeure sur la rive zambienne. Aujourd'hui, des milliers de personnes peuplent les bords du lac Mweru, qui leur fournit aussi bien de la nourriture qu'un moyen de gagner leur vie. Avec des eaux dont la température oscille entre 21 °C et 29 °C, le lac est en effet très fertile et contribue de manière importante à l'industrie de la pêche en Zambie. Bien que situé hors des sentiers battus, il mérite une visite, ne serait-ce que pour rencontrer une population dynamique, riche en culture, commerçante et haute en couleur. La région de Chienge, au coin nord-est du lac Mweru, abrite les salines où est produit le sel de Kabwile, et où se déroule la cérémonie culturelle « Ubwiilile », du peuple Bwile, tout comme la cérémonie Mabila du peuple Shila. Toutefois, les infrastructures touristiques se limitent aux quelques guesthouses assez basiques de Nchelengue et Chienge. Des pêcheurs accepteront sûrement de vous emmener faire un tour en pirogue sur le lac.

KILWA ISLAND

Une petite île connue pour son rôle historique de plate-forme commerciale sur le lac Mweru. Les commerçants arabes et swahilis installés ici y échangeaient principalement ivoire, cuivre et malheureusement esclaves bien avant l'arrivée des Européens dans la région. Ces marchandises partaient pour la côte swahili de l'actuelle Tanzanie, puis pour Zanzibar avant de prendre les mers direction la péninsule Arabique ou l'Asie. L'île abrite toujours d'anciennes « caves à esclaves » que l'on peut visiter. L'île est accessible en bateau depuis Nchelenge.

KUNDABWIKA FALLS

Entrée 10 US$, enfant 5 US$, voiture 5 US$, camping 15 US$.

Dernières chutes d'importance sur la rivière Kalungwishi à 95 km de Mporokoso avant qu'elle n'aille se jeter dans le lac Mweru, les Kundabwika Falls se composent de deux chutes distinctes dont la plus importante dégringole de 25 m de haut et atteint 70 m de large à la saison des pluies. Les chutes sont accessibles par le sud entre Kawambwa et Mporokoso ou par le nord, via Nchelengue et Mununga. Un gardien veille à ce sanctuaire sacré auprès des populations locales qui estiment qu'ignorer les rituels et prières ancestrales aux chutes porte malheur.

MWERU WANTIPA NATIONAL PARK

Le parc national de Mweru Wantipa d'une superficie de 3 134 km² s'étend sur les rives du lac du même nom. Il est situé entre les lacs Mweru et Tanganyika. Il est doté d'une zone marécageuse qui rappelle celle de Bangweulu et où les oiseaux sont extrêmement nombreux et variés. Le parc était auparavant célèbre pour ses grands troupeaux d'éléphants et sa population de crocodiles qui aimaient à nicher entre les papyrus. Malheureusement, les grands animaux ont quasiment disparu de la zone, victimes de la chasse commerciale et du braconnage, et l'on n'y signale plus que la présence de quelques antilopes et de petits troupeaux de buffles. Le parc reste cependant agréable car extrêmement sauvage. Il n'y a pas d'infrastructures, mais les aventuriers bien équipés pourront camper au bord du lac en totale autosuffisance.

Transports

Évidemment, étant donné l'aspect sauvage de ce parc, un 4x4 est obligatoire pour passer les pistes. On peut atteindre le parc par Nchelengue, en empruntant la piste qui borde le lac Mweru, puis en tournant à droite après Mununga, et encore à gauche à Nkoshya. Si vous arrivez de l'est, tournez à droite après Mporokoso, à Mukunsa, puis de nouveau à droite à Nkoshya. Il n'y a qu'une seule route qui traverse le parc pour déboucher sur Kaputa, près de la frontière avec la République démocratique du Congo. Le parc est inaccessible pendant la saison des pluies (novembre à mars).

KASAMA

Point de passage incontournable pour gagner le nord du pays, Kasama est le centre administratif de la Northern Province. C'est une localité animée et assez étendue de près de 170 000 habitants, située sur la ligne de chemin de fer Tazara, à 860 km de Lusaka. L'aérodrome a fermé pour rénovation mais aucune réouverture n'est prévue pour l'instant. L'aéroport le plus proche desservi actuellement par Proflight est à Mansa (à 4h de route de Kasama). Ses boutiques sont bien approvisionnées et on y trouve un supermarché Shoprite bien utile ainsi que des banques et des stations-service. Quelques excursions sont à faire en dehors de la ville.

CHISHIMBA FALLS

Prenez la direction de Luwingu, à l'ouest de la ville, sur 30 km, tournez à droite sur la route de graviers en direction de Mporokoso, poursuivez sur 5 km et tournez à gauche.

Adulte 15 US$, enfant 7 US$, voiture 5 US$, camping 15 US$.

Les chutes se trouvent sur la rivière Luombe. Il s'agit en fait d'une combinaison de trois cascades. Mutumuna, la première, est la plus jolie avec sa chute de 20 m de haut ; la seconde, Keyela, est une succession de rapides ; la troisième, Chishimba, tombe en trois temps dans le canyon de pierre. Les chutes servent de générateur à une station hydroélectrique, mais l'installation ne gâte pas la beauté du site qui, selon les locaux, est habité par les esprits. Il y a une aire de camping et de belles balades à faire dans la forêt tropicale autour des cascades.

MWELA ROCK PAINTINGS ★

A 5 km de Kasama

Adulte 15 US$, enfant 7 US$, voiture 5 US$, camping 15 US$. Visite guidée possible avec le gardien. Pourboire apprécié.

Un site exceptionnel classé monument national et patrimoine mondial de l'UNESCO. C'est un complexe d'art préhistorique majeur en Afrique de quelque 700 peintures rupestres dans les grottes et cavernes. Elles ont été réalisées par les chasseurs-cueilleurs Batwa (ou Twa) à l'âge de pierre et certaines pourraient avoir 20 000 ans. La plupart des dessins représentent des formes géométriques abstraites et énigmatiques de points et cercles. Mais à Sumina, on peut voir un chasseur poursuivant un lion et un buffle, et à Mwankole, des figures de danseurs et un pénis.

ALITASHA LODGE €

Croc Roundabout

✆ +260 977 773 277

Comptez 22 US$ la chambre double privative.

Tout nouveau tout beau, ce lodge en plein centre de Kasama à l'aspect de maisonnettes bien crépies qui a poussé sur la terre battue n'est pas incroyable pour son cadre extérieur (pas de jardin), mais propose des chambres toutes neuves, super confortables avec salle de bains privative moustiquaire, ventilateur, un service accueillant et des prix vraiment modestes. Une bonne option pour les petits budgets. Le parking sécurisé est aussi un plus. Il est bien placé dans Kasama, à l'intersection des routes principales partant vers l'est et le nord.

GRACEWOOD COURT GUEST HOUSE €

✆ +260 976 263 610

www.gracewoodcourt.com

A partir de 30 US$ la double.

Une bonne adresse pour les petits budgets. Cette jolie maison moderne propose des chambres simples et claires, avec moustiquaire, climatiseur, TV, mini-frigo et salle de bains privative. L'intérêt de cette adresse est son joli jardin où sont installées des tables et des chaises pour les repas. On s'y sent comme à la maison et les prix sont vraiment abordables. Les plats préparés ici sur demande sont faits maison et délicieux. Parking sécurisé, wifi.

MBALA

A 100 km au nord de Kasama se trouve la petite ville de Mbala, qui s'appelait Abercorn à l'époque coloniale. Durant la Première Guerre mondiale, elle était stratégique pour la Rhodésie du Nord car elle était proche de la frontière de l'Afrique orientale allemande (actuelle Tanzanie). C'est là que les forces allemandes ont capitulé et renoncé à leur contrôle sur l'Afrique orientale. Mbala est aussi la ville la plus haute de Zambie, perchée à plus de 1 600 m en bordure de la grande Rift Valley sur des hauts plateaux. Le climat y est tempéré, avec des nuits parfois très fraîches pendant l'hiver austral. Mbala mérite surtout un arrêt pour son musée.

MEMORIAL VON LETTOW VORBECK

A Abercorn à 85 km au sud de Kasama, ce monument marque l'endroit où le général Von Lettow Vorbeck, commandant des forces allemandes en Afrique de l'Est pendant la Première Guerre mondiale, a capitulé. Une arme de 1890 est incrustée dans la pierre. En réalité, le général a gagné la ville de Kasama le 13 novembre 1918, deux jours après la signature de l'Armistice. La nouvelle ne gagna le fond de la brousse qu'une semaine plus tard et il capitula le 23 novembre.

MUSEE MOTO MOTO

Situé à 3 km au nord de la ville

Ouvert tous les jours de 9h à 16h45. Entrée 5 US$.

Ce musée, ouvert en 1974, présente des pièces collectées dans les années 1940 par un missionnaire canadien, le père Corbell. C'est le meilleur endroit du pays pour découvrir la culture Bemba. Quatre sections : ethnographie, préhistoire, histoire et histoire naturelle, auxquelles s'ajoute une galerie d'art. On pourra contempler une impressionnante collection d'outils, des armes, des instruments de musique, des ustensiles de la vie quotidienne, des costumes, des masques… La section Histoire naturelle expose les différents types de serpents de la région.

LAKE CHILA LODGE €

✆ +260 977 795 241

Comptez dans les 50 US$ la double avec petit déjeuner.

Petite adresse locale sympathique située à Mbala proposant des chalets tout confort avec salle de bains privative, offrant une belle vue sur le lac Chila depuis leur propre terrasse. L'ensemble est très vert avec des tables conviviales sur la pelouse et des arbres dans le patio. Le lodge dispose d'un petit bar-restaurant très populaire auprès des locaux, un peu trop peut-être pour les amateurs de calme qui trouveront l'endroit bruyant les soirs de week-end. Les autres pourront se divertir à domicile ! Parking.

LAC TANGANYIKA ★★★

Découvert en 1858 par les explorateurs anglais Burton et Speke, ce lac, large de 60 km en moyenne, est le plus long du monde (680 km, ce qui fait une surface d'à peu près 32 000 km²), et le deuxième plus profond (1 435 m) après le lac Baïkal (1 740 m). Son fond est situé à 655 m sous le niveau de la mer et sa surface à 770 m d'altitude. Il serait né il y a environ 20 millions d'années, par l'écartement des plaques continentale et orientale du continent africain, et continue à s'élargir chaque année de quelques centimètres. Plus poétique, une légende locale raconte que le lac était à l'origine un vaste puits sans fond, très riche en poissons, appartenant à un couple qui ne devait en révéler le secret sous aucun prétexte. Mais la femme en parla à son amant. L'esprit du puits se déchaîna et fit déborder l'eau qui, en formant le lac, noya tous les habitants de la région.

Le lac doit sans doute beaucoup de sa beauté à son encaissement (comme le lac Nyasa) : les monts qui l'entourent dépassent les 2 600 m. De vraies tempêtes s'y produisent de temps en temps. Quatre pays se partagent ses eaux : la Tanzanie sur sa rive est, la République démocratique du Congo à l'ouest, le Burundi qui forme son extrémité nord, et la Zambie, son extrémité sud, qui ne possède que 7 % de la superficie du lac. Sur la rive congolaise, à Kalemie (capitale du Nord Katanga), la rivière Lukuga conduit les eaux du lac jusqu'au fleuve Congo, qui se jette dans l'Atlantique (les montagnes du Grand Rift, à l'est, constituent un obstacle trop important vers l'océan Indien). Bien que la température en surface atteigne parfois les 25 °C, la profondeur du lac maintient l'eau relativement fraîche et saine. Les vents qui soufflent des montagnes avoisinantes permettent à l'eau de ne pas stagner, ce qui empêche la propagation de la bilharziose. On peut donc se baigner dans le lac Tanganyika, mais en évitant de se trouver à proximité des deltas d'embouchure des rivières à cause des crocodiles, des hippopotames et des cobras d'eau, une espèce endémique, pêchant le jour et passant la nuit dans les rochers de la rive.

Biodiversité. L'ancienneté et la taille inhabituelle du lac lui ont valu une biodiversité exceptionnelle, spécialement sur une bande côtière d'une cinquantaine de mètres de largeur. C'est une vraie mer intérieure d'eau douce où se sont développées de nombreuses espèces spécifiques, comme les éponges et les méduses. Il recèle plus de 200 espèces de poissons cichlidés, apparus il y a 5 millions d'années, de 1 à 40 cm de long, prolifiques grâce à la variété de leur alimentation et au grand soin qu'ils apportent à protéger leurs œufs et leurs alevins, qu'ils stockent parfois dans leur bouche. On y trouve encore d'autres espèces spécifiques comme le barracuda, le poisson-chat et le maquereau du Tanganyika, ou le *Dagga engraulicypris*, une petite sardine frayant près de la côte, mais qui vit plus au large en bancs.

On y trouve également des crabes, mollusques et crustacés endémiques. Les cormorans, martins-pêcheurs géants, balbuzards, loutres à cou tacheté ou loutres du Congo sont les principaux prédateurs de toute cette faune lacustre, et tirent parti de la clarté de l'eau (jusqu'à 20 m de profondeur). Parmi ces prédateurs, citons encore les grosses tortues d'eau qui aiment à dévorer les œufs des cichlidés.

Comme dans les autres lacs, il faut éviter la proximité des deltas d'embouchure des rivières (comme à 60 km au sud de Kigoma, celui de la Malagarasi, une rivière descendant des hauts plateaux) à cause des crocodiles, des hippopotames et des cobras d'eau uniques au monde, pêchant le jour et passant la nuit dans les rochers de la rive. Généralement, les crocodiles fuient les rivages fréquentés (villages, parc de Gombe Stream...) où ils peuvent être dérangés dans leurs bains de soleil et dans la ponte des œufs (qu'ils enterrent dans le sable).

La pêche au large est abondante : tilapias, perches du Nil, poissons-chats, poissons-tigres, sangaras, et dagaas fréquemment mangés frits ou séchés au soleil et envoyés par cargaisons entières dans le reste du pays. De nombreux pêcheurs habitent les rives du lac. Ces pêcheurs, qui vivent dans des cases en torchis, travaillent surtout la nuit : ils utilisent des lampes à pétrole sous pression pour attirer les sardines dagaas. Ils frappent alors sur un côté de la barque, et tous les poissons effrayés se précipitent dans le filet. Le matin, toute la pêche est étalée sur du gravier pour sécher au soleil. La profondeur du lac maintient l'eau relativement fraîche, et très saine ; on peut se baigner à peu près partout, à condition de bien se renseigner auprès des locaux sur la présence éventuelle d'hippopotames ou de crocodiles... Avant de vous jeter à l'eau, ayez aussi à l'esprit que la vue de corps trop dénudés pourrait choquer une partie de la population musulmane implantée sur les bords du lac, donc couvrez-vous en conséquence.

MV LIEMBA : LE FERRY LE PLUS VIEUX DU MONDE

Le ferry MV Liemba toujours en circulation entre la Tanzanie et la Zambie sur le lac Tanganyika a une longue histoire. Si ce n'est la plus longue du monde pour un ferry opérationnel, puisque ce vieux monsieur a 110 ans ! Les 1 300 t de pièces détachées de ce navire allemand furent construite en 1913 et acheminées de Hambourg à Dar es-Salaam, puis à Kigoma, pendant la Première Guerre mondiale. Alors appelé le *Graf von Götzen*, il domine la navigation du grand lac, empêchant notamment les bateaux belges du Congo et anglais de la Rhodésie du Nord (actuelle Zambie) de circuler. Une première fois bombardé par un avion belge, il est sabordé par les Allemands eux-mêmes, qui le chargèrent avec du béton afin qu'il échappe aux torpilleurs que les Anglais avaient acheminés dans la région. En 1924, comme il reposait sur un faible fond, les Britanniques l'ont renfloué et lui ont donné son nom actuel avant de le remettre à l'eau. Aujourd'hui encore, le bateau, plus ou moins entretenu, continue son service. Nombreux sont ceux à l'avoir vu en vedette de *The African Queen*, le film de John Huston tourné en 1951. Avec ses deux moteurs de 550 CV, il peut transporter jusqu'à 400 passagers. Mis en maintenance en 2011, il est relancé en 2018 et fait la navette de Kigoma à Mpulungu du mercredi au vendredi, et dans l'autre sens du vendredi au dimanche. Le MV Mwongozo, lancé en 1982 et équipé d'un seul moteur de 1 000 CV, relie la Zambie au Burundi en passant par la Tanzanie.

ISANGA BAY LODGE €€

Une piste mène jusqu'à la baie de Chisenza, à 1 km du lodge. Comptez 1 heure 30 de route pour un conducteur expérimenté. ✆ + 260 966 646 991
www.isangabaylodge.com

Camping 10 US$ par personne, chalet dès 75 US$ par personne en B&B. Transfert bateau 100 US$). Visite journée 15 US$.

Avec son sable blanc, ses cocotiers et ses parasols en toit de chaume, Isanga Bay recrée une atmosphère totalement balnéaire. Les 6 chalets et huttes aux formes élégantes sont construits dans des matériaux naturels et posés sur pilotis face au lac derrière la plage. Spacieux, ils disposent d'un lit double et de deux lits simples, d'une salle de bains et d'une véranda. Au programme : observation des oiseaux, snorkeling, excursions aux chutes de Kalambo, canoë, excursion en bateau... L'avifaune se révèle particulièrement intéressante.

Les Chutes de Kalambo.

LES CHUTES DE KALAMBO ★★

Adulte 15 US$, enfant 7 US$, voiture 5 US$, camping 15 US$ par personne. Bateau 3 fois par jour aller/retour 30 kw.

A la frontière tanzanienne, ces chutes figurent parmi les plus hautes au monde et occupent la 2e position en Afrique après celles de Tugela en Afrique du Sud. Avec leurs 221 m, elles sont deux fois plus hautes que les chutes Victoria ! Evidemment elles n'égalent pas leur puissance, mais la hauteur est vraiment vertigineuse quand on est à leurs pieds. D'en haut, le point de vue est spectaculaire, avec le jet d'eau faisant un plongeon vertical le long de la paroi abrupte du canyon. Les balades au bord de l'escarpement sont magnifiques et avec un guide, on pourra faire de jolies randonnées. La région constitue également un important site archéologique qui aurait été occupé à l'âge de pierre, il y a 60 000 ans. Les découvertes effectuées ont permis aux archéologues de déterminer un style de poterie dit « de Kalambo ».

On peut se rendre aux chutes en bateau ou à pied depuis les lodges touristiques les plus proches. Un camping, situé tout près des chutes Kalambo, dispose de toilettes et douches. Depuis Mpulungu, les campeurs pourront emprunter le bateau-bus qui dessert les petits villages côtiers et se faire déposer à Nyamba. Depuis ce village, une marche de 2 heures par un très beau sentier mène en haut des chutes, où on peut s'installer pour la nuit (prévoir ses provisions). Toutefois, le trajet pour rejoindre en bateau Nyamba peut prendre jusqu'à 6 heures et, à plusieurs, il sera plus pratique de louer un bateau-taxi. En voiture, la voie royale consiste à repasser par Mbala, séparée des chutes par 40 km de bonne piste.

MISHEMBE BAY €€

✆ +260 976 664 999

Compter 22 US$ par personne dans un chalet et 10 US$ en camping. Réservable sur Airbnb.

Située le long de la dernière baie zambienne sur le lac, cette superbe plage privée n'est accessible qu'en bateau, en 30 minutes depuis Mpulungu, ou en 5 minutes depuis l'Isanga Bay Lodge qui est, lui, accessible par 4x4. Un petit coin de paradis tendance Robinson constitué d'un chalet en pierre accroché à flanc de colline et de 3 bungalows de roseaux sur des plates-formes qui regardent le lac. Tous sont aménagés simplement, mais disposent de salle de bain privée. Cuisine à disposition. Côté activités : chutes de Kalambo et snorkeling principalement.

MPULUNGU

Sur les rives du lac Tanganyika, dans la chaleur étouffante de la grande Rift Valley, Mpulungu est le plus grand port de Zambie qui assure tous les échanges commerciaux avec le nord du continent. C'est d'ici qu'il faudra partir pour voguer vers la Tanzanie, plus exactement Kigoma. Dans cette bourgade apparemment endormie, l'animation se fait intense à l'arrivée du ferry ou des bateaux de marchandises. Mpulungu jouit d'une ambiance internationale qui mêle les influences de l'Afrique australe, centrale et orientale. Quelques expatriés s'y sont installés pour affaires ou comme travailleurs humanitaires, mais la plupart des villageois sont des pêcheurs, qui mettent leurs barques à l'eau au lever et au coucher de soleil. Il est possible de dormir dans le village, mais il est préférable de s'en éloigner un peu pour profiter de la beauté tranquille du lac.

Transports

- **Voiture et bus.** Mpulungu est située à 40 km en contrebas de Mbala par une route cahoteuse. Des minibus assurent la liaison avec Mbala et Kasama d'où l'on peut rejoindre Lusaka. Ils partent généralement tôt le matin. Le terminus se trouve sur la route principale, à côté du marché. Des bus réguliers relient Lusaka et Mbala et s'arrêtent à Mpulungu. Comptez 200 Kw pour rejoindre la capitale.
- **Ferry.** Le MV Liemba traverse une fois par semaine le lac dans les deux sens, du mercredi au vendredi de Kigoma à Mpulungu et du vendredi au dimanche. Il arrive donc à Mpulungu le vendredi matin et repart en fin d'après-midi. Il relie, en une quarantaine d'heures, Mpulungu à Kigoma, au nord de la Tanzanie, via le poste-frontière de Kasanga (atteint en seulement 2 heures). En dehors des deux terminus et de Kasanga, le bateau n'accoste pas, mais opère des rendez-vous au large. Il est ainsi littéralement pris à l'abordage par une flopée de barques dans lesquelles des passeurs rémunérés au client tentent de transborder un maximum de voyageurs habitant les villages de la côte. Pour effectuer le trajet jusqu'à Kasama, vous pouvez réserver une couchette : 2 personnes par cabine en 1re classe (65 US$ par personne), 4 personnes par cabine en 2e classe (55 US$ par personne). Les draps sont fournis. Il n'y a que 8 cabines de 1re classe. Evitez celles de 2e classe, enfermées dans la pénombre à l'étage inférieur, qui subissent le bruit des moteurs et empestent le poisson séché. Mieux vaut encore dormir dans un coin, à l'air libre sur les pontons, avec un billet de 3e classe (40 US$ par personne) et un bon sac de couchage. Ce billet peut s'acheter directement sur le bateau auprès du receveur.

Attention, seuls les dollars sont acceptés. Conserver son ticket, il sera réclamé à la sortie du bateau. Enfin, lors de l'embarquement et du débarquement, attention aux pickpockets. Le bateau dispose d'un bar et d'un restaurant. Douches et toilettes sont communes.

▶ **Bateau-taxi.** Pratiques pour se rendre dans les lodges des bords du lac, les bateaux-taxis stationnent à côté du marché. Bien négocier le tarif de la course avant le départ pour éviter toute surprise.

NKUPI LODGE €

✆ +260 214 455 166

Comptez 5 US$ par personne en camping, 10 US$ pour une chambre simple et 15 US$ pour une chambre double.

Le lodge se trouve un peu en retrait de la ville, sur les bords du lac, après le marché et de l'autre côté d'une colline. Une adresse populaire parmi les voyageurs à petit budget et les campeurs. On est d'abord très bien accueillis par la propriétaire Charity et son fils Marino. Sur place, les campeurs peuvent profiter d'un agréable emplacement pour installer leur tente ou leur van. De l'autre, des huttes basiques avec sanitaires communs sont proposées pour les petits budgets. Des repas simples peuvent être commandés à l'avance.

GREAT LAKE LODGE €€

✆ +260 760 170 875

430 US$ par personne pour 3 nuits, pension complètes, activités et wifi inclus.

Situé au centre-ville de Mulungu, ce petit lodge local dispose de quelques chalets typiques avec toit de makuti, confortables et joliment équipés. Ils sont assez douillets et actuels pour la région, avec salle de bain individuelle, du joli linge de lit. Depuis les terrasses privatives, on peut apercevoir le lac, une vue reposante. Une adresse idéale qui propose des séjours de 3 nuits minimum avec toutes les activités incluses : balade en bateau, snorkeling dans le lac dont la visibilité est excellente à 10 mètres, visite des chutes de Kalambo, etc.

NSUMBU NATIONAL PARK

A l'ouest de Mpulungu, sur la rive sud du lac Tanganyika, ce parc s'étire sur 2 000 km². Parmi ses attraits donc, ses rives intactes de plages sablonneuses ou de criques rocheuses, mais aussi, à l'intérieur, ses prairies vallonnées, ses vallées escarpées et ses zones marécageuses. La rivière Lufubu serpente, à l'ouest du parc, à travers des falaises hautes de 300 m. Plus minces, les rivières Nkamba et Chisala attirent davantage d'animaux. Ces trois rivières abritent quelques jolies cascades sauvages, uniquement accessibles par des randonnées de deux jours (à organiser impérativement auprès des lodges !). Comme dans de nombreux autres parcs zambiens, la faune est en train de se reconstituer après des décennies de braconnage. Léopards, lions et éléphants sont présents mais encore assez rares. En revanche, on observe de nombreux buffles, toutes sortes d'antilopes (impalas, kobs, hippotragues noirs, élands, damalisques, guibs harnachés, pukus, duikers...), ainsi que des zèbres et des espèces nocturnes. Ce côté du lac regorge d'hippopotames et de crocodiles pouvant atteindre 6 m de long ! Les rives se distinguent également par la présence de figuiers, d'arbres candélabres et, surtout, d'étranges rochers posés les uns sur les autres et auxquels les populations de la région attribuent un caractère sacré. Les trois lodges du parc étant situés sur les rives du lac, la pêche y est une activité favorite avec des prises très recherchées : perche du Nil, poisson-tigre goliath, poisson-chat vundu, saumon et « yellow belly ».

▶ **Prix d'entrée** : adulte 10 US$, voiture 15 US$, pêche 30 US$ par personne.

NDOLE BAY LODGE €€€

✆ +260 961 124 917

www.ndolebaylodge.com

Chalet en pension complète de 150 US$ à 200 US$ par personne. Camping 15 US$ par personne. Snorkeling 20 US$.

Situé juste à l'extérieur du parc sur son côté ouest, ce *lodge* se trouve dans la baie de Cameron, un peu en retrait d'une petite plage. Les 10 chalets spacieux sont décorés dans le style traditionnel des *lodges* de brousse. Les campeurs disposent de toutes les commodités et sont situés sur la plage. Le *lodge* dispose d'une petite piscine et propose plein d'activités : kayak, pêche, safaris camping dans le parc de Sumbu, baignade, snorkeling, et même ski nautique et plongée (seul centre de plongée PADI du lac Tanganyka). Accueil charmant.

BASSIN DE LA RIVIÈRE KAFUE

La rivière Kafue qui prend sa source à la frontière congolaise est un affluent majeur du Zambèze, dans lequel elle se jette peu après Chirundu. La région désignée comme le bassin de la rivière Kafue couvre donc un vaste territoire, qui s'étend du sud-ouest de la Copperbelt au nord du lac Kariba et occupe tout le centre du pays à l'ouest de Lusaka. C'est une région isolée, d'un accès relativement difficile en dehors des axes principaux, caractérisée par de vastes zones de marais, comme les Kafue Flats et les Busanga Plains. Elle compte le gigantesque parc de Kafue récemment réhabilité, qui offre de bonnes conditions de safari avec une forte concentration d'animaux dans certaines zones. Le petit parc de Lochinvar est propice à l'observation de nombreuses espèces d'oiseaux. Kafue est située à 50 km de Lusaka, mais ne présente pas d'attraits particuliers. En revanche Choma, au sud de la région, abrite un intéressant musée ethnographique.

Munkuye
Nkeywma Village
KAFUE NATIONAL PARK
Itezhi-Tezhi
Itezhi Tezhi
Shaloba
Ngoma
Kataba
Kapanza
30 KM

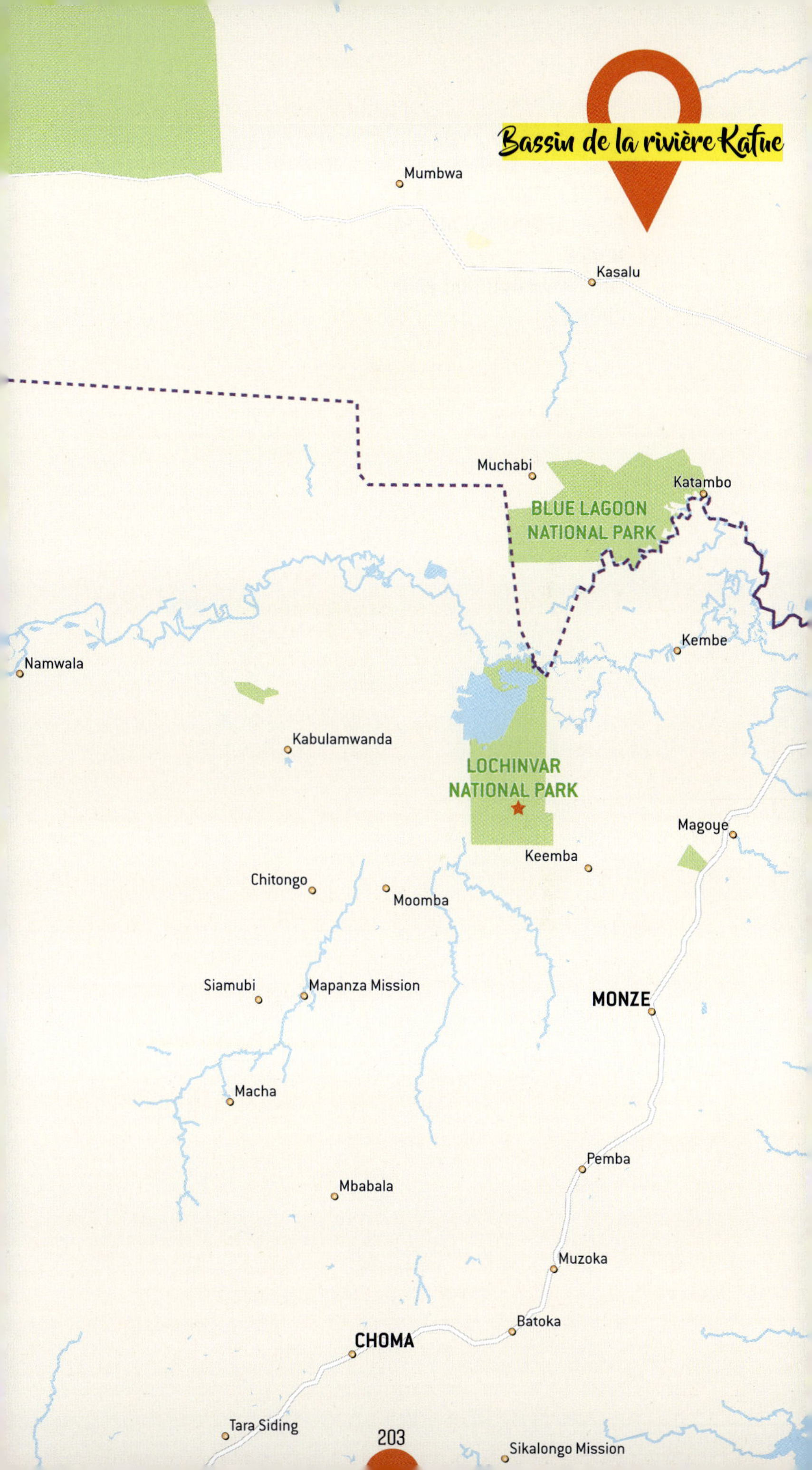
Bassin de la rivière Kafue
Mumbwa
Kasalu
Muchabi
Katambo
BLUE LAGOON NATIONAL PARK
Kembe
Namwala
Kabulamwanda
LOCHINVAR NATIONAL PARK
Magoye
Keemba
Chitongo
Moomba
Siamubi
Mapanza Mission
MONZE
Macha
Pemba
Mbabala
Muzoka
Batoka
CHOMA
Tara Siding
Sikalongo Mission

PAGES

BASSIN DE LA RIVIÈRE KAFUE

KAFUE NATIONAL PARK ★★

Avec ses 22 400 km², le parc national de Kafue est la seconde plus vaste réserve d'Afrique et le plus ancien parc de Zambie. Délaissé et soumis au braconnage dans les années 1980 et au début des années 1990, le parc a été repris en main ces dernières années. De nombreux campements ont rouvert leurs portes et Kafue est sur la voie de la renaissance. De nombreux cours d'eau dérivant de la rivière Kafue, qui coule du nord au sud, irriguent le parc et lui donnent sa végétation luxuriante. La majeure partie du parc est couverte de forêts de miombos, qui débouchent sur de grandes prairies (les dambos) aux nombreuses termitières. Le paysage est également parsemé de forêts de tecks et de gros rochers noirs que l'on confond souvent avec les éléphants. A l'exception du rhinocéros noir dont l'espèce, victime d'une chasse intensive, n'est plus représentée, et de la girafe, historiquement absente, on peut y voir la plupart des mammifères de la savane africaine. Quant à l'avifaune, la diversité des habitats en fait la plus riche de Zambie avec 495 espèces répertoriées, dont l'endémique barbican de Chaplin (*Lybius chaplini*). Les animaux sont également visibles dans les réserves situées à la lisière du parc.

Le nord du parc, Busanga Plains. Difficiles d'accès (à partir de juin uniquement), mais spectaculaires, les Busanga Plains constituent l'attraction majeure au nord du parc. Cette vaste zone de marécages, inondée par les rivières pendant la saison des pluies, s'étend à perte de vue sur 750 km² et constitue une formidable réserve de vie animale, totalement épargnée par les traces de passage humain. Elle est parsemée de petites îles couvertes de papyrus, de palmiers et de figuiers sycomores. En plus des hippopotames et des crocodiles qui raffolent de ses eaux peu profondes, cette zone accueille des milliers d'antilopes, dont certaines espèces peu communes, comme le lechwe rouge, le puku, le sitatunga, l'antilope rouanne ou l'hippotrague. Les zèbres et les buffles sont également très présents et, en septembre, a lieu la deuxième plus grande migration africaine de gnous bleus. Tout ce petit monde attire les prédateurs, en particulier les lions, mais, surtout, les prairies de Busanga sont réputées comme étant les meilleurs endroits de Zambie pour observer les chiens sauvages et les guépards qui, sur ce territoire immense, peuvent laisser libre cours à leur passion de la vitesse.
En dehors des plaines de Busanga, le nord du parc se compose d'une mosaïque de savanes boisées et arborées qui hébergent différentes espèces d'antilopes (grand koudou, éland du Cap, puku, impala, cobe à croissant, etc.) et leur cortège de prédateurs. La faune y est, sans doute, moins facile à observer, mais naviguer sur la rivière Kafue, peuplée d'hippopotames et d'une riche avifaune aquatique, ravira les naturalistes.

Le sud du parc, le long de la « Spinal road ». Cette partie est la plus accessible. On y accède par la route principale goudronnée venant de Lusaka (Nalusanga Eastern Gate) qui traverse le parc d'est en ouest et qui continue jusqu'au parc de Liuwa Plains (Tatayoyo Western Gate). Mais aussi par une piste venant du sud depuis la route de Livingstone et qui bifurque à Kalomo (Dumwenzi Southern Gate). Entre les deux extrémités, la « Spinal road » une piste qui a été refaite en 2016 et qui est désormais praticable plus longtemps dans l'année et plus facilement. Il est possible de se ravitailler en vivres à d'Itezhi-Tezhi. Pas de station-service, mais il est possible de se procurer du carburant auprès de Zesco (entreprise produisant de l'électricité à partir du barrage).
Moins arrosé qu'au nord, avec un sol constitué de sable du Kalahari, le secteur sud du parc se distingue par de belles forêts de tecks du côté de Ngoma et, plus au sud, par des bosquets de mopanes cathédrales. A l'exception des éléphants, les animaux, en particulier les prédateurs, y sont plus dispersés que dans le nord, mais les safaris le long de la rivière Kafue et autour du lac de Itezhi-Tezhi restent passionnants. Le barrage, qui semble construit en terre, a favorisé la formation de cette petite mer intérieure dont les arbres submergés constituent d'excellents perchoirs pour les oiseaux aquatiques : aigles pêcheurs, cormorans, hérons, ibis… Cette zone héberge également la plus forte densité de population du parc. Ces lieux font aussi le bonheur des pêcheurs. Plus au sud encore, on retrouve comme à Busanga de vastes savanes herbeuses (plaine de Nanzhila) qui hébergent, là aussi, des troupeaux de lechwe rouges, ainsi que des buffles, des gnous et autres bubales.

Se loger

Certaines adresses sont situées à l'intérieur du parc, d'autres à la bordure, permettant l'économie de 50 US$ par nuitée passée à l'intérieur. Tous les lodges proposent plus ou moins les mêmes activités : game drive, game walk, pêche et sorties en bateau. Ils pourront organiser votre transfert par avion ou par la route. Certains campements exigent de leurs clients une totale autonomie en nourriture et eau et n'offrent que l'hébergement. Pour les personnes qui se rendent dans le parc avec leur propre véhicule, nous indiquons, dans la mesure du possible, les coordonnées GPS. A part pour les campeurs qui trouvent toujours de quoi planter leur tente, il est indispensable de réserver, notamment pour les repas.

Tourisme

Game drive. Kafue est un parc très sauvage, mais aussi victime de braconnage comme tous les parcs de la Zambie. Ce qui effraie les animaux et peut rendre les éléphants agressifs. Dans la partie sud, n'espérez pas voir des hordes de lions et de léopards, ils sont très difficiles à déceler et croiser dans ce bush très lâche et un peu monotone, mais avec un peu de chance, pourquoi pas. Vous y verrez surtout des éléphants, antilopes (puku et impalas principalement), babouins, oiseaux. La partie des Bushanga Plains est plus réputée, mais avec seulement des lodges de luxe et un accès compliqué. En raison des grandes plaines qui s'y trouvent, on peut y apercevoir des guépards. Attention aux tsé-tsé très nombreuses ici, pensez à prendre un antimoustique « peau », mais aussi habits, ne portez pas de noir ni de bleu marine, et fermez vos vitres de voiture, car l'invasion peut être brutale, elles sont concentrées sur certaines zones que vous traversez, et c'est la panique.

Boat trip. C'est l'intérêt majeur des camps de ce parc les plus accessibles le long de la rivière Kafue. Dans de sublimes paysages, on observe les hippopotames et les crocodiles paisiblement installés dans le lit de la rivière. On entend les mâles marquer leur territoire avec des grognements qui peuvent ressembler à un rire gras. Super au coucher de soleil.

Walking safari. Idéal pour en apprendre un peu plus sur le pistage des animaux par leurs empreintes, leurs excréments, leur alimentation. Découverte des vertus des plantes locales, et possiblement quelques frayeurs quand il faut fuir sans courir des éléphants s'approchant très vite de votre itinéraire ! Frisson garanti.

Transports

En avion. Les lodges haut de gamme disposent généralement d'une piste d'atterrissage et peuvent organiser l'arrivée de leurs clients par avion charter privé, en 40 minutes de vol depuis Lusaka. Particulièrement dans les Bushanga Plains, qui sont difficilement accessibles par la route et qui concentrent le plus de lodges de luxe.

En bus. Le parc n'est pas desservi par les transports en commun. Il est cependant possible de prendre le bus qui relie Lusaka à Mongu et de se faire arrêter sur la route principale, tout près du Mukambi Safari Lodge.

En voiture. La M9 qui relie Lusaka à Mongu, à l'ouest du pays, est l'une des meilleures routes de Zambie et permet un accès très confortable au parc de Kafue qu'elle traverse d'est en ouest. Si les pistes de l'intérieur du parc ne sont praticables qu'en 4x4, on peut envisager, depuis Lusaka, d'atteindre les frontières du parc avec un véhicule robuste. L'accès au parc depuis Livingstone et la Copperbelt est possible, mais relève de l'expédition : l'état des pistes nécessite un 4x4 avec un équipement irréprochable, une conduite expérimentée et beaucoup de patience.

De Lusaka : comptez 5 heures de route. Plusieurs possibilités s'offrent à vous, le choix dépendant du secteur du parc que vous souhaitez parcourir. Pour atteindre le nord-est, prenez la M9 jusqu'à Mumbwa. Entrez dans la ville et récupérez, sur la gauche, la bonne route de graviers que vous poursuivrez sur 70 km jusqu'à la porte de Kabulunshi. Poursuivez tout droit par la piste en suivant les panneaux indicatifs. Pour rejoindre le nord-ouest et les Busanga Plains, il faut continuer la M9 jusqu'à Chunga Gate et emprunter la route à gauche qui monte vers le nord et le camp de Lufupa. Pour rejoindre le centre du parc, prenez, à l'ouest de la ville, la M9 en direction de Mongu jusqu'à la ville de Muambwa à 150 km. De là, 40 km vous séparent de la porte de Nalusanga, entrée principale à l'est du parc. En poursuivant sur la M9 pendant 80 km, vous atteindrez le Mukambi Lodge et la rivière Kafue, d'où vous pourrez bifurquer vers le nord ou le sud. Pour le sud et le lac de Itezhi-Tezhi, suivez le même itinéraire que pour le centre du parc, mais, à environ 30 km après la porte de Nalusanga, prenez à gauche en direction du lac de Itezhi-Tezhi distant de 110 km. Située à l'extérieur du parc, cette route goudronnée traverse les réserves de Mumba et de Namwala. L'entrée dans le parc se fait par la porte de Musa. Pour les lodges situés au nord du lac (Puku Pans et Kaingu), repérez les indications à mi-chemin, peu après le poste de Mwengwa. Cette route est actuellement en rénovation par une entreprise chinoise. Autre solution, poursuivez la Spinal Road et arrivez au lac Itezhi-Tezhi par l'ouest, le plus approprié car la plus jolie et actuellement avec les travaux, la plus sûre en temps.

Spinal Road. Une autre solution est de poursuivre la M9 à l'intérieur du parc, jusqu'à Chunga Gate (après le pont sur la Kafue, près de Mukambi) ; là, tournez à gauche et empruntez la récente Spinal Road qui longe la rive occidentale de la Kafue River jusqu'au lac Itezhi-Tezhi. Certains campements sont situés à l'intérieur du parc et sont donc directement accessibles en voiture (Chunga Camp, Mawumbi Bush Camp, Kasabushi Bush Camp). D'autres, au contraire, sont situés de l'autre côté de la rivière (Mufungata Camp, Kaingu Safari Lodge – dans la Game Management Area), il faut donc garer votre voiture sur un parking (indiqué) et le camp envoie un bateau vous récupérer. Attention, cette piste est très peu fréquentée et la zone reste très peu couverte par le réseau cellulaire.

▸ **De Livingstone** : durant la saison sèche, à partir de juillet, il est possible d'atteindre la partie sud du parc sans repasser par Lusaka. Pour cela, quittez la T1 au niveau de Kalomo et prenez, sur la gauche, la piste qui remonte vers le parc. Vous traverserez un joli paysage de collines avant d'atteindre Dumdumwenze, la porte sud du parc. De là, une piste longeant la rivière Nanzhila vous mènera au lac de Itezhi-Tezhi, près de 100 km plus au nord. Renseignez-vous auprès des rangers sur l'état de la piste. S'ils la jugent trop mauvaise, vous devrez emprunter la Cordon Road, plus à l'ouest. Comptez une bonne journée de trajet. L'accès au parc depuis Livingstone devrait prochainement être amélioré, car un projet est à l'étude pour goudronner la route de Kalomo à Itezhi-Tezhi. Il est également possible de rejoindre Itezhi-Tezhi à partir de Choma (sur la T1). Il vous faut alors gagner Namwala par une route goudronnée. Ensuite, prenez un bac pour traverser la Kafue, puis une assez mauvaise piste pour rejoindre Itezhi-Tezhi.

▸ **De Mongu et Kaoma** : vous pouvez facilement rejoindre le centre du parc en prenant la M9 en direction de Lusaka. L'entrée à l'ouest du parc se fait par la porte de Tatayoyo. De la Copperbelt : prenez la route vers Solwezi puis Kasempa. À la sortie de cette ville, prenez à gauche en direction de Kamakechi. La route se transforme en piste à parcourir sur quelque 80 km, en suivant toujours vers le sud-est, en direction du ponton de Lunga. Pour vous rendre dans le centre du parc, tournez à gauche vers le poste de Kabanga, sinon poursuivez jusqu'au ponton. Après avoir traversé la rivière, prenez à gauche pour rejoindre le Lunga River Lodge. Face à vous, une autre piste redescend vers la rivière Kafue et le ponton de Lubungu, mais ses 70 km se révèlent extrêmement pénibles, des voyageurs ayant rapporté un trajet de presque 8 heures.

COMMENT BEETHOVEN A SAUVÉ LES LIONS BLANCS DE MC BRIDE

Mc Bride Camp dans le parc de Kafue a été créé par Chris & Charlottes Mc Bride, spécialistes des lions. Chris est le fils du fondateur de Timbavati, la fameuse réserve privée en Afrique du Sud voisine du parc Kruger qui compte des lions blancs. Une particularité génétique qui a sculpté des fauves albâtres magnifiques. Ami du tracker Jack Mathebula, Chris a écrit plusieurs livres sur le sujet. Il s'est aussi inspiré des travaux de Konrad Lorenz, un chercheur autrichien fondateur de l'étude sur le comportement animal. Dans le livre Les lions blancs de Timbavati en 1977, Chris Mc Bride explique comment il a utilisé une théorie pavlovienne pour sauver les lions blancs de la réserve de son père. Des chasseurs de trophées étaient prêts à offrir beaucoup d'argent pour les abattre et voulaient les attirer hors des barrières de protection du parc, condition indispensable à leur permis de tuer. Facile... Il suffit de placer une carcasse, d'imiter le cri de la hyène et l'innocent lion se jette dans la gueule du loup humain, pensant trouver un bout de viande à se mettre sous les crocs. Pour contrer les projets fallacieux des tueurs de ses lions, il a utilisé un autre son... celui du Triple Concerto de Beethoven ! Comment un lion peut-il se détourner du piège au son des accords classiques ? Eh bien, à chaque fois que les lions dévoraient leurs proies, leur puissant protecteur diffusait cet air dans son 4x4 posté à côté, pour que les fauves associent la viande à la musique. Et la méthode a marché ! Puisqu'à l'approche des chasseurs aux abords du parc, McBride diffusait sa petite musique pour les garder en sécurité dans la zone protégée, le plus loin possible du piège. Ainsi, les visiteurs en 4x4 dans le parc écoutant le Triple Concerto de Beethoven à fond pouvaient se retrouver nez à nez avec les lions blancs, quel safari ! Depuis Chris Mc Bride a écrit *Liontide*, une étude comportementalisme de l'écosystème du lion, au sommet de la pyramide alimentaire. Son dernier livre sorti, *Living with lions part. 1*, explique la relation étroite du couple Mc Bride avec les fauves, mais aussi les guests à leur camp. Car chez eux, il n'est pas rare que des lionnes viennent siester devant le lodge à l'heure du brunch et prennent plaisir à rugir la nuit juste à côté. D'ailleurs le lion Carl Joseph vient d'élire son territoire autour du camp.

OFFICE DU PARC NATIONAL

✆ +260 965 222 606

www.zambiatourism.com

Entrée 20 US$ par personne et par jour, plus 15 US$ par véhicule. Nuitée dans le parc 50 US$.

Le parc reste ouvert toute l'année, mais la plupart des pistes intérieures sont impraticables à la saison des pluies et les lodges situés dans les régions les plus retirées, notamment dans les Busanga Plains, ferment leurs portes. Un ranger passe directement dans les lodges pour facturer les clients, et vous serez contrôlés au niveau des portes du parc. Sachez que le prix journalier s'arrête vers l'heure du check out en fin de matinée. Le camping est bien plus économique en termes de taxe, et sachez aussi que certains lodges sont situés à la bordure du parc.

HIPPO BAY CAMPSITE €

✆ +260 977 240 113

www.hippobaycamp.com

Ouvert du 1er mai au 15 novembre. Camping : 25 US$ par personne. Chalet : 70 à 110 US$ par personne (selon la saison).

Hippo Bay est un bush camp satellite du Konkomoya Lodge voisin de 100 m. En plus du camping, il compte trois chalets et des sanitaires avec eau chaude. Pour les campeurs, le bois est fourni. Les chalets disposent de leur propre salle de bains, d'un espace pour cuisiner, d'un boma pour le feu et d'un salon de jardin. En bordure du lac Itezhi-Tezhi, l'endroit est charmant et bien fréquenté par la faune sauvage : éléphants, hippopotames, pukus, impalas et avifaune aquatique. Pas d'électricité, mais on peut charger ses batteries au Konkomoya voisin.

KASABUSHI CAMP €

A environ 45 km de la gate 21K par la Spinal Road

✆ +260 971 807 226

www.kasabushi.wordpress.com

Camping : 25 US$ par personne, chalet 350 US$ par personne.

Le Kasabushi Camp est tenu par les sympathiques Andrew et Libby. C'est un joli camping situé sur les rives de la rivière Kafue, à l'ombre des arbres. Les salles de bains sont originales. Andrew a aussi construit deux tentes de luxe un peu en aval du *campsite*, mêlant bois et toile. Les terrasses qui surplombent la rivière ont belle allure, de même que la paillote du restaurant. Il a aussi construit une piscine naturelle pour se rafraîchir en été, un vrai plaisir ! Activités proposées : balade à pied, excursion en bateau, pêche et *game drive*.

MAYUKUYUKU CAMP €

GPS : 14° 54´ · 6 S 26° 03´ · 5 E.

✆ +260 972 179 266

www.kafuecamps.com

Camping 25 US$ par personne. Tente 375 US$ en pension complète, 495 US$ avec activités. Repas et transfert possibles.

Un havre de paix au bord de la rivière Kafue. Il est tenu par Pippa, la « old lady » de Kafue charismatique qui vous racontera ses aventures africaines. Le camp est abordable, avec des *barbecues*. Egalement quatre tentes safari rustiques et assez onéreuses avec salle de bains extérieure. Le restaurant est très bon, le chef s'appliquant à cuisiner des ingrédients frais et variés. Activités : *game walk*, le *game drive* et bateau sur la Kafue pour voir les hippos et les crocos. Trois éléphants visitent souvent le camp, attention en ouvrant votre tente le matin !

MUSUNGWA LODGE €

Ithezi-Thezi, sur la spinal road, à la limite du parc

✆ +260 966 876 522

www.musungwalodge.co.za

Par personne camping 10 US$, chalet self catering 30 US$, en B&B 40 US$, demi-pension 60 US$, pension complète 80 US$.

Ce grand complexe au bord du lac évoque un peu un village vacances version brousse, avec ses 24 chalets, sa piscine, ses courts de tennis… Les fastes d'antan sont un peu passés et l'établissement mériterait un rafraîchissement, mais la vue est imprenable et son côté suranné a son charme. Les visiteurs résidant dans les campings alentours peuvent s'y restaurer ou boire un verre. Il n'est cependant pas situé dans le parc (pas de « taxe » à payer par nuit). Il faut laisser la voiture au parking et prendre un bac pour rejoindre le lodge et vive versa le matin.

KAFUE RIVER LODGE €€

Nord du Parc

✆ +260 978 016 911

Formule tout compris en lodge : 360 US$ par personne par nuit (taxes de parc incluses).

Avec un lodge luxueux et un restaurant ouvert comme son nom l'indique sur la rivière et sous son toit de chaume, le Kafue River Lodge est une adresse charmante à l'atmosphère relaxante et décontractée. Il a été racheté il y a quelques années par Northern Kafue Safaris qui possède aussi Kasonso Busanga et Kikuji Camps ; et peut combiner un circuit. Plus de camping, mais 4 cottages de 4 personnes maximum. Parmi les activités proposées : *game drive*, *game walk* et *boat cruise*. On accède au camp par la route de Mumbwa et le ponton de Lubungu. Wifi.

KASONSO BUSHANGA CAMP €€

✆ +260 978 016 191 - www.northernkafuesafaris.com

Ouvert du 1er juillet au 15 novembre. Dès 130 US$ par personne en self catering, 210 US$ tout inclus (1 activité/jour).

Kasonso Busanga Camp est un nouveau *bush camp* situé au centre des plaines de Busanga, là où les safaris sont exceptionnels parce que la faune sauvage est dense (lions, éléphants, lechwes, guépards...). Il est mené par Idos et Newton Mulenga, un père et un fils qui travaillaient avant comme guides pour Wilderness Safaris. Un projet 100 % local, donc, que nous encourageons grandement. Il compte 4 jolies tentes doubles à prix plus abordables que les camps de luxe, sans compromis de confort. Au *lodge*, Ferrison est l'un des meilleurs guides ornithologiques du pays.

MU-FUNGATA SAFARI LODGE €€

Rive gauche de la rivière Kafue (extérieur du parc)

✆ +260 977 600 538 - www.sunsafaris.com

Camping 25 US$ par personne, chalets et tentes en pension complète avec une activité entre 200 et 255 US$ par personne.

Joliment situé au bord de la rivière Kafue, en lisière du parc, on peut y accéder en voiture directement par l'est. Par l'ouest (Spinal Road), il faut alors laisser votre voiture au parking : on vient vous chercher en bateau. Un camping est disponible, ainsi que des chalets au toit de chaume et des tentes safari. Agréables vérandas avec vue sur l'eau et les cris des hippopotames en fond sonore. Les propriétaires ont lancé un programme d'écovolontariat dans la protection de l'environnement et le développement des communautés locales.

LEOPARD LODGE €€

Lungac 14°11.665'S ; 26°28.833'E

✆ +27 82 416 58 94

www.leopard-lodge.com

Formule tout inclus de 340 US$ à 400 US$ par personne selon la saison.

Ce lodge isolé à la lisière nord du parc se situe au bord de la rivière Kafue, à 4 km d'une superbe source d'eau chaude où l'on peut se baigner. L'ambiance est familiale puisqu'il n'y a que 5 chalets en briques et aux toits de chaume confortablement aménagés dans un style africain avec des meubles en tek. Le *lodge* dispose d'un bar et d'un restaurant avec un joli deck surplombant la rivière, mais les repas peuvent être pris aussi dans le bush. Toutes les activités classiques sont proposées : game drive, walking safari, balade en bateau, canoë ou pêche.

NEW KALALA CAMP €€

Itezhi-Tezhi

✆ +260 211 290 914

www.newkalala.com

Camping 15 US$ par personne, bungalow 110 US$ en simple, 150 US$ en double, 130 et 200 US$ en pension complète.

Sur les berges du lac Itezhi-Tezhi, non loin de la bourgade éponyme et à la frontière du parc, de grosses roches de granit sont étrangement investies par un baobab et fréquentées par les damans, un joli spectacle ! Terrain de camping agréable. Les 13 chalets perchés sur ces rochers sont basiques, mais climatisés, confortables et abordables, avec une belle vue sur le lac. Les visiteurs peuvent profiter d'une piscine, rareté à Kafue. Location de bateaux et *game drive* possibles en option. On aime ici alterner safaris dans le parc et vie locale.

Kafue National Park.

BUSANGA BUSH CAMP €€€

Nord du parc

www.wilderness-safaris.com

Compter 920 US$ par personne. Ouvert du 1/06 au 31/10.

Propriété de Wilderness Safari qui possède aussi le camp de luxe Shumba dans les Bushanga Plains, ce bush camp satellite est destiné aux amateurs de nature extrêmement sauvage très fortunés. Niché contre un bosquet au milieu des Busanga Plains, il se compose de 4 tentes safari vraiment bien parées pour ce coin sauvage. Outre les traditionnels *game drive* et *game walk*, les rares privilégiés pourront admirer la plaine en montgolfière. Dans ces contrées ultra-sauvages, on a de grandes chances d'y observer des guépards, des lions et de croiser très peu de véhicules.

KONKAMOYA LODGE €€€

✆ +260 977 240 113

www.konkamoya.com

Formule tout compris : par personne en tente, dès 500 US$.

Le Konkamoya Lodge dispose d'un très bel emplacement face au lac. Avec les troncs qui dépassent de ce dernier et les éléphants qui fréquentent ses rives, on pourrait se croire à certains endroits du lac Kariba. Les quatre spacieuses tentes de safari se répartissent de part et d'autre des grandes paillotes qui permettent aux touristes de savourer une excellente cuisine italienne. Andrea, le maître des lieux, est un passionné de vie sauvage et de photographie. Il saura vous guider dans la découverte de la faune, abondante dans cette partie du parc.

HIPPO LODGE €€€

GPS : 14°40.610'S ; 26°22.526'E

✆ +260 977 774 520

www.hippolodge.com

Ouvert toute l'année, mais piste d'atterrissage fermée de novembre à mai. Compter 500 US$ par personne tout inclus.

On pourra choisir entre l'un des 5 chalets construits en matériaux naturels ou l'une des 2 tentes de safari avec douche à ciel ouvert. En plus des safaris dans les Busangas Plains, on pourra visiter la Hippo Mine, première mine de cuivre du pays classée comme héritage national ou se baigner dans une source d'eau chaude au coucher de soleil, des barbecues sont parfois organisés le soir. Un grand moment de détente ! Hippo Lodge gère le Hippo Lunga Camp, camp de brousse situé sur une île, un peu en amont sur la rivière Lunga et disposant de 6 tentes de safari.

MCBRIDES'CAMP €€€

GPS : 14°41.537'S ; 26°23.107'E

✆ +260 977 414 871

www.mcbridescamp.com

Ouvert toute l'année. Camping 25 US$ par personne, huttes de 350 à 400 US$ tout inclus. Repas à 25 US$.

Les sympathiques Chris et Charlotte McBride sont des spécialistes du bush africain (Chris McBride est l'auteur d'ouvrages sur les lions), tombés amoureux du parc de Kafue. Situé à l'intérieur du parc, leur nid de brousse se compose d'un camping et de 7 chalets en feuilles de palme et en roseaux, avec de meubles en rotin. Un *bush camp*, simple et fonctionnel au contact intime de la nature. Si les *game walk* sont privilégiés, *game drive* et *boat cruise* sur la rivière Kafue sont proposés. Le lion Carl Joseph a élu son territoire autour du camp, rugissements garantis !

KAINGU SAFARI LODGE €€€

GPS : 15°17.838'S ; 25°58.688'E

www.kaingu-lodge.com

Camping : 25 US$ par personne ; tente de luxe : de 445 à 490 US$ par personne en formule tout inclus (selon la saison).

Situé sur la rive gauche de la rivière Kafue, le Kaingu Safari Lodge dispose d'une très belle paillote bar-salon, de 4 élégantes et confortables tentes de safari sur des plates-formes de teck avec toit de chaume, ainsi que d'une suite familiale. L'ensemble surplombe les berges et a vue sur la rivière. Camping bien équipé. Kaingu organise *game walk, game drive* dans le parc, excursions en bateau ou en canoë sur plusieurs jours. Activités pour les enfants. Pour y accéder : prenez la Spinal Road jusqu'au *car park*, puis le lodge envoie un bateau.

MUKAMBI SAFARI LODGE €€€

GPS 14°58.833'S ; 25°58.656'E

✆ +260 974 424 013

www.mukambi.com

Chalet tout compris dès 400 US$. Dans les Bushanga Plains, comptez 780 US$ par personne tout compris.

A 2 km de la M9, ce camp agréable est facile d'accès. Il dispose de 8 cases traditionnelles aux couleurs ethniques, une villa 4 personnes et 4 tentes safari avec des baies vitrées richement décorées plongeant les guests dans une atmosphère « nature ». Dans ce beau cadre : deux piscines et une belle vue sur la rivière. Mukambi dispose en outre d'un bush camp, le Fig Tree Bush Camp (du 1/05 au 30/11) qui dispose de 4 tentes de safari, et d'un luxueux bush camp composé de 4 tentes dans les Busanga Plains : le Mukambi Plains Camp (du 1/07 au 31/10).

NANZHILA PLAINS SAFARI CAMP €€€

GPS : 16°16.746'S ; 25°55.074'E
✆ +267 72 123 002
www.nanzhila.com
Ouvert du 15 mai au 15 novembre. Tout compris en chalet ou tente à partir de 450 US$ par personne.

C'est le *lodge* situé le plus au sud du parc, dans une zone peu visitée et assez difficile d'accès (à 5h de Lusaka et 3h de Livingstone). Il est noyé dans la végétation : on est en réelle immersion dans l'Afrique sauvage. C'est aussi une halte judicieuse quand on a choisi de traverser tout le parc par la Spinal Road du nord au sud jusqu'à Livingstone (il faut 48h minimum). Les visiteurs peuvent choisir de résider dans l'un des 3 cottages ou l'une des 3 tentes de safari.

BLUE LAGOON NATIONAL PARK

Fondé au début du siècle dernier par les Critchleys, une famille de fermiers soucieux de l'écologie, ce petit parc situé au cœur des Kafue Flats est, en de nombreux points, similaire à celui de Lochinvar. Durant des années, il fut exclusivement fréquenté par les militaires et quelques politiciens qui venaient y chasser. Ses plaines inondables bordées d'acacias sont un paradis pour les oiseaux et un refuge privilégié pour les kobs lechwe de Kafue. Le Département des parcs nationaux et le WWF travaillent conjointement au développement de ses infrastructures, mais il est totalement laissé à l'abandon et ces marais ne présentent pas d'intérêt.

OFFICE DU PARC

Droit d'accès de 10 US$ par personne, plus 15 US$ par véhicule. Ouvert de 6h à 18h.

De Lusaka, prenez la direction de Mumbwa sur une vingtaine de kilomètres puis tournez à gauche au panneau indiquant ZCCM, en face du magasin Bancroft et de la station-service. Une bonne route non goudronnée vous conduira à l'entrée du parc. Le bureau des scouts s'y trouve. Le parc ne fait pas du tout partie des circuits touristiques et les possibilités d'hébergement y sont quasi inexistantes. Plusieurs aires de camping pourront toutefois vous être indiquées par les scouts à l'entrée du parc mais elles sont à l'abandon, dommage.

MONZE

Cette petite ville constitue une étape agréable entre Lusaka (situé à 186 km) et Livingstone (à 282 km). Elle peut aussi être une halte sur la route du parc de Lochinvar, car on y trouve un camping à la ferme très sympathique avec un cadre magnifique et des petits chalets rustiques. Monze ne compte que 1 500 habitants, tout se passe donc autour de la route nationale où les voyageurs en transits s'arrêtent pour mettre de l'essence et faire quelques courses. La ville doit son nom à son chef Monze. une cérémonie annuelle pour *thanksgiving* en novembre a lieu dans son palace près de Gonde. De nombreux Zambiens venus de tout le pays viennent célébrer ce moment.

MOORINGS CAMPSITE €

✆ +260 977 521 352
www.mooringscampsite.com
Camping à 140 Kw, chalet double 700 Kw petit déjeuner inclus, chalet self catering familial 1 000 Kw, bois 20 Kw.

Ce camping à la ferme constitue un excellent point de chute pour qui veut explorer le parc de Lochinvar ou simplement faire une étape sur la route de Lusaka à Livingstone. Il se situe à 11 km au nord de Monze sur le site d'une exploitation en activité depuis 1920. Possibilité de boire un verre et de restauration de type snack. Une cuisine et un espace barbecue sont à disposition. Chalets basiques pour ceux qui n'ont pas leur tente, à petit prix et avec des salles de bains privatives. On trouve aussi des katenga pour s'abriter et faire du feu le soir venu.

LOCHINVAR NATIONAL PARK ★

Situé au nord de Monze, ce parc s'étend sur 430 km². Dans sa partie septentrionale, la lagune de Chunga fait partie des Kafue Flats, déclarées zone de marécage d'intérêt international par le WWF. Des milliers de kobs lechwe de Kafue, sous-espèce endémique d'antilope aquatique, y batifolent au gré des saisons et des crues. On peut également y croiser zèbres, gnous, singes, phacochères, koudous, buffles... Les passionnés d'ornithologie se régaleront avec plus de 400 espèces d'oiseaux. Lochinvar ne manque pas d'intérêt avec ses beaux paysages de prairies et de collines boisées, ses étonnantes étendues de termitières où pousse l'arbre candélabre.

DRUM ROCKS

Ces roches sont appelées « pierres tambours » en raison de l'écho produit lorsqu'on les frappe. Pour les populations locales, ce lieu sacré était utilisé lors des rites de passage à l'âge adulte des jeunes garçons. On disait que les gens qui refusaient d'y croire ne ressortaient plus jamais. Il est toujours d'usage pour le voyageur de saluer les rochers avant de poursuivre sa route. Tout près, un énorme baobab, dont le tronc creux peut abriter plusieurs personnes, est considéré comme un arbre magique qui protège les voyageurs des animaux sauvages.

GWISHO HOT SPRINGS

Au sud du parc, les sources de Gwisho, situées le long d'une faille géologique, sont entourées d'une végétation luxuriante. L'eau, qui se trouve à 1 km de profondeur, monte par convection et sa température varie entre 60 °C et 90 °C. Elle contient des taux élevés de sodium, de chlore, de calcium et de sulfate. Le site de Gwisho lors de fouilles a révélé plus de 30 tombes et squelettes Gwisho, ainsi que de nombreuses pointes de flèches des chasseurs. Plus à l'ouest, les femmes des villages environnants viennent souvent faire leur lessive dans les sources de Bwanda.

SEBANZI HILL

Au sommet de cette colline, on a une très jolie vue sur le parc, mais on vient surtout voir les vestiges d'un site archéologique datant de l'âge de fer, classé Monument National. Ce site semble être l'un des plus anciens d'Afrique australe ; une partie des pièces qui y ont été mises au jour est visible au musée de Livingstone. Habité depuis le XIIe siècle par les ancêtres des Tonga qui récoltaient le sel des sources et le troquaient sur les marchés. Jusqu'à ce que les villageois soient expulsés par les propriétaires du ranch de Lochinvar.

OFFICE DU PARC

✆ +260 965 898 928

www.zambiatourism.com

L'entrée du parc est de 10 US$ par personne et 15 US$ par véhicule. Ouvert tous les jours de 6h à 18h.

Ce parc a été réhabilité il y a quelques années seulement, dans le cadre d'un projet impliquant la population locale. Comme il n'y a pas d'animaux dangereux, les visiteurs sont encouragés à se promener à pied pour découvrir la faune environnante. Les contacts avec la population locale des villages situés à proximité sont ici plus nombreux que dans les autres parcs et donnent lieu à des rencontres bien sympathiques. Il est peu visité car les grands mammifères, symboles de l'Afrique, en sont singulièrement absents, pourtant il réserve de très beaux paysages.

CHOMA

La ville de Choma peut constituer une jolie halte sur la route entre Lusaka et les chutes Victoria, puisqu'elle se situe à 292 km de la capitale et à 194 km de Livingstone. D'autant plus que la ville dispose d'un intéressant petit musée consacré à la culture Tonga. Tous les bus entre Lusaka et Livingstone s'arrêtent à Choma, carrefour important pour les populations locales de près de 50 000 habitants. Choma est connue pour son nombre de bars et de clubs qui ont accueilli des stars locales comme la chanteuse de pop zambienne kwaito-reggae Mampi. On peut aussi choisir de s'arrêter à Choma pour faire une petite incursion dans le parc de Lochinvar.

CHOMA MUSEUM

Choma Museum & Arts

✆ +260 977 323 929

www.museumszambia.org

Ouvert tous les jours de 8h à 16h. Entrée : 5 US$.

Ce musée consacré à la culture du peuple Tonga se trouve dans l'une des rares bâtisses du pays conservées de l'époque coloniale, une ancienne école des années 1920. Le musée retrace l'histoire de l'ethnie, dont le fait le plus marquant a été son triste déplacement lors de la construction du barrage de Kariba, et expose de nombreux objets emblématiques des traditions Tonga : instruments de musique, lances, bijoux, statuettes, paniers, objets de la vie quotidienne… On y trouve également de l'art contemporain et une petite boutique d'artisanat.

COPPERBELT

Versant zambien du Katanga congolais, « la ceinture de cuivre » est le centre industriel du pays, son foyer d'activité le plus important après la capitale Lusaka. Comme celle du pays tout entier, la santé économique de la région est étroitement liée au flux des cours mondiaux du minerai jaune. Leur effondrement dans les années 1970 et la baisse de la production dans les immenses mines à ciel ouvert ont entraîné une hausse du chômage. Les villes de la Copperbelt sont aujourd'hui moins dynamiques qu'au XXe siècle. Cependant, ces dernières années la valeur du cuivre a repris et la région attire désormais les investisseurs étrangers qui sont nombreux à y travailler. En plus du cuivre, le sous-sol renferme du nickel, cobalt, des émeraudes et de nombreuses pierres semi-précieuses. Bien que les villes ne sont pas désagréables, la Copperbelt présente peu d'intérêt touristique, mis à part le sanctuaire de chimpanzés de Chimfunshi.

RÉPUBLIQUE
DÉMOCRATIQUE
DU CONGO
Kipushi
Lubumbashi
Pious
Kasumbales
Chililabon
SOLWEZI
Lamba
St. Francis Mission
CHINGOLA
Lufwanyama
St. Mary's Mission
Ingwe
Lum
Nyoka
Lunga
Munkumpu
Kailongwa
Jifumpa
Lukanga
Kaindu

Copperbelt
Kalala
Kiandwe
Luapula
Mokambo
Kapalala
Mufulira
Mpandala
Sakania
Serenge
KITWE
RÉPUBLIQUE DÉMOCRATIQUE DU CONGO
Kaniki Extension
NDOLA
Luanshya
Mission
Makoti
Mishikishi
pongwe
MKUSHI
KAPIRI MPOSHI
Masansa
Mkushi
Mukonchi
KABWE
Kasosolo
50 KM

PAGES

KABWE

Kabwe est une ville de 120 000 habitants surtout connue comme étant la patrie de Broken Hill Man. En 1921, ont été découverts dans les environs les restes de cet humain de 200 000 ans, *Homo rhodesiensis*, l'un des ancêtres de l'Homo Sapiens bipède le plus vieux d'Afrique centrale et australe.

Aujourd'hui, le centre-ville est un peu confus, mais les allées bordées d'arbres et de boutiques forment une promenade agréable. Kabwe a vécu un temps grâce à l'industrie minière aujourd'hui, comme toute la région, de zinc et plomb, mais les mines ont fermé en 1994 en raison d'un risque de saturnisme lié au plomb. En août 2022, une étude publiée par Human Right Watch fait un état préoccupant : 30 % des habitants des townships pauvres de la ville étaient contaminés par le plomb, soit 76 000 habitants, et la moitié des enfants ont atteint des niveaux qui nécessiteraient déjà un traitement médical. Notamment les townships de Kasanda, Makandanyama, Chowa, Mutwe Wansofu et Makululu.

Transports

En voiture. Kabwe est situé à 140 km au nord de Lusaka (2h30 de route) et 60 km de Kapiri Mposhi (1h de route), le terminus du train Tazara de Tanzanie, sur le chemin de la Copperbelt.

En bus. Pléthore de bus font la liaison entre Lusaka et Ndola, mais aussi Lusaka et Kasama et s'arrêtent à Kabwe. On peut citer FM Travelers (+260 ; 950178792) Juldan Motor (+260 211 247 683) et Mazhandu Family Bus Service (+260 977 794 889) comme principales compagnies de bus longue distance. Comptez 140 Kw pour 2h30 de route.

LUNSEMFWA WONDER GORGE ★

A 20 km au nord, tournez à droite.
Bell Point se trouve à 35 km
Entrée 5 US$, enfant 3 US$, voiture 5 US$. Des agences organisent l'excursion dès 170 US$ par personne depuis Lusaka.

A environ 80 km à l'est de Kabwe, ce site est l'un des plus spectaculaires de Zambie. Là où elles se rencontrent, les deux rivières Lunsemfwa et Mkushi ont creusé, dans les roches sédimentaires datant de l'âge de Karoo, d'étroites gorges de plus de 300 m de profondeur. Le meilleur point de vue sur le canyon est appelé Bell Point (GPS : 14°38.500'S ; 29°08.600'E). Pour vous y rendre, prenez, au sud de la ville, la direction de Chisama puis de Mulungushi et de Lunsemfwa. Un bon 4X4 et une carte détaillée de la région sont indispensables.

COPPERBELT : UN SOUS-SOL PRÉCIEUX ET UNE HISTOIRE ANCIENNE

The Broken Hill Man. La découverte, en 1921, aux alentours de Kabwe, d'un squelette d'homme vieux de 200 000 ans, désormais connu sous le nom de Broken Hill Man (nom colonial de la ville de Kabwe), prouve que la région de la Copperbelt était déjà peuplée à l'époque néolithique. Cependant, c'est à l'âge de pierre que la province est devenue un foyer de peuplement d'Afrique, à la suite de l'arrivée des populations d'origine bantoue.

L'apparition du cuivre. La découverte de divers objets, notamment de bracelets et de colliers, atteste de l'utilisation du cuivre dès le VIe siècle, et il semble qu'avant même l'établissement de l'empire Lunda, au XXe siècle, le métal était utilisé sous forme de lingots comme unité monétaire dans les échanges centrafricains. Les premiers prospecteurs américains et européens commencent à s'intéresser à la région au début du XXe siècle, après la découverte d'un premier gisement en 1902. Dix ans plus tard, la Première Guerre mondiale stimule la demande en métaux. De nouvelles mines à ciel ouvert sont exploitées et, dès les années 1920, avec les nombreuses avancées techniques, dont les révolutions électrique et automobile, l'exploitation de « l'or rouge » devient l'activité économique la plus rentable de Rhodésie du Nord. En 1922, la British South Africa Company détient l'ensemble des titres de propriété des gisements rachetés aux différents chefs tribaux. Elle ouvre, en 1930, les quatre plus grandes mines du pays (Nkana, Nchanga, Roan Antilope et Mufulira) qui, à long terme, détermineront le destin de la Zambie. Après un léger fléchissement dû à la crise de 1930, les cours du cuivre repartent à la hausse à la faveur de la course à l'armement engagée pendant la Seconde Guerre mondiale. L'industrie est relancée jusqu'en 1970, avec une part du cuivre dans les exportations de l'ordre de 90 %. Cette santé florissante encourage le développement des infrastructures dans le pays. Cependant les mineurs noirs se sentent lésés dans la redistribution des richesses et, bientôt, naît dans la région de la Copperbelt le fort sentiment de revendication nationaliste qui conduira la Zambie à l'indépendance. Toutefois, à partir des années 1970, la valeur du cuivre sur le marché mondial s'effondre et, par conséquent, une partie de l'économie zambienne.

NALIKWANDA GUEST HOUSE €€

29 Bombesheni Street New Buyantashi
✆ +260 974 376 601
www.nalikwandaguesthouse.com
Comptez dès 40 US$ la chambre double avec petit déjeuner.

Cette maison familiale transformée en guesthouse est une bonne adresse confortable et pas très chère fréquentée par des Zambiens de passage. Ne vous attendez pas à un hôtel stylé, mais des meubles rudimentaires locaux et des éléments assez hétéroclites pas forcément du meilleur design et assemblage. Le confort est tout de même appréciable avec des salles de bains privatives (eau chaude), moustiquaire, ventilateur, TV et bouilloire. Un petit déjeuner correct, on peut se connecter au wifi. Le parking est un peu réduit, les derniers arrivés se gareront dehors.

TUSKERS HOTEL €€

Buntungwa Street
✆ +260 215 222 077
www.tuskerszambia.com
Chambre simple : 30 US$, chambre double : 40 US$, chambre familiale : 75 US$, petit déjeuner compris.

C'est l'hôtel principal de Kabwe ouvert dans les années 2000. Les chambres sont propres et confortables, avec salle de bains privée, climatisation, bouilloire et mini-frigo. Le restaurant est correct. On aime particulièrement l'environnement vert de l'hôtel avec son agréable jardin arboré au cœur de la ville. Il abrite une petite piscine réservée aux clients de l'hôtel, c'est donc calme le week-end. Les prix sont vraiment abordables, et il est très pratique, plein centre, en face d'un supermarché Shoprite, avec deux parkings sécurisés.

URBAN BLISS HOTEL €€

Luangwa extension
✆ +260 974 041 414
www.facebook.com/pg/urbanblisshotel
Comptez 120 US$ pour une double avec petit déjeuner.

La meilleure nouvelle adresse dans cette gamme de prix : cet hôtel récent propose de très agréables chambres aussi bien pour les touristes que les hommes d'affaires, et pour une fois la décoration et les détails n'ont pas été bâclés. On s'étonne de trouver un hôtel aussi design au fin fond de la brousse, avec une piscine stylée, des salles de bains avec des vasques élégantes et des murs ardoise qui n'ont rien à envier aux hôtels de grandes villes. Idem pour le restaurant, la salle de sport, le spa, tout est beau et esthétique.

FIG TREE CAFE €

A 7 km au sud de Kabwe,
le long de la Great North Road.
✆ +260 976 234 923
Ouvert du lundi au samedi de 6h à 18h. Compter environ 15 US$ pour un repas complet.

Ce charmant café, idéalement situé sur la Great North Road, propose un menu simple et rapide aux voyageurs se rendant dans la Copperbelt. Les ingrédients sont locaux et une petite boutique d'artisanat invite à prendre le temps. Les cookies *coconut crunchy* sont à tomber par terre pour accompagner un bon café expresso ou un jus de fruit vitaminé. Le menu du petit déjeuner est excellent et peu cher pour bien commencer la journée. Tous les plats de lunch peuvent être commandés à emporter, pratique avant de partir. Tables extérieures plantées dans un agréable jardin.

KAPIRI MPOSHI

Au nord de Kabwe et à près de 200 km de Lusaka, Kapiri Mposhi est une petite ville de 15 000 habitants. C'est surtout un point de passage obligé sur la Great North Road pour se rendre dans la Copperbelt ou dans les provinces du Nord-Est. C'est aussi ici qu'on se rend pour prendre le fameux train TAZARA qui traverse tout le nord de la Zambie et toute la Tanzanie jusqu'à Dar es Salaam. Véritable nœud routier, cette petite ville très animée a pour principal intérêt de permettre de se ravitailler en essence et boissons fraîches sur les différentes routes du pays. On profite de l'ambiance authentique d'une petite ville qui ne voit pas passer beaucoup de touristes européens.

Transports

- **En train.** Départ du train TAZARA Mukuba Express (+260 974 975 670 ; www.tazarasite.com ; bookings.lusaka@tazarasite.com) reliant la Zambie et la Tanzanie depuis Kapiri Moshi. Le transfert depuis Lusaka à 200 km se fait aisément en bus depuis la gare routière. Ce train passe par Mbeya. Il part le mardi depuis New Kapiri Moshi et le vendredi depuis Dar es Salaam en train express (dure plus ou moins 48h, départ à 16h), et inversement le vendredi de New Kapiri Moshi et le mardi de Dar es Salaam en train ordinaire (comptez 3 jours, départ vers 14h). La 1re et la 2e classes sont des couchettes (4-6 personnes), la 3e classe uniquement des places assises.

NDOLA

Capitale administrative de la région et troisième ville de Zambie après Lusaka et Kitwe, avec près de 500 000 habitants, Ndola se trouve à 320 km au nord de la capitale et à seulement 10 km de la frontière de la RDC. Important centre d'échanges commerciaux, elle rassemble un grand nombre d'industries, dont une raffinerie de cuivre et une imprimerie. La raffinerie traitait principalement le cuivre de la mine à ciel ouvert historique de Bwana Mkubwa, située à 10 km de la ville jusqu'à sa fermeture en 2010 après épuisement du sol, mais traite aujourd'hui le minerai extrait des autres mines alentour toujours ouvertes. L'imprimerie Printpak fonctionne notamment grâce à l'impression du *Times of Zambia*, l'un des principaux journaux du pays produit ici. Ndola compte un immense stade ultra moderne, le Levy Mwanawasa de 50 000 places, qui compte dans la candidature de la Zambie dans l'organisation de la CAN en 2025.

Histoire

La grande ville de Ndola a d'abord été habitée par les petits villages du peuple Lamba dirigé par son chef Chiwala, qui a émigré du royaume Luba-Lunda vers 1600, lors de la traite des esclaves du Malawi. Le nom Ndola est dérivé de la rivière non loin, qui prend sa source dans les collines de Kaloko et se jette dans la rivière Kafubu. Ndola a été fondée en 1904 juste après Livingstone, c'est la seconde ville coloniale du pays. Elle a été reliée par le train de la Rhodesia Railways dès 1907 desservant ainsi Bulawayo au Zimbabwe et même Cape Town en Afrique du Sud. La ligne a été prolongée jusqu'en RDC pour atteindre Benguela relié au port atlantique de Lobito. Ce dernier était le port d'exportation du cuivre zambien pendant des décennies. Les routes ne datent que des années 1930. En 1961, un avion transportant des personnalités clés des Nations Unies s'est écrasé à la périphérie de Ndola.

Des années 1980 à 2000, la Zambie a connu des délocalisation et une désindustrialisation similaire à celle de l'Europe. Siège d'usine d'assemblages de Range Rover, de fabrication de pneus Dunlop ou de produits Unilever, de vêtements de prêt à porter, Ndola a vu ses usines fermer une à une pour devenir une ville quasiment fantôme, s'il n'y avait pas eu les mines. Entre 1974 et 2009, Ndola a fourni plus de 50 % du ciment zambien depuis son usine Chilanga Cement, aujourd'hui rachetée par la holding Lafarge Cement Zambia de la multinationale française. Cette filiale a ouvert une nouvelle usine en 2009 en raison des gisements de calcaire important dans la fabrication de cette matière première du BTP. Un autre acteur important de ce secteur, Ndola Lime est une usine de chaux zambienne fondée en 1930 qui appartient au groupe minier ZCCM-Investments Holdings qui exploite les mines de cuivre de la région.

Se loger

Les établissements de Ndola ont une clientèle d'habitués parmi les hommes d'affaires et affichent donc des tarifs passablement élevés pour les hôtels confortables. On trouve aussi des guest houses pas trop chères.

Transports

- **En avion.** L'aéroport de Ndola est situé à 20 km de la ville (30 minutes de taxi). Comptez 20 US$ le taxi pour rejoindre le centre. Il est bien desservi depuis Lusaka en raison du nombre d'hommes d'affaires qui empruntent cette ligne. Si Proflight était la seule compagnie aérienne auparavant en Zambie, la compagnie nationale Zambian Airways a été relancée en 2021 et elle dessert Ndola à prix plus avantageux et sur des horaires différents. L'aéroport de Ndola dessert aussi Lubumbashi, en République démocratique du Congo, et Johannesburg, en Afrique du Sud.
- **En voiture.** Comptez 5h à 6h de route depuis Lusaka en voiture, aux heures de pointe dans les villes de passage, on peut subir des bouchons et passer 6h sur la route. Beaucoup de camions circulent sur cette route, patience.
- **En bus.** De nombreux bus font la liaison entre Lusaka et Ndola. On peut citer FM Travelers (+260 975 548 993) Juldan Motor (+260 211 247 683), Shalom Bus Services (+260 977 794 889), ACK Logistic ltd (+260 979 433 936)… Comptez 210 Kw pour 6h de route.

COPPERBELT MUSEUM

Buteko Avenue
✆ +260 212 617 450
Ouvert tous les jours de 9h à 16h30. Entrée : adulte 5 US$, enfant 3 US$.

Ce musée, l'un des rares de la région et même du pays, est un véritable trésor de pierres précieuses. Sont exposés ici, outre les échantillons de minéraux extraits dans la région qui ont fait sa fortune, en premier lieu le cuivre, de très jolies pierres précieuses et semi-précieuses. De quoi en apprendre tout un rayon sur la gemmologie. On trouve dans ce musée des explications sur l'industrie minière et son histoire à Ndola, des objets en cuivre datant de l'âge de pierre, mais aussi de l'artisanat traditionnel. A voir également, une belle collection de papillons.

LAC KASHIBA ★

Le long de la Great North Road, non loin de Mpongwe. Camping 30 Kw par personne.

Le lac Kashiba, aux eaux bleu turquoise totalement limpides, est le plus réputé d'un ensemble de petits lacs situés à proximité de Ndola, appelés les « sunken lakes », ce qui signifie mystérieusement « les lacs engloutis ». Très peu connus, ceux-ci offrent un cadre de vacances parfait pour les amateurs de baignades et de camping sauvage. Les lacs se sont constitués par l'érosion des roches calcaires (*limestone* en anglais) il y a plusieurs millions d'années, sous l'effet d'un courant d'eau qui a littéralement fait s'écrouler une partie des roches, ne laissant qu'un grand lac entouré de hauts rochers. Ces hauts rochers empêchent la faune sauvage de l'habiter, ainsi on ne risque pas de rencontrer des crocodiles ou des hippopotames et on peut s'y baigner en toute quiétude et observer les poissons dans l'eau cristalline. Ils sont aussi de parfaits promontoires pour sauter dans l'eau après s'être balancé sur une liane. Des spots aménagés par les locaux se trouvent tout autour.

▶ **Une profondeur mystérieuse.** Le lac mesure 800 mètres de large et sa profondeur est d'une centaine de mètres sur les côtés, alors que sa profondeur au centre demeure un mystère : les nombreux plongeurs et chercheurs qui s'y sont essayés n'ont jamais réussi à en mesurer le fond mais on l'estime à environ 100 mètres de profondeur : personne n'a jamais pu y descendre pour l'instant.

▶ **Légendes.** Cette profondeur inconnue de gouffre a alimenté les croyances mystiques entourant le lac, parmi lesquelles la présence d'un monstre appelé « Ichitapa » ou « Isoka Ikulu » ou encore le mythe selon lequel les feuilles et bateaux flottant à la surface du lac seraient aspirés par le fond pendant la nuit. Un monstre qui capture les ombres des personnes debout à côté du lac, les paralysant jusqu'à ce qu'elles tombent dans l'eau où elles sont dévorées.

▶ **Pour s'y rendre.** Le lac Kashiba se trouve à environ 330 km de Lusaka juste après Luanshya, dans la région de Mpongwe, lorsque l'on prend la Great North Road en direction de la Copperbelt (environ une heure de route après Kapiri Mposhi). Tourner à gauche sur la route en direction de Mpongwe, jusqu'à ce que la route devienne une piste et continuer pendant environ 15 km. Au panneau indiquant la mission de Saint Anthony, tourner à droite. Continuer sur la droite sur une très mauvaise route pendant environ 500 m. Uniquement accessible par 4x4 et à la saison sèche. Le site dispose de deux espaces abrités, mais aucune infrastructure n'y a été construite, le site est donc réservé aux amateurs de camping sauvage. Un droit de camping est demandé.

THE SLAVE TREE

Sur Makoli Avenue

Entrée libre.

Cet immense arbre de l'espèce des Afzenias est un emblème de la ville, près du centre. Survivant de l'époque coloniale, il est devenu le symbole de la traite des esclaves, dont les négociations se déroulaient à l'ombre de son feuillage dans les années 1880. En effet, les négociants d'esclaves swahilis, dont les plus connus étaient Chipembere, Mwalabu et Chiwala, sont venus jusqu'ici pour acheter des esclaves. Ils négociaient des prisonniers capturés surtout pendant la guerre avec les Mambundu venus d'Angola. Ils étaient ensuite déportés vers la côte swahilie de l'océan Indien et étaient vendus aux marchants d'esclaves arabes qui opéraient la traite humaine depuis l'île de Zanzibar en Tanzanie, alors sous domination du sultanat d'Oman. Ils étaient ensuite envoyés surtout en péninsule arabique, et dans une moindre mesure dans des colonies de l'océan Indien (Maurice, etc.) jusque dans les années 1900, lorsque la Zambie sous protectorat britannique a aboli l'esclavage. Si les Anglais ont cherché très tôt à intercepter les bateaux d'esclaves en partance pour les Amériques dès les années 1850, il était très difficile de contrôler le commerce opaque qui se jouait au fin fond de la brousse zambienne, ce qui a été un avantage pendant des décennies pour les négociants swahilis installés dans la région. De plus, les Arabes ont continué d'envoyer illégalement des esclaves par bateau même après la prise de contrôle de Zanzibar par les Britanniques, car il était aisé d'envoyer des bateaux de nuit en toute discrétion.

VOYAGERS ZAMBIA

Arusha Street

✆ + 260 212 621 333

www.voyagerszambia.com

Cette agence de tourisme réceptive est aussi un loueur de véhicules partout en Zambie, car c'est l'unique représentant de l'enseigne internationale Europcar. Pour cette raison, elle dispose d'agences dans les principales villes du pays, dont Ndola. Voyagers Zambia propose de nombreux tours organisés. Spécialiste de la Copperbelt, elle dispose de bureaux à Kitwe, Chingola et Solwezi, en plus des bureaux à Lusaka et Livingstone. L'intérêt de cette agence, c'est qu'elle organise aussi des tours en self drive avec de gros 4x4, la vraie aventure zambienne !

Plongez sans risque dans les eaux turquoise du Lac Kashiba !

STARSCAPE HOTEL & RESTAURANT €

156 Brodway road
✆ +260 212 612 248
www.starscapegroup.com
A partir de 35 US$ la chambre simple, 49 US$ la chambre double et 75 US$ la familiale, petit déjeuner inclus.

Situé en face de l'hôpital en plein centre-ville, cet hôtel est pratique. Surtout il est très abordable, une rareté à Ndola prisée par les hommes d'affaires. Les chambres sont bien tenues, avec du mobilier récent et confortable, de jolies salles de bains privatives, la climatisation et une moustiquaire. Elles sont toutes décorées dans des couleurs colorées. Le restaurant est délicieux, de spécialités indiennes et zambiennes. Superbe buffet petit déjeuner, salle de fitness.

ZHOLELA LODGE €

8 Bukafu street, près du centre
✆ +260 955 125 371
A partir de 48 US$ la double avec petit déjeuner.

Cet hôtel familial très récent est la meilleure adresse pour les petits budgets à Ndola, qui n'en compte que très peu. On y trouve des chambres soignées, réparties dans un grand jardin verdoyant. Chacune avec un climatiseur récent et silencieux, une literie confortable, des salles de bains modernes et propres, certaines avec baignoire, un parking sécurisé, du wifi. Le personnel soigne sa clientèle de l'accueil au petit déjeuner anglais, délicieux. Un bon plan. Excellent accueil. La maison fait aussi des pâtisseries mais loin des standards français.

AABIYA LODGE €€

19 Kabelenga Road 1111
✆ +260 21 261 4167
www.aabiyalodges.com
A partir de 60 US$ la chambre double avec petit déjeuner.

Un hôtel comme on en trouve en Zambie, avec du personnel professionnel disponible et des chambres tenues impeccablement à prix modérés. Elles offrent un confort optimal : lits avec moustiquaires, climatisation, TV à écran plat, salle de bains avec eau chaude, bureau... Le petit déjeuner excellent, varié et copieux. Tout comme le restaurant qui dispose d'une terrasse extérieure. Une bonne adresse pour les services qu'elle propose mais qui manque de charme, un peu vieillissante et fréquentée surtout pour des séminaires et conférences. Wifi. Parking.

NSOBE GAME CAMP €€€

✆ +260 212 671 008
www.nsobegamecamp.com
Par personne : camping 130 Kw, safaris 80 Kw. En tente ou chalet en pension complète dès 1 300 Kw.

A 35 km au sud de Ndola et 9 km de la Great North Road, c'est une petite réserve qui abrite quelques zèbres et girafes, une quinzaine d'espèces d'antilopes et une avifaune très intéressante. On peut aussi pêcher ou faire du canoë sur un petit lac de barrage. Les excursions sont possibles à la journée, mais pour ceux qui souhaitent séjourner plus longuement, le camp dispose d'un terrain de camping, de 10 grandes tentes de safari et de 4 grands chalets pouvant accueillir de 4 à 8 personnes. Une piscine et un petit Spa sont également à disposition.

PROTEA HOTEL BY MARRIOTT €€€

Kitwe Dual Carriage Way
✆ +260 212 626 200
www.marriott.com
A partir de 185 US$ la double avec petit déjeuner.

C'est l'adresse la plus chère de Ndola, très prisée par les hommes d'affaires. Cet élégant hôtel de la chaîne sud-africaine Protea a un design original avec un hall encadré par des piliers décoratifs en forme de défenses d'éléphant. Le style intérieur est tout aussi élégant, surtout le restaurant et sa forêt de luminaires suspendus, les chambres aussi, le tout dans des tons pourpres et brique. Équipement de grand luxe, piscine bienvenue avec ses transats sur la pelouse. Restaurant de qualité de spécialités internationales et zambiennes.

THE URBAN HOTEL €€€

Ndola Golf Estate
www.theurbanhotelgroup.com
A partir de 110 US$ la chambre double avec petit déjeuner.

Le Urban Hotel Ndola est un boutique-hôtel design. Les rideaux et coussins des chambres sont assortis suivant de jolis motifs graphiques et colorés. Celles-ci donnent sur un joli jardin fleuri, très reposant. Le salon est fascinant de par les œuvres d'art aux murs, comme tous les détails arty et afro chic du lieu. A l'extérieur, le salon d'été autour de la piscine est un vrai plaisir. Le bar et le restaurant sont aussi de bon goût, aussi bien dans l'esthétique des plats et des cocktails, que dans les saveurs. Un luxe idyllique branché.

NAWAB'S KITCHEN €

Route T3
✆ +260 955 111 678
Comptez dès 65 Kw le plat. Ouvert tous les jours de 11h à 23h.

Cette adresse qui existe aussi à Kabwe est un excellent restaurant indien, populaire à Ndola auprès des habitants et des Indiens nombreux de passage. Les plats sont savoureusement authentiques, tirés de toute la gastronomie classique, et les prix modiques. D'autres plats à la carte existent, des spécialités zambiennes comme des kebabs. Simple, bon, bien préparé et ouvert tard tous les jours, avec possibilité de *take away*, que demander de plus ? Le restaurant dispose d'une jolie salle de restaurant bien que les écrans de télévision soient un peu envahissants.

ANGELINA'S BISTRO, BAR & PIZZERIA €€

Kwacha Road | Unit 10, Z-Mart Kansenji Mall
✆ +260 971 899 795
Comptez dès 60 Kw par personne. Ouvert de 11h à 22h du mardi au dimanche, jusqu'à 23h vendredi et samedi.

Ce bar-restaurant sert essentiellement des pizzas cuites au feu de bois, bien bonnes avec une pâte fine. Les lasagnes sont aussi délicieuses. Les pâtes fraîches sont faites maison, un vrai plaisir. Du dressage des plats aux saveurs, des antipasti au tiramisu, tout est exceptionnel. Le restaurant est situé sur un coin de rue animé, une grande vitrine qui laisse passer la lumière dans tout le restaurant, d'un côté et des photos kitch de l'Italie de l'autre.

MINT CAFÉ NDOLA €€

33 Dag Hammarskjoeld Driver Itawa
✆ +260 973 752 359
Ouvert du lundi au jeudi et le dimanche de 8h à 18h, le vendredi et samedi jusqu'à 20h. Comptez 15 US$ par personne.

Les restaurants Mint, qui connaissent un succès grandissant à Lusaka, ont ouvert une adresse sur le même concept à Ndola, avec un jardin charmant. Le manger *healthy* et en mode casse-croûte s'est exporté à Ndola : sandwichs, wraps, menu veggie…, le menu est varié et frais. Comme à Lusaka, pâtisseries, jus de fruit super vitaminés, smoothies suaves et délicieuses salades généreusement garnies de bons produits sont à l'honneur. On peut finir par un bon café accompagné d'une pâtisserie maison. Ce café sert aussi de bons petits déjeuners.

GIGIBONTA

Jacaranda Mall et Kansenshi Mall
✆ +260 961 959 878
Ouvert tous les jours de 7h à 20h30 dans les deux centres commerciaux.

L'excellent glacier Gigibonta, projet communautaire d'aide de réinsertion des enfants des rues – qui connaît un succès retentissant à Lusaka –, avait débuté ses activités à Ndola il y a plusieurs années. Il conserve toujours des points de vente de glaces et de pâtisseries dans cette vaste ville, dans les centres commerciaux Jacaranda et Kansenshi. En plus de ses délicieuses glaces artisanales, Gigibontà propose de nombreux snacks et pâtisseries. Une adresse idéale pour les lunchs rapides ou les goûters et aux horaires extensibles.

KITWE

A 65 km à l'ouest de Ndola, Kitwe est la seconde ville de Zambie et le véritable centre industriel et commercial de la région. Elle doit son développement aux nombreuses mines de cuivre, dont la plus importante encore en activité est celle de Nkana. La ville présente peu d'intérêt en matière de tourisme, mais son centre animé permet de s'immerger dans une vie citadine typiquement africaine. On peut trouver de beaux objets en cuivre au stand d'artisanat du marché.

Transports

- **Location de voiture.** Voyagers Zambia (Enos Chomba Avenue ; +260 212 225 056 ; www.voyagerszambia.com) affilié Europcar dispose d'une agence à Kitwe.

CHEMBE BIRD SANCTUARY

Suivre la direction Southdowns Airport.
A une trentaine de kilomètres à l'ouest de Kitwe, sur la route allant de Kalulushi à Kasempa.
Adulte : 17 Kw enfant 8 Kw, voiture 25 Kw.

Cette réserve ornithologique de 450 hectares, gérée par la Wildlife Society, se trouve dans une zone de bois de miombos, au bord d'un petit lac, un paysage typiquement zambien qu'on peut découvrir ici pour observer les plus de 300 espèces d'oiseaux qui y ont été recensées. Il est possible de faire une belle balade autour du lac de 2h à pied, mais également de camper et de louer des bateaux. Attention toutefois, il y a des crocodiles dans le lac. Des guides vous emmènent les observer, tout comme les oiseaux lorsque la saison arrive.

MUKWA LODGE €€

26-28 Mpezeni Avenue
✆ +260 212 224 266
www.mukwalodge.com
Compter dès 130 US$ la chambre double, petit déjeuner compris.

Sans doute, l'adresse la plus raffinée et élégante de la ville, un vrai boutique-hôtel de charme au cœur de Kitwe. Dans une belle maison de style colonial, les 30 chambres sont très spacieuses et décorées avec soin, mêlant les styles classique ancien et actuel. Toutes regardent vers la piscine et le jardin et disposent d'agréables terrasses. De beaux meubles de bois et des objets ethniques agrémentent les salons lounges bar et restaurant, l'ensemble est très chaleureux. Bonne table qui propose notamment de la cuisine indienne bien savoureuse.

ROADVIEW PARK HOTEL €€

A côté de Mukuba Scool, plein centre
✆ +260 953 299 336
www.roadviewparkhotel.com
A partir de 50 US$ la chambre double avec petit déjeuner.

Dans le jardin, la jolie piscine tout en longueur avec des palmiers et le bain bouillonnant sont du meilleur accueil. Pour le prix, on est content du cadre. On s'y sent en vacances. De plus, les 18 chambres de cet hôtel sont équipées de mobilier zambien classique et sont confortables : de grands lits douillets, un bureau, des salles de bains fonctionnelles, le tout impeccablement propre, l'eau toujours chaude ; certaines sont mêmes dotées de baignoires. Excellent et copieux petit déjeuner sucré/salé. Bon accueil d'un personnel efficace. Parking sécurisé et wifi.

SHERBOURNE HOTELS €€

20 Pam Road
✆ +260 212 222 674
Compter à partir de 170 US$ la nuit en chambre double, petit déjeuner.

Adresse chic de guesthouse qui compte 23 chambres. On découvre d'abord un jardin attrayant autour de la villa, avec une belle piscine dans laquelle on a envie de plonger, un restaurant et une annexe. Mais aussi un hôtel tout neuf de 52 chambres, avec des équipements de standard international. Elles sont très confortables avec climatisation, balcon, minibar, TV, téléphone, coffre, etc. Les supérieures ont un bain à remous. Lui aussi dispose d'une piscine – bien plus grande – avec un bain enfant et d'un joli restaurant. Wifi, parking, excellente adresse.

CAPPUCCINOS LODGE €€€

13 Bath Crescent Parklands
✆ +260 975 909 027
A partir de 160 US$ la double avec petit déjeuner.

Pas loin du Shoprite, une belle maison a été convertie en chambre d'hôtes. On profite de sa belle piscine dans un jardin harmonieux et bien taillé pour se relaxer au soleil avec des recoins au calme pour s'isoler et bouquiner. A l'intérieur, les chambres sont douillettes : lits hauts et matelas épais, avec des moustiquaires balinaises, plus confortables. Certaines salles de bains ont des baignoires ovales encastrées dans du bois, c'est joli. Le petit déjeuner est exceptionnel, avec beaucoup de fruits et produits très frais en buffet.

GARDEN COURT KITWE €€€

A l'angle de Freedom and Independence Avenue
✆ +260 212 291400
www.tsogosun.com/garden-court-kitwe
A partir de 130 US$ la double avec petit déjeuner.
La chaîne sud-africaine Garden Court a ouvert à Kitwe un hôtel « bleisure », aussi bien adapté aux hommes d'affaires qu'aux touristes. Très stylé, l'ambiance cosy est encline à nous faire sentir comme à la maison par l'agencement des salons. Les chambres surtout, avec de jolis éclairages des têtes de lits en bois et des couleurs assorties dans des tons de beige, blanc et bleu canard. Elégant et délicieux restaurant en prime au rez-de-chaussée. Le service est impeccablement professionnel. On n'a plus envie de sortir de l'hôtel ! Wifi, parking, salle de gym.

THE HUT €€

69 Enos Chomba Avenue
✆ +260 96 6711711
Du lundi au jeudi de 9h à 23h et du vendredi au dimanche jusqu'à minuit.
Le lieu est effectivement une grande hutte en toit de chaume, très agréable du déjeuner au dîner pour faire une pause. On sert ici d'excellentes pizzas cuites au feu de bois à la pâte fine et aux ingrédients de qualité. La maison propose aussi de l'agneau et du cochon à la broche, un régal de viande bio locale. On peut aussi opter pour une salade fraîche ou un plat cuisiné maison parmi les plats au choix du buffet. Certains soirs, The Hut organise spectacles, karaoké et soirées DJ, particulièrement le week-end. Un rendez-vous incontournable.

GIGIBONTA

Mukuba mall
✆ +260 962 168 248
Ouvert tous les jours de 7h à 20h30.
En plus de glaces traditionnelles italiennes aux parfums classiques mais aussi exotiques, ce charmant petit café situé dans le centre commercial Mukuba Mall de Kitwe sert des snacks gourmets, d'appétissantes pâtisseries et plein de plats légers. Il participe au financement d'un projet d'insertion de jeunes des rues. Le projet a débuté dans la Copperbelt, à Ndola, où Gigibontà possède également deux cafés, avant d'ouvrir une enseigne à Lusaka et à Kitwe. Une halte idéale pour les déjeuners rapides et légers ou les goûters sucrés et raffinés.

CHINGOLA

Ville la plus pittoresque de la Copperbelt avec ses allées fleuries et ses paysages verdoyants, Chingola se trouve à quelque 30 km à l'ouest de Kitwe. Elle est connue pour abriter Nchanga, la plus grande mine à ciel ouvert d'Afrique, deuxième du monde, et pour être le point de départ de la visite de l'orphelinat de chimpanzés de Chimfunshi.

Transports

Kitwe étant la deuxième ville du pays, c'est le terminus de tous les bus venant des autres villes de Zambie. Entre Kitwe et Chingola, comptez 1h de route en voiture, bus ou minibus. De nombreux bus entre Solwezi et Kitwe s'arrêtent ici.

MINE DE NCHANGA ★

Pour visiter la plus grande mine à ciel ouvert d'Afrique (et la deuxième au monde), vous devrez vous procurer un permis auprès du bureau des mines situé au bout de la Fern Avenue (ouvert en semaine uniquement). En forme de croissant, elle s'étire sur 11 km de long et couvre près de 30 km^2. La partie la plus profonde de la fosse descend jusqu'à 400 mètres, un énorme trou ! L'exploitation a démarré en 1955 et neuf fosses successives ont été creusées. Le forage continue grâce à des techniques de plus en plus pointues permettant de descendre de plus en plus profond.

MOKORRO HOTEL €€

✆ +260 968 123 190
www.mokorrohotel.com
A partir de 75 US$ la double avec petit déjeuner.
Voici l'hôtel le plus récent de Chingola, situé en plein centre-ville, qui propose des chambres décentes et confortables, décorées d'une forêt de coussins et d'un ensemble harmonieux de tons gris en blanc. L'ensemble est très élégant. On apprécie l'équipement optimal des chambres : wifi, TV, climatisation. Au rez-de-chaussée, un restaurant grill qui sert des assiettes correctes de cuisine internationale, zambienne mais aussi asiatique. Il est doté d'un sport bar avec TV. Il est situé juste à côté d'un centre commercial Shoprite bien pratique.

COPPERBELT

CHIMFUNSHI WILDLIFE ORPHANAGE ★★★

✆ +260 212 311 293
www.chimfunshi.org
Ouvert tous les jours 8h-16h. Entrée 60 Kw. Camping dès 100 Kw par personne. Dortoir 250 KW, chambre privée 400 Kw.

A environ 70 km au nord-ouest de Chingola, ce sanctuaire pour chimpanzés constitue le véritable atout de la Copperbelt pour le voyageur épris de beautés africaines. Une excellente raison de se perdre jusqu'aux confins de la Zambie : rencontrer ces singes si proches de l'Homme et qui sont devenus si rares à cause du braconnage.

▸ **Histoire.** Originaires de Grande-Bretagne, David et Sheila Siddle se sont installés, à la fin des années 1970, à Chimfunshi, une ferme située à la source de la rivière Kafue, tout près de l'ancien Zaïre. En 1983, le couple recueille Pal, un chimpanzé rescapé des méfaits de braconniers zaïrois. L'animal est dans un état déplorable, mais, à force de soins et d'affection, David et Sheila parviennent à le sauver. Cette histoire marque le début de leur engagement en faveur des primates. Cinq ans plus tard, ils s'occupent de 19 chimpanzés, tous réchappés de la contrebande qui fait rage dans les forêts zaïroises. A cette époque, faute de moyens, les animaux sont gardés dans des cages et régulièrement promenés dans les forêts voisines. Mais, bientôt, les Siddle entreprennent la construction d'un premier enclos, puis de deux autres en 1991 et 2003. Grandissant au fil des ans, avec l'aide de donations internationales, l'orphelinat a aujourd'hui la charge d'une centaine de chimpanzés, dont certains viennent des zoos du monde entier (notez que ces grands singes ne font pas partie des animaux naturellement présents sur le territoire zambien). La grande réussite du projet consiste en la reconstitution des pensionnaires isolés en groupes organisés de 20 à 30 individus, et le centre s'enorgueillit de la naissance d'une quinzaine de bébés. En plus des chimpanzés, le centre s'occupe de toutes sortes d'animaux, à fourrure ou à plume, nécessitant une assistance. C'est ainsi qu'en 1992 ils ont sauvé Billy, une femelle hippopotame, qui est ainsi devenue l'imposante mascotte des lieux avant de perdre la vie en 2013. David Siddle, le fondateur du sanctuaire, est décédé en 2006.

▸ **Aujourd'hui.** Bien que Sheila reste très impliquée dans le projet, Chimfunshi est désormais dirigé par leur fille, Sylvia Forbes, et son mari. Les Forbes sont plus enclins à l'accueil des touristes que ne l'étaient les Siddle et les visiteurs sont désormais bienvenus. Ils peuvent assister au repas principal des chimpanzés. Le projet abrite près de 130 chimpanzés, répartis dans 4 enclos mesurant entre 19 et 77 hectares chacun. Rescapés de parcs d'attractions, de détenteurs d'animaux sauvages trafiqués ou sauvés du braconnage, ils sont lourdement traumatisés et blessés. Sur place, en plus du centre on trouve un village pour l'équipe et leurs familles qui y travaillent (300 personnes, dont 150 enfants environ), une école, un dispensaire et un centre de sensibilisation à la protection de la nature.

▸ **Visite.** La meilleure heure pour les observer est de 10h à 11h30 et de 13h30 à 15h. Le projet dispose également d'un terrain de camping et de trois cottages rustiques en self catering avec chacun une chambre double, une chambre twin et un dortoir. Une cuisine commune avec frigo et un espace barbecue sont mis à la disposition des voyageurs.

▸ **Important.** Pour protéger les chimpanzés, les visiteurs doivent se munir de preuves de vaccination de plus de 15 jours pour les maladies suivantes : Hépatites A et B, Méningite A, C, Y et W135 (un seul vaccin), rougeole, polio, tétanos, fièvre jaune et grippe.

PROTEA HOTEL BY MARRIOTT CHINGOLA €€€

Kabundi Road
✆ +260 212 312 810
Chambre simple à partir de 96 US$, double 106 US$, petit déjeuner compris.

Ouvert il y a quelques années, l'établissement de 40 chambres est griffé Protea, la chaîne hôtelière sud-africaine rachetée par Marriott. L'hôtel dispose de tout le confort et des services généralement offerts par les adresses de standing comme celle-ci. Les murs couleur terre du restaurant contrastent avec le reste de l'architecture, plus moderne. Bonne cuisine. Très beau terrain de golf, promenades à cheval, piscine néanmoins qui pourrait être un peu plus arborée.

SOLWEZI

Située à l'extrémité nord de la Copperbelt et à la frontière du Congo, la ville de Solwezi doit son existence aux grandes mines voisines et ne présente pas réellement d'intérêt touristique, mais il peut être intéressant pour les voyageurs se rendant dans la zone de Mwinilunga d'y faire une halte.

Transports

Solwezi est accessible par une (très mauvaise) route depuis Chingola et dispose d'un aéroport desservi par la compagnie aérienne Proflight, qui y effectue plusieurs vols par jour depuis les autres villes de la Copperbelt et Lusaka.

FLORIANA LODGE TRUST €€

Plot No. 1181, Independence Avenue
✆ +260 96 816 3967
www.florianalodges.com
Chambre double de 30 à 60 US$ selon le standing, suite à 70 US$, petit déjeuner inclus.

Quelle belle maison emménagée en hôtel ! Une adresse de charme parfaite pour des vacances relaxantes comme on les aime. La piscine dans le jardin est vraiment agréable et de belle facture, on a envie de s'y prélasser. Le lodge propose des chambres à tous les prix, toutes avec salles de bains privatives, plus ou moins grandes et équipées de salon, bureau, climatisation et bouilloire pour les plus chères. Les pus modestes ont simplement une moustiquaire et un ventilateur mais sont très plaisantes. Salle de fitness et restaurant sur réservation. Wifi.

KASANSHI HOTEL €€€

Old Chingola Road
✆ +260 218 821221
www.kansanshi-hotel.com
Comptez 100 US$ la double avec petit déjeuner.

L'hôtel Kasanshi est situé en bordure de forêt, à la sortie de Solwezi, près de la mine éponyme. Le service y est de qualité et le personnel accueillant. Au total, il compte 38 chambres dans le bâtiment principal avec wifi et TV ainsi que 8 villas indépendantes parfaites pour les longs séjours. On y trouve aussi un restaurant qui sert des pizzas et une piscine. On aime le jardin luxuriant planté d'arbres fruitiers et de jolies fleurs colorées, les toits de chaume des chalets pittoresques et l'ambiance accueillante et locale qui y règne.

THE ROYAL SOLWEZI HOTEL €€€

447 Old Chingola Road
✆ +260 211 821 620
www.solwezi.com
A partir de 140 US$ la double avec petit déjeuner.

Situé sur la droite à l'entrée de la ville dans une vaste propriété verdoyante, cet hôtel dispose de 43 chambres luxueuses et d'un bon service. Il comprend une jolie piscine sur pelouse bien verte, une terrasse en teck sous les arbres, un ravissant lounge avec des canapés distingués et un sympathique bar-restaurant. Les chambres sont claires, spacieuses, tout confort, habillées de tons classiques clairs et de jolis fauteuils en cuir capitonnés et équipées de wifi. On aime ici les meubles et le plancher de caractère qui donne un ton élégant à l'ensemble.

OUEST ET BAROTSELAND

Terre du haut Zambèze à la frontière de l'Angola, l'ouest de la Zambie est une région reculée, à l'écart des circuits touristiques. Si les villes majeures que sont Mongu et Sesheke peuvent être accessibles à partir de Lusaka ou de Livingstone, toute excursion à l'écart de la route principale devra être sérieusement préparée. Le sol de la région étant du sable du Kalahari, la conduite y est difficile et les pistes peuvent devenir impraticables à la montée des eaux du Zambèze pendant les pluies. Les amateurs de la faune sauvage se concentreront sur la visite de trois parcs nationaux (le West Lunga, le Liuwa Plains et le Sioma Ngwezi), mais la région se distingue surtout par la forte identité culturelle du peuple lozi sur le territoire du Barotseland, dont la cérémonie du Kuomboka est l'une des plus intéressantes d'Afrique. A titre indicatif, sachez qu'il faut 3 jours pour rejoindre le parc national de Liuwa Plains depuis Livingstone.

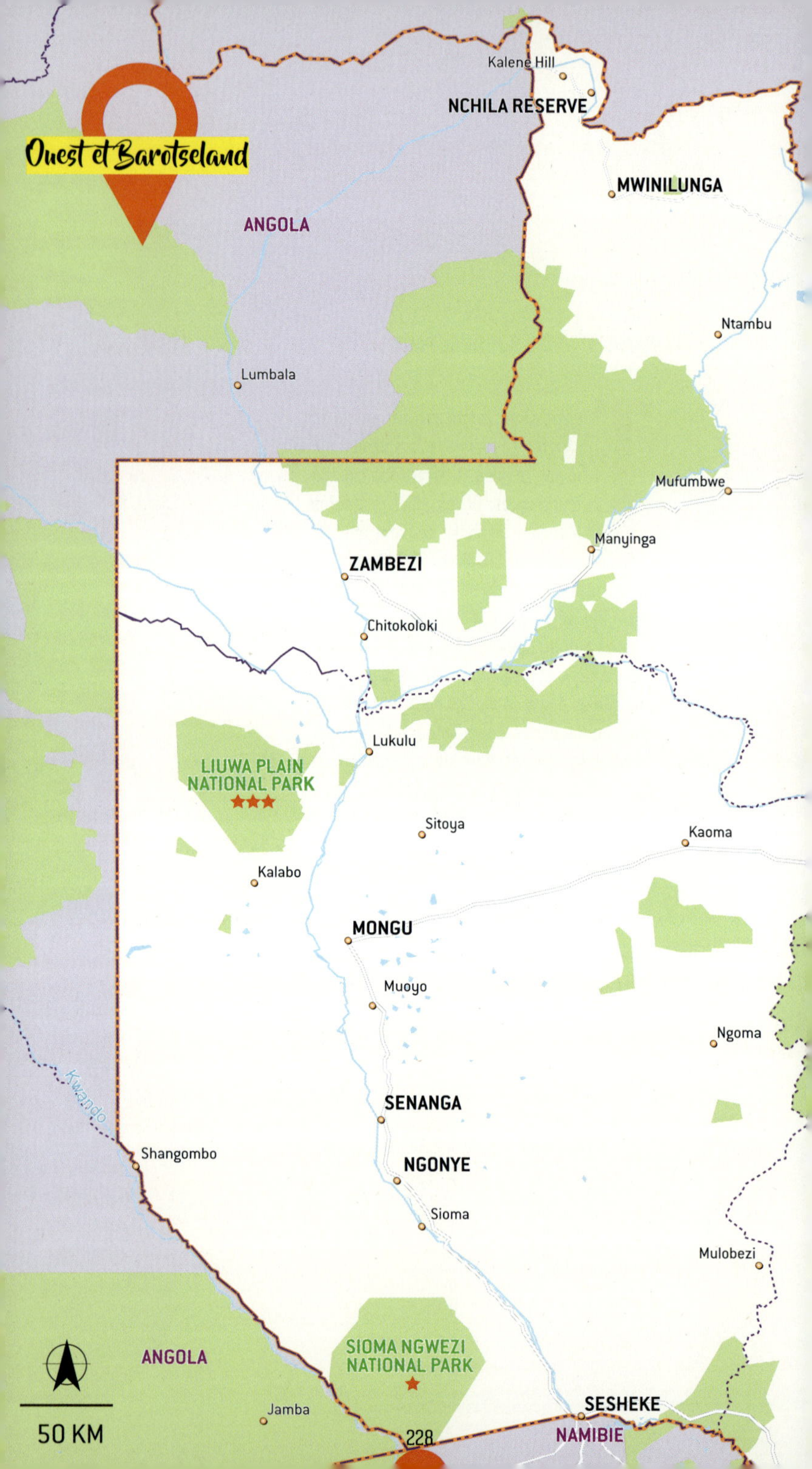
Ouest et Barotseland
ANGOLA
Kalene Hill
NCHILA RESERVE
MWINILUNGA
Ntambu
Lumbala
Mufumbwe
Manyinga
ZAMBEZI
Chitokoloki
Lukulu
LIUWA PLAIN
NATIONAL PARK
Sitoya
Kaoma
Kalabo
MONGU
Muoyo
Ngoma
Kwando
SENANGA
Shangombo
NGONYE
Sioma
Mulobezi
ANGOLA
SIOMA NGWEZI
NATIONAL PARK
Jamba
SESHEKE
NAMIBIE
50 KM

PAGES

●● OUEST

Cette région peu visitée est surtout connue pour les chutes de Ngonye ou chutes de Sioma, le nom du village voisin, le long du fleuve Zambèze. Depuis cette ville on peut aussi organiser un safari dans le Parc national Sioma Ngwezi non loin, à la frontière de l'Angola et de la Namibie.

●● BAROTSELAND

Mongu est la principale ville de la région du Barotseland, constitué de plaines inondables riches en vie animale. Le Parc national de Liuwa est connu pour abriter la seconde migration de gnous la plus importante au monde derrière celle du Serengeti et il est assez facile d'accès pour les visiteurs.

SESHEKE

Petite ville étendue de part et d'autre du Zambèze, Sesheke fait face à la ville namibienne de Katima Mulilo, à laquelle elle est reliée par un pont de 900 mètres, inauguré en 2004 pour favoriser les échanges entre les deux pays. Sesheke est facilement accessible depuis Livingstone en 2 heures de route par un nouvel axe rénové, des minibus faisant la navette depuis l'arrêt de Maramba *via* Kazungula. La ville en elle-même ne présente pas de grand intérêt pour le touriste, mais c'est une halte incontournable pour s'approvisionner en essence et en denrées alimentaires, avant de se rendre dans le Sioma Ngwezi National Park ou aux chutes de Sioma.

BRENDA'S BEST BAOBAB €

Mulambwe Street

✆ +260 979 011 917

Camping 100 Kw par personne, 6 chalet de 300 à 500 Kw. Ps de wifi, signal portable faible.

La meilleure adresse locale à Sesheke hors lodge vers Sioma. La pension se trouve derrière l'église de Saint-Kizito, sur un très agréable site en bordure de Zambèze dominé par un gros baobab et tapissé d'une jolie pelouse. Elle dispose de 6 chalets sommaires mais confortables avec sanitaires privés et à prix très corrects. Les infrastructures pour les campeurs sont impeccables. Possibilité de se restaurer ou de boire un verre. Location de canoës, accueil chaleureux... Rien à dire, si ce n'est que le week-end un bar local met la musique un peu fort.

MUTEMWA LODGE €€€

Route de Sioma à 50 km de Sheshek e

✆ +27 72 536 1337

www.mutemwa.co.za

A partir de 240 US$ par personne tout compris. Fermé en janvier et février.

Ce lodge classieux est très apprécié des compatriotes sud-africains de Gavin Johnson, qui profitent de l'aérodrome privé. Par la route il est situé à près de 50 km de Sesheke et autant de Sioma. Au total : 8 tentes de safari installées sous les arbres au bord du Zambèze, avec une véranda en teck pour profiter de la vue. Les dîners sont servis autour du feu de camp. Les activités sont vraiment centrées sur la pêche, mais des balades en bateau et en canoë sont possibles, ainsi que des safaris dans le parc de Sioma Ngwezi, entre avril et décembre.

NGONYE FALLS - SIOMA

Egalement appelées « chutes de Sioma », en référence au village le plus proche, les chutes de Ngonye forment un site spectaculaire composé de cascades, de rapides et d'îlots rocheux qui traversent le Zambèze sur 1 km, à environ 2 h de route et 130 km de Shesheke et de la frontière namibienne en remontant le fleuve. Découvertes par Livingstone deux ans avant les chutes Victoria, les Ngonye Falls ne sont pas très hautes, mais leur débit est impressionnant, surtout entre janvier et juillet. La chute principale est formée par un demi-cercle de cascades s'écoulant entre les blocs de basalte, formant çà et là de petites piscines naturelles. Sans les célèbres Victoria Falls quelque 200 km plus bas, ce site d'une grande beauté serait une attraction majeure.

Transports

Sioma se trouve à environ 130 km de Sesheke par une route de graviers en bon état et les chutes sont facilement accessibles en voiture à 1 km de la route principale. Il faudra vous acquitter d'un modeste droit d'entrée et laisser votre véhicule au National Parks Office. Vous devrez ensuite marcher une quinzaine de minutes pour atteindre les cascades, un guide pouvant éventuellement vous accompagner. Cependant, pour avoir une bonne vision d'ensemble du site, il est conseillé de descendre 2 km plus bas et de se poster sur une petite île au milieu du fleuve. Renseignez-vous auprès des locaux qui vous indiqueront comment trouver une pirogue pour vous y rendre.

OFFICE DES CHUTES

Entrée 10 US$ par personne, voiture 15 US$. Ouvert de 8h à 16h tous les jours.

Le droit d'entrée est valable aussi pour le parc autour des chutes où l'on peut randonner. Sur place on trouve une modeste exposition de squelettes et l'histoire de la découverte des chutes de Sioma par les missionnaires et explorateurs blancs. Prenez des baskets non glissantes ou des chaussures de marche pour parcourir les 12 km du chemin aux cailloux mouillés menant aux trois belvédères sur les sept chutes. Pensez à faire le plein de snacks et boissons à Sioma. Terrain de camping informel proche de l'entrée des chutes, sans infrastructures.

NGONYE RIVER CAMP €

✆ +260 97 5144820

www.ngonyerivercamp.com

Camping standard 10 US$, près du Zambèze 15 US$, tente safari 35 US$, chalet double 50 US$, chalet familial 60 US$.

Situé le long du Zambèze en aval des chutes, au cœur de la nature, ce camp propose un terrain pour planter sa tente, ombragé et bien équipé de sanitaires propres et modernes, électricité, aire barbecue, cuisine collective avec eau courante. On y trouve aussi de jolis chalets à petit prix, agrémentés d'un plancher en bois recouvert de tapis, d'un toit de paille, d'une terrasse privative et d'une salle de bains, isolée de la pièce principale d'un simple rideau. Sympathique feu dans le boma le soir venu. On vient se perdre ici essentiellement pour pêcher.

OFFICE DU PARC

Comptez 10 US$ par jour par personne et 15 US$ par voiture.

Après un dernier plein d'essence à Sesheke ou Senanga, rendez-vous à l'office des parcs nationaux à Sioma qui pourra mettre un guide à votre disposition pour vous accompagner dans le parc. C'est aussi à proximité de Sioma et des chutes de Ngonye que se trouve des campings et tentes safari rustiques pour séjourner. Si vous avez un téléphone satellite, vous pouvez prendre directement la nouvelle route goudronnée qui relie Shesheke au Sioma Ngwezi National Park, rencontrer les rangers du parc à l'entrée et continuer ensuite vers les plaines inondées du Barotse.

SIOMA N'GWEZI NATIONAL PARK ★

Frontalier de l'Angola le long de la rivière Kwando et d'une petite parcelle de la Namibie au sud, c'est le 3e parc du pays en surface couvrant 5 000 km² isolés dans l'extrême sud-ouest du pays. Il reste pourtant loin de l'attention des touristes. C'est dommage, car le parc abrite quelques espèces intéressantes, dont les éléphants, les girafes d'Angola (une sous-espèce endémique), les zèbres et antilopes, dont le très rare hippotrague noir. Quelques lions, des hyènes et des léopards ont également été signalés. Malheureusement, ces animaux sont peu nombreux, ayant beaucoup souffert du braconnage pendant la guerre civile d'Angola.

Le Kavango Zambezi National Park, ou KAZA. L'Angola, la Zambie, le Botswana, la Namibie et le Zimbabwe ont créé un grand parc transfrontalier, le KAZA. A l'instar des autres parcs de ce type en Afrique australe, cette zone protégée permet la circulation libre des animaux sauvages dans les écosystèmes de l'Okavango et du Haut-Zambèze. Notamment un corridor pour les éléphants, trop nombreux dans le célèbre parc de Chobe au Botswana, qui commencent déjà à repeupler celui de Sioma Ngwezi. Pachydermes qui peuvent à nouveau suivre des courants de migration naturelle.

Transports

Seulement 50 km le séparent de la piste de graviers principale, mais le sol sablonneux du Kalahari rend la progression difficile. Désormais une nouvelle route goudronnée existe depuis Shesheke pour s'y rendre. Au sein du parc, on trouve très peu de pistes et très sablonneuses.

SENANGA

Plaisante ville de 100 000 habitants située sur les rives est du Zambèze, Senanga s'étire tout en longueur et marque pour le voyageur venant de Sesheke ou de Mongu, le retour à la civilisation, avec la possibilité de se réapprovisionner en carburant et en nourriture. Peu de touristes ici évidemment. Pour y accéder depuis le sud, vous devez emprunter la route depuis Sioma (comptez 1h30 de route pour 70 km) en passant par le pont sur le Zambèze au niveau de la ville de Kalangola. Senanga se trouve à environ 120 km du parc national de Sioma Ngwezi et à près de 80 km des chutes de Ngonye et marque la limite sud des plaines inondables du Barotse.

SENANGA SAFARI LODGE €

✆ +260 217 230 156

www.senanga-safari-lodge.business.site

Camping : 10 US$ par personne, chambre double avec petit déjeuner : 60 US$.

Ce lodge situé plein centre de Senanga mais sur les rives du Zambèze est la meilleure adresse locale pour séjourner sur place. Il propose des chambres simples, bien tenues, mais vieillissantes (une rénovation serait bienvenue), ainsi qu'une jolie vue sur les plaines du Zambèze. C'est de toute façon la seule option dans le coin hormis des petites pensions locales encore moins recommandables. Les campeurs peuvent demander la permission de s'installer dans le jardin. Bar animé. Possibilité de restauration, les assiettes sont très savoureuses.

MONGU

Capitale de la Western Province et localité la plus importante du Barotseland, Mongu semble suspendue au-dessus des vastes plaines du Zambèze. C'est une ville très animée le long de sa rue principale bordée de nombreuses boutiques, guesthouses ainsi que d'un magasin Shoprite. Le centre-ville se trouve au croisement des routes menant à Lusaka et à Senanga. Près du port, un rassemblement pittoresque de constructions de chaume et de roseaux sert d'abri aux pêcheurs qui viennent vendre leurs prises. Un bateau permet de rejoindre les villages des environs. Quant à l'aéroport de Mongu, il est essentiellement utilisé par les militaires et les travailleurs humanitaires, nombreux dans la région ces dernières années à s'occuper des réfugiés angolais.
Notez que la ville est le point de ralliement pour ceux qui viennent assister à la cérémonie du Kuomboka et visiter les palais d'hiver et d'été du Litunga.

Le Barotseland, une région à part. Souvent confondu avec la Western Province, le Barotseland désigne en réalité les plaines inondables du haut Zambèze, sur lesquelles s'est installé le peuple lozi venu du Congo au XVIIe siècle. Exploitant avec ingéniosité les terres hautement fertiles de la région, le royaume Lozi, dirigé par son roi, le Litunga, prospère jusqu'à l'arrivée des missionnaires européens, emmenés par Livingstone. En 1900, le royaume du Barotseland obtient le statut de protectorat britannique, qui lui confère une certaine autonomie par rapport à l'autorité coloniale de la Rhodésie du Nord. Ce qui permet aux Lozi de préserver, plus que toutes les autres ethnies du pays, leur forte identité nourrie de traditions séculaires. Toutefois, lors de l'indépendance en 1964, ce statut particulier n'est pas pris en compte par le nouveau gouvernement zambien et, depuis, le ministre du Barotse Royal Establishment ne cesse de réclamer une révision de la Constitution qui rétablirait la souveraineté territoriale du peuple lozi. Pour le voyageur qui s'aventure aujourd'hui sur les plaines inondables du Barotseland, l'expérience sera certainement très forte et constituera une occasion unique de rencontrer un peuple de paysans et de pêcheurs dont le mode de vie n'est que très peu marqué par le monde moderne. Les traditions culturelles y sont les plus vivaces de Zambie, comme en témoigne notamment l'extraordinaire cérémonie du Kuomboka. Fait plus triste, cette richesse culturelle s'accompagne aussi d'une grande pauvreté économique. Le riz et la pêche constituent les principales ressources de la région, qui produit par ailleurs les meilleures mangues du pays. La situation pourrait évoluer au cours des prochaines années, car une route est en cours de construction entre Mongu et l'Angola qui pourra désenclaver la région et lui ouvrir une porte vers l'océan Atlantique.

Se loger

La ville propose peu de solutions petits budgets, la ville n'étant visitée que par des hommes d'affaires dans l'industrie. La sécurité notamment des parkings est importante ici. Attention, à l'approche de la cérémonie du Kuomboka, les hébergements affichent complet, les prix montent et la réservation devient indispensable.

Transports

Plusieurs bus assurent la liaison quotidienne avec Lusaka par la Great West Road. Compter 8 à 10 heures de route et 120 Kw par personne. La station de bus de Mongu se trouve derrière l'ancien marché. Du sud, la route entre Senanga et Mongu est goudronnée, mais les nids-de-poule rendent le trajet assez pénible. Compter 2 heures de trajet.
Pour circuler dans la région de Mongu, un 4x4 est indispensable, même à la saison sèche. Une bonne option, souvent choisie par les locaux, consiste à se déplacer en mokoro, ces pirogues caractéristiques de la région et qu'on peut louer pour quelques dollars. Pendant la saison des pluies, toute la zone est inondée et le bateau devient le seul moyen de transport envisageable.

MUMWA CRAFT ASSOCIATION

✆ +260 217 221 623

Ouvert de 8h30 à 16h30 du lundi au samedi.

Cette association représente quelque 3 500 artisans de la Province de l'Ouest et propose à la vente leur production de sculptures sur bois, d'articles de métal, de tissage et de vannerie. Cette dernière est particulièrement attrayante. Les paniers et corbeilles de la région sont parmi les plus beaux d'Afrique, les artisans ayant hérité des techniques séculaires de tissage utilisées par les pêcheurs pour fabriquer leurs filets. Les prix sont raisonnables et tous les bénéfices générés par la vente des objets sont reversés aux communautés locales.

NAYUMA MUSEUM

Ouvert lundi au vendredi de 8h à 16h30. Entrée : 50 Kw.

Tout près du palais de Limulunga, le musée Nayuma présente un panorama très intéressant de l'histoire et de la culture du peuple Lozi, du roi Lozi (le litunga) et de la cérémonie de Kuomboka qui a lieu tous les ans en avril-mai et qui attire beaucoup de visiteurs. On y découvre des objets d'artisanat et de la vie quotidienne et un modèle à taille réelle de nalikwanda, un canoé local utilisé en saison des pluies. Ne manquez pas aussi la série de photos en noir et blanc de la cour royale des années 1940 par le photographe Max Gluckman.

PALAIS DE LEALUI

Le palais occupé par le roi des Lozi pendant la saison sèche (de juillet à mars) est situé à 13 km de Mongu, au cœur des plaines inondables, ce qui oblige le village à se déplacer à Limalunga pendant les pluies. La nouvelle route reliant Mongu à Kalabo et à l'Angola facilite l'accès à Lealui. En fait de palais, Lealui est un village typique de huttes, dont celle du roi est un peu plus grande. L'accueil est chaleureux et les visiteurs doivent montrer du respect pour la cour du roi. Rénové en 2017, il est ouvert à la visite sur rendez-vous en semaine.

PALAIS DE LIMULUNGA

La résidence du roi lozi, ou Litunga, et de sa cour (la kotu) pendant la saison des pluies présente un aspect plus moderne et plus imposant que le palais d'été. Des gardes surveillent le bâtiment lorsque le roi y séjourne, entre mars et juin. Malheureusement, l'intérieur de palais ne se visite pas. Limulunga se trouve à 15 km au nord de Mongu par une route goudronnée. Des minibus font constamment la navette entre les deux localités. C'est évidemment un haut lieu de la cérémonie de Kuomboka, qui célèbre le passage annuel d'une résidence du roi à l'autre.

NALUMBA LODGE 1,2 ET 3 €

Route M9 - Lusaka Road
✆ +260 767 556 599

Comptez 50 US$ la double avec petit déjeuner inclus.

Le meilleur plan pour les petits budgets à Mongu. Une pension locale abordable et très centrale, qui devant son succès a ouvert deux autres adresses non loin. Il propose des chambres propres, et confortables, sans grandes fioritures, mais avec salles de bains privatives, TV et climatisation. On aime les huttes en toits de paille, le jardin soigné, un personnel qui veille aux clients, le wifi et le parking sécurisé. Une adresse efficace et agréable bien connue des voyageurs zambiens. Le restaurant sert de bons plats basiques (poulet-frites, etc.).

COUNTRY LODGE MONGU €€

3066 Independence Avenue
✆ +260 977 222 216
www.countrylodgezambia.com

A partir de 125 US$ la double avec petit déjeuner.

Rien d'incroyable dans ce country lodge central et vieillissant, mais des chambres correctes, avec climatisation, moustiquaires, salle de bain fonctionnelle, ensemble de dessus de lit et rideaux vintage. Un jardin avec des tables est assez agréable, mais le restaurant sert une excellente nourriture locale. Beaucoup de moustiques en revanche et des prix élevés pour le standing proposé, mais il n'y a pas beaucoup de choix à Mongu et le personnel est très accueillant. Un centre commercial se trouve non loin de cet hôtel. Parking gardé.

IKITHE LUXURY RESORT €€€

Situé à 1h de Mongu, par la D557, au bord du lac Makapaela
✆ +260 967 056 670
www.ikithe.com

Comptez 300 US$ la chambre double en pension complète, activités comprises.

Ce resort de luxe perdu au bord du lac Makapaela dispose d'une jolie piscine. Les huttes aux murs à la chaux et en toit de feuilles de palmier sont en harmonie avec la nature environnante, posée sur une plage de sable blanc. La petite terrasse privative devant permet de profiter de la vue sur le lac. Le petit déjeuner est une merveille, tout comme le dîner, élaborés avec des ingrédients locaux. Certaines huttes sont familiales, toutes équipées d'une bouilloire, de wifi et de draps en coton délicat. Au programme : balade en pirogue, pêche, baignade...

LIUWA PLAIN NATIONAL PARK ★★★

Très isolé et accessible uniquement de juin à novembre, ce petit parc de 70 km de long sur 30 km de large présente plus d'une particularité. D'un point de vue historique tout d'abord, c'est l'une des plus anciennes zones de protection de la vie sauvage au monde, qui fut déclarée réserve animalière par le roi du Barotseland, Lubosi Lewanika, dès le XIXe siècle. Jusqu'en 1972, date à laquelle le gouvernement zambien en fit un parc national, il était géré par le Litunga, qui s'en servait comme territoire de chasse personnel, ses sujets étant chargés de veiller pour lui sur les animaux. Aujourd'hui encore, et c'est là une autre de ses spécificités, le parc abrite plus d'une centaine de villages. En dialecte local, *liuwa* signifie « bâton de marche ». Une légende raconte qu'un Litunga a planté sa canne au milieu de la plaine, laquelle a donné naissance à un palmier solitaire encore visible et remarquable dans un paysage caractérisé par un total dénuement. Le Liuwa Plain National Park ou Barotse Flood Plain est situé dans les hautes plaines inondables du Zambèze, et comme le delta de l'Okavango, se remplit d'eau pendant la saison des pluies pour s'assécher au fil des mois.

▸ **La création d'un parc transfrontalier Liuwa-Plain Mussuma TFCA.** Désormais, le parc est jumelé avec un autre parc côté Angola, Mussuma National Park, créé en 2010 après la guerre civile. Il compte de plus en plus de gnous et zèbres au fil des ans, désormais un peu plus protégés du braconnage. Les deux entités forment une nouvelle aire désormais ce que l'on appelle la Liuwa Plain – Mussuma Transfrontier Conservation Area (TFCA) et s'étend sur 14,464 km² et permet donc la fameuse migration des gnous. Elle compte la partie nord de la plaine de Barotse, entre les rivières Lungwebungu et Luanginga, les prairies inondées du Zambèze, les forêts humides de Miombo et les forêts sèches du Zambèze. Ces grandes plaines sont inondées chaque année entre décembre et avril. Dans les régions méridionales, on trouve des cuvettes qui retiennent leur eau jusqu'à la saison sèche. Elles sont parsemées de petits îlots d'arbres ou de grappes de raphia.

▸ **Les populations autochtones.** Environ 430 villages soit 20 000 personnes vivent dans et autour du Parc national de Liuwa Plain. Ils jouent un rôle important dans la culture locale des Barotse. Au XIXe siècle, à l'époque du royaume royal de Barotseland, des membres de la communauté travaillaient dans le parc en tant que gardes-chasse officiels. A cette époque, les « Indunas » assumaient diverses responsabilités en matière de conservation – une institution qui continue d'exister. Les communautés pratiquent l'agriculture avec des méthodes agricoles mixtes, tout en vivant avec la faune. Les habitants de la région ont mis au point un système sophistiqué de droits d'utilisation des ressources, notamment la pêche et la récolte de ressources naturelles telles que le chaume, les poteaux de construction et les frondes de palmier. La plaine de Liuwa est une région riche en légendes Lozi.

Climat

▸ **Saisonnalité.** Le parc est accessible seulement de mai/juin à décembre, après il est inondé. Jusqu'en septembre le temps est très sec, mais aussi froid la nuit, c'est l'hiver austral ! Le mois le plus chaud et sec est octobre. Novembre et décembre comptent les premières pluies, de magnifiques ciels orageux et les gnous !

Faune et Flore

▸ **La grande migration des gnous.** Au début de la saison des pluies, en novembre, l'accumulation des nuages sur la savane crée une ambiance dramatique très particulière, la végétation devient émeraude et des parterres de fleurs roses se forment près des points d'eau. C'est à cette époque qu'a lieu la migration de milliers de gnous bleus qui parcourent près de 200 km depuis l'Angola, un spectacle extraordinaire et insolite qu'on ne peut revivre que dans le parc du Serengeti, en Tanzanie.

▸ **Faune.** Le Liuwa Plains National Park par sa grande quantité de gnous attire des prédateurs. On raconte que le roi Mambeti inhumé près du camp de luxe King Lewanika s'est réincarné en la doyenne des lionnes du coin surnommée Lady Liuwa, car celle-ci (malheureusement décédée en 2017), était réceptive aux humains et fréquentait les mêmes forêts que le vieux Mambeti. C'est la seule qui avait survécu aux braconniers avant la réintroduction de lions dès 2011. Aujourd'hui ils sont 12 lions dans le parc et leur population augmente doucement. Les guépards et léopards se sont réintroduits naturellement, tandis que les hyènes sont plus de 350 à vivre dans le parc. C'est une réserve ornithologique de premier ordre puisqu'on y trouve quelque 320 espèces, dont certaines vulnérables, comme l'aigle martial, la grue caronculée ou le bucorve du Sud (appelé aussi « ground hornbill »). Du côté des mammifères, outre les gnous, le parc accueille plusieurs sortes d'antilopes inhabituelles, telles que l'ourébi, le kob lechwe rouge, le céphalophe de Grimm ou le topi, des zèbres... Cependant, la faune a beaucoup souffert du braconnage, qui a débuté dans les années 1970 et s'est poursuivi jusqu'à une époque récente en raison de la guerre civile en Angola tout proche, entraînant, entre autres catastrophes écologiques, la disparition des buffles et de l'antilope rouanne. Encore peu habitués aux touristes, les animaux peuvent se montrer craintifs ou, dans le cas des lions par exemple, plus agressifs que dans d'autres réserves.

Depuis 2004, African Parks, une société de conservation d'origine hollandaise qui travaille à divers projets sur le continent, a pris en charge la gestion du parc en partenariat avec les représentants du Barotseland et de la Zambian Wildlife Authority. En plus d'avoir quasiment éradiqué le braconnage, African Parks s'est investie dans le développement économique et social de la région. Une centaine d'emplois, tournés vers la protection de l'environnement et de la culture lozi, ont été créés et des fonds ont été investis dans le secteur des transports et de la santé. La société travaille actuellement à l'essor touristique maîtrisé du parc, avec la création de structures d'hébergement communautaires dont les bénéfices reviennent aux communautés, l'apport de nouveaux animaux (réintroduction en particulier de lions) et la volonté de faire inscrire Liuwa Plains sur la Liste du patrimoine mondial par l'Unesco. A terme, le parc pourrait devenir une destination phare d'Afrique australe mais, pour l'heure, l'expérience demeure intensément sauvage.

Suite à la création du parc transfrontalier, de nombreuses espèces éteintes localement retournent lentement dans le parc national des plaines de Liuwa par ce nouveau corridor naturel, et dans le parc national de l'ouest de Massuma. Notamment l'éléphant, le chien sauvage et l'antilope de Roan. La population de lions à Liuwa, réduite à une seule lionne, a repris du poil de la bête suite à la réintroduction de spécimens dès 2011 et on dénombrait désormais 13 en 2022.

Se loger

Outre le lodge de luxe privé, il existe 6 bush camps ouverts de juin à décembre, gérés par African Parks et les communautés de villageois, dont Sibika Camp ouvert en 2020 avec des chalets en dur. Ils proposent des installations basiques mais avec douche chaude (sauf Sikale), toilettes à eau et sèches, ça dépend du camp, eau non potable, barbecue pour cuisiner. Mais il faut emmener vivres, eau potable, bois ou alors prendre ses repas sur place en prévenant un peu à l'avance. Tout est préparé au village le plus proche et l'argent leur revient direct dans ce cas. Des assistants vous fourniront eau chaude et bois coupé pour le feu. Il n'y a que du « self game drive », rien d'organisé sur place par des rangers.

Camp de Sibika (2h de Kalabo). Situé dans le sud-ouest du parc national, il a ouvert en 2020 et compte 5 chalets en dur avec des murs en roseau séché, avec des lits twin tout neufs et ultras confortables, et une terrasse privée donnant sur une plaine. La cuisine commune est équipée de frigo, réchaud, ustensiles basiques et casseroles. Apporter sa nourriture et eau potable. Sanitaires avec WC, douche et eau chaude.

Camp Kayala (15 à 20 minutes de Kalabo). Juste à l'entrée du parc proche de Kalabo, ce petit camp surplombe un petit lac.

Camp Katoyana (à 2h30 de Kalabo). Localisé près du centre du parc, il permet un accès aisé aux forêts, pans (plaines inondées) et plaines de l'est du parc. On peut y attendre les hyènes se promenant la nuit, et il n'est pas rare de voir des lions et des guépards autour.

Camp Kwale (à 1h15 de Kalabo). Situé dans le sud du parc, il est souvent entouré de buffles, et il est ombragé. Il n'a rien de spécial ceci dit.

Camp Lyangu (de 1h15 à 1h30 de Kalabo). Il donne accès à l'ouest du parc et il est relativement proche de la gate tout en étant très bien placé car proche d'une très large plaine où se concentrent hyènes, antilopes cobe de lechwe et gnous pendant la migration.

Camp de Sikale (à 4h - 5 h de Kalabo). Le camp le plus au nord du parc est aussi celui le plus proche de la migration des gnous, mais il n'y a ici ni toilettes, ni douche ni eau... Pour les voyageurs vraiment indépendants !

Tourisme

La société de conservation travaille actuellement à l'essor touristique maîtrisé du parc, avec la création de structures d'hébergement, l'apport de nouveaux animaux et la volonté de faire inscrire Liuwa Plain sur la Liste du patrimoine mondial par l'Unesco. À terme, le parc pourrait devenir une destination phare d'Afrique australe mais, pour l'heure, l'expérience demeure intensément sauvage. Les touristes peuvent accéder à la région en 4x4 de mai à janvier, puis de février à avril en marchant et en canoë, car les plaines sont inondées, bien que cela doive être organisé à l'avance et soigneusement planifié. Il existe également cinq sites de camping communautaires qui proposent du tourisme culturel.

Transports

En 4x4. Partir avec deux 4x4 munis d'un GPS, être indépendant en termes d'essence, de nourriture et de matériel de camping, et posséder une bonne expérience de la conduite tout terrain sont les conditions minimales requises. Enfin, on devra s'assurer les services d'un scout pour visiter le parc (35 US$ par jour). La ville la plus proche du parc de Liuwa Plains est Kalabo, située à 15 km. C'est là que vous devrez effectuer les formalités obligatoires avant la visite au bureau du parc. Attention, il n'y a pas de station d'essence ou de supermarché à Kalabo, il faut donc faire ses réserves à Mongu. La nouvelle route entre Mongu et Kalabo, permet de parcourir facilement ces 70 km, quelle que soit la période. Il existe aussi une piste qui passe par Lealui avant d'atteindre, 10 km plus au nord, le ferry de Sandaula (100 Kw par véhicule). Notez que ce chemin est impraticable de décembre à juin, période pendant laquelle le parc est de toute façon inaccessible aux véhicules, car inondé. Après Kalabo, il vous faudra emprunter un autre bac (100 Kw par véhicule), avant de vous engager dans les sables du Kalahari et de faire, en une bonne heure, les 13 derniers kilomètres qui vous séparent du parc.

En avion. Il existe une ligne Proflight de Lusaka pour Kalabo qui désenclave sensiblement le parc d'un point de vue touristique, car il est possible pour le seul lodge de luxe actuellement de venir à l'aéroport et réaliser le transfert, puis de facturer des prestations « all inclusive ». Mais les vols sont occasionnels, même pendant la fameuse migration des gnous, et très chers. Comptez 600 US$ l'aller simple. Cette ligne assez récente pourrait emmener à terme l'ouverture d'autres lodges dans le parc.

AFRICAN PARKS OFFICE

✆ +260 964 168 394

www.african-parks.org

Par personne et par jour : parc adulte 40 US$, camping 15 US$, chalet Sibika 90 US$. Voiture 15 US$, scout 35 US$.

Afin de préserver l'environnement sauvage du parc et de minimiser l'impact négatif du tourisme, la société African Parks a mis en place un système de quotas autorisant seulement 25 véhicules à circuler dans le parc au même moment. Il est donc conseillé de réserver sa visite par mail ou téléphone. Dans tous les cas, vous devrez vous rendre au bureau du parc pour obtenir un permis de visite et vous acquitter d'un droit d'entrée, qui se trouve à la sortir de Kalabo. Il existe des camps communautaires, dont Sibika avec de nouveaux chalets en dur.

TIME + TIDE KING LEWANIKA €€€

✆ +27 606 424 004

www.timeandtideafrica.com

Par personne : 1 300 US$ + 120 US$ (entrée de parc + conservation), tout compris. Ouvert de fin octobre à mi-juillet.

C'est le seul camp en dur du parc de Liuwa Plain, reconstruit par Time + Tide. Au total : cinq tentes safaris de luxe pour deux personnes et une villa familiale de deux chambres. Toutes avec vue sur une grande plaine depuis les terrasses privatives pour suivre la migration des gnous poursuivis par les hyènes et les lions. Le camp fonctionne à l'énergie solaire et dispose du wifi, même au cœur du bush. C'est tout de même un exploit d'avoir ouvert un camp en totale immersion ici même.

Liuwa Plain National Park.

ORGANISER SON SÉJOUR

Difficile de s'improviser en Zambie, sauf si l'on est un routard de l'Afrique invétéré à l'aise en combi (minibus) et en bus locaux, ou si on a d'entrée un 4x4 énorme tout équipé pour le camping, idéal pour sillonner toute l'Afrique australe, et l'habitude de visiter les parcs nationaux en self drive. Le visiteur lambda devra réserver avant son voyage ses lodges au cœur des parcs ou proches des entrées pour faire des safaris, en formule tout inclus pour ne pas avoir à se préoccuper des repas et des *game drives* dans les parcs. Il devra surtout réserver les vols internes qui affichent très vite complets pour ne pas se retrouver le bec dans l'eau une fois les lodges réservés. Les chutes Victoria sont propices à plein d'activités qui se réservent aussi en avance en très haute saison. Des agences locales sont évidemment là pour concocter des séjours et itinéraires à la carte et sur mesure. On peut aussi facilement louer une voiture.

ARGENT

L'unité monétaire de la Zambie – tout comme celle du Malawi – est le kwacha, littéralement « le lever du soleil » en langues nyanja et bemba. Le kwacha (Kw) est divisé en ngwe (1 kwacha = 100 ngwe).
Il existe des billets de 100, 50, 20, 10, 5 et 2 kwachas ainsi que des pièces de 1 kwacha à 1 ngwee.
Les billets sont très jolis et portent l'emblème de la Zambie, un aigle-pêcheur. Au verso sont représentés un animal sauvage (léopard, lion, éléphant, girafe, zèbre, porc-épic...) ainsi que des scènes caractéristiques de la vie en Zambie, essentiellement liées au travail de la terre.

▸ **Taux de change.** En février 2023, 1 € = 20,6 Kw (1 US$ = 19,4 Kw), 10 Kw = 0,50 € (10 Kw = 0,52 US$). Le kwacha est une monnaie relativement instable qui entraîne un taux d'inflation élevé. Le dollar US est la monnaie de référence à privilégier avant de partir en voyage tout en retirant des kwachas sur place pour avoir de la petite monnaie. On peut changer ses euros dans les aéroports, dans les banques et les grands hôtels, ainsi que dans les quelques bureaux de change de Lusaka et Livingstone, où les taux sont parfois un peu plus intéressants que dans les banques.

▸ **Banques.** Les horaires d'ouverture, qui varient selon les villes, se situent généralement entre 8h30 et 15h30 du lundi au vendredi et, pour les agences les plus importantes, de 9h à 11h le samedi matin. Les principales banques du pays sont la Barclays Bank, la Standard Chartered Bank, la Citibank, la Finance Bank, l'Indo-Zambia Bank et la Stanbic Bank.

▸ **CB.** Les distributeurs de billets sont nombreux dans les banques et dans les malls. Le taux de change utilisé pour les opérations s'avère généralement plus intéressant que les taux pratiqués dans les bureaux de change.
Si vous disposez d'une carte bancaire (Visa, MasterCard, etc.), inutile d'emporter des sommes importantes en espèces mais juste une réserve en cas de problème.
Frais de retrait. L'euro n'étant pas la monnaie du pays, une commission est retenue à chaque retrait. Les frais de retrait varient selon les banques et se composent en général d'un frais fixe d'en moyenne 3 euros et d'une commission entre 2 et 3 % du montant retiré, mais avec certaines formules de compte c'est gratuit. Les distributeurs appliquent une commission additionnelle mentionnée lors du retrait.

▸ **Conseils avant le départ.** Pensez à prévenir votre conseiller bancaire de votre voyage. Il pourra vérifier avec vous la limitation de votre plafond de paiement et de retrait. Si besoin, demandez une autorisation exceptionnelle de relèvement de ce plafond.

BUDGET / BONS PLANS

La Zambie est une destination pour tous les budgets, mais les voyages sont totalement différents.

▸ **Petit budget.** On peut voyager en Zambie en minibus et bus locaux qui coûtent trois fois rien (1à à 30 US$ en moyenne les bus longue distance) et desservent toutes les grandes villes du pays. On peut dormir en camping dans n'importe quel lodge de parc ou en dortoir en auberge de jeunesse dans les villes touristiques pour 12 à 15 US$ par jour. Manger local ne coûte pas grand-chose, quelques dollars, à partir du moment où on aime le nshima (cette purée de maïs qui constitue les repas en Zambie). Les restaurants des auberges de jeunesse sont aussi très abordables tout comme les cafés en ville qui proposent tous burgers, wraps, sandwichs, etc. Comptez 5 à 10 US$ le repas. Les supermarchés des multiples malls qui existent dans le pays proposent tous un rayon traiteur à petit prix avec plein de plats locaux à emporter et les chaînes de fast-food sud-africaines comme Hungry Lion, Steerz ou Debonair's Pizza.

▸ **Budget moyen.** Des motels et hôtels à prix raisonnables existent dans toutes les villes, avec climatisation, salle de bains privative, parking et souvent piscine. Comptez de 50 à 80 US$ la chambre pour avoir de belles prestations de confort. En safari, des lodges moins chers se situent près des portes des parcs nationaux. Certains sont vraiment abordables et rustiques, d'autres plus onéreux mais moins chers que les lodges situés au cœur des parcs. On peut choisir la formule « tout compris » avec la pension complète et deux activités par jour (game drive, boat cruise, walking safari, canoë safari...). Mais on peut aussi choisir une formule en demi-pension avec des game drives en option certains jours et des repas dans les villages. C'est moins cher.

L'ASSURANCE VOYAGE, LE MEILLEUR MOYEN POUR PROTÉGER SA SANTÉ À L'ÉTRANGER

avec le DR CÉDRIC RAMAUT, directeur médical d'Allianz Travel

En cas de souci de santé sur place, que faut-il faire ?

Si l'on se trouve dans une situation urgente (accident grave, morsure d'animaux...), il est conseillé d'appeler les numéros d'urgence locaux. Une fois à l'hôpital, appeler son assisteur pour déclencher les procédures de prise en charge.

Est-il possible d'entrer en contact avec un professionnel de santé en cas de besoin ?

Allianz Travel dispose d'un service de téléconsultation médicale accessible en visio qui permet de s'entretenir avec un médecin 24h/24, 7 jours sur 7. La consultation se fait en français et des conseils sont donnés sur les démarches à effectuer. Une ordonnance peut également être délivrée.

S'agissant des frais médicaux, est-on forcément couvert par son assurance maladie et sa mutuelle à l'étranger ?

La sécurité sociale fonctionne uniquement dans les pays avec lesquels la France a passé des accords. Il faut pour cela demander sa carte européenne d'assurance maladie (CEAM). La sécurité sociale et la mutuelle couvriront alors les frais médicaux à l'étranger à hauteur de leur propre barème sous certaines conditions. Il est malgré tout conseillé de souscrire une assurance voyage, car la prise en charge des frais ne sera pas la même qu'en France.

Quel est le meilleur moyen de voir ses frais médicaux pris en charge ?

Dans les pays hors Europe, il est recommandé de souscrire à un contrat d'assistance avec un bon niveau de couverture des frais médicaux. Il est également important de choisir un assureur disposant d'un important réseau international dans le domaine médical.

En cas de problème médical, le rapatriement est-il prévu dans le contrat d'assurance ?

Oui, la majorité des contrats d'assurance voyage prévoit le rapatriement mais il n'est toutefois pas systématique. L'état de santé du patient peut nécessiter une hospitalisation / une immobilisation sur le lieu de séjour. Si le patient peut être traité sur place, l'assisteur l'orientera vers un médecin ou une structure médicale adaptée localement, et ce jusqu'à ce qu'il puisse à nouveau de voyager et rentrer chez lui.

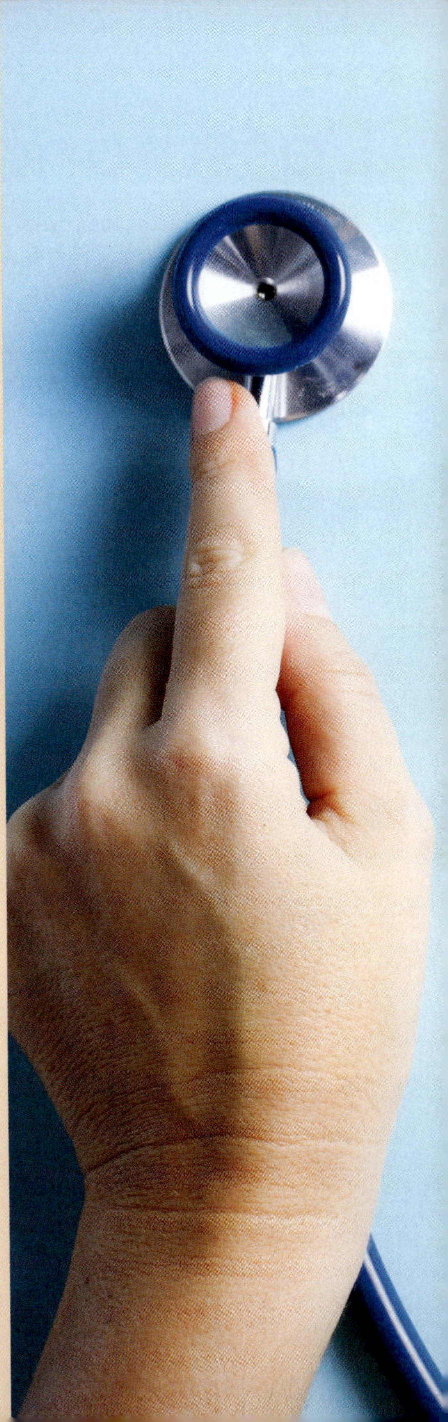

Il faudra néanmoins prendre des avions de la compagnie Proflight pour un accès plus aisé aux camps du parc (comptez dans les 250 US$ l'aller-retour). L'autre option pour les budgets moyens est de disposer de son propre 4x4 loué et équipé pour partir en brousse. Dans ce cas, le mieux est de séjourner dans des camps de brousse en self catering (c'est-à-dire qu'on fait ses courses et on cuisine – ou on demande le service en option) et de faire des safaris en self drive, sans payer le « tout inclus » avec repas et game drive très onéreux. Une option classique pour les Sud-africains en vacances mais peu familière pour les Européens qui ne savent pas vraiment conduire un 4x4 en brousse pour la plupart.

Gros budget. Les touristes qui souhaitent résider dans des lodges de charme ou de luxe et profiter des activités offertes par les parcs nationaux et les chutes Victoria en formule « tout inclus », tout en passant un minimum de temps sur les routes en empruntant les avions, devront s'attendre à dépenser plus de 500 US$ par jour. Cela prend en compte les transferts de l'aéroport, les repas et bien souvent deux activités par jour : game drive, walking safari, visite des chutes, visite culturelle, etc. De beaux lodges et hôtels existent aussi à Lusaka.

PASSEPORT ET VISAS

Sont exigés un passeport en cours de validité (valable au moins 6 mois après la fin du séjour et avec au moins 2 pages de libre) et un billet de retour. Le visa auparavant payant est désormais gratuit depuis 2022 afin de favoriser le tourisme. Attention néanmoins, si vous comptez vous rendre plusieurs fois au Zimbabwe, où le visa est toujours payant, nous vous conseillons de prendre dès le départ le KAZA Visa à double entrée Zambie/Zimbabwe illimitée à 50 US$ pour 90 jours, plutôt que de payer deux fois le visa à simple entrée zimbabwéen à 30 US$ et devoir refaire toutes les formalités à chaque entrée. Il est également utile de consulter le site Internet des services d'immigration zambiens (www.zambiaimmigration.gov.zm).

Conseils futés. Avant de partir, pensez à photocopier tous les documents que vous emportez avec vous. Vous emporterez un exemplaire de chaque document et laisserez l'autre à quelqu'un en France. En cas de perte ou de vol, les démarches de renouvellement seront ainsi beaucoup plus simples auprès des autorités consulaires.

PERMIS DE CONDUIRE

En Zambie, il est d'usage de louer un 4x4 avec chauffeur lorsqu'on ne veut pas conduire des heures sur des routes chaotiques, ou lorsqu'on ne sait pas conduire sur des pistes de brousse ou que l'on n'est pas à l'aise pour conduire à gauche, car c'est un pays anglophone anciennement colonisé par les Britanniques dont il a hérité les règles. On peut néanmoins conduire soi-même les 4x4 à la location. Il suffit d'avoir son permis européen, et même si le permis international est recommandé, il n'est pas indispensable. La police n'est pas là pour arrêter le touriste de passage aux checkpoints. L'agence de location vous donnera tous les papiers à présenter en cas de contrôle ou d'accident. Cette option s'adresse néanmoins aux aventuriers et la plupart des touristes en safari préfèrent prendre des vols jusqu'à un aérodrome où les guides des lodges viendront les chercher en 4x4.

SANTÉ

Comme dans la majorité des pays d'Afrique subsaharienne, le départ s'accompagne d'une préparation médicale car la plupart des maladies dites tropicales, contre lesquelles nous ne sommes pas immunisés, peuvent entraîner des complications sérieuses. C'est donc avant le départ qu'il faut y penser et prendre contact avec un médecin pour planifier les traitements préventifs. Antipaludéens de rigueur, et préservatifs en cas de rapport sexuel étant donné l'épidémie de sida qui sévit dans le pays. Si la plupart des villes de Zambie sont dotées d'un hôpital, seules Lusaka et Livingstone disposent d'infrastructures répondant réellement à nos standards occidentaux. Dans les zones rurales, on peut également trouver des dispensaires ou des petites cliniques.

Quelques précautions d'usage. Il est toujours préférable de consommer des aliments cuits, les viandes crues et salades mal lavées contenant souvent des bactéries. Il ne faut jamais boire de l'eau dont l'origine est incertaine. Il est nettement préférable de boire de l'eau en bouteille (dont la capsule est scellée), de la faire bouillir ou d'y ajouter un antiseptique. Les fruits tropicaux (bananes, mangues, oranges, papayes...) sont excellents, mais peuvent favoriser la diarrhée chez certaines personnes sensibles. Il est également recommandé d'emporter avec soi les médicaments utilisés régulièrement et une petite trousse de « premiers remèdes ».

En cas de problème sérieux. Il est recommandé de se rendre sans tarder à Lusaka. Si les symptômes persistent, ne pas hésiter à contacter son assurance et se faire évacuer. Un réflexe : contacter le consulat de France. Il se chargera de vous aider, de vous accompagner et vous fournira la liste des médecins francophones. En cas de problème grave, c'est aussi lui qui prévient la famille et qui décide du rapatriement. Il est recommandé de souscrire avant son voyage à une assurance rapatriement, qui vous permettra, en cas de soucis de santé graves, d'être évacué vers la France ou l'Afrique du Sud. Pour connaître les urgences et établissements aux standards internationaux : consulter les sites www. diplomatie.gouv.fr et www.pasteur.fr

VACCINS OBLIGATOIRES

Aucun vaccin n'est obligatoire pour voyager en Zambie. Il peut néanmoins être conseillé de se faire vacciner contre les maladies les plus courantes et dangereuses, telles que la fièvre jaune, les hépatites A et B ainsi que la rage, et de s'assurer de la validité de ses vaccins : diphtérique, tétanique et poliomyélitique (DT Polio). Attention, pour les voyageurs transitant par l'Afrique du Sud, le vaccin contre la fièvre jaune est obligatoire. Il est essentiel d'avoir son carnet jaune de vaccination sur soi en transitant par l'Afrique du Sud depuis la Zambie, sous peine d'être gardé en quarantaine ou renvoyé à son point d'origine. De toute façon, le vaccin contre la fièvre jaune est fortement recommandé, tout comme celui contre la typhoïde, valable 3 ans, surtout si vous allez en brousse.

SÉCURITÉ

La Zambie est un pays sûr et pacifiste, où il est facile et agréable de voyager. On n'y est pas malmené par des populations agressives ou insistantes, comme il en existe malheureusement dans d'autres pays. Sur le plan politique, la situation est stable et il n'y a pas de conflits ethniques ou religieux susceptibles de mettre la vie des touristes en danger, bien qu'une attention particulière soit recommandée dans les régions frontalières de la République démocratique du Congo et de l'Angola. Dans les villes, en prenant les dispositions élémentaires pour ne pas être victime de pickpockets, tout se passe bien. Des cas de corruption ont été signalés lors des contrôles routiers, mais ils restent marginaux et les agents de police sont généralement honnêtes.

Dangers potentiels et conseils. La Zambie est un pays relativement sûr, où il est possible de faire du stop sans craindre de se faire dépouiller. On peut tranquillement se promener seul à la campagne, de même que flâner la journée dans les rues des grandes villes. D'élémentaires précautions de sécurité sont tout de même à respecter : ne pas porter vos appareils en bandoulière, ne pas laisser traîner votre portefeuille dans la poche arrière de votre pantalon, ne pas laisser ouvertes les portes de votre voiture ou exposer des objets de valeur. Il est également déconseillé de visiter les marchés locaux, notamment dans les grandes villes, sans être accompagné par un guide local qui saura vous conseiller. La ville de Livingstone étant la plus touristique du pays, elle est également la moins sécurisée. Il est recommandé d'y être particulièrement vigilant et de ne pas s'arrêter sur le bord des routes, hors des lieux touristiques. Un autre véritable danger vient de la route, en particulier des excès de vitesse, ou des gros animaux errant en bordure des parcs nationaux. Évitez de rouler la nuit !

Enfin, il est formellement interdit de prélever quoi que ce soit dans les parcs nationaux (plumes, feuilles, graines et a fortiori cornes et ossements d'animaux). Il est arrivé à plusieurs reprises que des touristes français et étrangers se fassent arrêter par la ZAWA et soient mis en prison pour plusieurs jours pour ce type de délits.

Femme seule en voyage. Pas de restriction particulière pour les femmes seules en Zambie, le pays étant considéré sur ce point parfaitement sûr. Les Zambiens sont souvent étonnés de rencontrer des femmes voyageant seules et ils se montreront le plus souvent respectueux.

DÉCALAGE HORAIRE

La Zambie est située à GMT+2. Il n'y a donc pas de décalage en été, mais il faudra avancer votre montre d'une heure si vous voyagez en hiver.

LANGUES PARLÉES

La Zambie comptabilise 72 langues et dialectes, tous d'origine bantoue. L'anglais est la langue professionnelle et d'éducation, beaucoup de gens parlent suffisamment pour communiquer avec eux. Les groupes linguistiques principaux sont les Bemba (31 %), Nyanja (25 %), Tonga (17 %), Boarotse (10 %).

COMMUNIQUER

Dans les villes, les hôtels sont correctement équipés de wifi assez bon, tandis que dans les parcs nationaux et villages, les lodges proposent en général une connexion suffisante dans le lounge principal, mais pas dans les chambres. Pour le téléphone idem, le signal passe dans les zones de lodge mais pas dans les camps de brousse, en général totalement déconnectés !

ELECTRICITÉ ET MESURES

- **Électricité.** La norme est le 220 volts. Il est nécessaire de se procurer des adaptateurs pour les prises de modèle anglais qui sont la norme en Zambie et se composent de 3 fiches carrées. Les lodges et camps de brousse n'étant pas reliés au réseau électrique national, l'électricité est produite par des groupes électrogènes, des générateurs ou des panneaux solaires. Dans les coins les plus reculés, on ne s'offre même pas ce luxe et l'on recourt à la lampe à pétrole ou à la bougie (soyez donc prévoyant en ce qui concerne vos batteries d'appareil photo numérique ou de téléphone portable). C'est le lot de nombreux Zambiens, en particulier ceux qui, à la campagne, habitent encore de simples cases.
- **Info futée :** avec un stylo enfoncé dans le trou supérieur de la prise vous pouvez brancher vos appareils français sans adaptateur, il s'agit de la masse et donc pas de risque d'électrocution.
- **Poids et mesures.** La Zambie a adopté le système métrique.

BAGAGES

Que mettre dans ses bagages ? La quantité et la nature des bagages que vous emporterez en Zambie dépendent essentiellement du type de voyage prévu : simple agrément ou expédition. Voici donc une liste des essentiels à emporter avec vous.
Pour partir en safari, évitez le rouge flashy ou les couleurs fluo pour ne pas effrayer les animaux. Les tenues complètement blanches sont également à proscrire, car les animaux les repèrent de loin, mais aussi en raison des bains de poussière constants lors des game drives. Evitez le noir et le bleu foncé, qui absorbent la chaleur et attirent les insectes, spécialement les mouches tsé-tsé très nombreuses dans les parcs nationaux. Préférez des couleurs discrètes qui se confondent avec la nature (kaki, marron, beige). Habillez-vous en fonction de la saison (on ne le répétera jamais assez : les soirées et les nuits d'hiver de juin à septembre sont froides en Zambie).

LES PHRASES CLÉS

Bonjour, je voudrais réserver un billet aller/retour pour…
Hello, I'd like to book a single/return ticket to…

J'ai raté mon avion. Je voudrais échanger mon billet s'il vous plaît.
I missed my plane.I'd like to change my ticket please.

Mon vol est très en retard. Ma correspondance sera bien assurée ?
My flight is very delayed. Will I make my connection?

Mes bagages ont été égarés, à qui dois-je m'adresser ?
My luggage has been lost, who should I talk to?

Louez-vous des voitures avec chauffeur ?
Do you hire cars with a driver?

Je n'ai presque plus d'essence. Où se trouve la station-service la plus proche ?
I'm almost out of petrol. Where is the nearest petrol station?

S'Y RENDRE

La Zambie étant un pays anglophone peu visité en général, et encore moins par les touristes français, les vols ne sont pas très nombreux depuis Paris, et encore moins fréquents depuis la province en correspondance. Il n'y a aucun vol direct, et peu de possibilités, la Zambie, ça se mérite ! Le plus simple est de prendre un vol Ethiopian Airlines, une très bonne compagnie avec des avions récents et des correspondances assez courtes à Addis Abeba pour Lusaka en direct. Il y a aussi la possibilité de prendre un vol Air France - KLM depuis Paris, en correspondance à Nairobi avec Kenya Airways ou à Johannesbourg avec South African Airways. Enfin, les compagnies du Golfe, en particulier Emirates, desservent la Zambie (Lusaka), mais il faut aller sur la Péninsule arabique à l'est pour repartir à l'ouest, donc les temps de vols sont plus longs que si on se contente de faire une escale en Afrique, c'est logique.

AIR FRANCE

✆ 09 69 39 36 54

Toute l'année, la compagnie nationale française propose de nombreux vols tous les jours au départ des aéroports de Paris : plusieurs destinations en France et à l'international. Pour la Zambie, Air France propose des liaisons quotidiennes de Paris à Lusaka via Johannesburg. Durée minimum du voyage : 15h. La compagnie, qui existe depuis 1933, est synonyme de qualité, de service et de confort. Sa flotte est majoritairement constituée d'Airbus âgés d'environ une dizaine d'années. Nous vous conseillons de réserver très à l'avance pour obtenir des tarifs compétitifs.

ETHIOPIAN AIRLINES

66, avenue des Champs Elysées
PARIS (8e)
✆ 08 25 82 61 35
www.ethiopianairlines.com

Fondée en 1945, la compagnie aérienne nationale est contrôlée à 100 % par l'État éthiopien. La compagnie éthiopienne relie Paris à Lusaka une fois par jour, avec une escale à Addis-Abeba. Le personnel de bord est aux petits soins. Ethiopian Airlines est la compagnie qui dessert le plus grand nombre de pays en Afrique. Partenaire historique de Boeing, elle agrandit sa flotte, en 2015, de quatorze Airbus. Et en 2019, elle remporte le prix de la meilleure compagnie aérienne en Afrique (Skytrax 2019 Word Airlines Awards).

EMIRATES

✆ 01 57 32 49 99
www.emirates.com

Lancée en 1985 sur la ligne de Karachi, la compagnie de l'émirat de Dubaï est aujourd'hui un transporteur d'excellence desservant plus de 157 destinations et opère plus de 270 avions. Emirates a gagné 14 années de suite le prix de la meilleure compagnie aérienne pour ses programmes de divertissement en vol décerné par Skytrax World Airline Awards. À destination de la Zambie, la compagnie propose un vol quotidien Paris-Lusaka, avec une correspondance à Dubaï. Compter 15 h 45 de vol. Une très bonne compagnie proposant des tarifs abordables.

EASY VOLS

✆ 08 99 19 98 79
www.easyvols.fr

Pour voyager malin, il faut faire ses recherches en toute efficacité, sans perdre trop de temps à jongler d'un site à un autre. Pour trouver le bon vol au bon prix, l'idéal est la plateforme comparatrice de vols. Easyvols permet de comparer en temps réel les prix des billets d'avion chez plus de 700 compagnies aériennes et pas seulement des compagnies low-cost. Vous pouvez économiser jusqu'à 70 % du prix si vous êtes prêts à saisir au vol les meilleures offres. Des avis avisés de clients sont aussi consultables sur le site Internet.

SÉJOURS ET CIRCUITS

Un safari ne s'improvise pas au petit bonheur la chance en arrivant. Vous risquerez de vous retrouver sans vol interne, sans transfert pour les lodges souvent situés loin des petits aéroports au coeur des parcs nationaux tels que South Luangwa National Park ou Lower Zambezi National Park. Le plus simple est de faire appel à un tour-opérateur pour organiser sérieusement son voyage. Il existe des spécialistes en France avec des agences et des interlocuteurs parlant français et des réceptifs sur place, la plupart anglophones (Zazu Voyages est le seul réceptif francophone sur place). Vous avez aussi la possibilité d'organiser votre voyage en autotour avec certaines agences, spécialement si vous prévoyez de faire les autres parcs comme Kafue NP ou Liuwa Plains. Il faudra alors louer un gros 4x4 bien solide, pour un séjour soit en lodge, soit en camping (là encore des agences louent des voitures tout équipées).

AMPLITUDES

60, rue Sainte-Anne
PARIS (2e)
✆ 01 44 50 18 58
www.amplitudes.com
Tous les jours sauf dimanche 10h-19h, samedi jusqu'à 18h.

Créateur pour des voyages en solo, en couple ou en groupe, des voyages en famille et des circuits privatifs depuis 1991, Amplitudes propose un séjour sur mesure en Zambie, véritable immersion dans la beauté de ses grands espaces, au cœur de la nature. Avec, bien sûr, la découverte des spectaculaires chutes Victoria. Une formule à découvrir sur le site internet, il est d'ailleurs possible d'aborder la conversation au sein des agences Amplitudes. Informations pratiques, bons plans voyages, conseils d'experts, l'équipe vous sera d'une grande aide.

BEL AFRICA

155, rue du Faubourg Saint-Denis
PARIS (10e)
✆ +33 9 72 44 82 90
www.belafrica.com

Spécialiste dans l'organisation de voyage sur mesure et safaris à la carte, Bel Africa s'adresse à une clientèle francophone. Une équipe de vrais spécialistes qui mettront leur expérience de terrain à la disposition de ceux qui aimeraient à leur tour découvrir la beauté des paysages africains et de la faune sauvage, ou faire connaissance avec les coutumes et le mode de vie de ses habitants. Grâce aux nombreux contacts de Bel Africa sur place, vous vivrez une expérience africaine extraordinaire et connaîtrez des lieux hors des sentiers battus.

CERCLE DES VOYAGES

31, avenue de l'Opéra
PARIS (1er)
✆ 01 40 15 15 19
www.cercledesvoyages.com
Tous les jours sauf dimanche 9h-20h, samedi 10h-18h30.

Les conseillers du Cercle des Vacances sont des spécialistes qui partageront avec vous leurs conseils et leurs petits secrets pour faire de votre voyage une expérience inoubliable et personnalisée. Confiez-leur vos habitudes de voyages, les différentes régions que vous souhaitez découvrir et élaborez ensemble un voyage sur mesure, qui vous ressemble. Leur agence en plein cœur de Paris vous accueille du lundi au samedi pour vous proposer des séjours, des circuits et des vols à prix économiques avec un original service de conciergerie.

MAKILA VOYAGES

4, place de Valois - **PARIS** (1er)
✆ 01 42 96 80 00
www.makila.fr
Ouvert du lundi au vendredi de 9h à 19h (sur rendez-vous uniquement).

Makila Voyages met son équipe de spécialistes à disposition du voyageur pour organiser son séjour et répondre à ses attentes. L'offre est axée sur les formules sur mesure pour un voyage entièrement cousu main. Des safaris personnalisés et des voyages d'exception dans tous les parcs et réserves de Zambie : du Kafue au Lower Zambezi, découverte du Parc national de South Luangwa.... Safaris en 4x4, en bateau, à pied avec guides rangers anglophones. Liaisons en avion taxi ou par la piste. Combinaisons possibles avec le Zimbabwe, le Botswana et le Malawi.

NOMADE AVENTURE

40, rue de la Montagne-Sainte-Geneviève
PARIS (5e)
✆ 01 46 33 71 71
www.nomade-aventure.com
Ouvert du lundi au samedi de 9h30 à 18h30.
Circuits sur mesure. Activités.

Nomade Aventure, comme son nom l'indique doublement, est une agence qui vous change de vos habitudes sédentaires. Avec ses voyages placés sous le thème de la nature, de la culture et de la rencontre, elle vous propulse vers de nouvelles aventures. Loin des meutes de touristes, vous mettrez à profit les bonnes connaissances des agents sur la région en profitant à la fois de circuits originaux et de spots incontournables. Nomade Aventure fait de votre voyage de véritables vacances en vous permettant de vous détendre, ils prévoient tout !

CLUB FAUNE VOYAGES

50, rue de Passy - **PARIS** (16e)
✆ 01 42 88 31 32 - www.club-faune.com
Ouvert du lundi au vendredi de 9h à 19h.

Club Faune Voyages, spécialiste du voyage sur-mesure depuis 1985, vous invite à découvrir la Zambie : pays de « l'Afrique oubliée », qui bénéficie de conditions environnementales exceptionnelles et d'une faune sauvage abondante tout au long de l'année. Accompagnés et conseillés par un de ses experts passionnés, vous construirez ensemble le « voyage de vos envies » et découvrirez adresses secrètes et expériences hors des sentiers battus au cours d'itinéraires à la carte : safari pédestre, en 4×4 ou canoë, pour une immersion nature au plus près des animaux.

POINT-VOYAGES

✆ 04 75 97 20 40
www.point-voyages.com

Point-Voyages est une coopérative de voyageurs créée en 1996 autour de Maurice Freund, qui avait fondé Point-Mulhouse, l'entreprise qui a rendu possible le vol charter en France, et Point-Afrique. Sa raison d'être est le développement des relations Nord-Sud. Pour que son action soit pérenne, cette agence s'appuie sur un tourisme responsable, en partenariat avec les populations locales auxquelles les retombées économiques profitent directement. Point-Voyages propose un combiné Zambie-Zimbabwe-Namibie, pour une immersion au cœur d'une nature brute impressionnante.

VIE SAUVAGE

18, rue de Londres - **PARIS** (9e)
✆ 01 44 51 08 00
www.viesauvage.fr
Sur rendez-vous uniquement, du lundi au jeudi de 9h30 à 18h30, le samedi de 10h à 13h.

Ce tour-opérateur qui connaît très bien le pays vous propose des séjours axés sur l'observation de la nature. Plusieurs safaris-photos à destination de la Zambie, dont un voyage de 10 jours avec guide anglophone, intitulé « Safari 4x4 et à pied à South Luangwa », avec extension possible à North Luangwa. Hébergement en lodge ou en *bush camp*. Egalement au programme, une immersion au parc de Kafue et la visite des impressionnantes chutes Victoria (8 nuits en lodges et *bush camps*). Ou encore un circuit au fil du Zambèze, à la découverte d'une nature intacte.

TSELANA TRAVEL

14, rue des Deux Ponts
PARIS (2e)
✆ 01 55 35 00 30
www.tselana.com
Du lundi au vendredi de 10h à 19h et le week-end sur rendez-vous.

Créée en 2003 par trois passionnés des paysages désertiques de l'Afrique australe, African Tselana est aujourd'hui devenue Tselana Travel et propose un très large choix de destinations sur tous les continents pour des voyages à l'écart des circuits touristiques habituels. Tselana Travel associe vos envies (aventure, insolite, romantique, famille, désert, voyage de noces, plongée, zen, safari...) à sa connaissance approfondie des destinations pour vous proposer un voyage sur mesure incomparable placé sous le signe du luxe et du raffinement.

VOYAGEURS DU MONDE

55, rue Sainte-Anne - **PARIS** (2e)
✆ 01 88 33 06 93
www.voyageursdumonde.fr
Tous les jours sauf dimanche 10h-18h. Autres agences en France, à Bruxelles, à Genève, à Montréal et à Québec.

Depuis quarante ans maintenant, Voyageurs du Monde construit pour vous un univers totalement dédié au voyage sur mesure et en individuel, grâce – entre autres – aux conseils pointus transmis par des spécialistes qualifiés sur leur destination de cœur ou d'origine. Vous bénéficiez de leur aide pour la préparation du voyage, mais aussi durant toute la durée du voyage sur place. Tous les circuits peuvent être effectués avec des enfants, car tout est question de rythme. A noter également, un site internet au contenu riche et inspirant.

ADVENTURE AFRICA

216 Mosi-oa-Tunya Road
LIVINGSTONE
✆ +260 213 32 34 32
www.adventure-africa.com
Renseignements et réservations au Fawlty Towers.

Cette agence de tours locaux qui appartient à l'auberge de jeunesse Fawly Towers est spécialisée dans des activités à sensations fortes : gorge swing en tête, mais aussi descente en rappel, flying fox… Une activité qui se déroule au niveau de la 5e gorge, à 5 km des chutes. Elle peut également organiser toute autre activité autour de Livingstone : survol, safari, quad, marche... le tout à prix plancher car ses principaux clients sont des *backpackers* du monde entier. Un bon plan même si l'on n'y séjourne pas, dans une ambiance jeune et cosmopolite.

AFRICAN VIEW TOURS AND SAFARIS

2644/876 2644/876 Ellaine Brittel
LIVINGSTONE
✆ +260 213 32 72 71
www.africanview.it

Agence basée au cœur de Livingstone, African View, gérée par le sympathique Giacomo, dispose de tout le personnel et toute la logistique nécessaires pour offrir aux touristes de nombreux services et circuits : safaris itinérants en tentes, safaris en lodges, voyages culturels et même des safaris à moto à travers la Zambie et le Botswana. Autour de Livingstone, l'offre inclut la visite des chutes, des game drives, des safaris pour les enfants, des stages de photographie…

BUNDU ADVENTURES

1364 Kabompo Road
LIVINGSTONE
✆ +260 213 323 587
www.bunduadventures.com

Cette agence locale de tours à Livingstone est spécialisée dans les activités aquatiques. Cette sympathique équipe excelle dans les sports sur le Zambèze. En premier lieu, le rafting bien sûr, mais aussi le canoë ou l'hydrospeed. On le pratique sous les chutes, où l'on peut d'ailleurs simplement nager. L'agence organise aussi n'importe quelle activité, du saut à l'élastique au safari. Notamment des safaris budget en camping, à Kafue et Liuwa Plains. Avec plus de 15 années d'expérience, Bundu Adventures est une valeur sûre. Equipement fiable et personnel pro.

GAVIN OPIE SAFARIS

SOUTH LUANGWA NATIONAL PARK
✆ +260 964 279284
www.gavinopiesafaris.com
Ouvert du 01/06 au 31/10. De 650 à 750 US$ par personne tout inclus (dont 75 US$ de taxe de nuitée incluse).

Cette agence réceptive propose des safaris pour les voyageurs indépendants au départ de Mfuwe. Les groupes constitués comportent un maximum de 10 participants et les départs sont assurés à partir de 2 personnes. L'hébergement se fait dans de petites tentes safari avec salle de bain extérieure au Nkonzi Camp, un bush camp sans prétention qui a le privilège d'être au cœur du parc national près de la rivière Luwi. La cuisine préparée sur place est fraîche et délicieuse. Toutes les formules incluent deux safaris par jour (y compris nocturne, et pédestre).

HORS PISTES (OFF ROAD SAFARIS)

55 Mwela Street
LIVINGSTONE
www.horspistes-afrique.com

Hors Pistes est un tour-opérateur francophone spécialiste des safaris, géré par Jonathan. Il opère à Livingstone qui se situe au croisement de quatre pays, la Zambie, le Botswana, le Zimbabwe et la Namibie. Il représente donc un formidable point de départ pour rayonner dans la sous-région et réaliser de très bons tours et safaris. En plus des circuits proposés, Hors Pistes tient le Kamunjila Lodge à Livingstone afin d'y accueillir ses clients de passage.

INSPIRATION AFRICA ZAMBIE

LUSAKA
✆ +260 976 772 300
www.inspirationafrica.travel
Organisateur de safaris sur mesure au Botswana, Malawi, Namibie, Zambie et Zimbabwe.

Cette agence de voyage francophone et anglophone réceptive vous prépare un séjour de A à Z et s'adapte à trouver le bon endroit pour passer le bon moment. Elle est spécialisée dans les séjours à la carte en famille et entre amis ou encore dans le tourisme d'affaires. Elle concocte également des mariages ou voyages de noces inoubliables. Si vous souhaitez faire une croisière safari sur le lac Kariba, l'agence sélectionne et prépare le *houseboat* qui correspondra à vos attentes.

MAMA TEMBO TOURS

State Lodge Road
LUSAKA
www.mttsafaris.com

La Canadienne Leslie Nevison est spécialiste du Congo, de la Zambie et de la Tanzanie. En Zambie, Leslie propose un concept hors des sentiers battus, et peut également organiser des tours sur mesure, en particulier dans le Nord et le parc de Kafue. Elle peut aussi organiser une combinaison multi-pays sur demande, avec des boucles dans tous les pays frontaliers. Elle est dynamique, sympathique et vous donnera de bons conseils pour visiter le pays en self-drive qu'elle connaît comme sa poche. Elle dispose aussi d'une guest house dans les environs de Lusaka.

MUDDY PAWS TRAVELS

Off Simon Mwansa Kapwepwe, Twin Palms
LUSAKA
✆ +260 96 228 9503
www.muddypawstravels.com

Expert en voyages sur mesure en Afrique australe, Muddy Paws Travels, basé à Lusaka, est un spécialiste des safaris d'exception dans tous les grands parcs nationaux du pays (South Luangwa, Lower Zambezi, Chutes Victoria...). Dotés d'une grande connaissance des lodges, des camps et des safaris-photos, les conseillers de cette agence sauront penser votre voyage en fonction de votre budget et de votre type de séjour : famille, lune de miel, aventure, groupe d'amis... L'agence propose aussi des *houseboat* sur le fleuve Zambèze, un concept original.

NTANDA VENTURES

Plot 18, Musenga, Chingola
LUSAKA
✆ +260 966 904 376
www.ntandaventures.com

Cette agence 100 % zambienne est dirigée par une équipe 100 % féminine. Elle propose des itinéraires de voyage pour tous les formats et tous les budgets spécifiquement en Zambie, mais peut développer l'itinéraire au Botswana, Zimbabwe et Malawi. Plusieurs thématiques, comme par exemple 13 nuits et 4 parcs nationaux pour budgets moyens, 12 nuits dans des éco bush camps avec un séjour à la plage au Malawi, 11 nuits dans les camps de safari les plus luxueux et exclusifs des parcs nationaux du pays, etc. Egalement des possibilités de combiner des safaris à cheval.

ROBIN POPE SAFARIS

LUSAKA
✆ +265 179 5483
www.robinpopesafaris.net

Le siège de Robin Pope est basé à Lilongwe (au Malawi) mais c'est historiquement l'une des plus anciennes agences de safaris-photos opérant en Zambie et plus spécifiquement dans la vallée de la Luangwa. Robin Pope Safaris y gère 4 camps et 2 villas privées. Il organise par ailleurs des safaris itinérants à pied (walking safari), sa spécialité. De renommée internationale, RPS propose plusieurs formules dans tous les parcs nationaux du pays, avec des lodges et camps partenaires également. Les bush camps sont simples, mais confortables.

SAFARI PAR EXCELLENCE

Sichanga Road
LIVINGSTONE
✆ +260 213 32 06 06
www.safpar.com

Devant le succès touristique de la ville, l'opérateur, d'abord implanté au Zimbabwe, s'est installé du côté zambien. Safpar propose des croisières en bateau (sur le Makumbi et le Lady Livingstone), du rafting (à la demi-journée, à la journée ou sur deux à trois jours), et du canoë. L'organisation et l'encadrement des activités sont véritablement professionnels. Outre ces activités, Safpar commercialise les activités d'autres prestataires : pêche, quad, survol, saut à l'élastique, gamewalk, balade à cheval et propose aussi des tours classiques autour des chutes.

SAVANNAH SOUTHERN SAFARIS

Mosi-Oa-Tunya Road
LIVINGSTONE
✆ +260 213 32 72 82
www.savannah-southern-safaris.com

Bon accueil de Nina, dont le bureau se trouve au Munga Eco-Lodge. Son agence est spécialiste des safaris à pied, notamment à la rencontre des rhinocéros (une expérience à vivre !), et du *birdwatching* (observation des oiseaux). Très axée nature et culture, elle propose la visite de villages, où l'on peut apprendre à cuisiner des plats locaux, mais aussi des marchés, écoles, musées ou orphelinats... Savannah propose aussi tous les classiques des environs (chutes Victoria...).

SIGO ADVENTURES & TOURS

Mosi-oa-Tunya Road
LIVINGSTONE
✆ +260 213 32 37 52
www.sigoadventures.com

Sigo Adventures organise tous types de séjours et circuits aux quatre coins de la Zambie. L'agence établit l'itinéraire, fournit des véhicules climatisés et réserve des hôtels pour ses clients. Les circuits peuvent aussi être créés sur mesure. Basée dans le centre de Livingstone, l'agence propose toutes les activités classiques de la région, notamment les safaris à pied dans les parcs nationaux, croisières sur le fleuve Zambèze, et pour les amateurs de sensations fortes : saut à l'élastique, rafting, ou encore le survol des chutes en hélicoptère.

THE BUSHCAMP COMPANY

C/o Mfuwe Lodge
SOUTH LUANGWA NATIONAL PARK
✆ +260 216 246 041
www.bushcampcompany.com
A partir de 455 US$ par personne en lodge dans le parc, tout inclus.

C'est l'une des agences de safaris les plus emblématiques et historiques de South Luangwa. Son originalité : en plus du Mfuwe lodge, le lodge principal avec piscine, The Bushcamp Company est le seul à posséder six bush camps dans les confins du parc, dans une nature sauvage et exempte de nombreux véhicules. Chacun a ses particularités et charmes. Sa signature de la société : des game drives et des walking safaris de haute qualité. Demandez Fanuel, l'un des guides les plus expérimentés de l'équipe, pisteur hors norme de lions, léopards et chiens sauvages.

TIME + TIDE SAFARIS

SOUTH LUANGWA NATIONAL PARK
✆ +27 60 642 4004
www.timeandtideafrica.com
Dès 800 US$ par personne et par jour tout inclus.

Time + Tide est l'héritage de la compagnie du pionnier des safaris dans la vallée de la Luangwa Norman Carr, ainsi rebaptisée en 2018. En plus du magnifique lodge principal Chinzombo, les quatre autres camps de Time + Tide sont des camps de brousse (Mchenja, Kakuli, Nsolo et Luwi), isolés en plein cœur du parc. A noter que si le lodge peut accueillir des familles, les camps de brousse Kakuli et Mchenja disposent aussi de tentes familiales. Time + Tide détient également le seul camp de Liuwa Plains, trois camps à Lower Zambezi et un à Madagascar.

VOYAGERS ZAMBIA

Arusha Street
NDOLA
✆ + 260 212 621 333
www.voyagerszambia.com

Cette agence de tourisme réceptive est aussi un loueur de véhicules partout en Zambie, car c'est l'unique représentant de l'enseigne internationale Europcar. Pour cette raison, elle dispose d'agences dans les principales villes du pays, dont Ndola. Voyagers Zambia propose de nombreux tours organisés. Spécialiste de la Copperbelt, elle dispose de bureaux à Kitwe, Chingola et Solwezi, en plus des bureaux à Lusaka et Livingstone. L'intérêt de cette agence, c'est qu'elle organise aussi des tours en self drive avec de gros 4x4, la vraie aventure zambienne !

ZAZU VOYAGE

LUSAKA
✆ +263 783 73 16 27
www.zazuvoyage.com

Aurelia Garnier, une Française sympathique résidant aux chutes Victoria, saura vous organiser un séjour sur mesure adapté à votre budget en Zambie et au Zimbabwe principalement, mais aussi dans les pays limitrophes (Botswana, Namibie, Mozambique…). Experte en safaris dans les plus beaux parcs des deux pays, mais aussi en activités sportives et ludiques autour des chutes, elle connaît les meilleures adresses de lodges et de camps, les routes et itinéraires les plus scéniques pour vivre un séjour inoubliable, en couple, en famille ou en petit groupe.

QUOTATRIP

www.quotatrip.com
Voyages sur mesure.

QuotaTrip est une nouvelle plateforme de réservation de voyage en ligne qui met en relation des voyageurs à la recherche d'expériences authentiques et uniques et des agences de voyages locales sélectionnées pour leurs compétences et leur sérieux. Le réseau de QuotaTrip couvre près de 200 destinations dans le monde entier. Le but de ce rapprochement est simple : proposer un séjour entièrement personnalisé aux utilisateurs. QuotaTrip promet ainsi l'assurance d'un voyage serein, sur mesure, sans intermédiaires et sans frais supplémentaires.

INTERVIEW

LE VOYAGE-SUR-MESURE

AVEC STEVEN LE CHEVALIER ET MATHIEU VALLY DE QUOTATRIP

Quel est le concept de l'agence QuotaTrip ?
Quotatrip est la première plateforme de mise en relation entre voyageurs et agences locales. Grâce à elle, les voyageurs peuvent enfin échanger en direct avec des agences qui sont sur place et concevoir un voyage unique, au meilleur prix et 100% personnalisé.

Pourquoi voyager avec des agences locales ?
À l'inverse des agences traditionnelles, les agences locales sont des expertes de la destination choisie. Ce sont aussi les mieux placées pour concevoir des séjours qui sortent des sentiers battus. Elles sont ainsi en mesure de répondre à l'ensemble des envies, le voyageur rentre dans l'univers de l'equi-tourisme = le tourisme sans intermédiaire.

Quels sont les autres avantages pour les voyageurs ?
Il y a une multitude d'avantages. Cela permet notamment de ne pas voyager comme tout le monde, d'organiser de manière simple et rapide un séjour sur mesure et au meilleur prix. Fini les mauvaises surprises, les voyageurs posent toutes les questions qu'ils souhaitent et bénéficient d'un accompagnement sur mesure, de la conception du projet jusqu'à sa réalisation en toute sécurité car les agences référencées sont sélectionnées et recommandées par les journalistes des guides du Petitfute en toute impartialité.

Les démarches sont-elle simples à effectuer ?
Les sites de voyage en ligne font perdre beaucoup de temps aux internautes sans pour autant répondre entièrement à leurs désirs. QuotaTrip propose un formulaire simple et rapide qui permet de décrire les souhaits, les envies et les besoins. L'internaute reçoit aussitôt gratuitement et sans engagement les offres de trois ou quatre agences locales avec qui il peut ensuite échanger afin de personnaliser son projet grâce à la messagerie mise en place.

Quelles sont les destinations proposées ?
Notre plateforme propose plus de 21 000 projets de voyage sur plus de 100 destinations à travers le monde. De l'Amérique latine en passant par l'Asie et l'Afrique, nos mille agences partenaires sont là pour répondre à vos projets de voyage.

Décrivez votre projet de voyage. Échangez en direct avec les agences locales et partez au meilleur prix.

***Plus d'informations** : quotatrip.com*

© D.R

© D.R

© D.R

SE LOGER

Dans les villes comme Lusaka, les touristes seront logés en Zambie dans des hôtels classiques, aussi bien des boutique-hôtels que des hôtels de chaînes internationales classiques, ou encore des sortes de motels locaux centrés sur le parking avec un minimum de confort en chambre. A Livingstone, les lodges et hôtels en bord de Zambèze prédominent. Pendant les safaris, l'hébergement se réalise en éco-lodges et en camps de brousse, moins cher aux portes des parcs qu'à l'intérieur. Il n'existe pas de fédération des logements touristiques à proprement parler. On peut tenter de voyager en mode alternatif en logeant chez l'habitant. Les Zambiens sont par nature très accueillants, honnêtes et chrétiens pratiquants. Il y a peu de risque de faire de mauvaises rencontres, particulièrement dans des ambiances en famille. Il y aura néanmoins peu d'adresses en Zambie, car les touristes sont plutôt destinés à loger dans des structures prévues pour eux.

BEWELCOME €€

www.bewelcome.org

Le système est simple : être hébergé chez l'habitant, partout dans le monde. C'est le site Internet qui se charge de contacter les accueillants et les postulants puis de les mettre en contact, que ce soit en ligne ou dans la vraie vie. Avec leur carte interactive, les profils *des « welcomers »* s'affichent, avec leurs disponibilités. Certains font part de leurs projets de voyage afin de pouvoir trouver des affinités, des opportunités d'action avec les membres du site. Idéal pour un voyage solidaire et plein de belles rencontres !

HOME EXCHANGE €€

www.homeexchange.fr

Abonnement annuel 149 €.

Et si vous échangiez votre maison avec d'autres pour partir en vacances ? HomeExchange est une plateforme d'échange de maisons et d'appartements entre particuliers. L'idée : un site Internet pour échanger son logement (studio, appartement, villa...) moyennant un abonnement annuel à l'agence en ligne, qui se charge de la présentation du bien et de la mise en contact des intéressés. Un excellent moyen de faire des économies pour partir en vacances et réduire ainsi les frais d'hébergement sur place. Le choix est large, avec plus de 450 000 offres dans 159 pays.

HELPX €€

www.helpx.net

Plateforme Internet pour séjourner chez l'habitant.

Des fermes biologiques, des B&B, des hôtels où l'étranger aide tout en bénéficiant, selon les hôtes, d'un hébergement, de repas ou de cours de langues selon le travail fourni. Un panel de lieux, partout dans le monde, où vivre durant une année ou moins, afin d'améliorer une langue ou vivre une expérience hors du commun pendant une année de césure. Lors de notre dernière visite sur le site, des propriétaires de *guesthouse* proposaient lit + déjeuner en échange de quelques heures de travail. Peut être une bonne affaire pour les plus jeunes.

HOSTELWORLD €

www.hostelworld.com

Depuis 2005, cette centrale de réservation en ligne permet de planifier son séjour à prix corrects dans le monde entier. Afrique, Asie, Europe, Amérique... Hostelworld est spécialisé dans les logements peu onéreux (auberges de jeunesse ou hostels...) mais proposant des services et un cadre plutôt soignés. Pour chaque grande ville, le site propose une sélection pointue d'enseignes partenaires et vous n'aurez plus qu'à choisir l'adresse la plus pratique, la mieux située, ou tout simplement la moins chère. Une plateforme bien pratique pour les baroudeurs.

SE DÉPLACER

Les touristes internationaux visitant la Zambie empruntent peu les bus locaux, qui ne se réservent qu'à la gare routière quelques jours avant et qui sont pour la plupart peu confortables. Les distances sont aussi assez longues par la route. Néanmoins, si on veut sillonner le pays, la location de voitures économiques est un excellent moyen de découvrir la Zambie, pour aller sur les sites les plus aisés (chutes Victoria, Mfuwe, etc.). On peut louer un 4x4, particulièrement si on le loue tout équipé pour faire du camping, c'est beaucoup plus économique que résider dans les lodges et on peut faire des *self drives* dans les parcs nationaux en safari, à condition de savoir vraiment bien conduire sur les pistes cabossées et quelquefois très meubles du pays. On peut aussi prendre un chauffeur pour plus de confort. Mais la façon de voyager la plus courante reste les vols domestiques, simples, rapides avec des transferts inclus par les lodges.

PROFLIGHT

Lusaka International Airport - **LUSAKA**
✆ +260 211 271 065
www.proflight-zambia.com
Comptez à partir de 140 US$ le vol Lusaka-Mfuwe ou Lusaka-Livingstone aller simple, 250 US$ pour un vol Lusaka-Jeki.

Cette compagnie aérienne propose des liaisons régulières intérieures pour les grandes villes de Copperbelt (Ndola et Solwezi), mais surtout pour les parcs nationaux de South Luangwa (Mfuwe), Lower Zambzei (Jeki), Liuwa Plains (Kalabo), Victoria Falls (Livingstone). On trouve aussi des vols pour Kasama (pour aller aux lacs Mweru et Tanganyika). Bientôt une piste devrait ouvrir pour desservir North Luangwa, en plein développement. La compagnie dessert aussi dans les grandes villes des pays limitrophes (Dar es Salaam, Lilongwe, Johannesbourg, Durban...).

ZAMBIA AIRWAYS

LUSAKA
✆ +260 771 012 345
www.zambia-airways.com
Lusaka-Livingstone dès 175 US$.

La compagnie aérienne nationale née en 1964, liquidée en 1996, est réapparue en 2021. Elle est beaucoup moins chère que Proflight (privé) et propose actuellement des vols pour Livingstone, Solwezi et Ndola, mais les lignes pourraient s'étendre à Mfuwe un jour à prix très compétitifs, à suivre ! Les vols sont à l'heure, le service de qualité, et en général opèrent des jours et/ou horaires différents de Proflight c'est intéressant. La compagnie dispose de bureaux dans tous les aéroports desservis et la réservation en ligne est sûre.

ASTON AIR CAR HIRE

Plot n° 6449, à l'angle de Manchinchi et Lubambe Road - **LUSAKA** ✆ +260 977 500 500
www.astonairgroup.com
Transfert aéroport : 400 Kw. Voiture 500 Kw par jour, 4x4 tout équipé 1 300 kwacha sans conducteur.

Ce loueur de véhicules professionnel et sérieux à Lusaka est situé plein centre. Il est spécialement recommandé pour la location de 4x4 avec ou sans chauffeur pour partir explorer la savane zambienne. Les prix sont compétitifs et l'entretien des véhicules, de grosses cylindrées capable de rouler sur des pistes compliquées, réalisé avec attention. Kim se fera un plaisir d'organiser votre location, ainsi que votre pick up à l'aéroport. Les chauffeurs de l'agence sont extrêmement sympathiques, connaissent les routes et les temps de trajet.

BENMAK CAR HIRE

LUSAKA
✆ +260 21 1292192
Agence ouverte de 8h à 17h30 du lundi au vendredi et de 9h à 14h30 le samedi.

Cette agence de location zambienne propose une très large flotte de véhicules, pour toutes les demandes : pour les petits groupes et familles (citadines compactes comme berlines familiale, 4x4 tout équipés), comme pour les groupes (minibus ou cars). Possibilité de louer les véhicules avec ou sans chauffeur. Une solution bien pratique pour se reposer sur la route pendant ses vacances au lieu de conduire pendant de longues heures sur des routes difficiles. Une agence sérieuse qui a une grande disponibilité, même en haute saison.

HEMINGWAYS CAR HIRE

LIVINGSTONE

✆ +260 977 866 492

www.hemingwayszambia.com

Spécialiste zambien de la location de 4x4, basé à Livingstone. Les prix incluent notamment la location d'un GPS, l'assurance, les kilomètres illimités et les procédures administratives pour l'autorisation de passer les frontières. Hemingways dispense également des conseils sur les itinéraires. Spécialisés dans l'organisation de voyages pour personnes handicapées, Pete Hemingway et son épouse Annabel sauront vous renseigner mieux que personne sur les possibilités de voyages accessibles à tous. Une agence réputée pour sa fiabilité et son service.

PERSONAL TOUCH SAFARIS

Mfuwe - **MFUWE** ✆ +260 978 459 965

www.tptouch.com

Safari privé (9 personnes) 100 US$, 2 par jour possible, guide, essence et location inclus. Entrée de parc non incluse.

Cette agence, spécialiste du Parc national de South Luangwa, loue des véhicules spécialement équipés pour le tourisme de safari, avec ou sans chauffeur-guide. Si vous êtes aguerris à la conduite de 4x4 et savez débusquer un léopard dans un arbre, vous pouvez sans doute vous débrouiller sans guide. Si vous ne connaissez rien aux safaris, prenez un chauffeur guide indispensable qui communique par radio avec ses collègues pour connaître les déplacements des animaux. Essayez de former un groupe jusqu'à 9 personnes pour partager le prix de la location.

JULS CAR HIRE

Plot 5507 Libala Road

LUSAKA

✆ +260 211 292 979

www.julstravelzambia.com

Cette agence locale, créée et gérée par une équipe 100% zambienne, organise tours, safaris mais surtout locations de voiture, le plus populaire pour visiter la Zambie en toute liberté. Vous avez le choix entre une berline économique, des SUV et 4x4 parés pour les safaris en self drive, un pick-up station wagon moins cher mais qui passe partout si vous avez du matériel de camping. Les tours sont opérés à South Luangwa en Zambie et à l'île Maurice. L'agence dispose aussi d'une guesthouse et d'appartements à louer, dans des standards de confort élevés.

SEPISO CAR RENTAL

Cairo Road

LUSAKA

✆ +260 211 220 388

www.sepisocarhire.com

Cette agence ne propose que des locations de gros 4x4 avec chauffeur. Pratique si l'on ne veut pas conduire des heures sur des pistes difficiles. On peut par exemple organiser son transfert en 4x4 à Livingstone, visiter le Kafue National Park, vous transférer jusqu'au Lower Zambezi ou jusqu'à Mfuwe avant de faire un safari à South Luangwa. Hors des sentiers battus, partez explorer le pays jusqu'au lac Tanganyika, au lac Kariba, au lac Bangweulu ou dans les Bushanga Plains. L'agence vous emmène aussi sur demande à des cérémonies de village.

LIMO CAR HIRE

Plot # 21, Lilayi Road - **LUSAKA**

✆ +260 977 743 145

www.limohire-zambia.com

Berline 60 US$ par jour (min 7 jours), Landcruiser avec ou sans tente 185 US$. Pick-up 145 US$, matériel camping 30 US$.

Agence sérieuse qui loue des véhicules SUV et 4x4 adaptés aux pistes de safari pour voyager en *self drive*. Les véhicules se louent équipés, avec ou sans tente sur le toit, et les pick-up non équipés. On peut aussi y louer des kits de matériel de camping. Pratique et économique, cette option s'adresse aux broussards qui savent conduire sur des pistes difficiles d'Afrique australe. On peut par exemple faire la Spinal Road du Kafue NP pour le traverser de part en part, ou explorer la partie nord du pays, jusqu'au lac Tanganyika.

VOYAGERS TRAVEL AND CAR RENTAL

Suez Road, près de l'hôtel Southern Sun Ridgeway

LUSAKA

✆ +260 211 253 064

www.voyagerszambia.com

Voyagers Travels est une agence réceptive tenue par une famille zambienne : Marion, Howard et Grant Gatchell. C'est l'agent officiel d'Europcar en Zambie pour la location de voitures, elle dispose donc de bureaux dans toutes les grandes villes pour cette raison. Elle est aussi investie dans le touriste local depuis des années et propose des tours organisés sur les lieux touristiques, ainsi que du sur-mesure, adaptés à tous les budgets et hors des sentiers battus dans tout le pays.

S'INFORMER

On trouve en France quelques médias spécialisés sur l'information en Afrique en général, détaillant plus que les autres médias les actualités de l'Afrique anglophone peu connue des Français, car trouver des informations sur la Zambie en français n'est pas aisé. Il existe aussi beaucoup de médias traitant de l'actualité internationale en général qui ne passent pas à côté des principaux titres concernant le pays. Avant de partir, on pourra aussi consulter les sites très fournis en informations des entités de conservation et de protection de la biodiversité constituées par parc national. Enfin, le site de l'office de tourisme zambien (Zambia Tourism : zambiatourism.com) est vraiment une mine d'informations sur tous les sites splendides à visiter dans le pays, que ce soit les chutes Victoria ou les principaux parcs nationaux qui accueillent les touristes internationaux, comme les chutes ou les parcs plus confidentiels.

AFRICAN PARKS OFFICE

LIUWA PLAIN NATIONAL PARK

✆ +260 964 168 394

www.african-parks.org

Par personne et par jour : parc adulte 40 US$, camping 15 US$, chalet Sibika 90 US$. Voiture 15 US$, scout 35 US$.

Afin de préserver l'environnement sauvage du parc et de minimiser l'impact négatif du tourisme, la société African Parks a mis en place un système de quotas autorisant seulement 25 véhicules à circuler dans le parc au même moment. Il est donc conseillé de réserver sa visite par mail ou téléphone. Dans tous les cas, vous devrez vous rendre au bureau du parc pour obtenir un permis de visite et vous acquitter d'un droit d'entrée, qui se trouve à la sortir de Kalabo. Il existe des camps communautaires, dont Sibika avec de nouveaux chalets en dur.

CONSERVATION LOWER ZAMBEZI (CLZ)

LOWER ZAMBEZI NATIONAL PARK

www.conservationlowerzambezi.org

En 1996, après le massacre par les braconniers de quelque 50 éléphants, des propriétaires des camps de la région créèrent l'association Conservation Lower Zambezi (CLZ), complémentaire localement à la Zambian Wildlife Authority (ZAWA). La CLZ financée par les lodges paye la formation et l'emploi des rangers, ainsi que des programmes de sensibilisation. Aujourd'hui, les populations d'éléphants se sont bien reconstituées, même si le braconnage n'est pas encore tout à fait éradiqué.

CONSERVATION SOUTH LUANGWA

SOUTH LUANGWA NATIONAL PARK

www.slcszambia.org

Fondée en 2003, cette ONG fait un travail remarquable pour la protection de la faune dans le parc du Luangwa : lutte contre le braconnage, soins portés aux animaux blessés, campagne d'information auprès de la population. Ils ont développé avec les villageois la culture du piment qui, placé en bordure des terrains, permet de maintenir les éléphants à distance des cultures et d'améliorer la cohabitation. L'association vit du soutien de certains lodges et des dons privés.

KASANKA TRUST

KASANKA NATIONAL PARK

✆ +260 960 753 914

http://www.kasanka.com

L'ONG Kasanka Trust, qui gère ce parc et celui de Lavushi Manda, reverse tous les revenus engendrés par le tourisme dans la protection des écosystèmes et le développement des villages environnants. Elle compte de nombreux soutiens en Europe, en Grande-Bretagne et aux Pays-Bas notamment, pour collecter de l'argent. Elle accueille des volontaires souhaitant se rendre utiles sur les projets de conservation et de recherche. Les activités menées par l'ONG incluent la maintenance des infrastructures, la lutte anti-braconnage, le tourisme, la recherche…

ZAMBIA TOURISM AGENCY

Kabelenga Road
LUSAKA
✆ +260 211 229 087
www.zambia.travel
Ouvert de 8h à 17h du lundi au vendredi.

Hormis quelques dépliants, les informations y sont plutôt limitées et il est assez inutile de se rendre directement à l'office de tourisme. Le site Internet, en revanche, contient de nombreuses informations intéressantes et mérite d'être visité. Le site est une mine d'informations concernant les hôtels, les tours et activités proposés en Zambie, en particulier les safaris. On y trouve en particulier le détail des lacs, chutes et rivières du pays à visiter, mais aussi des 9 principales cérémonies animistes dans le pays, leur localisation et leurs dates.

107.5 - AFRICA RADIO

33, rue du Faubourg Saint-Antoine
PARIS (11e)
✆ 01 55 07 58 01
www.africaradio.com

Née au Gabon en 1981 et s'étant développée en Afrique grâce aux ondes courtes et à ses émetteurs FM, *Africa n°1*, devenu Africa Radio en 2019, est aujourd'hui la plus importante des radios francophones du continent. Les programmes spécifiques d'*Africa Radio Paris* sont composés d'information, de débats, de musique, de sport et d'interactivité. *Africa Radio* propose en outre, via son site internet, différentes radios musicales thématiques, et qui sont consacrées au coupé-décalé, au mandingue, rumba, etc. Le portail en ligne est également très riche.

AFRIK.COM

www.afrik.com

Portail généraliste d'information spécialisé sur l'Afrique, *Afrik.com* est aujourd'hui le 1er quotidien francophone panafricain sur Internet couvrant l'ensemble des pays d'Afrique. On apprécie particulièrement les dossiers thématiques traitant de l'actualité, les documents audio ou vidéo mis en ligne, les reportages d'investigation, les interviews, etc. En recherchant les articles relatifs à la Zambie, on trouve plein d'informations intéressantes sur les actualités du pays, peu relayées en France dans les magazines et journaux plus généralistes.

AMINA

11, rue de Téhéran - **PARIS** (8e)
✆ 01 45 62 74 76
www.amina-mag.com
Abonnement annuel : 24 € (France) 40 € (Europe) ; 33 € (Afrique) ; 63 € (Canada/USA).

« Le magazine de la femme », le magazine mensuel de référence qui présente l'actualité des femmes depuis 1972 : voici comment se présente lui-même le magazine *Amina*. Et en effet, créé à l'origine pour les femmes noires, *Amina* continue à parler d'elles et pour elles. Un journal passionnant, mis en page et illustré avec élégance et esthétisme, suivant les rubriques Mode, Beauté, Société, Lifestyle, People, Culture, Femmes d'Amina, Agenda, Amina TV... *Amina* est aujourd'hui diffusé aux Antilles, en Amérique et auprès de toute la communauté afro-antillaise européenne.

CARNETS DE VOYAGE

36, Boulevard de la Bastille
PARIS (12e)
www.us.phoenix-publications.com

Publié par les éditions Phoenix, qui comptent déjà plusieurs revues à leur actif, ce trimestriel est consacré aux voyages avec des focus dédiés à la découverte d'une ville, d'une région, que ce soit en France, en Europe ou dans le monde. *Carnets de Voyage*, un magazine utile pour nous faire découvrir le meilleur d'une destination et nous faciliter le voyage. Pour de grandes ou petites escapades, les rédacteurs nous invitent à entrer dans leurs textes vivants, complétés de conseils pratiques, d'un agenda, de bonnes adresses et de superbes photos.

RFI

80, rue Camille Desmoulins
ISSY-LES-MOULINEAUX
✆ 01 84 22 84 84
www.rfi.fr

RFI (Radio France Internationale) est une radio française d'actualité diffusée mondialement en français et en 13 autres langues*, disponible en direct sur Internet (rfi.fr) et applications connectées. Grâce à l'expertise de ses rédactions basées à Paris et de son réseau de 400 correspondants, RFI propose à ses auditeurs des rendez-vous d'information et des magazines offrant les clés de compréhension du monde.

*anglais, cambodgien, chinois, espagnol, haoussa, kiswahili, mandingue, persan, portugais, roumain, russe, vietnamien.

RESTER

Les personnes qui travaillent dans l'environnement, la protection de la faune sauvage, peuvent trouver des VIE ou des contrats pour travailler dans le bush, par exemple pour le Zambian Carnivore Program, un projet financé par des ONG avec des fonds solides qui pose des colliers géolocalisés sur les lions, guépards et chiens sauvages pour comprendre la diminution de ces populations. Autre possibilité : les personnes travaillant dans l'hôtellerie-restauration peuvent prétendre à occuper un poste dans un lodge. Enfin, et c'est sans doute la raison la plus fréquente de venir vivre en Zambie, les postes dans l'humanitaire sont (malheureusement) nombreux à pourvoir, car le pays dépend grandement de l'aide alimentaire de la PAM, car près de 60 % de la population vit sous le seuil de pauvreté, et les besoins en professionnels dans le domaine du médical (malnutrition, paludisme, Sida, etc.) et du développement son nombreux.

AEFE

23, place de Catalogne
PARIS (14e)
✆ 01 53 69 30 90
www.aefe.fr

Cette agence, sous tutelle du ministère des Affaires étrangères, anime et gère un réseau de près de 500 établissements d'enseignement français à l'étranger, dans près de 140 pays. Des centaines de milliers d'élèves, dont une forte proportion de Français, fréquentent ces établissements. Offres d'emploi à l'international pour les titulaires de la fonction publique et informations sur la politique pédagogique émaillent le site Internet de cet organisme qui soutient également l'association Anciens des lycées français du monde est particulièrement bien fait.

CIDJ

www.cidj.com

Le Centre d'Information et de Documentation Jeunesse a été créé en 1969, sous la tutelle du ministère de la Jeunesse et des Sports. Le site Internet est bien fait et très complet. La rubrique « Partir à l'étranger » fournit des informations pratiques aux jeunes qui ont pour projet d'aller vivre à l'étranger. Il y a une rubrique spécifique dédiée à chacun des thèmes suivants : travail, étude, stage, volontariat international et séjours linguistiques. Pour vous aider dans vos démarches, vous pouvez avoir un entretien gratuit avec un conseiller du CIDJ.

ÉDUCATION NATIONALE

www.education.gouv.fr
Modalités sur www.france.diplomatie.fr/mfi.

Vous êtes enseignant ou fonctionnaire d'État, vous souhaitez travailler à l'étranger ? Consultez le site du ministère de l'Éducation nationale, il informe sur les conditions de mobilité dans le monde. Cette initiative peut s'inscrire dans un parcours professionnel. Elle permet d'exercer son métier dans des conditions spécifiques, ou un autre métier et diversifier ainsi son expérience en enrichissant ses compétences. Les personnels d'encadrement peuvent aussi postuler dans des organismes internationaux ou de l'Union européenne.

MINISTÈRE DE L'EUROPE ET DES AFFAIRES ÉTRANGÈRES

www.diplomatie.gouv.fr

Site Internet officiel pour connaître les formalités d'entrée et séjour dans le pays. Dans la rubrique « Services aux Français », vous trouverez un guide de l'expatriation, les modalités de demandes de documents officiels. Sur la page d'accueil en sélectionnant le pays, vous obtenez les contacts des ambassades. Dans l'espace politique, économie et socio-culturel, quantité d'informations et de communications utiles pour qui s'intéresse aux réalités du pays.

WEP FRANCE

95, avenue Ledru Rollin
PARIS (11e)
✆ 01 48 06 26 26
www.wep.fr

WEP propose plus de 50 projets éducatifs et séjours linguistiques dans une trentaine de pays pour une durée allant de une semaine à 18 mois. Quel que soit votre projet d'études ou de volontariat à l'étranger, vous trouverez sur le site de WEP une rubrique qui y sera consacrée : étudier au lycée, dans une université, partir en séjour linguistique, faire une expérience professionnelle dans le cadre d'un stage ou vivre en immersion dans une famille. Possibilité également de planifier des programmes combinés (études et projet humanitaire par exemple).

ACTION CONTRE LA FAIM

102, rue de Paris - **MONTREUIL**
✆ 01 70 84 70 70
www.actioncontrelafaim.org
Par téléphone de 9h à 13h et de 14h à 18h.

ONG internationale spécialisée dans la lutte contre la faim dans le monde, active dans les domaines de la nutrition, santé, sécurité alimentaire, de l'eau, de l'assainissement. L'association intervient dans des situations de crise. Le but étant de rendre les populations autonomes d'un point de vue de la nutrition, en apportant une aide concrète et en formant les intervenants locaux qui prendront le relais. Ses missions de volontariat durent de trois mois à un an en Afrique, Asie, Amérique, Europe centrale, dans le Caucase, au Moyen-Orient et dans les Caraïbes.

BUSINESS FRANCE

77, Boulevard Saint-Jacques
PARIS (14e)
✆ 01 40 73 30 00
Ouvert en semaine de 8h30 à 18h30.

L'Agence pour le développement international des entreprises françaises travaille en étroite collaboration avec les missions économiques. Le site Internet recense toutes les actions menées, les ouvrages publiés, les événements programmés et renvoie sur la page du Volontariat International en Entreprise (VIE). Fondée en 2015, cette structure est née de la fusion entre Ubifrance et l'Agence française pour les investissements internationaux. Elle est affiliée au Ministère de l'Europe et des Affaires étrangères et au Ministère de l'Economie et des Finances.

CLUB TELI

Les Clarets
SAINT-PIERRE-D'ENTREMONT
✆ 04 79 85 24 63
www.teli.asso.fr
L'adhésion est à 45 €.

Le Club Teli est une association d'aide à la mobilité internationale créée voici bientôt 30 ans, forte de 4 000 adhérents en France et dans 65 pays. Si vous souhaitez séjourner à l'étranger, quel que soit votre projet, vous trouverez par le biais de ce club des infos et des offres de stages, de jobs d'été et de travail pour francophones. Si vous avez besoin d'aide pour envoyer des candidatures, le Club peut vous aider à mettre votre CV aux normes du pays où vous souhaitez partir. Pour bénéficier de ces aides et informations, il faut adhérer.

CAPCAMPUS

www.capcampus.com

CapCampus fut l'un des premiers portails étudiants français en ligne. Dans la rubrique dédiée aux stages et aux premiers emplois, vous trouverez aussi des offres pour l'étranger, classées par pays. Celles pour les Etats-Unis ne sont pas très nombreuses, le mieux est de consulter le site régulièrement pour ne pas passer à côtés des offres intéressantes. Le site est également utile pour se familiariser avec la vie aux Etats-Unis, car il propose également toutes les informations pratiques pour bien préparer son départ et son séjour à l'étranger.

VIE - VOLONTARIAT INTERNATIONAL EN ENTREPRISE

✆ 04 96 17 26 50
mon-vie-via.businessfrance.fr

Le VIE est destiné aux jeunes de 18 à 28 ans. Il s'effectue en entreprise, dans une ONG, dans une collectivité locale ou dans un service de l'État – allant de l'ambassade à l'établissement culturel en passant par le consulat. Par ailleurs, il peut durer de 6 à 24 mois et être renouvelé une fois, de deux ans au plus. Enfin, sa rémunération mensuelle est constituée d'un salaire fixe de 749,33 € et d'une indemnité supplémentaire dont le montant varie selon la mission.

INDEX

EDITION

Directeurs de collection et auteurs : Dominique AUZIAS et Jean-Paul LABOURDETTE

Auteurs : Camille GRIFFOULIERE, Baptiste THARREAU, Mathias DESHOURS, Amandine GLEVAREC, Juliette COURTOIS, Adélaide SAUTER, Kevin GIRAUD, Sylvie DEL COTTO, Romain RISSO, Rémy LEDAUPHIN, Agathe NOGUEIRA, Stéphanie POLI, Jean-Paul LABOURDETTE, Dominique AUZIAS et alter

Directeur Editorial : Stéphan SZEREMETA

Rédaction Monde : Laure CHATAIGNON, Morgane VESLIN, Pierre-Yves SOUCHET, Natalia COLLIER, Julie BEZ

Rédaction France : Briséis CREAC'H-MENUT, Audrey VEDOVOTTO, Marie VIGNERON, Nicolas WODARCZAK, Mélanie PEILLET

FABRICATION

Maquette et Montage : Romain AUDREN, Julie BORDES, Delphine PAGANO

Iconographie et Cartographie : Anne DIOT, Julien DOUCET

WEB ET NUMERIQUE

Directeur Web : Louis GENEAU de LAMARLIERE

Technical Project Manager : Hervé MARION

Développeurs : Guillaume BARBET, Adeline CAUX

Intégrateur Web : Mickael LATTES, Antoine DION

Webdesigner : Caroline LAFFAITEUR

Community Traffic Manager : Alice BARBIER, Noémie LE SAUX

Content Manager : Aliénor de PERIER

DIRECTION COMMERCIALE

Directeur commercial : Guillaume VORBURGER

Coordinatrice des Régies commerciales : Manon GUERIN

Account Manager Marketplace : Leila ROUGEOT

Responsable Régies locales : Michel GRANSEIGNE

Responsables Développement régie inter : Jean-Marc FARAGUET, Guillaume LABOUREUR et Camille ESMIEU

Assistante commerciale Régie internationale : Leila ANTRI-BOUZAR

Chefs de Publicité Régie nationale : Caroline AUBRY, François BRIANCON-MARJOLLET, Perrine DE CARNE MARCEIN, Jonathan TOUTOUX

Régie ZAMBIE : Aurélia GARNIER

DIFFUSION ET PROMOTION

Directrice des Ventes : Bénédicte MOULET assistée d'Aissatou DIOP

Responsable des ventes : Jean-Pierre GHEZ assisté de Nelly BRION

Relations Presse-Partenariats : Jean-Mary MARCHAL

ADMINISTRATION

Président : Jean-Paul LABOURDETTE

Directrice des Ressources Humaines : Dina BOURDEAU assistée de Sandra DOS REIS et Eva BAELEN

Directrice Administrative et Financière : Valérie DECOTTIGNIES

Comptabilité : Guillaume PETIT, Aminata BAGAYOKO, Jeannine DEMIRDJIAN et Adama DIABY

Recouvrement : Fabien BONNAN assisté de Sandra BRIJLALL

Responsable informatique : Elie NZUZI-LEBA

PETIT FUTÉ ZAMBIE

LES NOUVELLES EDITIONS DE L'UNIVERSITE
18, rue des Volontaires - 75015 Paris.
✆ 01 53 69 70 00 - Fax 01 42 73 15 24
Internet : www.petitfute.com
SAS au capital de 1 000 000 € - RC PARIS B 309 769 966
Couverture : Léopard
© SeymsBrugger - iStockphoto.com
Impression : CORLET IMPRIMEUR - 14110 Condé-en-Normandie
Achevé d'imprimer : avril 2023
Dépôt légal : 31/05/2023
ISBN : 9782305091853

Pour nous contacter par email, indiquez le nom de famille en minuscule suivi de @petitfute.com
Pour le courrier des lecteurs : info@petitfute.com

IMPRIMÉ EN FRANCE